Der große Gebert

Die Klassiker „Börsenzyklen",
„Börsenindikatoren" und
„Der intelligente Investor" aktualisiert
und komplett überarbeitet

Börsenbuchverlag

2. Auflage 2015

Gestaltung Cover: Holger Schiffelholz, Börsenmedien AG
Gestaltung und Satz: Sabrina Slopek, Börsenmedien AG
Herstellung: Daniela Freitag, Börsenmedien AG
Coverfoto: Bildwerkeins, Paul Walther
Lektorat: Egbert Neumüller
Druck: GGP Media GmbH, Pößneck

ISBN 978-3-86470-254-9

Bibliografische Information der Deutschen Nationalbibliothek:
Die Deutsche Nationalbibliothek verzeichnet diese Publikation in der Deutschen Nationalbibliografie; detaillierte bibliografische Daten sind im Internet über <http://dnb.d-nb.de> abrufbar.

BÖRSEN MEDIEN
AKTIENGESELLSCHAFT

Postfach 1449 • 95305 Kulmbach
Tel: +49 9221 9051-0 • Fax: +49 9221 9051-4444
E-Mail: buecher@boersenmedien.de
www.boersenbuchverlag.de
www.facebook.com/boersenbuchverlag

Inhalt

Einleitung 7

1. Statistische Indikatoren 11

Wochentage 11
Feiertage 13
Tage des Monats 17
Monate 18
November-April 20
Jahre 22
Der 10-Jahres-Rhythmus 23
Der 4-Jahres-Rhythmus 24
Die ersten fünf Tage im Januar 25

2. Politische Indikatoren 29

3. Wirtschaftliche Indikatoren 33

Der Lohnindikator 33
Die Inflationsrate 36
Der Auftragseingangs-Indikator 37
Der Währungsindikator 38

4. Stimmungsindikatoren 41

Das Put/Call-Verhältnis 41
Das Put/Call-Verhältnis aus DAX-Optionen 43

5. Zinsindikatoren 47

Der Diskontsatz 47
Der Geldmarktsatz 53
Der Zinsstruktur-Indikator 55
Der Aktienrendite-Indikator 57
Der Bonitätsindikator 58
Der Börsenindikator 60

6. Die Börsenindikator-Strategie 63

Die saisonale Strategie 69
Die Dollarstrategie 70
Die Zinsstrategie 72
Die Inflationsstrategie 76
Die Börsenindikator-Strategie 78
Fazit 89

7. Gleitende Durchschnitte 93

Die 200-Tage-Linie 93
Die 200-Tage-Linie minus 20 Prozent 95
Die 200-Tage-Linie minus 10 Prozent 95

Die 100-Tage-Linie 96
Die 38-Tage-Linie 97
Die 20-Tage-Linie 100
Die 10-Tage-Linie 104
Die 5-Tage-Linie 107
Gewichtete gleitende Durchschnitte 108

8. Die MACD-Methode 109

9. Das Momentum 113

10. Die Stochastik 117

11. Der Williams-Indikator 121

12. Die Candlestick-Charttechnik 125

Tageskerzen 125
Wochenkerzen 172
Monatskerzen 188
Verzeichnis der bedeutendsten
kerzentechnischen Formationen 191

13. Die Balkenchart-Analyse 199

Trendlinien und Trendkanäle 200
Dow-Theorie 204
Elliott-Wellen 205
Häufigste Steigerungsraten 206
Häufigkeit von Extrempunkten an
bestimmten Wochentagen 210
Doppeltop – Doppelboden 211
Häufigkeit der prozentualen
Kursveränderungen 215
Serien 217

14. Ähnlichkeiten 223

15. Zyklische Aspekte 241

Der Kondratieff-Zyklus 242
Der Juglar- und der Kitchen-Zyklus 247
Zeitliche Auffälligkeiten 262

16. Weitere tatsächlich wiederkehrende Bewegungen 267

Der Zins für langfristige US-Staatsanleihen von 1857 bis 2014 268
Der Dow Jones 272
Der Dow Jones Index 1986 bis 1987 279
Der Dow Jones Index 1988 bis 1989 281

17. Meteorologische Zyklen 289

Die Sonnenaktivität 305
Der große Zusammenhang 306

18. Inflation und Zins 313

Zinsdifferenz 313
Inflation 316

19. Das Instrumentarium 327

Zusammenfassung 333

Einleitung

Wenn ich lese, wie jetzt wieder ein bekannter Börsenguru schreibt „Es ist ja nur Geld, das sollte man nicht so wichtig nehmen“, wenn sich mal wieder etwas anders entwickelt hat als geplant, könnte ich auf die Palme gehen. Wenn einem Geld so unwichtig ist, sollte man vorher keine Börsentipps streuen. Ein großer finanzieller Verlust kann eine so schwere traumatische Beeinträchtigung des eigenen Selbstwertgefühls nach sich ziehen, dass man mit dem Thema Geldanlage etwas ernsthafter umgehen sollte. Auch kleinere Einbußen, die einen davon abhalten, sich etwas zu kaufen, auf das man sich schon gefreut hatte, oder einem geliebten Menschen einen Wunsch zu erfüllen, schmerzen sehr. Dagegen lässt eine erfreuliche Entwicklung des eigenen Depots Raum für das eine oder andere, das man sich leisten möchte, und hilft das eigene Leben selbstbestimmter zu gestalten. Deshalb ist es zwingend notwendig, sich so intensiv und umfassend wie möglich mit dem Thema Geldanlage zu befassen. Ich habe in diesem Buch alles zusammengetragen, was aus meiner Sicht für das Thema Börse von Bedeutung und vor allem auch nachprüfbar ist.

Dieses Buch ist im Wesentlichen eine Zusammenfassung und um einige Kapitel erweiterte Aktualisierung meiner drei in den frühen Neunzigerjahren des vorigen Jahrhunderts geschriebenen Bücher „Börsenindikatoren", „Der intelligente Investor" und „Börsenzyklen". Ich habe damals, eigentlich als Erster in Deutschland, die quantitative Analyse angestoßen. Bei welcher Verhaltensweise an der Börse in der Vergangenheit hätte ich bei gegebenem Startkapital exakt wie viel Geld heute? Zu diesem Zweck hatte ich nach meinem Physikstudium Anfang der Neunzigerjahre, als die ersten Computer auf den Markt kamen, die historischen täglichen Aktienkurse seit 1962 per Hand eingetippt. Daten aus dem Internet runterladen konnte man damals noch nicht. Schließlich hatte ich eine Excel-Datei mit fast 8.000 Zeilen. Mit der konnte ich dann simulieren, was aus meinem Depot geworden wäre, wenn ich mich seit 1962 an diese oder jene Handlungsanweisung gehalten hätte.

Damals geisterten alle möglichen Indikatoren durch die Börsenbriefe und Anlegermagazine, vom Coppock- bis zum MACD-Indikator. Ich wollte herausfinden, zu welchem Anlageerfolg von 1962 bis 1993 mir diese bekannten Indikatoren verholfen hätten, bevor ich mich selbst für die Zukunft auf einen solchen verlassen würde. Das Ergebnis war ernüchternd. So gut wie keine der bekannten Anweisungen hätte von 1962 bis 1993 den Aktienindex geschlagen. So machte ich mich auf die Suche nach eigenen Indikatoren, mit denen ich in der Vergangenheit ein besseres Ergebnis erzielt hätte als durch das bloße Kaufen der Aktien im Jahr 1962 und das Halten bis 1993. Viele Jahre habe ich daran gerechnet und noch weitere Daten hinzugezogen, etwa die historischen Dollarkurse, die amerikanischen Anleihe- und Aktienkurse seit 1885 und so weiter. Alle Daten mussten bezahlt und eingetippt werden, wie die Jahrbücher der Deutschen Bundesbank für Zinsinformationen und die Monatshefte des Statistischen Bundesamtes für Inflationsdaten. Selbst die Deutsche Post, die damals noch die Fernmeldehoheit in Deutschland hatte, verlangte 50 DM für eine Seite mit Zahlen zur Sonnenfleckentätigkeit, die sie wegen der Übertragungsqualität von Funkstrecken und des Satellitenempfangs verfolgen musste. Ich suchte eine Strategie, die mir nachprüfbar einen statistischen Vorteil versprach, sei er auch noch so klein. Der Spielbank reichen ja sogar 51,5 zu 48,5 wegen der Null im Roulettekessel, um Geld zu scheffeln.

Alles, was ich herausgefunden habe, ist in den folgenden Kapiteln zusammengetragen. Handlungsanweisungen, die von 1962 bis 1993 große Gewinne geliefert hätten, habe ich weiterverfolgt und nachgerechnet, wie die weitere Trefferquote von 1993 bis 2014 verlaufen wäre. Strategien, die sich schon damals wegen Erfolglosigkeit disqualifiziert hatten, habe ich nicht weiter bis 2014 überprüft, sondern nur den Stand von damals mit den Gründen ihres Scheiterns aufgeführt. Nun wünsche ich Ihnen viel Spaß bei der Lektüre – obwohl Spaß eigentlich nicht der Zweck dieses Buches ist, sondern Nützlichkeit. Es soll Ihren zukünftigen Anlageerfolg vergrößern helfen.

Statistische Indikatoren

Wochentage

Bei der Betrachtung, wie sich die Aktienbörse, statistisch gesehen, an den einzelnen Wochentagen entwickelt hat, zeigen sich erstaunliche Ergebnisse. So ist der Freitag der freundlichste Tag der Woche. Von 1962 bis 2014 stieg der DAX allein an den Freitagen 345 Prozent. Das entspricht einem durchschnittlichen Tagesgewinn von 0,06 Prozent. Ebenfalls nach oben geht es im Mittel mittwochs und donnerstags. Der DAX legte an Donnerstagen 297 Prozent zu, was einem täglichen Gewinn von 0,05 Prozent entspricht, und für den Mittwoch lauten die Zahlen 155 Prozent insgesamt und 0,03 Prozent pro Tag. Der Montag ist da schon erheblich schlechter dran. Alle Montage seit 1962 brachten zusammen keinen Kursgewinn. Wer also von 1962 bis heute nur montags investiert war, besitzt heute genauso viel Geld wie damals. Der schlechteste Tag der Woche ist jedoch mit Abstand der Dienstag. Hier summieren sich die angehäuften Verluste auf -35 Prozent. Jeder Dienstag bringt also statistisch einen Verlust von 0,02 Prozent.

Durchschnittliche prozentuale Kursveränderung pro Wochentag

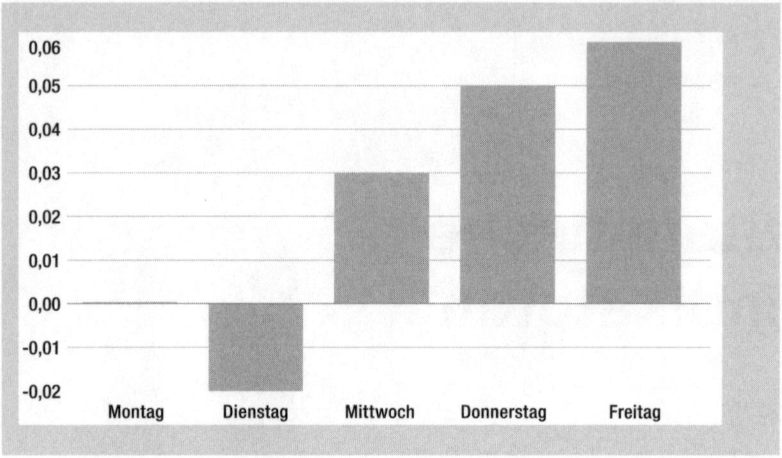

Zwei Erklärungsansätze lassen sich für dieses signifikante Kursverhalten angeben: der Liquiditätsansatz und der Stimmungsansatz. Generell ist es möglich, dass Geldzuflüsse vorwiegend innerhalb der Woche stattfinden und dann vor dem Wochenende angelegt werden müssen. Montags und dienstags liegt aufgrund des vorangegangenen Wochenendes etwas seltener Geld zur Anlage bereit. Dies kann sowohl für Privatpersonen als auch für institutionelle Anleger wie Aktienfonds, Pensionsfonds, Versicherungen und so weiter der Fall sein.

Eine andere Möglichkeit, dieses Phänomen zu deuten, ist die Stimmung der Anleger. Dieser Sachverhalt, der auf den ersten Blick nichts mit dem Aktienkursverlauf zu tun zu haben scheint, könnte sich als echte Kausalität herausstellen. Ein Aktienkauf setzt beim Anleger Optimismus voraus und ein Verkauf Pessimismus, was die Einschätzung der künftigen Entwicklung seiner Investition betrifft. Hier greift die Psychologie als kursbeeinflussender Faktor in das Marktgeschehen ein. Oft sind es die äußeren Umstände, die mit einer gewissen Regelmäßigkeit auf die Stimmungslage einwirken. So ist der Montagmorgen nicht gerade typisch für Hochstimmung, denn die ganze Arbeitswoche steht bevor. Gedrückte Stimmung und schlechte Laune mögen eine pessimistische Einschätzung und damit ein entsprechendes Verhalten begünstigen. Für den Anleger könnte dies bedeuten, dass er montags frühmorgens wenig motiviert ist, Aktien zu kaufen und Risiken einzugehen. Freitags hingegen beflügelt das bevorstehende Wochenende die gute Laune und somit breitet sich Optimismus aus. Solch ein positiv gestimmter Börsianer mag eher geneigt sein, Aktien zu kaufen. Die Kursverläufe bestätigen eindrucksvoll diesen Zusammenhang, der zwischen der Stimmung der Anleger und ihren Aktivitäten an der Börse besteht.

Für diese Deutung spricht auch die Tatsache, dass, statistisch gesehen, vor Feiertagen die Börse extrem freundlich tendiert. Wahrscheinlich spielen sowohl die Zeitpunkte der Liquiditätszuflüsse als auch die Stimmung der Investoren eine Rolle.

Die statistischen Veränderungen sind vermutlich zu klein, um eine Gewinn versprechende Anlagestrategie daraus zu entwickeln. So ergäbe sich bei einem Kauf am Montag bei Börsenschluss und einem Verkauf am Freitag bei Börsenschluss ein statistischer Gewinn von 0,15 Prozent. Dieser Gewinn wird durch die An- und Verkaufsspesen jedoch mehr als aufgezehrt. Bei einer Investition am Terminmarkt, also beim Kauf eines DAX-Futures, bei dem nur geringe Spesen für Kauf und Verkauf anfallen, oder eines börsengehandelten DAX-Fonds ließe sich nicht mehr als ein marginaler Gewinn einstreichen.

Dennoch sollte der Anleger diese wochentägliche Anomalie im Hinterkopf behalten, um bei anstehenden Transaktionen bevorzugt am Dienstag zu kaufen und am Freitag zu verkaufen.

Feiertage

Eine besondere Bedeutung bekommen bei der statistischen Betrachtung einzelner Tage die Feiertage, obwohl an ihnen gar kein Handel mit Aktien stattfindet. Es stellt sich heraus, dass die Tage vor den Feiertagen zu den freundlichsten des ganzen Jahres gehören.

Der beste Tag des Jahres ist der letzte Handelstag vor Ostern. Dies ist Gründonnerstag, an Karfreitag findet in Deutschland kein Aktienhandel statt. So legte der deutsche Aktienmarkt im Durchschnitt der letzten 52 Jahre jeweils an Gründonnerstagen 0,6 Prozent zu. Er fiel an diesem Tag nur sechsmal: 1961, 1984, 1988, 1994, 1995 und 2000. Der Anstieg von 0,6 Prozent an Gründonnerstagen hat eine Größenordnung, die eine auf diesem Phänomen aufbauende Strategie möglich erscheinen lässt. Mittlerweile kann man ja den DAX als ETF, als börsennotierten Fonds, extrem spesengünstig handeln. Bei einem Discountbroker kosten Kauf und Verkauf solch eines DAX-Fonds im Wert von beispielsweise 100.000 Euro zusammen weniger als zehn Euro. Ein Gewinn lässt sich bei der Gründonnerstag-Strategie mit einer Wahrscheinlichkeit von 88 Prozent erzielen, denn in den letzten 52 Jahren fielen die Aktien nur sechsmal an einem Gründonnerstag.

Die Erklärung hierfür lässt sich wieder auf der Liquiditäts- und auf der Stimmungsebene darstellen. Vor den vielen Feiertagen – die Börse macht ja erst wieder am Dienstag nach Ostern auf – wird offensichtlich das zur Anlage bereitstehende Geld angelegt, damit es nicht über die Feiertage unverzinst auf dem Konto liegt. Auch ergibt sich für den Anleger eine gewisse Klemme, da er erst wieder am Dienstag agieren kann. In der Zwischenzeit könnten positive Ereignisse stattfinden, an anderen Börsen im Ausland zum Beispiel. Dort wird am Karfreitag und am Ostermontag gehandelt.

Durchschnittliche prozentuale Kursveränderungen vor Weihnachten und Ostern 1959-2013

Jahr	Tag vor Ostern	Tag vor Weihnachten	Tag vor Weihnachten bis Tag nach Neujahr
1959		1,0	7,5
1960	0,5	1,1	2,2
1961	-0,2	0,2	1,0
1962	0,9	-0,5	-1,5
1963	0,8	0,7	1,9
1964	1,2	0,8	1,4
1965	0,7	0,0	-0,2
1966	0,2	0,6	0,9
1967	0,3	0,8	5,2
1968	0,7	-0,2	1,7
1969	0,5	0,2	2,4
1970	1,3	0,9	0,0
1971	0,4	0,0	-0,2
1972	0,7	0,0	0,8
1973	0,9	1,0	-1,9

Jahr	Tag vor Ostern	Tag vor Weihnachten	Tag vor Weihnachten bis Tag nach Neujahr
1974	1,7	-0,7	2,6
1975	0,6	0,9	2,7
1976	0,7	0,0	1,4
1977	0,0	0,7	0,6
1978	0,4	0,0	0,5
1979	0,4	-0,2	-1,4
1980	0,4	0,6	2,5
1981	0,0	0,6	0,8
1982	0,2	-0,2	2,1
1983	1,7	0,0	4,8
1984	-0,3	0,7	2,3
1985	0,0	1,1	3,3
1986	0,6	1,0	-0,5
1987	0,8	0,1	-10,3
1988	-0,2	0,3	0,8
1989	0,2	1,2	8,0
1990	1,3	0,4	-3,1
1991	0,9	-0,3	3,7
1992	0,6	0,2	0,6
1993	0,4	1,1	3,2
1994	-0,7	-0,3	-1,1
1995	-0,1	0,6	0,9
1996	0,0	-0,3	0,0
1997	0,3	1,9	7,8
1998	0,9	2,6	8,2
1999	0,8	4,2	3,1
2000	-0,8	0,8	1,6
2001	0,8	1,1	4,3
2002	0,9	-0,7	2,7
2003	0,3	0,7	3,8
2004	0,3	0,0	0,9
2005	0,4	0,5	0,9
2006	0,3	1,6	2,7
2007	0,4	1,7	1,0
2008	2,5	-0,2	7,2

Jahr	Tag vor Ostern	Tag vor Weihnachten	Tag vor Weihnachten bis Tag nach Neujahr
2009	3,1	0,2	1,7
2010	1,3	-0,2	-1,1
2011	0,6	0,5	3,9
2012	-0,1	-0,5	1,4
2013	0,4	0,7	0,0
Durchschnitt:	**0,6**	**0,5**	**1,6**

Andererseits mag ein verkaufswilliger Investor es vorziehen, statt am Donnerstag erst am kommenden Dienstag zu verkaufen, denn bei einem Verkauf am Donnerstag bekäme er die Gutschrift erst viele Tage später, was einem Zinsverlust entspricht.

Psychologisch gesehen motiviert vermutlich die Freude auf das Osterfest und auf die freien Tage die Anleger zum Aktienkauf. Der Zusammenhang ist der gleiche, wie er bei den Wochentagen beschrieben wurde. Schlechte Stimmung und Optimismus schließen sich gegenseitig aus. Und Optimismus ist zum Kaufen von Aktien nun einmal unerlässliche Voraussetzung.

Ebenfalls sehr freundlich zeigt sich der letzte Handelstag vor Weihnachten. Er bringt im Durchschnitt einen Kursgewinn von 0,5 Prozent. Nur elf Vorweihnachtstage brachten fallende Notierungen. Auch vor Weihnachten lässt sich die vor Ostern angezeigte Strategie anwenden. Bei einem Kauf zwei Börsentage vor Weihnachten und einem Verkauf am Tag vor Weihnachten kurz vor Börsenschluss sollte mit einer Wahrscheinlichkeit von 78 Prozent ein Gewinn herausspringen.

Noch besser schneidet ein Aktionär ab, der zwei Tage vor Weihnachten gegen Börsenschluss kauft und am Tag nach Neujahr ebenfalls etwa gegen Börsenschluss verkauft. Diese Zeitspanne hat über die letzten 53 Jahre gemittelt einen Gewinn von 1,6 Prozent gebracht. Hierbei ließe sich über die Feiertage mit der vorher skizzierten Strategie mit einer Wahrscheinlichkeit von 85 Prozent ein Gewinn erzielen.

Wenn der Anleger nicht versuchen will, die geringen Kursunterschiede durch kurzfristiges Trading zu nutzen, sollte er sie dennoch bei anstehenden Käufen in der Weihnachtszeit beherzigen. Ebenso sollten

Verkäufe bis nach Neujahr aufgeschoben werden. Zur Erklärung dieses Sachverhalts lassen sich wieder die Argumente anführen, die auch schon bei der Betrachtung der Vorosterzeit angesprochen wurden: die Unregelmäßigkeit der Liquiditätszuflüsse und die Stimmung der Börsenteilnehmer.

Tage des Monats

Ebenso wie bei den Wochentagen ergeben sich auch bei den einzelnen Tagen des Monats signifikante Abweichungen von der erwarteten gleichmäßigen Verteilung von Tagen mit steigenden Kursen und Tagen mit fallenden Kursen. Es stellt sich heraus, dass sich die Tage um den Monatsultimo herum deutlich freundlicher präsentieren als die Tage in der Mitte des Monats. So ist der 2. für Aktien der beste Tag des Monats mit einem durchschnittlichen Kursgewinn – Börsenschluss am 2. des Monats gegenüber dem Vortag – von 0,26 Prozent. Ebenfalls gut sind der 1. und der 4. des Monats mit Kursgewinnen von 0,13 Prozent und 0,15 Prozent im Schnitt der letzten 53 Jahre. Das Monatsende mit dem 30. (+0,07 Prozent) und dem 31. (+0,18 Prozent) gehört ebenfalls zu der günstigen Zeit des Monats. Aus dieser Verteilung lässt sich wieder eine Erfolg versprechende Strategie ableiten: Wenn ein Börsenteilnehmer am 28. eines jeden Monats einen Aktienindex kauft und ihn am 8. des Folgemonats wieder verkauft, hat er wahrscheinlich eine Reihe freundlicher Börsentage getroffen. Der statistische Kursgewinn beträgt in dieser Zeitspanne ein Prozent.

Ein Anleger, der nicht kurzfristige Handelsstrategien mit dem DAX-Index ausführt, sondern Transaktionen für die langfristige Aktienanlage plant, sollte berücksichtigen, dass sich vor dem 26. eines Monats in der Regel gute Kaufkurse und nach dem 8. eines Monat gute Verkaufskurse ergeben.

Die Deutung dieser Verteilung von guten und schlechten Börsentagen lässt sich nicht so sehr mit der Stimmung als mit den gehäuft auftretenden Liquiditätszuflüssen um den Monatsultimo herum erklären. So wird vermutlich eine Aktienanlage eher am Monatsanfang getätigt, wenn frisches Geld auf das Konto kommt, oder am Monatsende, wenn noch Geld übrig geblieben ist. Dies gilt sowohl für den Privatanleger als auch für den professionellen Geldverwalter, wie zum Beispiel den Fondsmanager.

Durchschnittliche prozentuale Kursveränderung pro Monatstag

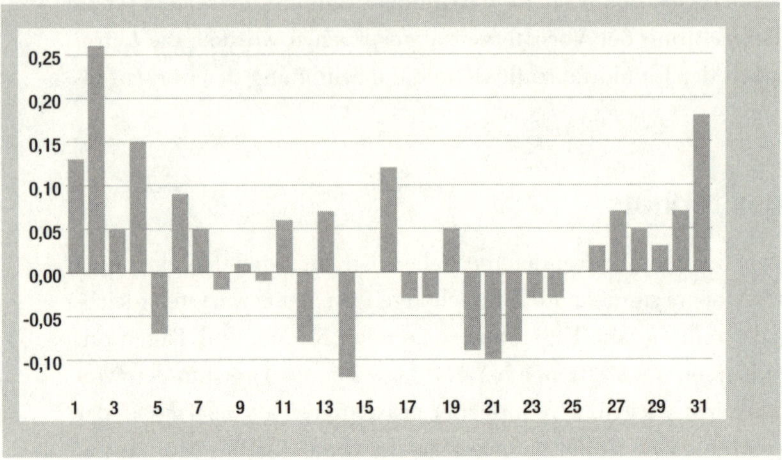

Monate

Die einzelnen Monate zeigen im langjährigen Durchschnitt eine deutliche Ausprägung steigender oder fallender Aktienkurse. Der März ist der freundlichste Monat des Jahres. Im März steigen die Aktien statistisch gesehen 1,4 Prozent. Dies mag damit zusammenhängen, dass zum Jahresanfang neues Geld für die Aktienanlage zur Verfügung steht, durch Prämieneinnahmen der Versicherungen zum Beispiel, durch Steuerrückzahlungen oder durch ausgeschüttete Zinsen von Anleihen. Auch wird der Jahresverlauf am Anfang des Jahres oft optimistischer gesehen als in seiner Mitte.

Der Januar und der April sind ebenfalls gute Monate für die Aktie: In beiden Monaten stiegen die Aktienkurse von 1962 bis 2013 im Mittel 1,2 Prozent pro Jahr und Monat. Die gute Stimmung des Jahresanfangs mag in die ersten Monate des Jahres hineinstrahlen und die zur Anlage bereitstehende Liquidität ist vielleicht noch nicht verbraucht.

Durchschnittliche prozentuale Kursveränderung pro Kalendermonat

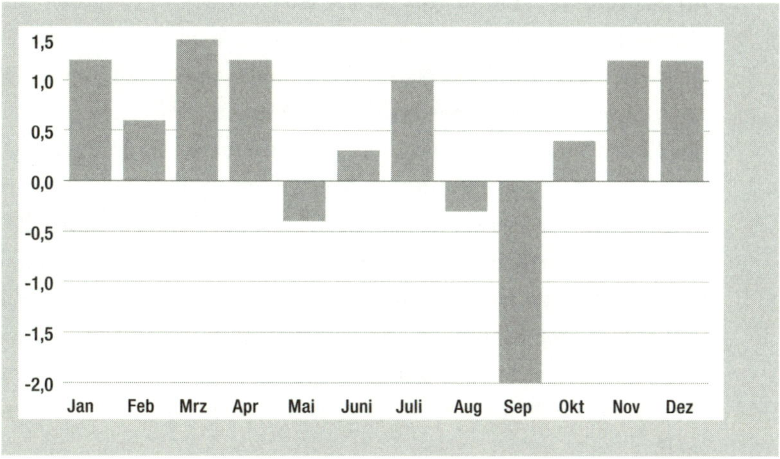

Im Mai geht den Aktienkursen dann langsam die Puste aus. Der Mai bringt einen Verlust von -0,4 Prozent. Im Juni und im Juli geht es dann in der Regel wieder leicht bergauf. Möglicherweise ist vor den Sommerferien noch Geld anzulegen oder die generell bei Sonnenschein vorherrschende gute Stimmung schlägt auf den Aktienmarkt durch. Im Spätsommer beginnen dann die Probleme. Der August zeigt sich mit -0,3 Prozent schon ein wenig unfreundlich, doch der Krisenmonat schlechthin ist der September. Im Mittel verlor man in der Vergangenheit in diesem Monat zwei Prozent. Die jüngste Vergangenheit liefert Beispiele für dieses Aktienkursverhalten. Die „Golfkriegsbaisse" des Jahres 1990 endete im September und der „Schlesingereinbruch" – die Deutsche Bundesbank leitete mit einer umstrittenen Leitzinserhöhung die bis dahin schwerste Rezession seit dem Krieg ein – von 1992 erstreckte sich über den September und den Oktober. Die Asienkrise von 1998 fand ebenfalls ihren Höhepunkt – und damit den Tiefpunkt der Aktienkurse – gegen Ende September.

Der November mit +1,2 Prozent und der Dezember mit ebenfalls +1,2 Prozent verschaffen den Aktien dann eine deutliche Erholung nach den Einbrüchen der vorangegangenen Monate. Der Oktober bildet mit +0,4 Prozent den Übergang von der stürmischen Septemberzeit zur fröhlichen Vorweihnachtszeit.

Wie kommt es zu den steigenden Kursen im März und den fallenden im September? Diese Rhythmik muss in der Psyche des Menschen begründet sein, denn äußerliche Ereignisse, auf die der Aktienmarkt reagieren könnte, sind ja über die 53 Jahre statistisch gleichmäßig verteilt, ohne Präferenz für bestimmte Monate. Möglicherweise handelt der Mensch gemäß dem ihm seit Jahrtausenden eingeprägten Rhythmus der Aussaat und der Ernte. Im März neigt er eher dazu, zu investieren und Aktien zu kaufen in der Hoffnung auf einen reichen Ertrag im späteren Jahresverlauf, entsprechend der Aussaat des Bauern. Im September dagegen ist die Zeit, die Ernte einzufahren und die Aktien zu verkaufen. Der Winter droht und die Ernte, sprich der Kursgewinn, muss für lange Zeit reichen. Im September wird nicht mehr investiert. Wer dann kein Haus hat, baut sich keines mehr, wie es bei Rilke so schön heißt.

Aus der oben gezeigten Grafik ergibt sich der mittlere Jahresgewinn aus der Summe der einzelnen Monate zu 5,8 Prozent. Diese 5,8 Prozent entsprechen der durchschnittlichen jährlichen Performance, also dem Gesamtertrag, den die Aktienanlage in den letzten 53 Jahren erbrachte.

Der hier verwendete DAX-Index ist ein Performance-Index, da er dividendenbereinigt ist: Bei der Berechnung des DAX wird angenommen, es würden von den ausgeschütteten Dividenden gleich wieder neue Aktien gekauft.

Der DAX wurde zwar erst 1988 eingeführt, aber von der Frankfurter Wertpapierbörse mit historischen Kursen zurückgerechnet. Aus diesem zurückgerechneten DAX ergeben sich dann die 5,8 Prozent als Gesamtertrag der Aktienanlage pro Jahr von 1962 bis 2013.

November-April

Aus der im vorigen Kapitel beschriebenen Tatsache, dass die Monate November, Dezember, Januar, Februar, März und April wesentlich freundlicher sind als die andere Hälfte des Jahres, Mai bis Oktober, lässt sich eine vielversprechende Strategie herleiten. Die Monate November bis April bringen 6,8 Prozent Gewinn, mehr, als das ganze Jahr an Erträgen liefert. Mai bis Oktober verlieren 1 Prozent. Das heißt, ein Anleger verpasst statistisch nichts, wenn er nur vom 1. November bis zum 30.

April investiert ist. Er vermeidet mögliche Gefahren eines Kurseinbruchs in der Zeit von Mai bis Oktober und kann sein Geld in dieser Zeit zinsbringend anlegen. Ferner muss auch hier, wie bei allen Strategien in diesem Buch, das Prinzip des „least exposure“ angewendet werden. Das heißt, bei gleichem statistischem Ertrag sollte immer die Strategie bevorzugt werden, die sich am wenigsten dem Aktienmarkt aussetzt. Mit anderen Worten, wenn der Anleger in sechs Monaten des Jahres 6,8 Prozent erzielen kann, warum soll sein Geld dann das ganze Jahr investiert sein für nur 5,8 Prozent?

Die Anlageempfehlung, am 1. November Aktien zu kaufen, sie am 30. April wieder zu verkaufen, bis zum nächsten 1. November zu warten, um wieder Aktien zu kaufen und so weiter, hätte sich in der Vergangenheit außerordentlich gut bewährt. So hätte diese Methode in den letzten 54 Jahren den Einsatz vervierzigfacht. Aus 1.000 D-Mark Ende 1959 wären heute 40.000 D-Mark geworden.

Die umgekehrte Strategie hätte in dieser Zeit Verluste eingebracht: Hätte ein Investor am 1. Mai 1960 Aktien gekauft, sie bis zum 31. Oktober behalten, dann verkauft, gewartet bis zum nächsten 1. Mai, dann wieder Aktien gekauft und so weiter bis heute, würde er heute mit 45 Prozent Verlust dastehen. Von den 1.000 D-Mark im Jahre 1960 wären heute nur noch 550 D-Mark übrig.

Natürlich gibt es Ausnahmen von dieser augenfälligen Struktur der Monatsverteilung. Im Jahr 1985 stiegen die Aktien von Mai bis Oktober von 865 auf 1.301 Punkte, also glatte 50 Prozent, und auch das Jahr 1988 lieferte im Sommerhalbjahr einen Kursgewinn von 25 Prozent. Der DAX stieg damals von 1.051 auf 1.310 Punkte. Doch in der Mehrzahl sind diese Monate für die Aktien von Übel, wie das Jahr 1987 zeigt. Auch 1990 und 1992 fielen große Kursabschwünge in diese Zeit: 1990 fielen die Aktien 23 Prozent von 1.843 auf 1.417 Punkte in der „Golfkriegsbaisse“ und 1992 fiel der DAX 15 Prozent von 1.728 auf 1.472 Punkte in der „Schlesingerbaisse“.

Jahre

Die einzelnen Jahre brachten unterschiedliche Ergebnisse an der Aktienbörse. Im Jahr 1985, dem freundlichsten Jahr seit 1960, legten die Kurse 66,6 Prozent zu. Es war das beste Jahr in den für die Börse goldenen Achtzigern. Es war geprägt von niedrigen Inflationsraten und fallenden Zinsen. Anlagealternativen verloren durch die fallenden Inflationsraten an Bedeutung. Die Immobilienpreise gaben nach und die Festgeldzinsen lagen bei vier Prozent.

Ähnliche Szenarien brachten 1993 mit 46,7 Prozent den dritthöchsten und 1983 mit 40,2 Prozent den vierthöchsten Gewinn. Zusätzlich kam 1983 sowie Ende 1993 die deutsche Wirtschaft gerade aus der Rezession. Auch 1988 und 1989 waren durch niedrige Inflationsraten und fallende Festgeldzinsen mit 32,7 Prozent und 34,9 Prozent außerordentlich günstig für den Aktionär.

Ähnlich gute Resultate lieferten vor 1980 nur 1967 mit 51,1 Prozent und 1975 mit 37 Prozent. Beide Male erholte sich die Wirtschaft gerade von einer Rezession. Die schlechtesten Jahre seit 1960 waren neben dem katastrophalen Einbruch 1987 mit -30,2 Prozent die Jahre 1966 mit -21,1 Prozent, 1970 mit -28,8 Prozent, 1973 mit -26,1 Prozent und 1990 mit -21,9 Prozent. Die letzten vier Verlustjahre waren allesamt geprägt von steigenden Inflationsraten, steigenden Zinsen und, dadurch hervorgerufen oder zumindest beschleunigt, einer sich ankündigenden Rezession. Ebenfalls ins Auge stechen die drei Verlustjahre 2000, 2001 und 2002, in denen der DAX sich fast viertelte und dabei die ganzen Gewinne der Internet- und Telekom-Euphorie der späten Neunziger wieder abgab. Das Jahr 2008, in dem die von den amerikanischen Immobilien ausgelöste Krise die Welt an den Rand des finanziellen Zusammenbruchs brachte, ragt mit -40,4 Prozent auffällig nach unten heraus.

Prozentuale Kursveränderung des jeweiligen Jahres

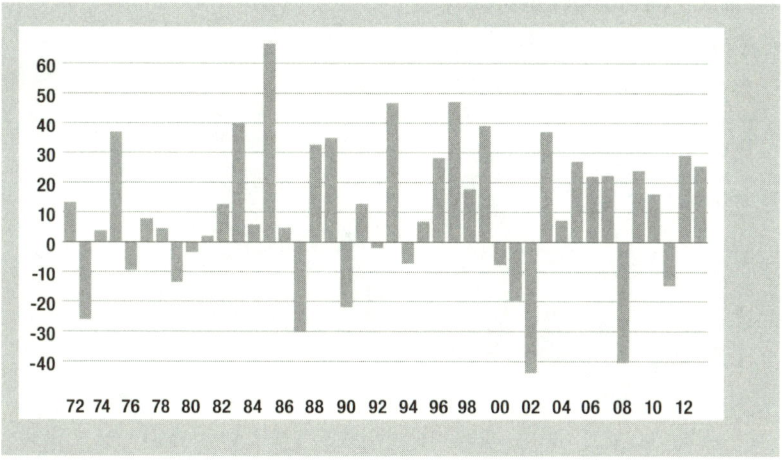

Der 10-Jahres-Rhythmus

Es fällt bei der Ordnung der Ergebnisse nach der Endziffer des Jahres auf, dass ein Jahr, das mit einer Fünf endet, statistisch gesehen besser abschneidet als die anderen Jahre. Im Mittel liefert ein Fünfer-Jahr 25,25 Prozent Kursplus. Auch die Jahreszahlen, die auf 1, 3 und 7 enden, brachten den Börsianern Glück. In diesen Jahren konnten Gewinne von etwa 20 Prozent eingefahren werden. Jahre mit einer der Endziffern 0, 2, 4, 6, 8 oder 9 liefern bei dieser Aufschlüsselung auf Dauer kein günstiges Resultat. Der Anleger, der nur in den Jahren mit den Endziffern 1, 3, 5 und 7 investiert war, hat von 1960 bis 2013 sogar ein besseres Resultat erzielt als derjenige, der die ganze Zeit deutsche Aktien in seinem Depot hatte. Wenn er sein Geld in den Jahren, in denen er nicht investiert war, verzinslich angelegt hätte, sähe die Bilanz noch besser aus. Ganz übel hätte es den erwischt, der sich für sein Investment die Jahre mit den Endziffern 0, 2, 4, 6, 8 und 9 ausgesucht hätte – er hätte Geld verloren.

Durchschnittliche jährliche Kursveränderung nach Jahresendziffer geordnet

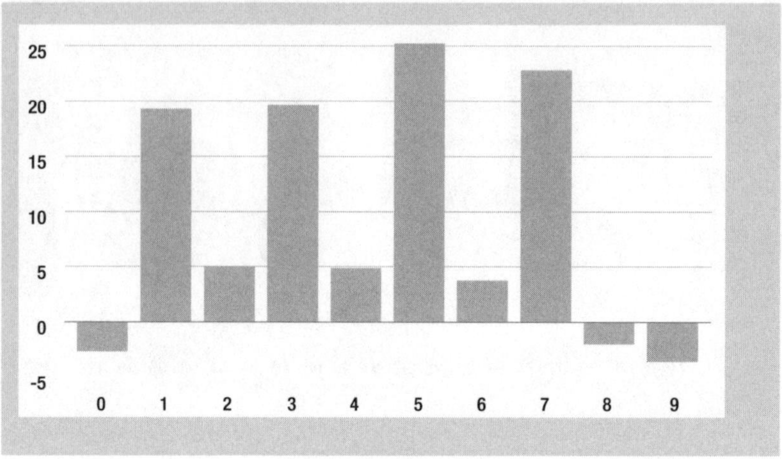

Der 4-Jahres-Rhythmus

Ein in den Vereinigten Staaten auftretender 4-Jahres-Rhythmus, der mit den alle vier Jahre stattfindenden Präsidentschaftswahlen zusammenhängen könnte, lässt sich auch in Deutschland nachweisen. So bringen die US-amerikanischen Wahljahre 1960, 1964, 1968, 1972, 1976, 1980, 1984, 1988 und so weiter in Deutschland im Durchschnitt einen Kursgewinn an der Börse von 7,2 Prozent. Besser noch sind die Vorwahljahre mit je 16,3 Prozent durchschnittlich. Auch die Nachwahljahre bringen noch einen Kursgewinn von 16 Prozent. Die Jahre dazwischen jedoch, zwei Jahre vor einer Wahl und zwei Jahre nach einer Wahl, auch „Midterm" genannt, bringen Verluste, und zwar -0,5 Prozent pro Midterm. Das Phänomen des freundlichen Vorwahljahres wird in den USA auf die Wahlversprechen der Kandidaten und die angesichts einer nahenden Wahl etwas lockerere Politik der amerikanischen Notenbank zurückgeführt. Diese Anomalie scheint mit der vorherigen der Jahresendziffern zusammenzuhängen. Die positiven Vor- und Nachwahljahre fallen mit den ungeraden Endziffern zusammen, sodass entweder die günstigen Endziffern 1, 3, 5 und 7 vom US-Wahlzyklus her stammen oder der US-Wahlzyklus gar nicht auf die US-Politik zurückgeht, sondern auf die Jahresendziffer. In jedem Fall ließ sich dieses Phänomen über 50 Jahre lang beobachten und sollte in Zukunft auch beachtet werden.

Durchschnittliche jährliche Kursveränderung nach US-Wahlzyklus geordnet

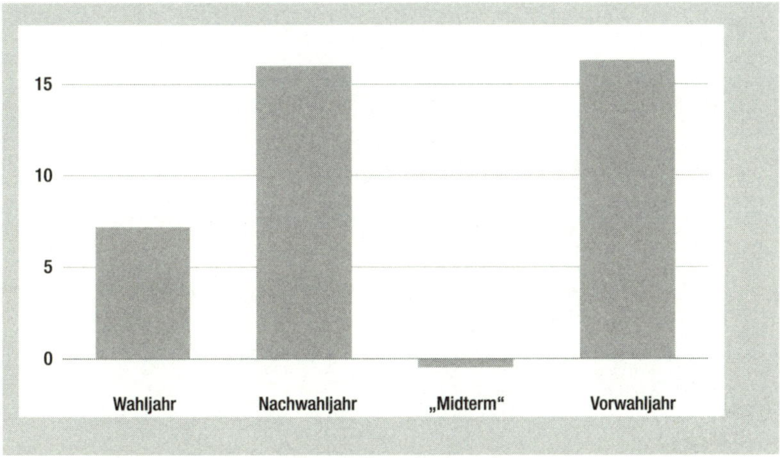

Die ersten fünf Tage im Januar

Als sehr hilfreich für eine Einschätzung des weiteren Verlaufs eines Börsenjahres erweist sich der „Die-ersten-fünf-Tage-im-Januar-Indikator“. Bei diesem Indikator wird aus dem Verlauf der ersten fünf Börsentage auf das Ergebnis des gesamten Jahres geschlossen. Sind die ersten fünf Tage gut, wird auch das Jahr gut, sind sie es nicht, so folgt ein schlechtes Börsenjahr.

In der Vergangenheit hat dieser Indikator in 74 Prozent der Fälle gestimmt. Die ersten fünf Tage sind also ein erster Hinweis auf zu erwartende Gewinne oder Verluste in dem soeben angefangenen Börsenjahr.

Der Januar-Indikator

Jahr	1. bis 5. Tag im Januar	Jahr	Indikator stimmte
1960	0,5	28,1	1
1961	-1,5	-8,4	1
1962	-3,1	-21,1	1
1963	-3,1	13,5	
1964	3,9	8,9	1
1965	2,9	-11,5	
1966	1,4	-21,1	
1967	0,9	51,1	1
1968	3,0	10,3	1
1969	0,7	12,1	1
1970	0,2	-28,8	
1971	6,3	6,8	1
1972	0,6	13,3	1
1973	3,5	-26,1	
1974	3,0	3,8	1
1975	3,9	37,0	1
1976	1,1	-9,6	
1977	2,8	7,9	1
1978	1,1	4,7	1
1979	2,1	-13,6	
1980	-0,6	-3,4	1
1981	1,9	2,1	1
1982	1,0	12,7	1
1983	0,9	40,2	1
1984	3,4	5,9	1
1985	2,7	66,6	1
1986	7,9	4,8	1
1987	-3,5	-30,2	1
1988	2,5	32,7	1
1989	2,4	34,9	1
1990	3,0	-21,9	
1991	-1,6	12,8	
1992	0,1	-2,0	
1993	-0,9	46,7	
1994	-2,5	-7,0	1

Jahr	1. bis 5. Tag im Januar	Jahr	Indikator stimmte
1995	-2,5	7,0	
1996	3,1	28,2	1
1997	0,6	47,1	1
1998	2,5	17,7	1
1999	7,8	39,1	1
2000	-0,7	-7,5	1
2001	-0,8	-19,8	1
2002	1,5	-43,9	
2003	3,5	37,1	1
2004	2,0	7,3	1
2005	1,4	27,1	1
2006	2,4	22,0	1
2007	1,7	22,3	1
2008	-2,7	-40,4	1
2009	1,5	23,9	1
2010	1,4	16,1	1
2011	0,5	-14,7	
2012	2,7	29,1	1
2013	0,7	25,5	1
Durchschnitt:			**74 Prozent**

Politische Indikatoren

2

Welche politische Partei gerade regiert, spielt eine Rolle für den Aktienmarkt. Es hat sich gezeigt, dass Zeiten mit einer CDU/FDP-Regierung besser für die Aktienbörse sind als Zeiten mit einer SPD/FDP-Regierung oder einem rot-grünen Bündnis. Die konservative Regierungszeit seit 1961 brachte 53,2 Prozent Kursgewinn je Wahlperiode, während SPD und Grüne nur mit 14,3-prozentigen Kursavancen bedacht wurden. Die zwei Regierungszeiten der Großen Koalition erwiesen sich als unergiebig für den Aktionär mit 2,6 Prozent pro Regierungszeit. Noch schlechter lief es zu Zeiten der sozialliberalen Koalition. Pro Wahlperiode mussten die Wertpapiere 1,5 Prozent abgeben.

Die signifikant bessere Börsenperformance der CDU/FDP-Zeit lag zum Teil daran, dass die Regierungszeit der Konservativen in ein internationales Umfeld mit niedrigen Inflationsraten, niedrigen Zinsen und international haussierenden Wertpapierbörsen fiel, während die SPD/FDP-Ära von zwei Ölkrisen mit anschließenden Rezessionen überschattet wurde. Außerdem legte auch das Parteiprogramm der CDU mehr Gewicht auf eine blühende Wirtschaft, während sich das SPD-Programm der damaligen Zeit mehr soziale Gerechtigkeit auf die Fahne geschrieben hatte. Die traditionelle Nähe zur Wirtschaft und die größere ökonomische Kompetenz spiegelten sich auch in der besseren Aktienkursentwicklung der jeweiligen Zeit wider.

Aktien bevorzugen eine konservative Regierung

Regierungsperiode	Aktienkurs-änderung in dieser Zeit	Regierung
17. September 1961 - 19. September 1965	-2,1	CDU/FDP
19. September 1965 - 28. September 1969	28,4	CDU/FDP
28. September 1969 - 19. November 1972	-6,6	CDU/SPD
19. November 1972 - 03. Oktober 1976	-3,7	SPD/FDP
03. Oktober 1976 - 05. Oktober 1980	-2,0	SPD/FDP
05. Oktober 1980 - 06. März 1983	17,5	SPD/FDP
06. März 1983 - 25. Januar 1987	114,0	CDU/FDP
25. Januar 1987 - 3. Oktober 1990	10,3	CDU/FDP
03. Oktober 1990 - 16. Oktober 1994	46,0	CDU/FDP
16. Oktober 1994 - 27. September 1998	120,2	CDU/FDP
27. September 1998 - 22. September 2002	-33,9	SPD/Grüne
22. September 2002 - 18. September 2005	62,6	SPD/Grüne
18. September 2005 - 27. September 2009	11,9	CDU/SPD
27. September 2009 - 22. September 2013	55,5	CDU/FDP

Der Tag nach der Wahl ließ früher Rückschlüsse auf den weiteren Kursverlauf in der neuen Regierungszeit zu. Von 1960 bis 1987 ließ sich anhand des Nachwahltages die Börsentendenz für die Regierungsperiode korrekt voraussagen. 1961, 1969, 1972 und 1976 fielen die Kurse am Tag nach der Wahl und auch nach Ablauf der Legislaturperiode lagen sie tiefer. 1965, 1980 und 1983 stiegen die Kurse am Tag nach der Wahl und lagen nach Ablauf der Regierungsperiode im Plus. Doch seit 1987 gilt dieser Zusammenhang nicht mehr. Von 1987 bis 2009 lief es genau umgekehrt. Dies ist ein Beispiel dafür, dass manche Zusammenhänge eher statistische Koinzidenzen als echte Kausalitäten darstellen. Alle Wahrscheinlichkeitsbetrachtungen müssen deshalb immer mit ein wenig Skepsis betrachtet werden.

Interessanterweise lässt sich kein Zusammenhang feststellen zwischen dem Kursverlauf des DAX-Index vier Wochen vor der Wahl und dem

Der Tag-nach-der Wahl-Indikator

Wahltag	Kursveränderung Tag nach der Wahl gegen Tag vor der Wahl	Sieger	Kursveränderung der gesamten Legislaturperiode	Prognose des Tages nach der Wahl stimmte
17. September 1961	-2,7	CDU/FDP	-2,1	ja
19. September 1965	0,6	CDU/FDP	28,4	ja
28. September 1969	-0,5	CDU/SPD	-6,6	ja
19. November 1972	-1,5	SPD/FDP	-3,7	ja
03. Oktober 1976	-1,9	SPD/FDP	-2,0	ja
05. Oktober 1980	1,1	SPD/FDP	17,5	ja
06. März 1983	2,8	CDU/FDP	114,0	ja
25. Januar 1987	-2,9	CDU/FDP	10,3	nein
03. Oktober 1990	-1,6	CDU/FDP	46,0	nein
16. Oktober 1994	-0,8	CDU/FDP	120,2	nein
27. September 1998	1,7	SPD/Grüne	-33,9	nein
22. September 2002	-5,0	SPD/Grüne	62,6	nein
18. September 2005	-1,2	CDU/SPD	11,9	nein
27. September 2009	2,8	CDU/FDP	55,5	ja

Ergebnis der Wahl. In den letzten vier Wochen vor dem Sieg der sozialliberalen Koalition 1972 stieg der DAX 3,2 Prozent. Auch verlor der DAX 1987 in den vier Wochen vor dem Sieg von CDU und FDP 6,1 Prozent. Vor dem Sieg der Konservativ-Liberalen 1990 verlor der DAX

Kann die Börse das Wahlergebnis vorhersehen?

Jahr	Veränderung in Prozent in den letzten		Sieger
	6 Monaten	4 Wochen	
1961	-7,7	-4,8	CDU/FDP
1965	3,7	3,2	CDU/FDP
1969	4,2	0,0	CDU/SPD
1972	0,0	3,5	SPD/FDP
1976	-7,7	0,0	SPD/FDP
1980	3,2	0,0	SPD/FDP
1983	14,8	10,0	CDU/FDP
1987	-3,3	-6,1	CDU/FDP
1990	-24,0	-9,2	CDU/FDP

gar 9,2 Prozent. Der Kursverlauf der letzten sechs Monate vor der Wahl gibt ebenfalls keinen Hinweis auf den kommenden Gewinner.

Das Fazit aus der Betrachtung der politischen Börsen ist, dass eine konservative Regierung für die Aktienanlage besser ist als eine sozialdemokratisch geführte.

Aus dem Börsenkursverlauf der vier Wochen vor der Wahl lässt sich das Ergebnis der Wahl nicht vorhersagen.

Wirtschaftliche Indikatoren

3

Der Lohnindikator

Dieser zuverlässige Langfristindikator mit einer Trefferquote von über 80 Prozent vergleicht den Lohnabschluss im öffentlichen Dienst mit der zu erwartenden Inflationsrate. Liegt der Lohnabschluss mehr als 1,5 Prozentpunkte über der Inflationsrate, prophezeit dieser sogenannte Lohnindikator eine Baisse, Abschlüsse darunter sind gut für die Aktienbörse. Warum dies so ist, lässt sich leicht nachvollziehen. Bei zu hohen Lohnzahlungen verstärkt sich der Inflationsdruck, den die Bundesbank dann mit höheren Zinsen zu bekämpfen sucht, was wiederum Gift für die Börse bedeutet. Umgekehrt bringen sinkende Zinsen aufgrund des nachlassenden Inflationsdrucks bei moderaten Tarifabschlüssen die Börse in Jubelstimmung. So brachten 1988 und 1989 Lohnabschlüsse etwa in Höhe der Inflationsrate die Aktienkurse 28 Prozent beziehungsweise 17 Prozent nach oben und die Jahre 1982 und 1984 mit Reallohn-Einbußen hatten regelrechte Haussen mit +32 Prozent und +37 Prozent zur Folge. Die Tariferhöhungen 1986 und 1987, die 3,4 beziehungsweise 3,2

Prozentpunkte über der Inflationsrate lagen, wurden mit -13 Prozent und -16 Prozent bei den Aktien quittiert.

Lohnerhöhungen, die zwei Prozentpunkte über der Teuerungsrate liegen, bringen im Durchschnitt einen Verlust von zwölf Prozent, Erhöhungen unterhalb der Teuerungsrate dagegen ein Plus von 15 Prozent.

Lohnerhöhung und Aktienkursentwicklung 1972 bis 1993

Jahr	Lohn in Prozent	Inflation in Prozent	Differenz in Prozent	Aktienkurse 1 Jahr später in Prozent	Indikator stimmte
1972	7,7	5,6	2,1	-6,0	j
1973	8,1	6,9	1,2	-15,0	n
1974	10,9	6,9	4,0	15,0	n
1975	5,8	5,9	-0,1	9,0	j
1976	3,4	4,4	-1,0	0,0	j
1977	5,0	3,6	1,4	9,0	j
1978	4,4	2,7	1,7	-4,0	j
1979	3,9	4,2	-0,3	-5,0	n
1980	5,6	5,4	0,2	0,0	j
1981	3,6	6,3	-2,7	1,0	j
1982	3,8	5,2	-1,4	32,0	j
1983	3,5	3,3	0,2	13,0	j
1984	1,0	2,4	-1,4	37,0	j
1985	3,2	2,0	1,2	41,0	j
1986	3,4	0,0	3,4	-13,0	j
1987	3,4	0,2	3,2	-16,0	j
1988	1,8	1,3	0,5	28,0	j
1989	1,9	2,8	-0,9	17,0	j
1990	3,5	2,7	0,8	-10,0	n
1991	5,9	3,5	2,4	-3,0	j
1992	2,7	4,5	-1,8	7,2	j
1993	5,6	4,1	1,5	14,1	j

In der Tabelle wird unter „Aktien 1 Jahr später“ die Veränderung des Aktienindex des Statistischen Bundesamtes angegeben. „1972 Aktien minus 6 Prozent“ heißt zum Beispiel, dass der Durchschnittskurs des Aktienindex des Statistischen Bundesamtes des Jahres 1973 sechs Prozent tiefer lag als der Durchschnittskurs des Jahres 1972. In den 22 Jahren von 1972 bis 1993 stimmte der Lohnindikator 18-mal.

So weit der Stand im Jahr 1993. Wie ist die Entwicklung nun nach 1993 weitergegangen? Konnte der Lohnindikator, der 1972 bis 1993 so zuverlässig mit 80-prozentiger Wahrscheinlichkeit die Aktienkursentwicklung des nächsten Jahres anzeigte, seine Treffergenauigkeit von 1994 bis zum Jahr 2013 beweisen? Nein, nur noch 65 Prozent der Kursentwicklung wurden vom Lohnindikator korrekt vorhergesagt.

Lohnerhöhung und Aktienkursentwicklung 1994 bis 2013

Jahr	Inflationsrate	Veränderung Bruttolöhne Deutschland	Differenz	Aktien im nächsten Jahr	Indikator stimmte
1994	2,9	4,0	1,1	7,0	j
1995	1,7	4,4	2,7	28,2	n
1996	1,4	2,8	1,4	47,1	j
1997	1,9	2,0	0,1	17,7	j
1998	1,0	2,5	1,5	39,1	j
1999	0,6	3,0	2,4	-7,5	j
2000	1,4	1,8	0,4	-19,8	n
2001	1,9	2,9	1,0	-43,9	n
2002	1,4	3,2	1,8	37,1	n
2003	1,0	3,1	2,1	7,3	n
2004	1,8	2,3	0,5	27,1	j
2005	1,9	2,0	0,1	22,0	j
2006	1,8	1,9	0,1	22,3	j
2007	2,3	2,6	0,3	-40,4	n
2008	2,8	2,8	0,0	23,9	j
2009	0,2	1,3	1,1	16,1	j
2010	1,2	2,8	1,6	-14,7	j
2011	2,5	2,5	0,0	29,1	j
2012	2,1	2,3	0,2	25,5	j
2013	1,6	2,0	0,4		
Durchschnitt					**65 Prozent**

Vor allem die Baissejahre 2001 und 2002 ließen sich nicht auf zu stark gestiegene Lohnkosten zurückführen und auch das schreckliche Jahr der Finanzkrise 2008 konnte man nicht vorher an der Lohnentwicklung 2007 ablesen. Trotzdem bleibt der Lohnindikator ein hilfreiches Instrument, aber Finanzkrisen oder das Platzen von Spekulationsblasen wie im Jahr 2000 entfalten sich offensichtlich unabhängig von den Lohnabschlüssen in Deutschland. Hinzu kommt, dass die großen DAX-Unternehmen mittlerweile Fertigungsstätten in aller Welt betreiben und so den Löhnen in Deutschland nicht mehr die gleiche Bedeutung wie früher zukommt.

Die Inflationsrate

Einer der wichtigsten Einflussfaktoren für die Bewertung des Aktienmarktes ist die Inflationsrate. Hierbei ist der Wirkzusammenhang so, dass eine hohe oder steigende Inflationsrate mit hoher Wahrscheinlichkeit eine verschärfte Geldpolitik der Bundesbank nach sich zieht mit dem Ziel, die Inflationsrate zu drücken. Eine niedrige, oder besser noch, eine fallende Inflationsrate dagegen eröffnet der Bundesbank Spielraum, die Zinsen zu senken, was wiederum dem Aktienmarkt doppelt zugute kommt: Erstens bedeuten niedrige Zinsen für Anleihen zum Beispiel eine vergleichsweise schlechtere Alternative zur Aktienanlage, zweitens werden viele Unternehmen auf der Fremdkapitalseite durch geringere Finanzierungskosten entlastet, was wiederum den Gewinnen der Firmen zugute kommt. Der Zusammenhang zwischen Inflationsrate und DAX lässt sich in der nachfolgenden Grafik eindrucksvoll zeigen. Die dargestellten Kurven des Aktienindex des Statistischen Bundesamtes und der Inflationsrate sind gegenläufig. Besonders fällt der starke Aktienanstieg von 1982 bis 1985 auf, der damit einherging oder dadurch ausgelöst wurde, dass die Inflationsrate von über sechs Prozent im Jahre 1982 auf null Prozent im Jahre 1985 sank.

Inflationsrate und DAX 1963 bis 1993

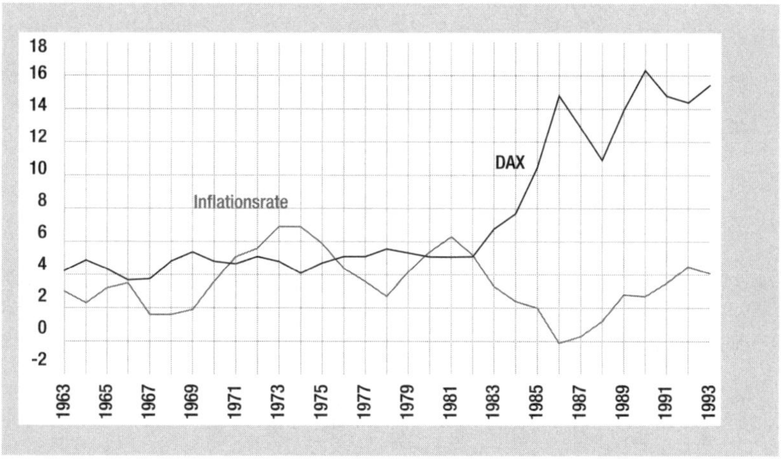

Der Auftragseingangs-Indikator

Zwischen der Veränderung des Auftragseingangs im verarbeitenden Gewerbe und der Aktienkursentwicklung lässt sich kein eindeutiger Zusammenhang feststellen. Ein hoher Auftragseingang zieht keine hohen Aktienkurse nach sich, sondern eher das Gegenteil. In den Jahren mit dem höchsten Auftragseingang, 1976 mit 13,5 Prozent und 1979 mit 10,9 Prozent, verlor die Börse 9,6 Prozent beziehungsweise 13,6 Prozent. Dies lässt sich so erklären, dass in Jahren, in denen die Wirtschaft mit hohem Auftragseingang gut läuft, Lohnforderungen entstehen, die die Inflationsrate nach oben treiben und somit die Bundesbank mit Zinserhöhungen auf den Plan rufen, um die Inflationserwartungen zu bekämpfen. So konnten in Jahren mit ermäßigten Auftragseingängen, etwa 1975 mit -1,8 Prozent und 1983 mit 4,4 Prozent, die Aktien 37 Prozent beziehungsweise 40,2 Prozent steigen. Sogar die mit -7,5 Prozent fallenden Auftragseingänge des Jahres 1993 hinderten den DAX nicht daran, 46,7 Prozent zuzulegen.

Auf der nächsten Seite sind die prozentualen Kursveränderungen des DAX und die Auftragseingänge im verarbeitenden Gewerbe aufgetragen. Es lässt sich erkennen, dass der DAX sich unbeeinflusst von der realen Auftragslage der Wirtschaft verhält.

Auftragseingang der verarbeitenden Industrie (Linie) und jährliche prozentuale Kursveränderung des DAX (Balken)

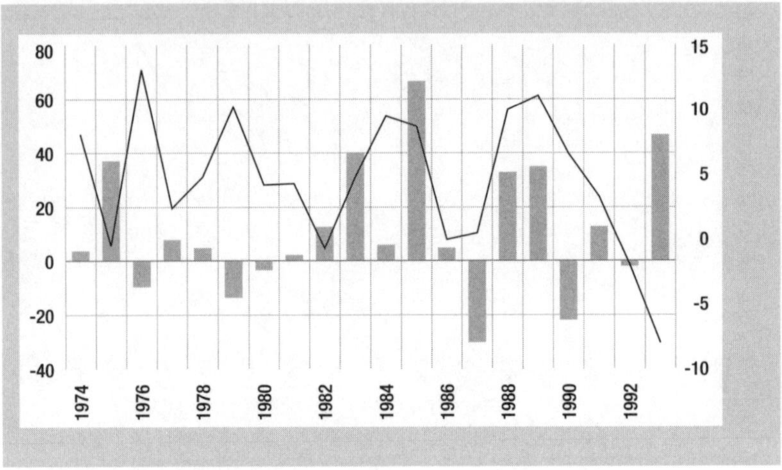

Der Währungsindikator

In der nachfolgenden Grafik ist der deutsche Aktienindex aufgetragen gegen den Außenwert der DM gegenüber dem Dollar. Dieser Außenwert der DM gegenüber dem Dollar entspricht dem Inversen des Dollarkurses in DM gemessen. Steigt der Dollar, fällt der Außenwert der DM und umgekehrt. Hierbei lässt sich feststellen, dass bei einem fallenden Außenwert der DM, somit bei steigendem Dollar, die Aktien in der Regel steigen, und dass bei einem steigenden Außenwert der DM, somit bei fallendem Dollar, die Aktien bevorzugt fallen. Dies erklärt sich dadurch, dass bei steigendem Dollar deutsche Firmen, die in Deutschland zu deutschen Kosten produzieren, beim Export durch einen steigenden Dollar mehr DM erlösen und somit den Gewinn steigern, was sich positiv auf den Aktienkurs auswirkt. Da ein großer Teil der deutschen Aktien, die im DAX vertreten sind, ausgesprochene Exportwerte sind, wird auch der gesamte Aktienindex durch die Bewegungen des Dollar beeinflusst.

So wird oft von einer Abwertungshausse gesprochen, wenn die Aktien aufgrund der fallenden eigenen Währung steigen. Die Industrieunternehmen werden wettbewerbsfähiger und profitabler, wenn die eigene Währung schwächer gegen die Währungen der Handelspartner tendiert.

Umgekehrt lässt ein sinkender Dollar die Erlöse aus Exporten in den Dollarraum schrumpfen.

Nun ist die Aktienkursprognose durch die Korrelation von Dollar und Aktien nicht viel einfacher geworden, denn der zukünftige Kurs des US-Dollar ist schwer vorherzusehen. Generell lässt sich jedoch sagen, dass sich eine gut laufende amerikanische Wirtschaft mit einem deutlich steigenden Bruttosozialprodukt längerfristig gut auf die deutsche Aktienkursentwicklung auswirkt. Ein steigendes Bruttosozialprodukt in Amerika bringt steigende Exporte deutscher Lieferfirmen mit sich, und der durch den hohen Kapitalbedarf des Booms zulegende Dollar sorgt zusätzlich für steigende Gewinne. Eine gute US-Wirtschaftslage sollte also durchaus noch für längere Zeit steigende Aktienkurse in Deutschland bringen.

Realer Außenwert der DM und DAX

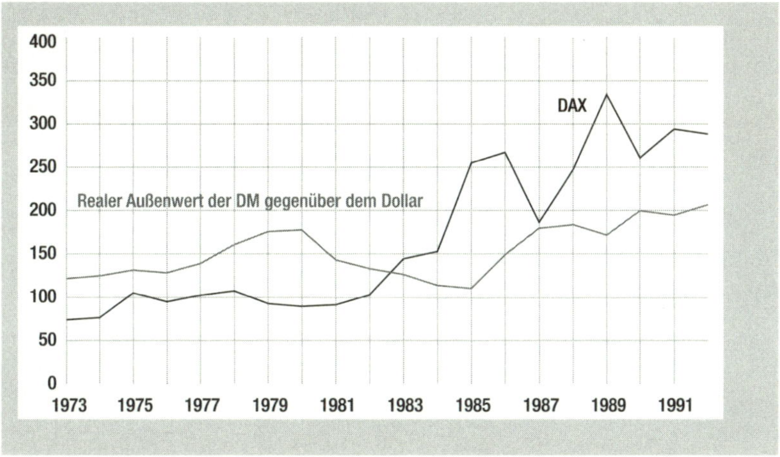

4 Stimmungsindikatoren

Das Put/Call-Verhältnis

Stimmungsindikatoren versuchen den Grad an Optimismus oder Pessimismus der Börsenteilnehmer zu messen. Das Put/Call-Verhältnis, der Quotient aus der Anzahl der gehandelten oder neu abgeschlossenen Verkaufs- und Kaufoptionen, ist ein solcher Stimmungsindikator. Wenn viele Puts, also Verkaufsoptionen, gehandelt werden, sind viele Anleger skeptisch, denn sie rechnen ja mit sinkenden Kursen. Werden viele Calls, also Kaufoptionen, gehandelt, herrscht Optimismus vor.

Vor 40 Jahren wurde von dem amerikanischen Börsenbrief-Herausgeber und Fondsverwalter Martin Zweig das Put/Call-Verhältnis als Stimmungsindikator und Prognoseinstrument entdeckt und erstmalig berechnet. Die zugrunde liegende Idee dabei ist einfach: Wenn zu viele Marktteilnehmer positiv gestimmt sind, haben diese in der Regel schon Aktien gekauft, es fehlt also an neuen Käufern, die die Kurse nach oben treiben könnten. Sind dagegen zu viele Börsianer negativ gestimmt, haben diejenigen von ihnen, die verkaufen wollten, bereits verkauft, und mögliche Käufer haben noch nicht zugegriffen. Es fehlt an weiterem Verkaufsdruck und die Aktien können wieder zu steigen beginnen. Wenn das Put/Call-Verhältnis eine bestimmte Größe überschritten hat, wird der Stimmungsindikator zum Kontraindikator. Zu viel Pessimismus spricht für steigende und zu viel Optimismus für fallende Aktienkurse in naher Zukunft. Aus der Grafik ergibt sich, dass das Put/Call-Verhältnis im langjährigen Vergleich 0,31 ergibt. Zahlen darunter zeigen überdurchschnittlich großen Optimismus und Zahlen darüber überdurchschnittlich großen Pessimismus an.

Aus der grafischen Übereinanderlegung von DAX und Put/Call-Verhältnis wird ersichtlich, dass tatsächlich bei hohen DAX-Kursen das Put/Call-Verhältnis niedrig ist und umgekehrt.

In der praktischen Anwendung dieses Indikators ergeben sich jedoch beträchtliche Schwierigkeiten. Wann ist Optimismus zu viel Optimismus? Wie tief muss also das Put/Call-Verhältnis fallen, bis eine Umkehr des Aktientrends erfolgt? Oft hält Optimismus an der Börse wochen- oder monatelang an.

Der Put/Call-Indikator sollte nur zusätzlich zu anderen Indikatoren benutzt werden. Für sich allein genommen führt seine Anwendung nicht selten in die Irre.

DAX und Put/Call-Verhältnis aus Aktienoptionen

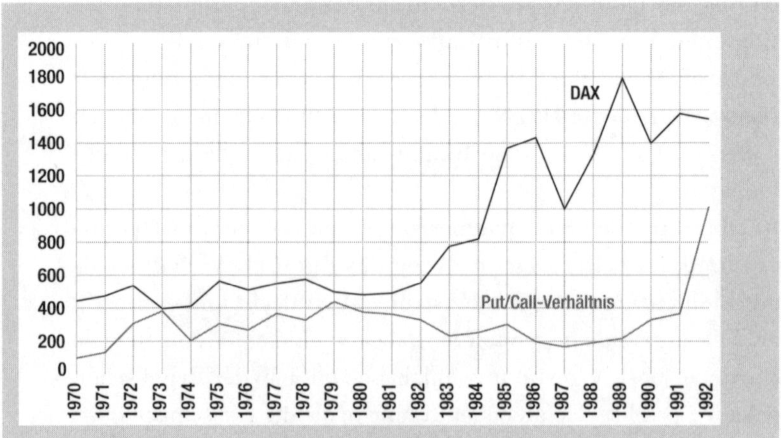

Das Put/Call-Verhältnis aus DAX-Optionen

In der vorangegangenen Grafik wurde das gezeigte Put/Call-Verhältnis aus neu abgeschlossenen Optionen auf die einzelnen Aktien berechnet. Nun sind auch Call- und Put-Optionen auf den DAX-Terminindex, Future genannt, seit August 1991 handelbar. Ein berechnetes Put/Call-Verhältnis aus den gehandelten Optionen auf den DAX-Future sollte ein exakteres Maß für den Optimismus werden, als es in den vielen Jahren zuvor das Put/Call-Verhältnis aus gehandelten Aktienoptionen war. Der DAX-Future war 1993 das beinahe am meisten gehandelte Instrument in Deutschland überhaupt, weswegen die Liquidität in DAX-Optionen größer ist als die in den einzelnen Aktienoptionen. So kommt es bei DAX-Optionen nicht, wie früher oft bei den Aktienoptionen, zu gestellten Geld- oder Briefkursen ohne Umsatz, weil entweder das Angebot oder die Nachfrage fehlte.

So zeigt nun dieses Put/Call-Verhältnis, berechnet aus den DAX-Optionen, wie in der nächsten Grafik zu sehen, dass es im Durchschnitt der zwei Jahre von August 1991 bis zum Juni 1993 mit 1,06 historisch gesehen sehr hoch war. Im Durchschnitt der Jahre 1970 bis 1993 allerdings, berechnet aus neu abgeschlossenen Aktienoptionen, betrug es nur 0,31. In der täglichen Darstellung des Put/Call-Verhältnisses ist zu sehen, dass in Zeiten tiefer Kurse das Put/Call-Verhältnis hoch ist und umgekehrt.

DAX und Put/Call-Verhältnis aus DAX-Optionen

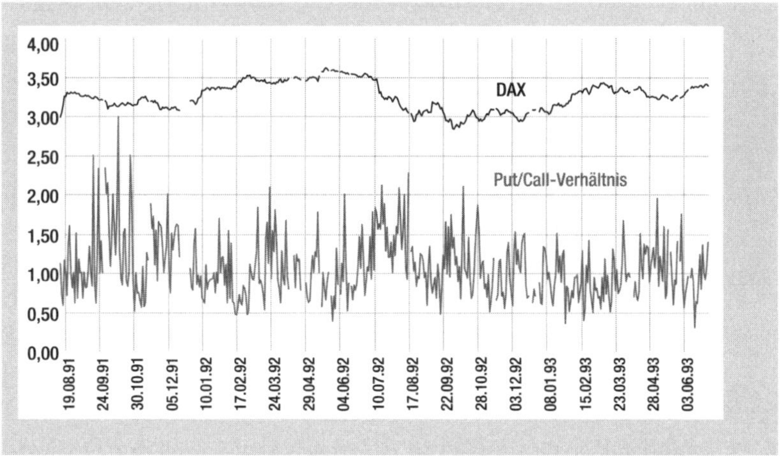

Das Put/Call-Verhältnis schwankte von August 1991 bis Juli 1993 zwischen 3,0 und 0,33.

Wenn der Anleger das Put/Call-Verhältnis nun als Indikator benutzt hätte, zum Beispiel einen Kauf bei einem Verhältnis von 2,0 oder größer und einen Verkauf bei 0,5 oder kleiner getätigt hätte, wäre das erste Kaufsignal am 23. September 1991 mit einem Put/Call-Verhältnis von 2,5 bei einem DAX-Stand von 1.614 erschienen. Ein Verhältnis von 0,5 am 5. November 1991 hätte sechs Wochen später bei einem DAX-Stand von 1.576 einen Verkauf nahegelegt. Das Resultat wäre ein Verlust von 2,4 Prozent gewesen. Das nächste Kaufsignal am 10. Dezember 1991 hätte bis zum nächsten Verkaufssignal am 19. Februar 1992 immerhin einen Gewinn von 8,7 Prozent ergeben. Vier weitere Kauf- und Verkaufssignale erschienen bis Juli 1993 und erzielten plus 4,5 Prozent, minus 0,2 Prozent, minus 4,8 Prozent und plus 5,6 Prozent.

Zusammengenommen ergab dies ein Plus von 11,8 Prozent in zwei Jahren. Der DAX selbst ist im gleichen Zeitraum jedoch 13,3 Prozent gestiegen. Das Beachten des Put/Call-Verhältnisses als Indikator hätte also nicht dazu verholfen, besser abzuschneiden als der DAX.

Auch eine Verwendung von anderen Auslöseleveln, etwa 1,8 für einen Kauf und 0,6 für einen Verkauf, oder die Verwendung einer geglätteten Kurve des Put/Call-Verhältnisses, führt nicht zu einer wesentlichen Verbesserung des Ergebnisses.

Das Put/Call-Verhältnis, so bestechend einfach und überzeugend es in der Theorie ist, lässt sich leider nur schwer in Börsenerfolg umsetzen. Das Problem ist, dass großer Optimismus, der als Verkaufssignal gilt, oft über Monate anhalten kann. Zum aktuellen „Timen“ von Börsengeschäften ist das Put/Call-Verhältnis wenig geeignet.

Es fällt auf, dass das Put/Call-Verhältnis wie andere Stimmungsindikatoren auch Optimismus signalisiert, wenn die Kurse oben sind, und Pessimismus, wenn die Notierungen am Boden liegen. Das verwundert nicht. Im Grunde ist der Pessimismus-Verlauf, den das Put/Call-Verhältnis zeichnet, das an der Zeitachse gespiegelte Bild des DAX. Er bringt keine neuen Informationen hinzu. Der DAX-Verlauf selbst ist ja nichts anderes als ein Chart des Optimismus. Wenn also der DAX gefallen ist und der Pessimismus groß ist, weiß ich nicht, ob der DAX weiter fällt und der Pessimismus noch größer wird. In der momentanen Stimmung liegt wie im aktuellen DAX-Stand keine Information verborgen, die auf die zukünftige Entwicklung hinweist.

Zins-
indikatoren

5

Der Diskontsatz

Die weitaus wichtigste Einflussgröße für den Aktienmarkt ist der Diskontsatz und besonders seine Veränderung. Der Diskontsatz ist der Zinssatz, zu dem sich Banken gegen Hinterlegung von Wechseln bei der Deutschen Bundesbank Geld leihen können. Die Bedeutung des Diskontsatzes zur Bestimmung des Geldmarktsatzes, also des Zinses, den Banken sich untereinander für Tagesgeld berechnen, hat allerdings im Laufe der Zeit abgenommen. Wichtiger für den Geldmarkt sind die zweiwöchentlichen Wertpapierpensionsgeschäfte der Deutschen Bundesbank. Hierbei legt die Bundesbank einen Zinssatz fest, der den Geldmarktsatz bestimmt. Dennoch bleibt der Diskontsatz, der fast immer etwas unter dem Tagesgeldsatz der Banken liegt, bis zur Einführung des Euro die meistbeachtete und besonders symbolhafte Messgröße für den Preis des Geldes. Mit der Einführung des Euro hat die Europäische Zentralbank die Verantwortung für die europäische Geldpolitik übernommen. Damit fungiert seitdem der Hauptrefinanzierungssatz als

Eckzins, nach dem sich alle Zinsen für kurzfristige Verbindlichkeiten richten.

Der Zins ist aus zweierlei Gründen die wichtigste Einflussgröße für den Aktienmarkt:

Erstens macht sich der Zins über die Höhe der Fremdkapitalkosten eines Unternehmens direkt in der Größe des Gewinns bemerkbar, und zweitens hängt die Bewertung einer Aktie von den möglichen Vergleichserträgen aus Anleihen oder Festgeld ab. So muss zum Beispiel eine Aktie mit einer Dividendenrendite von acht Prozent um 33 Prozent steigen, damit durch den Kursanstieg bei gleichbleibender Dividendenzahlung die Rendite auf sechs Prozent fällt. Ein Zinsabfall von acht Prozent auf sechs Prozent rechtfertigt eine 33-prozentige Höherbewertung des gesamten Aktienmarktes, ohne dass die jeweiligen Firmen mehr verdienen. Wenn dazu noch höhere Gewinne durch das Anspringen der Konjunktur dank der niedrigeren Zinsen hinzukommen, kann man sich vorstellen, welche Kraft sinkende Zinsen und ein sinkender Diskontsatz für den Aktienmarkt haben.

Den gleichen Einfluss im negativen Sinne hat ein steigender Diskontsatz auf den Aktienmarkt. Die steigende Rendite der Anlagealternativen Festgeld und Anleihen drückt die Bewertungshöhe der Aktie tiefer, und zusätzlich verschlechtert sich die Gewinnmöglichkeit der Unternehmen durch die höheren Finanzierungskosten und schlechteren Absatzchancen ihrer Produkte aufgrund der durch die Zinsanhebung nachlassenden Konjunktur.

Als Indikator für die langfristige Aktienkursentwicklung ist der Diskontsatz geeignet wie kaum ein anderes Hilfsmittel. Der Langfristanleger, der nicht viel Zeit mit Informationsaufnahme und Investitionsüberlegungen verbringen will, hat mit dem Diskontsatz beziehungsweise mittlerweile mit dem Hauptrefinanzierungssatz einen idealen Indikator zur Hand. Er lässt sich leicht im Auge behalten – einem Zeitung lesenden oder Nachrichtensendungen verfolgenden Anleger wird eine Leitzinsänderung kaum entgehen – und ist in seiner Prognosezuverlässigkeit außerordentlich wirksam.

Änderungen des Diskontsatzes 1959 bis 2014 beziehungsweise des Hauptrefinanzierungssatzes 1999 bis 2014

Jahr	Diskontsatz
	2,90
04. September 1959	3,00
23. Oktober 1959	4,00
03. Juni 1960	5,00
11. November 1960	4,00
20. Januar 1961	3,50
05. Mai 1961	3,00
22. Januar 1965	3,50
13. September 1965	4,00
27. Mai 1966	5,00
06. Januar 1967	4,50
17. Februar 1967	4,00
14. April 1967	3,50
12. Mai 1967	3,00
18. April 1969	4,00
20. Juni 1969	5,00
11. September 1969	6,00
09. März 1970	7,50
16. Juli 1970	7,00
18. November 1970	6,50
03. Dezember 1970	6,00
01. April 1971	5,00
14. Oktober 1971	4,50
23. Dezember 1971	4,00
25. Januar 1972	3,00
09. Oktober 1972	3,50
03. November 1972	4,00
01. Dezember 1972	4,50
12. Januar 1973	5,00
04. Mai 1973	6,00
01. Juni 1973	7,00
25. Oktober 1974	6,50
20. Dezember 1974	6,00
07. Februar 1975	5,50
07. März 1975	5,00

Jahr	Diskontsatz
23. Mai 1975	4,50
15. September 1975	4,00
12. September 1975	3,50
16. Dezember 1977	3,00
30. März 1979	4,00
13. Juli 1979	5,00
01. November 1979	6,00
29. Februar 1980	7,00
02. Mai 1980	7,50
27. September 1982	7,00
22. Oktober 1982	6,00
03. Dezember 1982	5,00
18. März 1983	4,00
29. Juni 1984	4,50
16. September 1985	4,00
07. März 1986	3,50
23. Januar 1987	3,00
04. Dezember 1987	2,50
01. Juli 1988	3,00
26. September 1988	3,50
20. Januar 1989	4,00
21. April 1989	4,50
30. Juni 1989	5,00
06. Oktober 1989	6,00
01. Februar 1991	6,50
16. September 1991	7,50
20. Dezember 1991	8,00
17. Juli 1992	8,75
15. September 1992	8,25
05. Februar 1993	8,00
19. März 1993	7,50
23. April 1993	7,25
02. Juli 1993	6,75
10. September 1993	6,25
22. Oktober 1993	5,75
18. Februar 1994	5,25
15. April 1994	5,00

Jahr	Diskontsatz
13. Mai 1994	4,50
03. April 1995	4,00
28. September 1995	3,50
18. Dezember 1995	3,00
22. April 1996	2,50
03. Mai 1999	2,00
03. Januar 2000	2,75
01. Mai 2000	3,50
04. September 2000	4,25
03. September 2001	3,75
07. Januar 2002	2,75
14. Oktober 2002	2,50
06. Januar 2003	2,00
13. Februar 2006	2,25
08. Mai 2006	2,50
17. Juli 2006	2,75
25. September 2006	3,00
18. Dezember 2006	3,25
19. Februar 2007	3,50
23. April 2007	3,75
11. Juni 2007	3,25
13. September 2007	4,00
31. März 2008	4,25
26. Mai 2008	3,75
17. April 2008	3,25
25. September 2008	2,50
13. Oktober 2008	2,00
24. November 2008	1,50
05. Januar 2009	1,25
23. Februar 2009	1,00
11. April 2011	1,25
14. November 2011	1,00
09. Juli 2012	0,75
06. Mai 2013	0,50
11. November 2013	0,25
05. Juni 2014	0,15
04. September 2014	0,05

Hätte ein Anleger 1962 bei einer erstmaligen Diskontsatzsenkung Aktien gekauft, sie bis zu einer Diskontsatzerhöhung gehalten, dann verkauft, gewartet bis zur nächsten Diskontsatzsenkung, dann wieder gekauft und so weiter, hätte er im Laufe der 31 Jahre bis 1993 einen Gewinn von 390 Prozent gemacht. Dieser Wertzuwachs ist erheblich höher als derjenige, der sich ergeben hätte, würde der Anleger 1962 Aktien gekauft und sie bis heute liegen gelassen haben. Die Kaufen-und-Halten-Strategie hätte im selben Zeitraum nur 200 Prozent Ertrag gebracht.

DAX und Diskontsatz

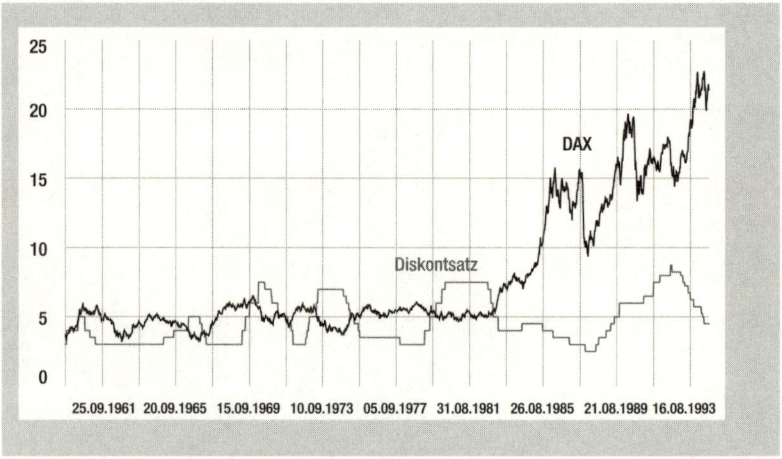

Sieben Kaufsignale hat es nach dem Diskontsatzindikator seit 1959 gegeben. Das erste Kaufsignal am 11. November 1960 erwies sich jedoch als Fehlsignal: Die Kurse fielen im Anschluss an die erste Diskonsatzsenkung. Das Resultat war ein Kursverlust von 15 Prozent beim Verkauf nach der ersten Diskontsatzerhöhung. Das zweite Kaufsignal dagegen brachte ein positives Ergebnis: 72 Prozent stiegen die Kurse der Aktien vom 6. Januar 1967, dem Tag der ersten Senkung des Diskontsatz nach drei Erhöhungen, bis zum 18. April 1969, dem Tag der ersten Erhöhung nach den vorangegangenen Ermäßigungen. Die weiteren Signale lieferten dann ebenfalls positive Ergebnisse. Dadurch, dass der Anleger nicht dauernd investiert ist, kann er das Geld in der Zwischenzeit verzinslich, zum Beispiel als Festgeld, anlegen und so ein noch besseres Resultat erzielen.

Zwei Wermutstropfen sind jedoch auch bei dieser Anlagestrategie zu vermerken. Die Bundesbank erhöhte den Diskontsatz am 29. Juni 1984 von vier Prozent auf 4,5 Prozent bei einem DAX-Stand von 763 Punkten. Sie senkte den Diskontsatz zehn Monate später wieder auf vier Prozent, der DAX war in der Zwischenzeit jedoch schon auf 1.030 Punkte gestiegen. Der Anstieg von 763 auf 1.030 Punkte fehlte also dem Anleger. Ebenfalls schlecht ist, dass der Indikator nicht vor dem großen Oktober-Crash warnte. Der Anleger war also voll investiert, als der DAX von fast 1.600 Punkten unter 1.000 stürzte.

Das erste Fehlsignal wird vermieden, wenn der Indikator erst nach der zweiten Diskontsatzsenkung auf Grün springt. Der Anleger ist dann sicherer, dass die Bundesbank auch wirklich auf Expansion umgeschaltet hat. In dem Fall, dass der Börsianer erst zwei Diskontsatzsenkungen vor dem Aktienkauf und zwei Diskontsatzerhöhungen vor dem Aktienverkauf abgewartet hätte, wären heute 430 Prozent Plus übriggeblieben. Die Methode, auf eine Signalverstärkung zu warten, hätte das Fehlsignal vom 29. Juni 1984 vermieden, doch in den anderen Fällen musste häufig durch das Abwarten zu etwas höheren Kursen gekauft werden.

Ein Abwarten der dritten Senkung vor dem Kauf bringt jedoch keinen Vorteil mehr.

Die Strategie, drei Senkungen vor dem Kauf und drei Erhöhungen vor dem Verkauf abzuwarten, ergab nur ein Plus von 325 Prozent.

Der Diskontsatz ist ein in jedem Fall zu berücksichtigender Indikator. Er kann leicht verfolgt werden und liefert ein besseres Ergebnis als das bloße Halten von Aktien.

Der Geldmarktsatz

Da der Diskontsatz relativ selten geändert wird, kann noch ein etwas feineres Maß für die Bundesbankpolitik zu Rate gezogen werden: der Geldmarktsatz. In ihm spiegelt sich der Zins für kurzfristiges Geld wider, zum Beispiel für den Tagesgeldsatz unter Banken. Er wird von der Bundesbank durch sogenannte Wertpapierpensionsgeschäfte gesteuert. Bei diesen Wertpapierpensionsgeschäften werden Gelder gegen Wertpapiere entweder im Mengentender- oder im Zinstenderverfahren den Geschäftsbanken zugeteilt. Beim Mengentender wird der Zins von der Bundesbank festgelegt und Kreditmengen, je nach den Geboten der Banken, zugeteilt. Beim Zinstender werden Kreditmengen festgelegt und, je nach Zinshöhe der einzelnen Gebote der verschiedenen Banken, die Gelder zugeteilt. Der zeitliche Verlauf des Geldmarktsatzes ist in obiger Grafik dargestellt.

DAX und Geldmarktsatz

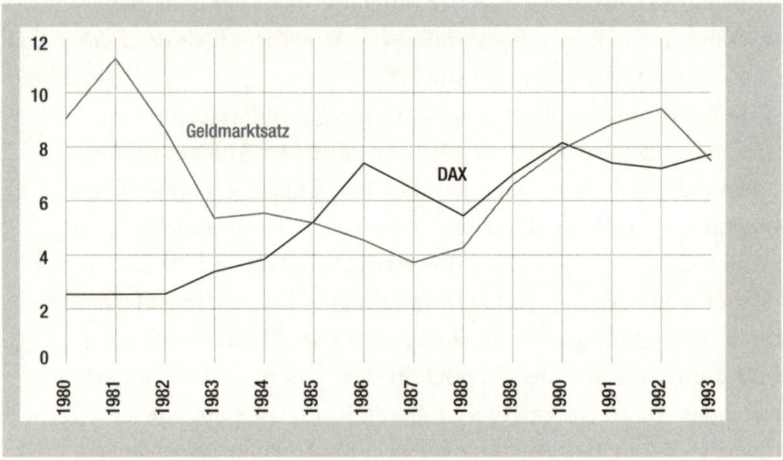

Hierbei gilt, wie beim Diskontsatz, dass fallende Zinsen gut für den Aktienmarkt sind.

Normalerweise sind steigende Geldmarktzinsen Gift für die Aktien, jedoch wurden im Jahre 1989 als einmalige Anomalie, aufgrund des sich abzeichnenden „Wiedervereinigungsbooms“, steigende Aktienkurse und steigende Geldmarktsätze beobachtet.

In der nachfolgenden monatlichen Grafik von Geldmarktsätzen und Aktienkursen zeigt sich, wie, mit Ausnahme des Jahres 1989, wieder steigende Zinssätze am Geldmarkt mit fallenden Aktienkursen einhergehen.

DAX und Geldmarktsatz (März 1989 bis September 1994)

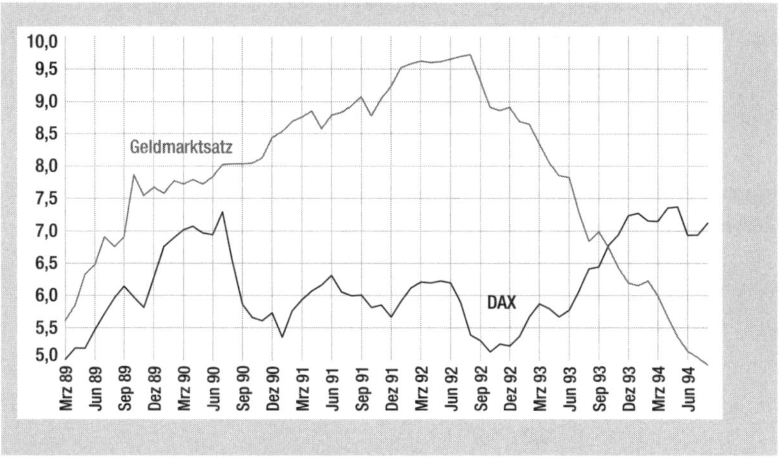

Der Zinsstruktur-Indikator

Die Zinsstruktur, aus der sich Rückschlüsse auf die Absichten der Bundesbank ziehen lassen, ergibt sich aus dem Vergleich der Zinshöhen verschiedener Laufzeiten von Schuldtiteln, insbesondere beim Vergleich des Geldmarktsatzes, das heißt des Zinses mit der kürzest denkbaren Laufzeit, mit der durchschnittlichen Umlaufrendite öffentlicher Anleihen. Liegen die Geldmarktsätze über den Zinssätzen der öffentlichen Anleihen, bremst die Bundesbank. Die dann entstehende Laufzeitstruktur der Zinssätze heißt invers. Invers deshalb, weil normalerweise die langfristigen Zinsen über den kurzfristigen liegen, denn eine längere Laufzeit beinhaltet immer eine größere Unsicherheit und ein höheres Ausfall- oder Inflationsrisiko.

Diese Bremsmanöver der Bundesbank gehen immer mit niedrigen Aktienkursen einher.

In Zeiten der inversen Zinsstruktur muss der Anleger auf einen günstigen Einstieg in den Aktienmarkt lauern. Die Zeiten, in denen die Geldmarktsätze fallen und sich somit die inverse Zinsstruktur abbaut, sind erfahrungsgemäß die besten Zeiten am Aktienmarkt.

In der nachfolgenden Grafik ist der Aktienkurs über der Differenz aus der Durchschnittsrendite öffentlicher Anleihen und dem Geldmarktsatz aufgetragen. Deutlich erkennbar ist die negative Differenz 1980 und 1981, die die damalige Bremspolitik der Bundesbank anschaulich macht. Mit der ab 1981 erkennbaren Lockerung der Zinspolitik – die Differenz wurde positiv – war auch rechtzeitig grünes Licht für den Aktienmarkt gegeben worden. Die Kurse stiegen steil an.

DAX und Differenz aus durchschnittlicher Umlaufrendite öffentlicher Anleihen und Geldmarktsatz

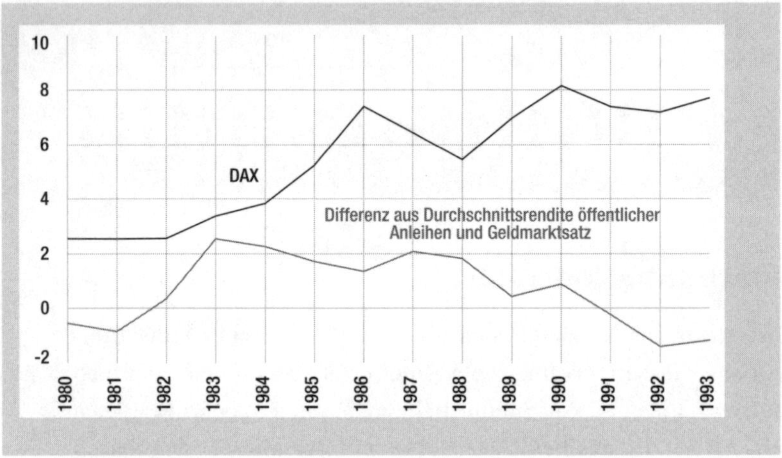

In der monatlich aufgelösten Grafik wird deutlich, dass im März 1993 die Differenz zwischen den Zinsen öffentlicher Anleihen und dem Geldmarktsatz mit minus zwei Prozentpunkten ihr Minimum durchschritten hatte. Bei einer sich anschließenden Normalisierung der Zinskurve sollten die Aktienkurse überdurchschnittlich steigen, was sie im Verlauf von 1993 dann auch taten. Im weiteren Verlauf des Buches werde ich auf diese Zinsdifferenz und ihre prognostische Wirkung, speziell in den USA, noch eingehen.

DAX und Differenz zwischen der Rendite öffentlicher Anleihen und dem Geldmarktsatz (monatlich aufgelöst)

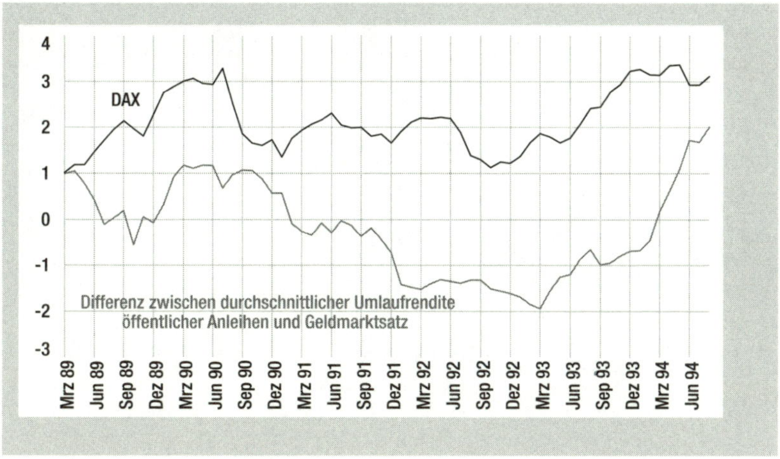

Der Aktienrendite-Indikator

Ein guter fundamentaler Indikator, der eine Einschätzung darüber zulässt, ob Aktien billig oder teuer sind, ist der Aktienrendite-Indikator. In der Zeit von 1980 bis 1992 schwankte die Dividendenrendite der Aktien inklusive der damaligen Körperschaftssteuer-Gutschrift zwischen 6,01 Prozent und 2,47 Prozent. Aktien scheinen billig, wenn ihre Dividendenrendite in der Größenordnung von vier Prozent liegt, und teuer, wenn sie nur mit 2,5 Prozent rentieren.

In der nachfolgenden Grafik lässt sich erkennen, dass 1980 und 1981 die Aktien, gemessen an ihrer Dividendenrendite, preiswert waren. In den darauffolgenden Jahren, bis 1985, stiegen sie dann auch fast 200 Prozent.

DAX und Aktienrendite

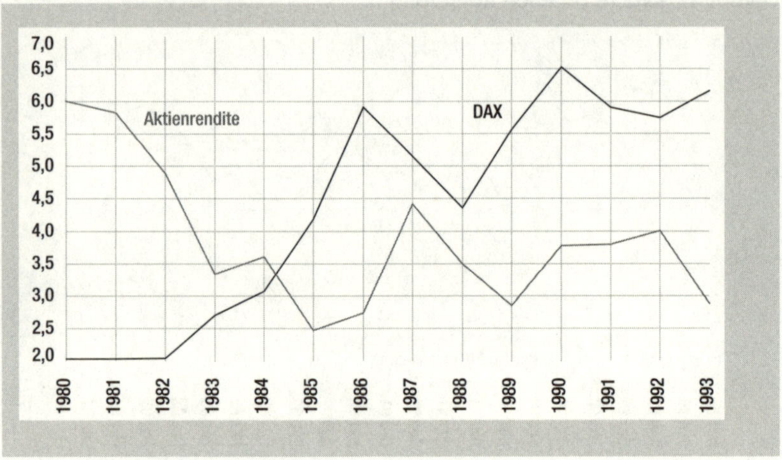

1985 und 1986 mussten sie dann auch als teuer eingestuft werden. Per saldo stiegen sie in den folgenden sechs Jahren nicht mehr.

Zwischenzeitlich, nach dem großen Börsenkrach 1987, waren die Aktien mit einer Rendite von über vier Prozent wieder billig. Danach waren sie nicht mehr als teuer einzustufen. Erst im März 1994 trat wieder eine Überbewertung auf. Die Aktienrendite sank auf 2,8 Prozent.

Der Bonitätsindikator

Ein weiterer zuverlässiger Langfristindikator, der seine Aussage aus fundamentalen Überlegungen bezieht, ist der sogenannte Bonitätsindikator. Dieser Indikator vergleicht die Rendite öffentlicher Anleihen, bei denen der Staat, die Länder oder die Kommunen die Schuldner sind, mit der Rendite von Industrieanleihen, die von großen Industriefirmen aufgelegt wurden. Diese Differenz schwankt zwischen 0 und 0,8 Prozentpunkten.

Ist diese Differenz 0, rentieren also Industrieanleihen, die von Firmen garantiert werden, genauso hoch wie öffentliche Anleihen, deren Schuldner zum Beispiel der Staat ist – der beste Schuldner im Land, den es gibt –, drückt das eine generelle Zuversicht hinsichtlich der Fähigkeiten der Industrieunternehmen aus. Diese Unbesorgtheit geht mit steigenden

Aktienkursen einher. Dieser Indikator verläuft träge, denn der Optimismus kann eine lange Zeit andauern.

Eine geringe Differenz zwischen Industrieanleihen und öffentlichen Anleihen kann für sich allein allerdings noch kein Kaufsignal sein. Diese geringe Differenz ist jedoch ein Signal für große Zuversicht. Ist andererseits diese Differenz groß, wie zum Beispiel 1986 und 1987 vor dem Börsenkrach mit 0,8 Prozent, ist das ein Warnsignal. Diese große Differenz zeigt steigendes Misstrauen der Anleger in die Möglichkeiten der Industrieunternehmen, die Zinsen zu bedienen, und ist somit ein negatives Zeichen für den Aktienmarkt.

DAX und Renditedifferenz zwischen Industrieanleihen und öffentlichen Anleihen

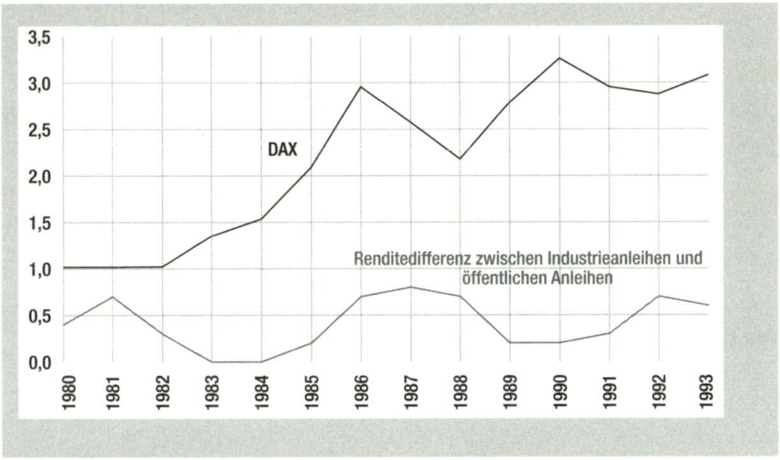

In der obigen Grafik lässt sich die Signalfunktion dieses Langfristindikators erkennen. Der große Optimismus 1982 und 1983 ließ die Aktienkurse noch zwei weitere Jahre steigen, bevor der Einbruch kam. Die Skepsis 1986, die sich in der hohen Differenz zwischen den Renditen der Industrieanleihen und der öffentlichen Anleihen niederschlug, warnte rechtzeitig vor drohendem Ungemach.

Der Börsenindikator

Aus den vier besten gefundenen Börsenindikatoren lässt sich ein Gesamtindikator zusammenstellen, der eine außerordentliche Treffsicherheit besitzt. Der Gesamtindikator berücksichtigt den Diskontsatz, die Inflationsrate, den Dollarkurs und die jeweilige Saison im Jahr. Wenn die letzte Diskontsatz-Änderung eine Senkung war, wird dies als Eins gewertet, war die letzte Änderung eine Erhöhung, bekommt der Indikator eine Null gutgeschrieben. Für die Inflationsrate gilt: Lag sie vor einem Jahr höher, gibt es eine Eins, lag sie gleich hoch oder tiefer, gibt es eine Null. Der Dollar wird umgekehrt gewertet: Ein höherer Dollar als vor einem Jahr zählt eins, ein gleich hoher oder niedrigerer null. Zuletzt wird ein saisonaler Faktor in den Gesamtindikator aufgenommen. Die Zeit vom 1. November bis zum 30. April bringt einen Punkt, die Zeit vom 1. April bis zum 31. Oktober null Punkte. Anschließend wird die Summe gebildet, die null bis vier betragen kann.

Steigt die Summe auf drei oder vier, signalisiert dies ein Kaufsignal, fällt sie auf eins oder null, muss dies als Verkaufssignal gewertet werden. Die Zwei wirkt als Ergebnis neutral. Gab es vor der Zwei ein Kaufsignal, bleibt dieses erhalten, gab es vorher ein Verkaufssignal, bleibt dieses in ebenfalls in Kraft.

Die Signale des Börsenindikators von 1962 bis 1992

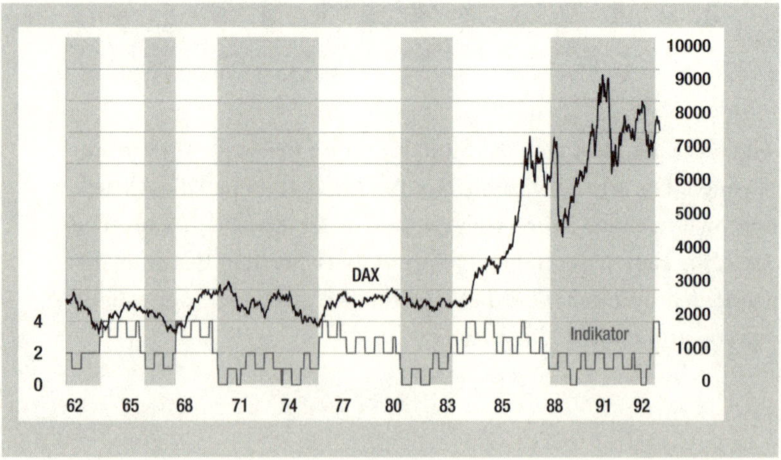

Mit diesem einfachen Indikator, den sich jeder Anleger leicht selbst ausrechnen kann, ließ sich in den 31 Jahren von Anfang 1962 bis Ende 1992 ein Gewinn von 790 Prozent erzielen. Das Kaufen von Aktien 1962 und Halten bis 1992 hätte demgegenüber nur 200 Prozent Gewinn gebracht.

Wenn der Anleger zwischen Verkaufssignal und erneutem Kaufsignal sein Geld zum jeweiligen Diskontsatz verzinslich angelegt hätte, wäre der Gewinn sogar 2.000 Prozent gewesen. Die Beachtung dieses einfachen und leicht berechenbaren Indikators hätte also das Anlageergebnis exorbitant gesteigert.

Wenn ein Investor wissen will, ob er Aktien kaufen soll, fragt er:

1. *Liegt der Dollar höher als vor einem Jahr?*
2. *Liegt die Inflationsrate niedriger als vor einem Jahr?*
3. *War die letzte Diskontänderung eine Senkung?*
4. *Liegt das Datum zwischen 1. November und 30. April?*

Sind mindestens drei dieser Fragen mit Ja zu beantworten, sollte der Anleger kaufen. In den letzten 30 Jahren hätte er mit dieser Methode sein Geld verzwanzigfacht. Ohne diese Methode, nur mit Aktienkauf und Abwarten, hätte sich sein Vermögen heute nicht einmal vervierfacht.

Auch nach der Entwicklung des Indikatormodells 1993 und seiner Erstveröffentlichung im Aktionärsmagazin *Bulle&Bär*, dem Vorläufer des heutigen *Der Aktionär*, hat der Börsenindikator unter realen Bedingungen sehr gute Ergebnisse erzielt. Die vier Einflussfaktoren, die sich herauskristallisiert haben, wirken tatsächlich auf die zukünftige Aktienkurshöhe ein. Der Zins, die Inflationsrate, der Dollarkurs und die Jahreszeit stehen sowohl in einem logischen als auch in einem statistisch nachprüfbaren tatsächlichen Zusammenhang mit der weiteren Kursentwicklung. Hätte ein Investor seit 1962 diese vier Einflussfaktoren beachtet, hätte also jeweils gekauft, wenn sie eine günstige Situation signalisierten, und bei einem Gefahrensignal verkauft und das Geld verzinslich liegen lassen, hätte sich sein Depot bis heute um den Faktor 766 vermehrt. Hätte er diese Punkte nicht beherzigt, sondern einfach nur 1962 deutsche Aktien gekauft und sie behalten, besäße er heute nur ein Vierzigstel davon.

Zusätzlich wäre er ein geringeres Risiko eingegangen. Im Durchschnitt war er nur die Hälfte der Zeit investiert gewesen. Es gab in diesen 52 Jahren zwölf Kaufsignale und elf Verkaufssignale. Nicht eine einzige dieser abgeschlossenen Transaktionen, Kauf und späterer Verkauf, lieferte ein negatives Ergebnis. Jede Investition lieferte einen Gewinn. Der Investor, der sich an diese vier im Börsenindikator zusammengefassten Punkte gehalten hat, hat nicht nur alle deutschen Aktienfonds, sondern auch Investorenlegenden wie Warren Buffett meilenweit hinter sich gelassen.

Seit 1996 wird dieser Börsenindikator in dem Börsenmagazin *Der Aktionär* regelmäßig verfolgt und dort wird auf seine Signale hingewiesen. Die Leser, die diesen Indikator in dieser Zeit beachtet haben, konnten ihren Depotwert um den Faktor 23 steigern, währen der DAX in diesem Zeitraum nur um 328 Prozent gestiegen ist.

Wie dieser einfache Indikator entstanden ist und wie man ihn berechnet, davon handelt das nächste Kapitel ausführlich.

Die Börsen-indikator--Strategie

6

Der Kursverlauf des DAX von 1962 bis heute

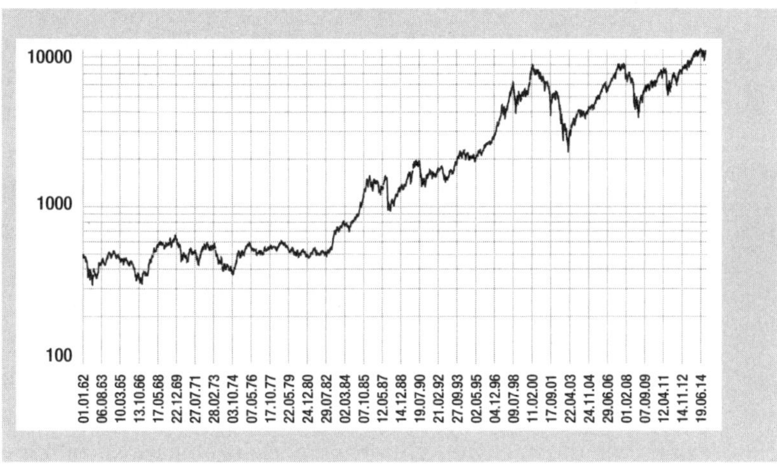

In obigem DAX-Chart fällt auf, dass von 1962 bis 1980 per saldo kein Kursfortschritt erzielt werden konnte, von 1980 bis zum Jahr 2000 ein steiler Kursanstieg mit einer Versechzehnfachung des Kurswertes folgte und vom Jahr 2000 bis heute weitere 20 Prozent Gewinn eingestrichen wurden.

Welche Rendite in der Vergangenheit mit einer Aktienanlage erzielt werden konnte, hängt also vom Beobachtungszeitraum ab. Ich wähle den längsten verfügbaren, für den es zurückgerechnete DAX-Kurse gibt, um über möglichst viele verschiedene Börsenphasen hinweg zu mitteln. Von Anfang 1962 bis heute, 2014, konnte sich der DAX verneunzehnfachen. Das klingt nach einem mächtigen Anstieg, doch 52 Jahre sind eine lange Zeit. Pro Jahr entspricht dies nur einem Zuwachs von 5,7 Prozent. Rechnet man noch die Inflationsrate ab, die im Mittel dieser Zeit 2,8 Prozent betragen hat, erhalten wir einen realen Ertrag von knapp drei Prozent pro Jahr. Die Aussicht auf einen Ertrag von drei Prozent nach Inflation wirft den Anleger nun nicht gerade um. Deshalb drehen sich die Gedanken der meisten Aktionäre darum, wie sich dieser zu erwartende Zuwachs steigern lässt.

Dabei ist die vorherrschende Meinung, dass man versuchen müsse, mit einer durchdachten Aktienauswahl das Ergebnis zu verbessern. Das Auf und Ab der Kurse könne man ja nicht vorhersehen und ein geschicktes Timing zur Steigerung des Ertrags sei deshalb quasi unmöglich.

Ich habe jedoch genau die gegenteilige Erfahrung gemacht. Der Versuch, durch eine gezielte Aktienauswahl den Gewinn zu maximieren, scheint mir ein fruchtloses Unterfangen zu sein. Als privater Investor muss ich gegen einen andauernden Informationsnachteil kämpfen. Viele andere gelangen deutlich eher an kursrelevante Nachrichten als ich und haben so vor mir die Möglichkeit, zu günstigeren Bedingungen zu kaufen oder zu verkaufen. Vor über 40 Jahren, als ich meine ersten Aktientransaktionen bei einer deutschen Großbank durchführte, war ich flüchtig bekannt mit dem mir zugeteilten Kundenberater. Er war bemüht, mir immer gute Tipps zu geben. Da in der Stadt, in der ich damals wohnte, mehrere große deutsche Unternehmen ihren Firmensitz hatten und die Bank Hausbank bei ihnen war, wusste mein Ansprechpartner oft exakt, wie die nächsten Unternehmensergebnisse ausfallen würden. „Sollen wir heute XY kaufen? Die kommen nächste Woche mit guten Zahlen", hörte ich oft von ihm. Auch wenn es mal irgendwo nicht so gut lief, wusste er frühzeitig Bescheid. Ich hatte ihn nie darum gebeten. Er wollte mir als Kunde einen Gefallen tun. Das war nach heutigen Maßstäben Insiderhandel. Informationen können einen geldwerten Vorteil darstellen. Mittlerweile ist Insiderhandel in Deutschland verboten. Damals war es legal und ich habe mir nichts dabei gedacht. Die Summen waren klein – ich war damals Student – und der Berater wurde einige Zeit später pensioniert. Die Informationsquelle war damit versiegt. Jedenfalls weiß ich seit damals, welchen Vorteil Informationen zur rechten Zeit ausmachen.

An der Börse handeln und dabei Informationen nutzen, die nicht allgemein zugänglich sind, wird zwar mittlerweile bestraft, aber der Nachweis dieses Vergehens ist außerordentlich schwierig. Wer war wann im Besitz welcher Information? Dies nachzuprüfen ist oft unmöglich. Der Anreiz ist zu groß, es geht um zu viel Geld, als dass man ausschließen könnte, dass Informationen genutzt werden. Großanleger wie Hedgefonds, Versicherungen oder Pensionskassen besitzen oft intensive Kontakte in die Vorstandsetagen oder Finanzabteilungen der großen Firmen.

Als langjährigem Beobachter der Kursbewegungen ist mir wieder und wieder aufgefallen, dass sich Kurse erst in eine Richtung bewegen und der Grund der Kursänderung sich erst später ergibt. Fakt ist einfach, dass es Personen gibt, die vor anderen in den Besitz von kursrelevanten Informationen gelangen, und dass sich Kurse bewegen, bevor diese Informationen allgemein zugänglich werden. Ich möchte niemandem etwas unterstellen, aber Informationen sickern einfach durch und der Kreis der Informierten wird mit der Zeit größer und größer. Deshalb halte ich es für schwierig bis unmöglich, sich durch geschickte Aktienauswahl auf Dauer einen Vorteil zu verschaffen, wenn man nicht über einen kurzen Draht in die Vorstandsetagen von Banken, Unternehmen oder Versicherungen verfügt.

Sich aus allgemein zugänglichen Informationen über einzelne Aktien etwas zu kombinieren, das alle anderen Börsianer schlägt, die sich ebenfalls aus allgemein zugänglichen Informationen etwas überlegen, ist auf Dauer aus meiner Sicht unmöglich. Ja ich habe sogar die Erfahrung gemacht, dass sich gerade diejenigen Aktien, die ich als aussichtsreich eingestuft hatte, unterdurchschnittlich entwickelt haben, und die, denen ich nicht viel zugetraut hatte, erfolgreich waren. Der Grund dafür ist, dass eine Aktie, die mir attraktiv erscheint, vermutlich auf die meisten anderen Börsianer auch interessant wirkt, da sie im Prinzip genauso denken wie ich. Von denen haben vielleicht viele schon gekauft. Deshalb ist eine aussichtsreich aussehende Aktie teurer, als sie wäre, wenn sie nicht so verlockend dastehen würde. Das attraktive Aussehen wird nicht nur an der Börse extra bezahlt. Deshalb steigt eine aussichtsreiche Aktie im weiteren Verlauf eher weniger.

Umgekehrt reizt eine Aktie, die ich als zu teuer und unattraktiv einstufen würde, die meisten anderen auch nicht, da sie mit denselben Informationen die gleichen Überlegungen anstellen wie ich. Dadurch sind viele Käufe ausgeblieben oder es haben sogar einige verkauft, weil sie in diesem Papier keine Chancen mehr sahen. So kommt es, dass eine Aktie, die unattraktiv aussieht, billiger ist, als sie wäre, wenn sie nicht uninteressant wirken würde. Dadurch hat sie Aufholpotenzial und entwickelt sich in der Regel besser.

Trotz ihres Informationsvorsprungs schaffen es aber selbst professionelle Geldverwalter in ihrer Gesamtheit im Mittel der Zeit nicht, den DAX zu schlagen. Wenn man ihre Anlageergebnisse grafisch aufträgt, erhält man eine Gauß'sche Glockenkurve. Die allermeisten liefern Resultate, die ungefähr dem prozentualen Wertzuwachs des DAX entsprechen. Einige wenige liefern ein deutlich besseres Ergebnis und einige schneiden spürbar schlechter ab.

Diejenigen, die in einem Jahr glänzen konnten, sind in der Regel im nächsten Jahr nicht wieder ganz oben. Auch die Schlechten haben mal ein gutes Jahr. All dies sieht nach einer rein zufälligen Verteilung der Anlageergebnisse aus. Selbst legendäre Anleger, die eine Zeit lang den Markt kontinuierlich schlagen konnten, geraten letztlich wieder in eine Pechsträhne, die ihnen ihre Anfangserfolge wieder wegnimmt. Der einst am meisten gefeierte Fondsmanager der USA, Bill Miller, Verwalter des Value Trust der berühmten amerikanischen Investmentgruppe Legg Mason, konnte den S&P 500 Index 15 Jahre lang schlagen. Seit 2007 hat er jedoch 34 Prozent gegen den Index verloren. Damit steht er nun nach 20 Jahren genau da, wo der Index auch steht. Inzwischen ist Bill Miller zurückgetreten. Sein Stern ist verblasst.

Es war mir schon früh aufgefallen und es hat sich im Laufe der 40 Jahre, in denen ich die Börse verfolge, bestätigt, dass auf Dauer mit einer geschickten Aktienauswahl kein Blumentopf zu gewinnen ist. Ferner ist in jüngster Vergangenheit noch ein Phänomen hinzugetreten, das die Suche nach der einen erfolgreichen Aktie noch aussichtsloser erscheinen lässt. In der Krise fallen alle Aktien. Wenn es bergab geht, wird nicht mehr unterschieden, ob eine Aktie gute Zukunftsaussichten besitzt oder nicht. Die Korrelation näherte sich in der jüngsten Vergangenheit öfter der Eins. Entweder alles stieg oder alles fiel. Gefördert wird diese Korrelation durch den Indexhandel. Werden ETFs verkauft, müssen von der Fondsgesellschaft alle im Index vertretenen Aktien verkauft werden. Mit der richtigen Aktienauswahl zu versuchen, etwas zu reißen, erwies sich als fruchtloses Unterfangen.

Deshalb war aus meiner Sicht der aussichtsreichere Weg zu versuchen, günstige Aktienphasen mitzunehmen und die gefährlichen zu vermeiden. Doch wie kann man die günstige Börsenzeit von der ungünstigen unterscheiden? An der Börse wird ja nicht zum Ein- oder Ausstieg geklingelt. Oder doch? Da man aus meiner Sicht mit der Aktienauswahl den DAX auf Dauer nicht schlagen konnte, sah ich als einzige Möglichkeit, dies zu bewerkstelligen, dass ich herausfinde, warum er manchmal steigt und manchmal fällt, und wie man dies möglichst vorhersehen kann.

Die erste Methode, die einem einfällt, aussichtsreiche von gefährlichen Börsensituationen zu unterscheiden, ist das eigene Gefühl. Bei manchen Kursverläufen und entsprechender Nachrichtenlage drängt sich die Empfindung auf, die Kurse müssten jetzt steigen. Zu anderen Zeiten sieht man Gefahren, befürchtet großes Unheil und verkauft. Diese Vorgehensweise ist aus meiner Sicht der sichere Weg in den Verlust. Ich habe immer wieder erlebt, dass, wenn ich glaubte, die Kurse müssten steigen und wir rosige Zeiten vor uns hätten, es bevorzugt bergab ging. Bekam ich hingegen Angst, dachte, nun geht alles den Bach hinunter, und verkaufte in Panik, war dies gerade der Tiefpunkt und von da an stiegen die Kurse. Der Grund dafür, dass gefühlsgesteuerte Börsenentscheidungen in der Regel zu Verlusten führen, liegt darin, dass die emotionale Grundausstattung der Menschen im Prinzip gleich ist. So wie bei einer einzelnen Aktie, die ich und damit die meisten anderen auch für aussichtsreich halten und die deswegen zu teuer ist und nicht mehr weiter steigt, verhält es sich auch mit dem Gesamtmarkt. Wenn ich denke, die Aussichten sind gut und die Aktien müssen jetzt steigen, denken dies die meisten anderen auch und haben zum Teil schon gekauft, und deswegen ist der Markt schon zu teuer und steigt nicht mehr. In einer Krise dagegen, wenn ich von Panik erfüllt verkaufe, haben dies viele andere auch schon getan, weil sie durch den bisherigen Kursverlauf genauso verängstigt sind wie ich und deswegen die Kurse schon viel tiefer sind, als sie wären, wenn alle keine Angst hätten. Deshalb steigen die Kurse im Anschluss bevorzugt.

Noch heute ist es so, dass dann, wenn ich glaube, es geht bergauf mit den Aktien, die Hausse ausbleibt, und wenn ich denke, die Kurse müssten in den Keller stürzen, sie im Anschluss bevorzugt klettern. Kursverläufe wecken Emotionen – steigende die Gier und fallende die Angst – und diese Gefühle verleiten die Anleger zu falschen Entscheidungen. Deshalb habe ich schon vor langer Zeit aufgehört, mich nach meinen eigenen Empfindungen zu richten. Ich habe mich auf die Suche nach nachprüfbaren statistischen Kriterien begeben, die mir eine größere Wahrscheinlichkeit für einen Gewinn als für einen Verlust versprechen.

Die erste Information, die ich hinzuzog, war der Kursverlauf des DAX selbst. Vielleicht konnte er mir Anhaltspunkte über seine weitere Entwicklung liefern. Vielleicht steckte ja in der Vergangenheit, dem Weg, den der Kurs bis zur Gegenwart zurückgelegt hatte, der Schlüssel zur Zukunft. Zunächst hantierte ich mit den bis dahin bekannten Regeln der sogenannten Charttechnik. Ich zeichnete mit Bleistift und Lineal Widerstandslinien, Unterstützungslinien, Trendkanäle, Flaggen und Wimpel in die Charthefte des Hoppenstedt Verlags.

Doch schon bald offenbarte sich die Schwierigkeit dieser Methode. Im Nachhinein konnte man immer passende Linien einzeichnen, aber an die in die Zukunft extrapolierten Linien wollten sich die Kurse einfach nicht halten. Wird eine Widerstandslinie nach oben durchbrochen, wertet die Charttechnik dies als Kaufsignal. Doch ebenso oft wie die Kurse nach einem solchen Einstiegssignal anstiegen, fielen sie auch wieder zurück. Die Charttechnik verfügt über einen Namen für diese Fehlsignale: Bullenfallen.

Einen statistischen Vorteil konnte ich aus der grafischen Arbeit nicht ziehen. Vor allem krankt die Charttechnik an einem mathematischen Problem: Durch zwei Punkte lässt sich immer eine Gerade zeichnen, aber dass drei beliebige Punkte auf einer Geraden liegen, ist eher unwahrscheinlich. In der Charttechnik wird in der Regel durch zwei Punkte eine

Linie gezogen und verlängert. Dass in der Zukunft noch einmal ein dritter Wendepunkt genau auf dieser Linie liegt, kommt so gut wie nicht vor.

Ich wollte der Sache noch genauer auf den Grund gehen. Um 1990 kamen die ersten erschwinglichen Heimcomputer auf den Markt, die in der Lage waren, eine größere Datenflut zu bearbeiten. Ich tippte also die zurückberechneten historischen täglichen DAX-Notierungen ab 1962 in die Tastatur. Ich besaß damit eine Excel-Datei mit fast 8.000 Zeilen, in jeder der mit Datum versehene DAX-Kurs eines Tages. Vor dem Jahr 1987, als noch keine fortlaufenden Indizes berechnet wurden, stellten die Börsenmakler nur einmal am Tag, so etwa um 12:30 Uhr, einen sogenannten Kassakurs für jede einzelne Aktie fest. Mit diesen Kursen wurde dann der Index berechnet. So gibt es vor 1987 nur einmal am Tag einen DAX-Kurs. Nach 1987 nahm ich den jeweiligen Schlusskurs eines Tages. Nun hatte ich den Verlauf des DAX von 1962 bis Ende 1992 im Computer. Ich konnte verschiedene Anlagestrategien mathematisch formulieren und vom Computer überprüfen lassen, ob sie in der Vergangenheit treffsichere Signale geliefert hätten.

Die saisonale Strategie

Tatsächlich ergaben sich auch, wie zu Anfang des Buches schon berichtet, bei der statistischen Aufschlüsselung der monatlichen Kursveränderungen Abweichungen, die über das normale Schwankungsmaß weit hinausgingen und eine darauf aufbauende Strategie sinnvoll erscheinen ließen.

Um den Jahreswechsel herum häuften sich die positiven Kursveränderungen. Die Monate November und Dezember lieferten von 1962 bis 1992 jeweils einen Gewinn von 0,6 Prozent, und Februar, März und April 1, 1,5 und 0,3 Prozent. Insgesamt konnte der deutsche Aktienmarkt von Anfang November bis Ende April pro Jahr 6,3 Prozent steigen, während er in den anderen Monaten zusammengenommen keinen Kursfortschritt erzielen konnte.

Da deutete sich bereits die erste sinnvolle Strategie an: An jedem 1. November Aktien kaufen und sie am folgenden 30. April wieder verkaufen. In den Sommermonaten kann sich das dann nicht in Aktien investierte Geld verzinsen. Hätte ich diese Strategie von Anfang 1962 bis

Ende 1992 verfolgt, hätte mein Depot einen Zuwachs von 400 Prozent erfahren. Der DAX stieg im gleichen Zeitraum nur 200 Prozent. Ich hätte den doppelten Ertrag wie die reine Aktienanlage erzielt und wäre dabei nur das halbe Risiko eingegangen, da ich ja nur die Hälfte der Zeit investiert gewesen wäre. In den übrigen Monaten hätte das Geld sicher, zum Diskontsatz verzinst, auf der Bank gelegen.

Der Saisonindikator 1962 bis 1992

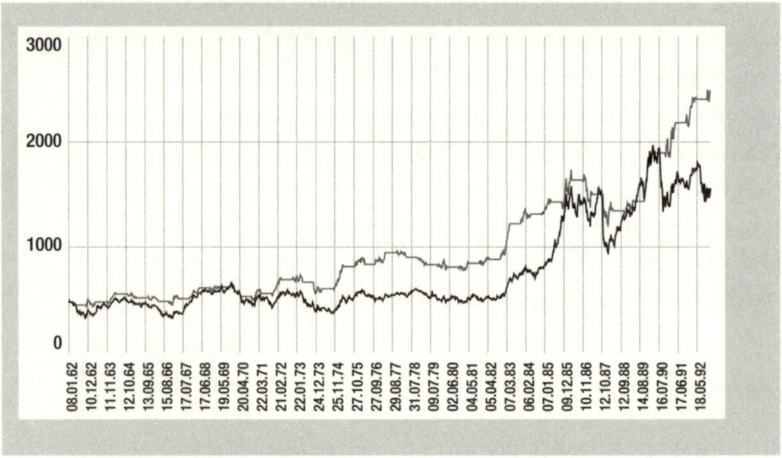

Die Dollarstrategie

Bei der Suche nach weiteren Einflussfaktoren, die kausal das Geschehen an den Aktienmärkten verändern, war ich auf den Dollarkurs gestoßen. Auch er wirkt auf eine der beiden Größen, die den Wert einer Aktie bestimmen, nämlich auf den Unternehmensgewinn. Der überwiegende Teil der im DAX vertretenen Unternehmen verkauft seine Waren und Dienstleistungen auch ins Ausland. Ein Teil davon wird in die USA exportiert. Bei einem gestiegenen Dollar ergeben die beim Verkauf der Waren erlösten US-Devisen zurückgetauscht in den heimischen Euro – oder entsprechend damals in die DM – einen höheren Wert.

Es können auch wegen der dadurch entstandenen größeren Gewinnmarge die Produkte in den USA günstiger angeboten und Marktanteile hinzugewonnen werden. Und es sind nicht nur die USA, die vom Euro-Dollar- beziehungsweise damals DM-Dollar-Wechselkurs betroffen sind, denn fast der gesamte Welthandel wird in Dollar abgerechnet. Wenn der Euro gegen den Dollar fällt, verliert er in der Regel auch gegen den Kanadischen Dollar, den Mexikanischen Peso, den Hongkong-Dollar, den Chinesischen Renminbi und so weiter.

Die deutschen Firmen erzielen sogar auf den innereuropäischen Märkten einen Exportvorteil durch einen gestiegenen Dollarkurs, da sie in anderen europäischen Ländern günstiger als außereuropäische Unternehmen anbieten können. Deren Produkte verteuern sich auch in Europa bei einem gestiegenen Wechselkurs. Ein gestiegener Dollar sollte sich also auf die zu erzielenden Unternehmenserlöse und damit auch auf den Unternehmensgewinn positiv auswirken.

In der Tat ließ sich ein statistisch signifikanter Zusammenhang zwischen der Bewegung des Dollarkurses und der weiteren Entwicklung der deutschen Aktienkurse zeigen. Eine Strategie, die diese Beziehung ausnutzt, konnte leicht formuliert werden. Ich hätte nur einmal im Monat, jeweils am Monatsanfang, den aktuellen Dollarkurs mit dem Wert von vor zwölf Monaten vergleichen müssen. Ein höherer Wert als ein Jahr zuvor hätte ein Kaufsignal bedeutet, ein gleich hoher oder niedriger ein Verkaufssignal.

Hätte ich dieses Verfahren von Anfang 1962 bis Ende 1992 angewandt und jeweils bei einem Kaufsignal deutsche Aktien gekauft und sie beim nächsten Verkaufssignal wieder verkauft und das Bargeld bis zum nächsten Kaufsignal auf dem Konto gelassen und so weiter, hätte sich mein Depotwert um 650 Prozent gesteigert, signifikant mehr als die 200 Prozent, die der DAX in dieser Zeit zulegen konnte. Zehn Transaktionen in 31 Jahren wären für diese Strategie nötig gewesen und ich wäre etwa in der Hälfte der Zeit in Aktien investiert gewesen, da der Dollar etwa in der Hälfte der Zeit höher notierte als ein Jahr zuvor.

Der Dollarindikator 1962 bis 1992

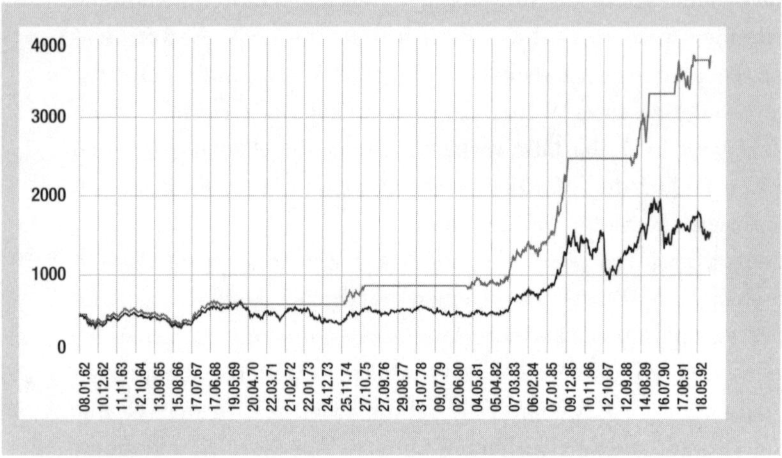

Die Zinsstrategie

Die Aufgabe der Europäischen Zentralbank besteht darin, die Geldwertstabilität zu gewährleisten. Sie muss versuchen, die Teuerungsrate etwa in der erstrebenswerten Höhe von zwei Prozent zu halten. Preissteigerungsraten, die deutlich über zwei Prozent hinausgehen, sind ungünstig, weil sie die Kaufkraft der Währung schmelzen lassen und die Sparguthaben der Bürger sich dann langsam entwerten. Außerdem sorgen zu hohe Inflationsraten für eine Fehlsteuerung des Wirtschaftssystems und eine Fehlallokation der Ressourcen. Kapital wird in unproduktive Sachwerte wie Gold, Land und so weiter investiert, statt in Arbeitsplätze schaffende Fabriken. Ist die Teuerungsrate zu niedrig, also nahe null oder darunter, ergeben sich ebenfalls Fehlanreize für die Wirtschaft.

Die Inflationsrate kann die Zentralbank aber nicht direkt steuern, da sich die Teuerungsrate aufgrund von Millionen von Transaktionen zwischen Kunden und Händlern ergibt. Sie kann sie nur indirekt durch die Veränderung des kurzfristigen Zinses beeinflussen. Mit dem Zins kann sie auf die Wirtschaftstätigkeit einwirken. Erhöht sie den Zins, dämpft dies mit einer Zeitverzögerung die Konjunktur, da der Zins nicht nur für Guthaben, sondern mit einem Aufschlag auch für die Kredite gilt.

Steigt der Zins spürbar an, rechnet sich möglicherweise für eine Firma eine angepeilte Investition nicht mehr und unterbleibt deshalb.

Auch ein geplantes Bauvorhaben eines privaten Bauherrn entfällt, weil er bei seiner Kalkulation der monatlichen Belastungen die hohen Zinsen nicht mehr tragen kann. Diese so durch die angehobenen Zinsen eingeleitete Wirtschaftsabschwächung wirkt sich dämpfend auf die Teuerungsrate aus, da Nachfrage ausbleibt. Dieser Zusammenhang zwischen Zinsen und Konjunktur ist nicht streng linear und auch nicht immer direkt vorhanden, doch stellt die erzwungene Wirtschaftsabschwächung die einzige Möglichkeit dar, einer zu hohen Inflationsrate Herr zu werden. Die Zentralbank nimmt bei der Inflationsbekämpfung also sinkende Umsatzerlöse der Firmen und in Folge eine ansteigende Arbeitslosigkeit wissentlich und billigend in Kauf, weil dies aus ihrer Sicht gegenüber dem befürchteten rasanten Kaufkraftschwund die kleineren Übel sind.

Der langfristige Zins, also die Rendite zehnjähriger Staatsanleihen, wird nicht durch die Notenbank bestimmt, sondern er bildet sich durch Angebot und Nachfrage. Er ist anders als die Tagesverzinsung ein Marktpreis und unabhängig von der Zinspolitik der Zentralbank. Allerdings ist die Zehnjahresrendite nicht unbeeinflusst von der Zinshöhe am kurzen Ende. Ein steigender Kurzfristzins geht oft mit einem anziehenden Langfristzins einher, denn beide Variablen reagieren auf dieselbe Schlüsselgröße, die Inflationsrate. Die steigende Teuerungsrate löst Zinserhöhungen der Notenbank aus und sie sorgt auch für höhere Renditen am Anleihemarkt, denn der Käufer eines festverzinslichen Papiers will am Ende der Laufzeit mehr Kaufkraft zurückbekommen, als er angelegt hat, sonst wäre es ja besser für ihn, gleich etwas zu kaufen. Deshalb ist für ihn der Kaufkraftschwund die entscheidende Größe zur Bewertung einer Investition in Anleihen. Im Mittel der Jahrzehnte hat sich eine Rendite der festverzinslichen Papiere von Inflationsrate plus zwei Prozentpunkte herausgestellt. Der reale Ertrag von Anleihen ist also im Mittel zwei Prozent. Dies entspricht ziemlich genau dem Produktivitätszuwachs von zwei Prozent, der im Mittel in den letzten hundert Jahren pro Jahr erreicht wurde. Anders ausgedrückt: Nur was zusätzlich erwirtschaftet wurde, kann auch an Zinsen ausbezahlt werden.

Es kann auch vorkommen, dass sich Kurzfristzins und Langfristzins gegenläufig entwickeln. Wenn die Notenbank die Zinsen erhöht, um die Inflation zu bekämpfen, kann der Anleger unter Umständen vermuten, dass dieses Unterfangen gelingen wird, er deshalb von eher nachgebenden Teuerungsraten in Zukunft ausgeht und die Anleiherendite damit sinkt.

Nun aber zurück zum Kurzfristzins, den die Europäische Zentralbank festlegt, zum Hauptrefinanzierungssatz. Wenn er angehoben wird, hat dies deutlich negative Konsequenzen für die Aktienbörse. Es führt zu einem Nachlassen der Wirtschaftstätigkeit, was ja der Zweck der Übung ist. Dies will die Notenbank ja herbeiführen. Eine Abkühlung der Konjunktur lässt bei den Unternehmen die Umsätze oder zumindest die Wachstumsraten der Umsätze sinken. Nicht mehr steigende oder sogar nachgebende Unternehmensgewinne sind die Folge. Unternehmensgewinne sind einer der beiden Bestimmungsfaktoren für die angemessene Aktienkurshöhe. Der Wert einer Aktie ist theoretisch die Summe aller zukünftigen anteiligen abgezinsten Unternehmensgewinne. Abgezinst deshalb, weil Erlöse in der Zukunft nicht so wertvoll sind wie aktuelle, denn Geld, das ich jetzt habe, kann sich ja bis in die Zukunft verzinsen. Fallende Unternehmensgewinne sollten sich also direkt in fallenden Aktienkursen niederschlagen.

Aus der obigen Definition des Wertes einer Aktie folgt auch, dass der Zins zusätzlich, außer über die Konjunktureintrübung, noch einen direkten Einfluss auf die Aktienkurshöhe besitzt. Ein steigender Zins lässt die zukünftigen abgezinsten Gewinne heute niedriger zu Buche schlagen. Zehn Euro, die ich im nächsten Jahr bekommen werde, sind bei einem Zins von fünf Prozent heute nur 9,52 Euro wert, denn bekäme ich die zehn Euro heute schon, könnten sie sich bis nächstes Jahr auf 10,50 verzinsen. Bei einem Zins von zehn Prozent sind die zehn Euro vom nächsten Jahr heute gar nur 9,09 wert, die vom übernächsten Jahr nur noch 8,26. Summiert man diese beiden Reihen in die Zukunft, ergibt sich bei einem Zins von fünf Prozent ein doppelt so hoher Wert wie bei einem Zins von zehn Prozent. Ein verdoppeltes Zinsniveau halbiert so theoretisch das Aktienkursniveau.

Was fehlte, war nun nur noch die Probe aufs Exempel. Ließen sich wirklich aus der Zinshöhe Rückschlüsse auf die jeweils zukünftige Aktienkursentwicklung ziehen? Ich probierte es aus. Damals hatten wir noch nicht den Euro. Die Rolle der maßgeblichen Zentralbank für die

DM wurde von der altehrwürdigen Deutschen Bundesbank ausgefüllt. Die Funktion des Schlüsselzinses besaß damals der Diskontsatz. Ich testete also folgende Strategie am historischen Datenmaterial der deutschen Aktien: Wenn die Deutsche Bundesbank den Diskontsatz erstmalig nach einer oder mehreren Erhöhungen gesenkt hat, habe ich zum nächsten Kassakurs die Aktien des DAX fiktiv gekauft und bei der nächsten ersten Erhöhung wieder verkauft. Nach dem Verkauf sollte dann das erlöste Geld bar liegen bleiben. Bei der nächsten ersten Senkung des Leitzinses würde es dann wieder investiert werden und so weiter. Ein Anleger, der diese Strategie von Anfang 1962 bis Ende 1992 verfolgt hätte, könnte sich am Ende über einen Vermögenszuwachs von 390 Prozent freuen. Die Kaufen-und-Halten-Strategie hätte nur ein Plus von 200 Prozent erzielt.

Der Zinsindikator 1962 bis 1992

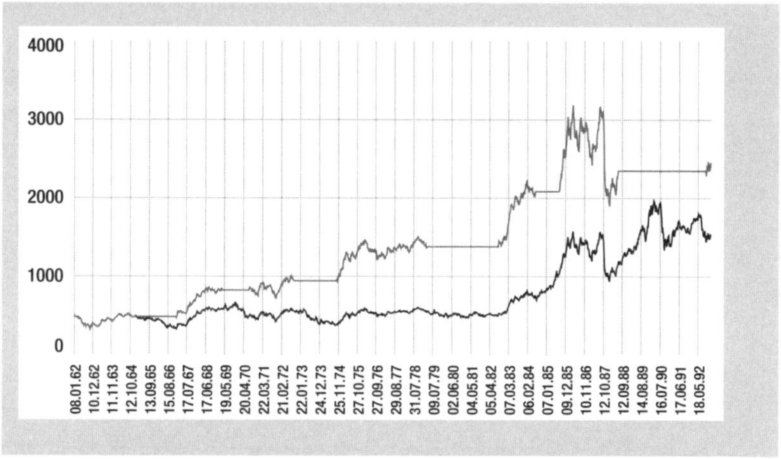

Damit hatte sich die Arbeit ja schon gelohnt. Ich hatte eine Strategie gefunden, die in der Vergangenheit einen doppelt so großen Gewinn geliefert hätte wie das bloße Kaufen von Aktien und Warten. Ferner wäre ich nur das halbe Risiko eingegangen, da ich ja nur etwa in der Hälfte der Zeit dem Aktienmarkt ausgesetzt gewesen wäre. Etwaige Kurszusammenbrüche mit negativen Vermögensfolgen hätten mich nur mit der halben Wahrscheinlichkeit erwischt. Die Strategie wäre auch leicht durchzuführen gewesen. In den 30 Jahren wären nur zwölf Transaktionen nötig gewesen. Den Diskontsatz zu verfolgen hätte auch keinen großen Aufwand bei der Datenbeschaffung bedeutet, denn die wichtigen Zinsentscheidungen wurden immer in den Abendnachrichten verkündet.

Die Inflationsstrategie

Da die Inflationsrate eine so wichtige Rolle bei der Zinsfindung der Notenbank spielt, wollte ich nun herausfinden, ob die Inflationsrate noch bessere Signale liefern kann als der Diskontsatz, quasi als Frühindikator für den Zins. Die Zinsentscheidungen der Notenbank sind ja abhängig von der jeweiligen Preisentwicklung. Ich kaufte also beim Statistischen Bundesamt die Jahreshefte, in denen penibel die verschiedenen Warenkörbe preislich verfolgt wurden, und tippte die Monatswerte der Teuerung in den Computer. Damals war die Datenbeschaffung noch nicht so einfach wie heute im Zeitalter des Internets und der globalen, sofortigen Verfügbarkeit von Informationen.

Wichtig für die Entscheider in der Deutschen Bundesbank für ihre Überlegungen war, ob die Inflationsrate im Anstieg begriffen war oder ob die Teuerung bereits nachzugeben begann. Die absolute Höhe war offensichtlich nicht so entscheidend. Bei einer sinkenden Rate waren sie bereit, die Zinszügel zu lockern, während sie sich bei einem Anstieg sorgten, die Inflation könnte außer Kontrolle geraten, und mit Zinserhöhungen zu bremsen versuchten.

Die zu untersuchende Strategie baute ich also so auf, dass eine Inflationsrate, die unter den Stand von vor zwölf Monaten gesunken war, ein Kaufsignal darstellte. Stieg sie danach wieder auf den Stand von dann einem Jahr zuvor oder darüber, wurde wieder verkauft. Und tatsächlich, der Inflationsindikator lieferte noch bessere Signale als der Diskontsatzindikator: 570 Prozent ließen sich mit dieser Strategie verdienen, statt 200 Prozent beim Kaufen und Halten und 390 Prozent bei Beachtung des Diskontsatzes.

Der Inflationsindikator 1962 bis 1992

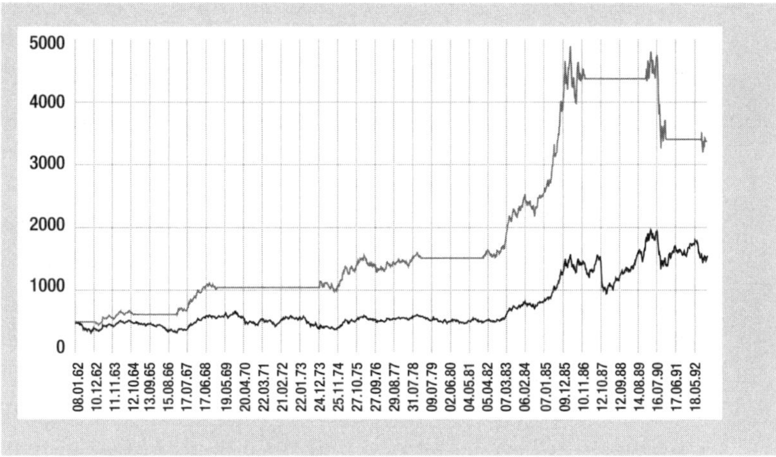

Der Anleger hätte sich also bei Beachtung der Inflationsrate über ein Plus von 570 Prozent gegenüber nur 200 Prozent ohne diesen Indikator freuen können.

Vertrauenerweckend an diesen beiden letzten Strategien schien mir vor allem, dass sie auf einem logischen Zusammenhang aufbauten. Eine Zinsänderung der Zentralbank nimmt kausal Einfluss sowohl auf die unmittelbare Bewertung einer Aktie über die abgezinsten zukünftigen Gewinne als auch indirekt und langsamer wirkend über die Konjunkturabkühlung und die damit verbundenen sinkenden Umsätze. Der Inflationsrate kann ebenfalls eine Urheberschaft an Aktienkursbewegungen zugeschrieben werden, da ihre Veränderung die Zinsentscheidungen der Notenbank maßgeblich beeinflusst.

Ich hatte damit nun vier Strategien zur Verfügung, von denen jede einzelne den DAX in der Vergangenheit deutlich geschlagen hätte. Dies bestärkte mich in meiner Ansicht, dass es sinnvoller ist, nach einem nachprüfbaren statistischen Vorteil zu suchen, als sich auf ein trügerisches Bauchgefühl oder mehrdeutige zweifelhafte Bleistiftlinien im Chartheft zu verlassen.

Die Börsenindikator-Strategie

Besonders erfreulich bei den vier gefundenen statistisch nachprüfbar wirkenden Einflussfaktoren, dem Zins, der Inflationsrate, dem Dollarkurs und beschränkt auch der Jahreszeit schien mir, dass tatsächlich ein kausaler Zusammenhang zwischen ihnen und der weiteren Entwicklung der deutschen Aktien bestand.

Bei der Frage, ob sich diese vier Vorgehensweisen noch optimieren ließen und welche der vier Strategien ich in Zukunft anwenden würde, tauchte die Idee auf, alle vier zu einem Indikator zu kombinieren. Ich könnte doch die vier Punkte einfach addieren. Jeder einzelne der vier Einflussfaktoren würde zur Summe beitragen, sofern er positiv für die weitere Aktienkursentwicklung zu werten wäre. Das Ergebnis läge also immer zwischen vier und null. Vier Punkte hieße also, die letzte Zinsänderung war eine Senkung, die Inflationsrate ist niedriger als ein Jahr zuvor, der Dollarkurs höher und die Jahreszeit günstig, also zwischen dem 1. November und dem 30. April. Vier und drei positive Punkte wären jeweils als Kaufsignal, null und ein Punkt als Verkaufssignal zu werten. Zwei Punkte wären demnach neutral und würden das zuletzt generierte Signal nicht ändern. Zu berechnen wäre der Indikator einmal im Monat, jeweils am Monatsanfang. Die dazugehörigen Daten wären leicht zu ermitteln gewesen. Über die aktuelle Inflationsrate, die einmal im Monat neu veröffentlicht wird, wie auch über die Zinsentscheidungen der Zentralbank wird in den Tageszeitungen berichtet. Die Jahreszeit klärt ein Blick auf den Kalender und der Dollarkurs sowie der Wert des Vorjahres lassen sich mithilfe des Internets leicht feststellen.

Der Test am historischen Datenmaterial lieferte dann das gewünschte Ergebnis. Die so entstandene Börsenindikator-Strategie zeigte ein Resultat, das besser war als jedes der vier einzelnen Indikatoren, aus denen sich der Börsenindikator zusammensetzt.

Von 1962 bis 1992 hätte die Börsenindikator-Strategie dem Anleger einen Gewinn von 790 Prozent beschert, statt der 200 Prozent, die der DAX im gleichen Zeitraum gestiegen war. Fast viermal so viel Gewinn wie der DAX und das mit dem halben Risiko, denn die Börsenindikator-Strategie war nur etwa in der Hälfte der Zeit überhaupt investiert.

Die Börsenindikator-Strategie 1962 bis 1992

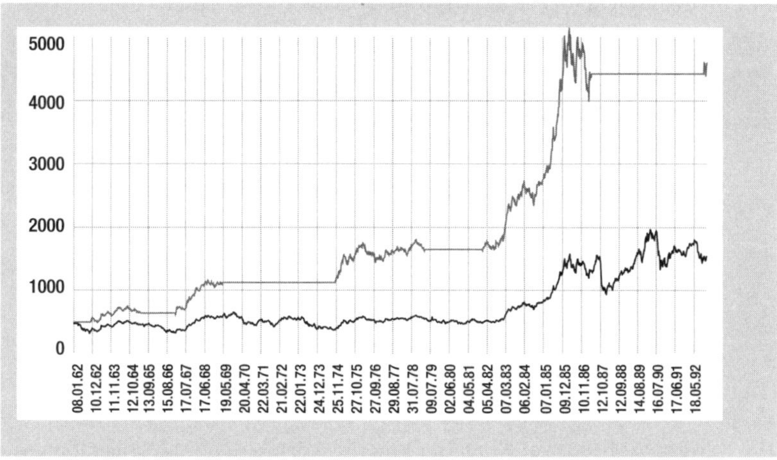

Neun Signale kamen in den 31 Jahren zustande. Und wenn man sich anschaut, in welchen ungünstigen Marktphasen der Börsenindikator nicht investiert war, sieht man, dass er diese auch genau aus den richtigen Gründen gemieden hat. Zum 1. Mai 1969 erschien ein Verkaufssignal, weil die Jahreszeit auf ungünstig gedreht hatte, zuvor schon die Deutsche Bundesbank am 18. April den Diskontsatz von drei auf vier Prozent erhöht hatte, die Inflationsrate im Steigen begriffen und der Dollarkurs in den Sinkflug übergegangen war. Bis Ende 1974 stiegen Zinsen und Inflationsrate und fiel der Dollar. Für die Aktien war diese Zeit verheerend. Der DAX verlor 40 Prozent seines Wertes. Steigende Zinsen und fallender Dollar bedeuteten Gift für die Börse. Die Börsenindikator-Strategie hatte sich in der Zeit genau wegen dieser Punkte vom Aktienmarkt ferngehalten.

Von Ende 1974 bis Anfang 1979 ging die Inflationsrate vorübergehend zurück und mit ihr sanken auch die Zinsen. Die Börsenindikator-Strategie war deshalb investiert und nahm den Gewinn von 42 Prozent mit.

Anfang des Jahres 1979 begann die Inflationsrate, ausgelöst durch explosionsartig angestiegene Ölpreise wegen eines Nahost-Krieges, wieder anzusteigen. Gleichzeitig drohte die US-Währung ins Bodenlose zu stürzen, weil in Amerika die Teuerung noch viel stärker anzog, mit

Preissteigerungsraten von über zehn Prozent. Der Börsenindikator gab rechtzeitig das Ausstiegssignal zum 1. Mai 1979.

Die Inflationsrate schien danach in Deutschland und Amerika außer Kontrolle zu geraten. Die USA erlebten in der Spitze eine Rate von 15 Prozent. Nachdem die Versuche des damaligen US-Präsidenten Carter, der Teuerung mit Preiskontrollen Herr zu werden, fehlgeschlagen waren, unternahm der neue US-Notenbankchef Paul Volcker den Versuch, mit stark steigenden Kurzfristzinsen der Wirtschaft eine Rezession aufzuzwingen. Mit einem Satz von 21,5 Prozent wurde die Nachfrage so geschwächt, dass die Preissteigerungsraten zu fallen begannen.

Das Experiment war geglückt, die Inflationsrate fiel danach jahrelang zurück. Das goldene Zeitalter der Amerikaner war damit eingeleitet. Gleichzeitig sorgte der neue US-Präsident Ronald Reagan für die richtigen politischen Entscheidungen, kürzte die Staatsausgaben und senkte den Einkommensteuersatz von 70 auf 30 Prozent.

Mit der nachgebenden Inflationsrate erholte sich die US-Wirtschaft und zog Kapital aus dem Ausland an, das zur Finanzierung des immer stärker anschwellenden Wirtschaftsbooms benötigt wurde. Dieser Kapitalimport sorgte für einen Anstieg des Dollar, der sich von den Tiefen des Krisenjahres 1980 bis 1985 gegen die DM fast verdoppeln konnte. Diese Kombination von parallel dazu auch in Deutschland sinkenden Inflationsraten, im Gefolge davon fallenden Zinsen und dem in die Höhe schießenden Dollar bescherte dem DAX Kursgewinne, wie er sie bis dahin fast noch nie gesehen hatte. Der Börsenindikator hatte rechtzeitig Anfang 1982 wegen der gesunkenen Teuerungsrate und des an Wert gewinnenden Dollar einen Kaufhinweis signalisiert. Im Sommer 1982 kam dann noch mit einer Diskontsatz-Senkung der vierte positive Punkt hinzu. Die einsetzende Jahrhunderthausse, die dem DAX ein Kursplus von 160 Prozent bis zum Sommer 1987 bescherte, machte die Börsenindikator-Strategie also voll mit.

Am 1. Mai 1987, rechtzeitig vor dem berühmten Börsencrash vom Oktober 1987, riet der Indikator dann wieder zum Verkauf. 35 Prozent Kursverlust mussten somit nicht durchlitten werden. Auch dieses treffende Verkaufssignal entstand genau aus den richtigen Gründen. Stark zunehmende Teuerungstendenzen und ein kollabierender Dollarkurs verhagelten den Börsianern die gute Stimmung.

Die extrem hohe Trefferquote und der logische innere Zusammenhang des theoretischen Modells veranlassten das Anlegermagazin *Bulle & Bär*, den Vorläufer des heutigen *Der Aktionär*, ab 1996 regelmäßig den Stand des Börsenindikators und alle seine Signale im Heft zu verfolgen. Nun hatte der Indikator die Chance, sich „realtime" zu bewähren. Die Kauf- und Verkaufshinweise wurden nun quasi „live" gegeben.

Die Signale des Börsenindikators 1996 bis 2014

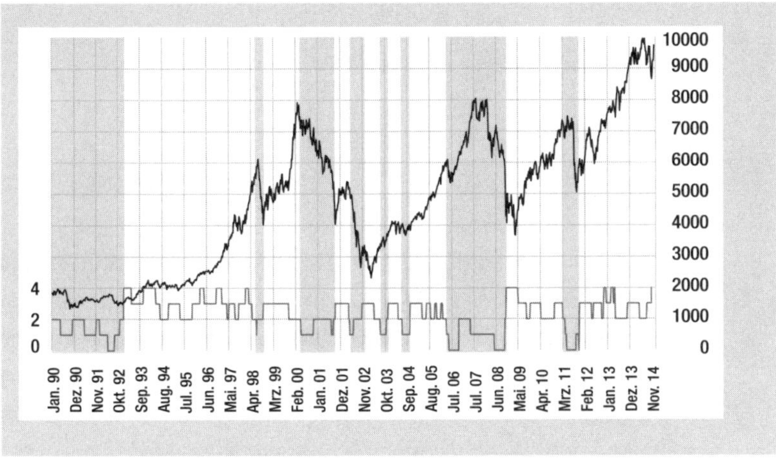

Die großen Haussen wurden mitgenommen, die Kurseinbrüche weitgehend vermieden. Ein Anleger, der sich seitdem an den Börsenindikator gehalten hat, konnte seinen Depotwert bis heute um 2.347 Prozent steigern, während sich der DAX im selben Zeitraum nur um 344 Prozent verbessern konnte. Mit diesem sensationellen Ergebnis konnte ein Börsenindikator-Investor nicht nur alle deutschen Aktienfonds meilenweit hinter sich lassen, sondern auch die amerikanische Investmentlegende Warren Buffett deklassieren. Sein Investment-Vehikel, mit dem er seine Börsentransaktionen durchführt, die Berkshire-Hathaway-Aktie (Berkshire Hathaway Inc. Common BRK-A), notierte Ende 1996 bei 35.000 Dollar. Im Sommer 2014 wird sie zu 190.000 Dollar gehandelt. Sie konnte damit nur einen Zuwachs von 443 Prozent verbuchen.

Entwicklung des Börsenindikator-Depots gegen den DAX 1996 bis 2014

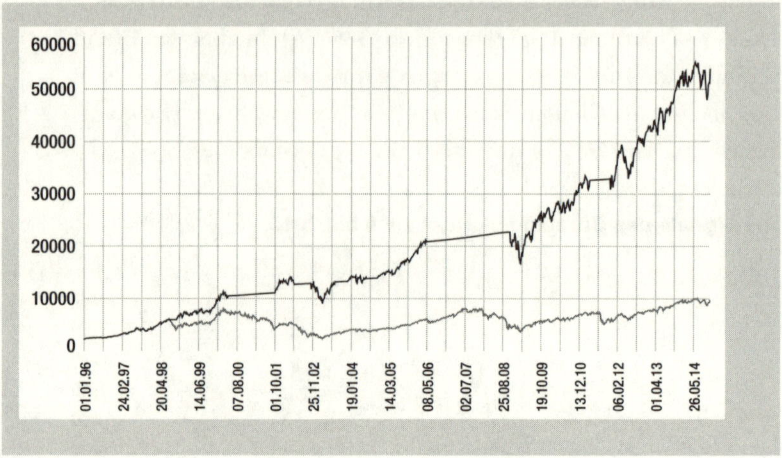

In den 19 Jahren, in denen *Der Aktionär* beziehungsweise *Bulle & Bär* diesen Indikator regelmäßig veröffentlicht hat, sind 15 Signale erschienen. Im Durchschnitt war also etwa einmal im Jahr eine Transaktion durchzuführen. Begonnen hatte es mit einem Kauf zum Start der Veröffentlichung des Indikators. Als ich ihn zum ersten Mal für *Bulle & Bär* berechnet hatte, stand er auf Kaufen. Bei diesem Einstiegshinweis notierte der DAX bei 3.038 Punkten. Es folgte die große Hausse der späten Neunzigerjahre. Die deutschen Aktien stürmten fast senkrecht in den Himmel. Unterbrochen wurde diese fröhliche Aufwärtsbewegung durch die Asienkrise 1998. Die asiatischen Währungen verloren langsam, dann immer dramatischer, an Wert gegen den Dollar. Vor allem betroffen waren der Koreanische Won und der Thailändische Bath.

Eine wachsende Kapitalflucht hatte diese Länder unter Druck gebracht. Die Krise verschärfte sich dadurch, dass die betroffenen Länder mit ihren gefallenen Währungen nicht mehr genügend Devisen für lebenswichtige Importe von Öl und Weizen beschaffen konnten.

Erschwerend kam hinzu, dass diese Länder auch noch in Dollar verschuldet waren und mit ihren gefallenen Währungen die Zinsen der Schulden nicht begleichen konnten. Vielleicht erinnern Sie sich noch daran, wie die koreanischen Ehefrauen in einer Art nationaler Anwandlung dazu aufgefordert wurden, ihre Eheringe und etwaige Goldmünzen zu spenden, die dann eingeschmolzen werden sollten, um mit den aus dem Goldverkauf erlösten Dollar dann nötige Weizenimporte zu bezahlen. Die Krise löste sich später dadurch auf, dass die Länder mit den gefallenen Währungen besser exportieren konnten und ihre Produkte weltweit konkurrenzlos billig anbieten konnten. Der weltweite Vormarsch der koreanischen Autohersteller begann damals mit dem Startvorteil der halbierten Währung.

Den DAX kostete diese Krise 40 Prozent seines Wertes. Rechtzeitig vorher, am 29. Juni 1998 bei einem DAX-Stand von 7.882 Punkten, riet der in *Der Aktionär* veröffentlichte Börsenindikator zum Ausstieg. Seit dem Kauf im Oktober 1996 hatte das Depot 160 Prozent gewonnen. Der erneute Einstieg folgte drei Monate später bei 5.738 Punkten. Ein Kursverlust von 2.144 Punkten war dem Leser, der den Indikator beachtet hatte, somit erspart geblieben.

Die große Börsenrallye setzte sich nach diesem Intermezzo fort. Die große Euphorie, die später als Internet- und Technologieblase bezeichnet wurde, trieb die Aktien in noch nie da gewesene Höhen. Angeheizt wurde diese Kursbewegung in Deutschland vor allem von den Vorstellungen, was die neuen Technologien für die Erlöse des großen deutschen Telekommunikations-Unternehmens Deutsche Telekom bedeuten würden. Eines Tages würden alle drahtlos telefonieren und Internet zu Hause haben und die Deutsche Telekom würde in Gewinnen nur so schwimmen. Der Kurs der T-Aktie, deren Börsengang auch noch von den damals populären „Tatort"-Kommissaren Manfred Krug und Charles Breuer medial begleitet wurde, stieg von 23 Euro auf über 100 Euro.

Die Vorstellungen vom Siegeszug des Internets und der drahtlosen Telefonie stimmten ja auch, doch die Möglichkeiten, damit Gewinne zu erzielen, waren begrenzt, weil die Preise, die für die Kommunikationsleistungen zu erzielen waren, schneller fielen als die Umsätze stiegen.

Auf dem Höhepunkt der Euphorie, am 1. Mai 2000, gab der Börsenindikator ein Verkaufssignal. Ich kann mich noch an die ungläubigen Reaktionen auf den im *Aktionär* veröffentlichten dringenden Verkaufshinweis des Börsenindikators erinnern. Jetzt, mitten in der großen Hausse bei den besten Zukunftsaussichten, die wir je hatten, und bei Fernsehsendungen in den öffentlich-rechtlichen Programmen zur besten Sendezeit über die Vorzüge der Aktienanlage, verkaufen? Diese

Vorstellung schien offensichtlich absurd, doch die wichtigen Einflussfaktoren für die weitere Börsenentwicklung hatten auf negativ gedreht. Der Dollar war nach seinem mehrjährigen Höhenflug, der die Aufwärtsbewegung der deutschen Aktien zusätzlich beflügelt hatte, in einen Sinkflug übergegangen. Die Inflationsrate war infolge des Konjunktur-Booms und des dramatisch teurer gewordenen Ölpreises deutlich angestiegen und am 1. Mai drehte auch noch die Jahreszeit auf ungünstig. Zum 2. Mai, da der 1. Mai gefeiert wurde, war also der Verkauf aller Aktien fällig.

Dieses Signal sollte sich in den kommenden Jahren deutlich auszahlen. Die Aktien gingen in eine mehrjährige Baisse über und erlitten den stärksten Rückgang seit dem Zweiten Weltkrieg. Schließlich viertelten sie sich fast.

Der weitere Vorteil des Börsenindikators, dass er nur etwa in der Hälfte der Zeit in Aktien investiert ist und damit nur das halbe Risiko einer Aktienanlage beinhaltet, zeigte sich schon wenig später, im September 2001. Der Angriff auf die Türme des World Trade Center und das Pentagon waren ein schreckliches Ereignis, das niemand hätte vorhersehen können und dessen negative Folgen für die Börse kein Aktienmodell hätte einfangen können, doch der Börsenindikator war zu diesem Zeitpunkt nicht investiert. Es war Zufall, dass der Angriff gerade in die Barphase des Indikators fiel, aber es ist kein Zufall, dass der Börsenindikator nur in der Hälfte der Zeit investiert ist und damit nur das halbe Risiko besitzt, von einem solchen Schlag getroffen zu werden.

Kurz nach dem Unglück vom 9. September folgte am 1. Oktober 2001 das Signal zum erneuten Einstieg, 3.298 Punkte tiefer als beim Ausstieg am 2. Mai 2000, dem Höhepunkt der Internet-Euphorie. Den Kursverlust des DAX von 44 Prozent hatte der Börsenindikator den aufmerksamen Lesern des *Aktionär* erspart.

Nach dem Kaufsignal erholte sich der DAX ein halbes Jahr lang, bevor die große Abwärtsbewegung ihre Fortsetzung fand. Am 2. Mai 2002, nach einem Anstieg von 698 Punkten, empfahl der Börsenindikator erneut den Verkauf. Beim folgenden Einstieg im November war der Börsenindikator nicht lange investiert. Das Verkaufssignal erschien schon im August 2003 und auch der Kursgewinn hielt sich in Grenzen. Ein Plus von 77 Punkten konnte erzielt werden. Auch beim nächsten Signal war die Investitionszeit mit sieben Monaten gering. Von Dezember 2003 bis Anfang Juli 2004 konnte die Strategie 134 Punkte hinzugewinnen.

Am 1. November 2004 startete eine neue große Aufwärtsbewegung und der Börsenindikator sprang mit seinem erneuten Kaufsignal auf den Haussezug auf. Die Inflationsrate war unter ihren Vorjahreswert gesunken, die Jahreszeit günstig und die letzte Zinsänderung war eine Senkung des Hauptrefinanzierungssatzes der Europäischen Zentralbank. Anderthalb Jahre ging es danach bergauf. Am 1. Mai 2006, nach einem Kursplus von 50 Prozent, riet der Indikator zum Ausstieg. Nachdem der Dollar Ende Mai auch noch seinen Vorjahreswert unterschritten hatte, war kein einziger positiver Punkt mehr zu verzeichnen.

Die Inflationsrate war angestiegen, im Gefolge der Schlüsselzinssatz angehoben worden und der Dollar gegen den Euro in den Sinkflug übergegangen. Obwohl die Wirtschaft gut lief und auf den ersten Blick alles so weit ganz positiv schien, witterte der Indikator Gefahr. Steigende Zinsen und Inflationsraten und ein fallender Dollar kündeten von kommendem Unheil. Der DAX verlor zwar nach dem Verkaufssignal fast zehn Prozent an Boden, doch die steile Aufwärtsbewegung setzte sich schließlich wieder durch. Der Börsenindikator-Stratege musste zusehen, wie der DAX ohne ihn weiter kletterte. Von 6.000 auf 8.000 Punkte stieg der DAX weiter an. Doch die gute Stimmung an der Börse währte nicht lange. Die schwere weltweite Finanzkrise, deren Ursprung in dem auf 150 Dollar pro Barrel verdreifachten Ölpreis, in den daraufhin stark gestiegenen Zinsen und der so ausgelösten amerikanischen Immobilienkrise verborgen war, schlug grässlich zu und saugte den DAX in einem Abwärtsstrudel in die Tiefe. Bis auf 3.600 Punkte tauchte er ab. Schließlich hatte der Börsenindikator mit seiner Warnung recht behalten.

Auch den Auslöser der Krise, die wegen der steigenden Inflationsrate angehobenen Zinsen, hatte der Indikator exakt erfasst. Dass die Immobilienkrise irgendwann kommen musste, ließ sich nicht vermeiden. Die halbstaatlichen Finanzierer Fannie Mae und Freddy Mac, die zeitweise mehr als die Hälfte aller amerikanischen Immobilienkredite vergeben hatten, waren vom demokratisch geführten Finanzausschuss angehalten, bei der Vergabe von Hypotheken nicht so genau hinzusehen. Das Ziel war, einkommensschwachen Familien den Traum vom eigenen

Heim zu ermöglichen. Es wurden die Verdienstnachweise nicht geprüft und bis zu 95 Prozent der Kaufsumme finanziert. So kauften viele ein Haus und konnten, wie sich später herausstellte, nicht einmal die erste Rate des Kredits bezahlen. Dass die Krise aber genau zu diesem Zeitpunkt ausbrach, lag an den gestiegenen Zinsen. Anders als in Deutschland, wo in der Regel Festzinshypotheken mit einer Laufzeit von zehn bis 30 Jahren vergeben werden, hatten sich viele Amerikaner zu einem variablen Zinssatz Geld geliehen. Sogenannte ARMs, Adjustable Rate Mortgages, waren wegen der niedrigen, allerdings veränderlichen, Raten populär.

Die gestiegenen Zinsen hatten nun dazu geführt, dass einige neue Hausbesitzer die Raten nicht mehr begleichen konnten und die Banken die Häuser zwangsversteigern ließen. Der so entstehende Druck auf die Hauspreise trieb immer mehr Hausbesitzer in die Enge. Der Börsenindikator hatte also auf das richtige Problem reagiert, allerdings zu früh. Den letzten Anstieg des DAX hatte er nicht mehr mitgemacht, dafür dem Anleger die Folgen des Zusammenbruchs der Finanzmärkte erspart.

Nach dem Wiedereinstieg des Indikators am 1. November 2008 sackten die deutschen Aktien im März 2009 noch einmal ab. Die Auswirkungen der Finanzkrise waren noch nicht ganz abgeklungen. Doch die positiven Einflussfaktoren, die das Kaufsignal des Börsenindikators ausgelöst hatten, ein gesenkter Zinssatz, eine nachgebende Inflationsrate, ein steigender Dollar und eine positive Jahreszeit, verfehlten ihre Wirkung nicht. Nach dem letzten Rückschlag im März begann der DAX einen zweijährigen Höhenflug.

Im Laufe des Jahres 2006 meldete sich das amerikanische Brokerhaus Merrill Lynch und bekundete Interesse an dem Börsenindikator. Im November 2006 beschloss es dann, diese Strategie als Zertifikat herauszubringen. Das Wertpapier mit der Kennnummer ML0 BDM sollte in Zukunft in den deutschen Aktien des DAX investiert sein, wenn der Börsenindikator grünes Licht gibt, und nach einem Verkaufssignal des Indikators sollten die Aktien verkauft und das erlöste Geld bar als Tagesgeld verzinslich liegen gelassen werden. Beim nächsten Kaufsignal sollte es dann wieder in den DAX investiert werden und so weiter. Seit dem ersten Handel am 3. November 2006 hat sich dieses Wertpapier außerordentlich gut entwickelt. Von seinem ersten Kurs von 100 Euro stieg es bis heute auf mehr als 235 Euro, trotz zweier Finanzkrisen zwischendurch. Der DAX konnte im gleichen Zeitraum nur 60 Prozent zulegen. Zwei schwere Finanzkrisen, die von der US-Immobilienkrise ausgehende Zuspitzung nach der Pleite der Lehman-Bank und die in Griechenland begonnene Euro-Schuldenkrise berührten das Zertifikat nur am Rande. Trotz dieser beiden zwischenzeitlichen Zusammenbrüche des DAX notiert das Papier heute 135 Prozent höher als im November 2006. Mittlerweile ist das Börsenindikator-Zertifikat ML0 BDM ausverkauft und Merrill Lynch hat im Juni 2012 einen Nachfolger, das Börsenindikator-2-Zertifikat Deutschland ML0 RR6, emittiert. das ebenfalls bereits deutlich im Plus notiert, mit 53 Prozent Gewinn.

Der Anleger, der das Börsenindikator-Zertifikat gekauft hat, konnte an dem großen Wertzuwachs, der sich aus dem steilen Anstieg des DAX in den Jahren 2009 und 2010 ergeben hat, teilnehmen, da der Indikator in dieser Zeit grünes Licht signalisierte. Am 11. April gab der Börsenindikator dann das Signal zum Ausstieg. Es wurde durch eine Zinserhöhung der Europäischen Zentralbank ausgelöst. Die Notenbank wollte mit dieser Anhebung aufkeimende Inflationsgefahren abwehren. Das Rohöl und die Industriemetalle hatten sich stark verteuert, sodass die Preissteigerungsrate im Euroraum auf 3,5 Prozent geklettert war. Auf den ersten Blick schien die Maßnahme auch sinnvoll, denn die Teuerung lag ja deutlich über der angestrebten Rate von zwei Prozent. Doch im Nachhinein erwies sich die Zinsanhebung als schwerer Fehler. Kurz darauf brach der Aktienmarkt zusammen. Durch die steigenden Zinsen und die damit verbundene Wirtschaftsabschwächung traten die Verschuldungsprobleme Europas wieder zutage. Nun war nicht mehr allein Griechenland betroffen, sondern auch die Anleihen von Italien und Spanien sanken dramatisch. Viele Anleger bezweifelten mittlerweile den Fortbestand des Euro. Es wurde befürchtet, Italien müsse die Lira wieder einführen. Den DAX kostete diese Welle der Angst 30 Prozent seines Wertes.

In hektischer Betriebsamkeit schafften es die politisch Verantwortlichen in der Eurozone, diese Krise nicht in einen Flächenbrand ausufern zu lassen. Für Griechenland wurde erneut ein Rettungspaket geschnürt und nach zähem Ringen um Einsparungen in Athen auch verabschiedet. Italien bekam über Nacht eine neue Regierung der nationalen Einheit, die glaubwürdige Sparmaßnahmen, Steuererhöhungen und Aktionen gegen Steuerhinterziehung ankündigte. Die Kapitalmärkte gewannen dadurch allmählich wieder Vertrauen in die Fähigkeit der Italiener, die Zinsen und Tilgungen für den gigantischen Schuldenberg von fast zwei Billionen Euro zu zahlen.

Wichtiger aber noch für die Lösung dieser akuten Krise war das Verhalten der Europäischen Zentralbank. Ihr neuer Präsident Mario Draghi senkte als erste Amtshandlung den wichtigen Hauptrefinanzierungssatz. Diese wichtige Lockerung der Geldpolitik sorgte für ein Kaufsignal des Börsenindikators. Als weitere Erleichterung stellte die Zentralbank den europäischen Banken Liquidität für drei Jahre in unbegrenzter Höhe zur Verfügung. Außerdem wurden die Ansprüche an die Sicherheiten für eine Beteiligung an diesen LTROs, den langfristigen Refinanzierungsoperationen, gesenkt. Frisches Geld wurde nun auch gegen Wertpapiere minderer Qualität gegeben. Die Gefahr eines Liquiditätsengpasses, somit eines Bankenzusammenbruchs und der negativen Konsequenzen für die Wirtschaft war damit vom Tisch.

Mit diesen neuen Geldern kauften die Banken auch in großem Stil Staatsanleihen der gefährdeten Länder, sodass die Anleihekurse stiegen und die Zinsen für die Refinanzierung dieser Länder sanken. Der DAX quittierte diese neue geldpolitische Situation mit explodierenden Kursen. Die Gefahr einer „Kernschmelze", wie der scheidende Deutsche-Bank-Chef Josef Ackermann den drohenden Kollaps bezeichnet hatte, war gebannt. Vor allem die Aussage Draghis, die EZB werde ein Auseinanderbrechen des Euro mit allen Mitteln verhindern, „Whatever it takes", nahm den Börsianern die Furcht. Nach dem Kaufsignal am 7. November 2011 schoss der DAX in die Höhe, bis auf 10.000 Punkte im Juni 2014.

Ein Leser des Börsenmagazins *Der Aktionär*, der sich seit 1996 an die Signale gehalten, entsprechend bei einem Kaufsignal in deutsche Aktien investiert hat und bei einem Verkaufssignal wieder ausgestiegen ist, und in der Zwischenzeit sein Bargeld verzinslich angelegt hat, konnte sein Depot bis heute um sage und schreibe 2.347 Prozent vermehren, während der DAX im gleichen Zeitraum nur um 344 Prozent steigen konnte.

Keine der sieben abgeschlossenen Transaktionen, also Kauf und anschließender Verkauf, hat dem Anleger ein Minus beschert. Nach dem

Eingehen einer Position ist es zwar vorgekommen, dass die Aktien vorübergehend ins Minus gerutscht sind, aber bei Erscheinen des Verkaufshinweises waren die Kurse immer im Plus. Im Mittel der sieben abgeschlossenen Positionen lag zwischen Kauf und Verkauf ein Gewinn von 45 Prozent. Nicht nur, dass der Börsenindikator in der Vergangenheit, von 1962 bis 1992, ein überragendes Ergebnis geliefert hätte – aus diesen Zahlen ist er ja entwickelt worden –, auch seit der Erstveröffentlichung 1996 hat er sich unter realen Bedingungen bewährt.

Über diese beiden Zeitspannen zusammengenommen hinweg, immerhin 50 Jahre lang, hat der Börsenindikator damit seine Zuverlässigkeit bewiesen. Er hat somit in dieser Zeit die besten deutschen Aktienfonds um Längen geschlagen und die herausragendsten Fondsverwalter und Investmentlegenden meilenweit hinter sich gelassen. Dass der Börsenindikator über solch einen langen Zeitraum so wesentlich besser war als der DAX, spricht dafür, dass das gute Abschneiden kein Zufall ist, sondern der Indikator tatsächlich die Wirkzusammenhänge korrekt erfasst.

Fazit

Wer eine einzelne Aktie kauft, kann Glück haben. Wer sich im Jahr 1986 unter den Hunderten von Computer- und Software-Aktien, die damals in New York gehandelt wurden, die Microsoft-Aktie herausgesucht hatte, konnte sich danach jahrelang über steigende Kurse freuen. Die Papiere von Atari, Commodore und vielen anderen damals populären Gesellschaften dagegen wurden nach kurzen Höhenflügen wertlos. Vielleicht war es Glück, wenn er Microsoft gekauft hat, oder er besaß ein Gespür für kommende Trends in der Computerwelt.

Wer nach der Beinahe-Pleite von Apple, das damals ausschließlich seine von Technikfans geschätzten, aber kommerziell nicht erfolgreichen Macintosh-Computer baute, Apple-Aktien gekauft hat, wurde später für seine Treue reichlich belohnt. Hat er es vorhersehen können, dass die Apple-Aktie solch einen Gipfelsturm hinlegen würde? Dazu hätte er ahnen müssen, dass der in Unfrieden geschiedene geniale Gründer Steve Jobs in die Firma zurückkehren würde und dass Apple entgegen seiner sonstigen Computeraktivitäten ein Gerät der Unterhaltungselektronik bauen würde. Es hätte hellseherischer Fähigkeiten bedurft, den kommenden kommerziellen Erfolg von Apple, das iPhone und das iPad, zu erahnen. Auf eine Apple-Aktie kommen 50 Firmen, die es nicht geschafft haben und später wieder in der Versenkung verschwunden sind.

Der Anleger hätte auch das Pech haben können, während des Solarbooms in Solar-Aktien zu investieren. Nicht wenige sind mittlerweile pleite und die anderen hätten das Depot des Aktionärs dezimiert. Auch von den vielen Biotech-Aktien, die während des großen Börsenhypes so populär waren, ist nicht viel übrig geblieben. Etliche schwimmen noch als Depotleichen in so manchen Portfolios.

Deshalb ist es sinnvoll, verschiedene Aktien zu kaufen, um so das Risiko eines möglichen Totalverlustes zu verkleinern. Es wird nicht gleich allen Aktien ein unglückliches Schicksal zuteil. Wenn man exotische Werte aus Übersee, von deren Produkten man noch nie etwas gehört hat, vermeidet, sich auf große deutsche oder europäische Papiere beschränkt und davon zehn verschiedene heraussucht, ist die Wahrscheinlichkeit groß, dass sich das Depot genauso wie der DAX verhält. Durch geschickte Aktienauswahl den DAX auf Dauer deutlich zu schlagen, scheint mir nicht möglich zu sein.

Auch das eigene „Bauchgefühl" hilft in der Regel nicht weiter. Im Gegenteil, es wirkt oft kontraproduktiv. Befinden sich die Kurse im Keller, hat man Angst und neigt eher zu Verkäufen, während man bei Höhenflügen in Gipfelnähe gern kauft. Rationale Überlegungen bringen ebenfalls nicht das gewünschte Ergebnis. Zu jedem einzelnen Zeitpunkt sieht die Börse unübersichtlich aus. Wenn die Aktien billig scheinen, sind sie es, weil die Lage schlecht aussieht. Es drohen die Gefahren einer Wirtschaftseintrübung, einer Zinserhöhung, steigender Ölpreise, Spannungen am Golf oder Sorgen um die Banken. Genau in dem Maße, in dem diese Sorgen verschwinden, steigen auch die Kurse. Erholt sich die Wirtschaft, stabilisiert sich der Ölpreis und beruhigen sich die Banken, sind die Kurse oben. Es steht in jedem Moment 50 zu 50 an der Börse. Die Kurse spiegeln genau die momentane Lage wider. Bei guten Rahmenbedingungen billig Aktien kaufen, das gibt es nicht. Billig sind Aktien nur in der Krise. Deshalb steht man an jedem einzelnen Tag gleich ratlos vor der Börse. Heute kaufen oder verkaufen? Die Chancen sind immer in beide Richtungen gleich.

Alle anderen verfügbaren externen Informationen habe ich in allen nur denkbaren Konfigurationen und Strategien durch den Computer laufen lassen. Ich habe mehrere Jahre über Excel-Tabellen mit DAX-Notierungen und allen nur denkbaren Wirtschaftsdaten gesessen und nachgerechnet, welche Verhaltensweise mir in der Vergangenheit den größten Gewinn geliefert hätte. Die Beachtung der vier Einflussfaktoren Inflationsrate, Zins, Dollarkurs und Jahreszeit und ihre Kombination zum Börsenindikator waren es schließlich, die sich als beste Strategie herausgestellt haben. Keine anderen Zahlen, Daten und Vorgehensweisen hätten auch nur annähernd ein solch überragendes Ergebnis geliefert.

Darüber hinaus zufriedenstellend an dem Befund scheint mir, dass ein logischer Zusammenhang zwischen Zinsen, Inflationsrate, Dollarkurs und bedingt Jahreszeit auf der einen und Aktienkursentwicklung auf der anderen Seite besteht. Beunruhigt hätte mich ein Ergebnis, bei dem die Aktienkurse von Ereignissen wie Fußballresultaten, wie der amerikanische „Super-Bowl-Indikator“ es prognostiziert, Lottozahlen, Mondphasen oder dergleichen abhängen würden. Die Prognosekraft des Börsenindikators dagegen ist nachvollziehbar, die Kausalkette wirkt schlüssig.

Deshalb fasse ich die Grundgedanken hier noch einmal zusammen: War die letzte Zinsänderung der Europäischen Zentralbank eine Senkung, bedeutet dies einen positiven Punkt für den Börsenindikator, wurde der Zins zuletzt erhöht, gibt es keinen. Liegt die letzte von Eurostat festgestellte Inflationsrate (Veränderung des HVPI, des harmonisierten Verbraucherpreisindex für die Eurozone) unter derjenigen vom gleichen Monat des Vorjahres, wirkt sich dies ebenfalls günstig auf die Aktien aus und wird mit einem Punkt honoriert. Eine gleich hohe oder höhere Rate wird mit null Punkten bewertet. Notiert der Dollar über seinem Stand von vor zwölf Monaten, wird dem Indikator ein weiterer Punkt gutgeschrieben. Ein gleich hoher oder niedrigerer Kurs erhöht den Indikatorstand nicht. Bleibt noch die Jahreszeit. Vom 1. November bis zum 30. April kommt ein Punkt hinzu, in den anderen Monaten nicht. Ergibt die Summe vier oder drei Punkte, ist dies als Kaufsignal zu werten, null Punkte oder ein Punkt sind ein Verkaufssignal. Zwei Punkte sind neutral und ändern das zuletzt generierte Signal nicht.

Diese Überprüfung fand bis zum Jahr 2006 einmal im Monat am jeweils ersten Montag des Monats statt und entsprechend dem Ergebnis wurde investiert oder nicht. Seit Merrill Lynch im Jahr 2006 ein fertiges Produkt auf diesen Indikator herausgebracht hat, wird das Signal wöchentlich, jeweils am Montag, berechnet. Pro Monat wird allerdings maximal eine Transaktion durchgeführt. Um den Indikator für das Merrill-Lynch-Market-Indicator-Zertifikat juristisch eindeutig zu formulieren, wurden noch Einzelheiten fixiert. So wurde zum Beispiel festgelegt, wie viele Nachkommastellen berücksichtigt werden und mit welchem zeitlichen Abstand die Inflationsrate in die Berechnung einfließt, da die Veröffentlichungszeitpunkte von Eurostat aufgrund von Feiertagen schwanken und bei der Entwicklung des Börsenindikators im Jahr 1993 die Inflationsdaten vom Statistischen Bundesamt erst mit einer deutlichen Zeitverzögerung veröffentlich wurden. So fließt nun in die Berechnung des Börsenindikators die Vorabschätzung des harmonisierten Verbraucherpreisindex HVPI, die Eurostat am Ende jedes Monats bekannt gibt, mit 24 Werktagen Verspätung ein. Der jeweilige Indikatorstand kann auf der Seite gebert-boersenindikator.de nachgeschlagen werden.

Da der Börsenindikator über 52 Jahre, davon 34 Jahre im Test und 18 Jahre „live“ im Börsenmagazin *Der Aktionär* veröffentlicht, ein um mehrere Größenordnungen besseres Anlageergebnis als das bloße Kaufen und Halten von Aktien erzielt hat, ist zu erwarten, dass er auch in Zukunft zuverlässige Signale liefern wird.

Gleitende Durchschnitte

In der charttechnischen Analyse kommen häufig gleitende Durchschnitte vor. Sie werden berechnet, indem die Summe einer Reihe von Aktienkursen durch die Anzahl der addierten Kurse dividiert wird. Diese dem wahren Kursverlauf träge folgende Kurve dient der Trendbestimmung. Liegen die Kurse über ihrem Durchschnitt, befindet sich der Markt vorwiegend in einer Aufwärtsbewegung, befinden sie sich darunter, durchläuft der Markt zumeist einen Abwärtstrend. Gelegentlich schneiden sich Aktienkurs und Durchschnittslinie. Das bedeutet dann einen Trendwechsel. Schneidet der Kurs seine eigene Mittelwertlinie von unten nach oben, ist ein Abwärtstrend zu Ende und ein Aufwärtstrend ist etabliert. Dieser Indikator ist sehr träge, denn bei Erreichen des Trendsignals ist der Markt oft schon ein gutes Stück seines Weges gelaufen.

Die 200-Tage-Linie

Eine in der Charttechnik oft befolgte Börsenregel lautet: Kaufen, wenn der Aktienkurs die 200-Tage-Linie von unten nach oben schneidet, verkaufen, wenn der Aktienkurs die 200-Tage-Linie von oben nach unten durchbricht.

DAX und 200-Tage-Linie

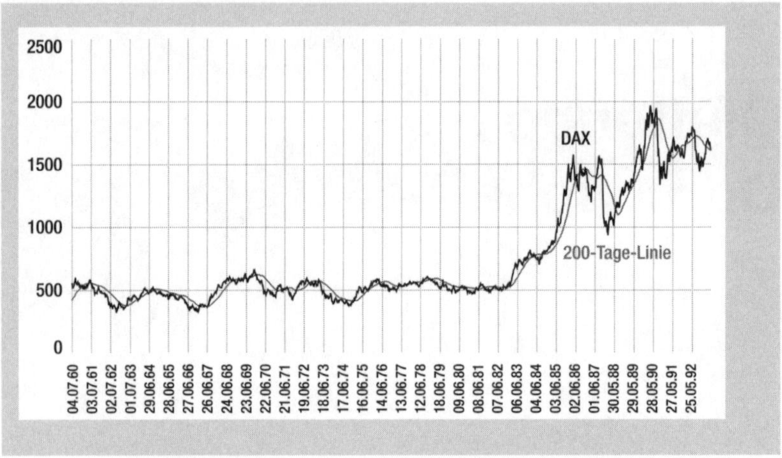

Diese häufig zitierte Handlungsanweisung führte in der Vergangenheit beim DAX nicht zu Resultaten, die besser als das bloße Kaufen und Halten von Aktien gewesen wären. Hätte ein Anleger diese Regel seit Juli 1960 angewandt und den DAX oder die dem DAX entsprechenden Aktien gekauft, als der DAX die 200-Tage-Linie nach oben schnitt, und verkauft, als der Kursverlauf des Aktienindex die 200-Tage-Linie nach unten durchbrach, hätte er bis Juni 1993 einen Gewinn von 178 Prozent gemacht. Die einmalige Investition, 1960 gekauft und bis 1993 liegen lassen, hätte dagegen 198 Prozent ergeben. Die 200-Tage-Linie-Strategie hätte also schlechter abgeschnitten als das bloße Halten von Aktien. Nötig waren zur Durchführung des Trendfolge-Modells mit der 200-Tage-Linie 48 Käufe und 48 Verkäufe. In 926 der 1.644 Wochen war das System investiert. Die in der Zeit verdienten Zinsen reichten etwa aus, die Spesen für die Transaktionen zu bezahlen. Insgesamt ließ sich also mit der 200-Tage-Linie nicht mehr erzielen, als der DAX selbst zulegte. In anderen Zeiträumen wäre das Ergebnis ähnlich ausgefallen. Eine Anwendung der 200-Tage-Strategie von Januar 1971 bis Juni 1993 hätte 202 Prozent eingebracht, das bloße Halten hätte mehr, nämlich 232 Prozent, erzielt.

Ab dem Jahr 1993 funktionierte die 200-Tage-Linie als Trendindikator etwas besser. Von 1994 bis 2013 ließ sich mit ihr ein fast doppelt so gutes Ergebnis wie mit dem bloßen Halten des DAX erzielen. Das liegt daran, dass der DAX von 1993 bis 2013 ein ausgeprägteres Trendverhalten an den Tag legte. Während er von 1960 bis 1993 häufig seine Richtung wechselte, entwickelte er sich seitdem hauptsächlich in kontinuierlichen Bewegungen, wie im langen Abwärtstrend von 2000 bis 2003 oder in der danach folgenden mehrjährigen Hausse bis 2007.

Die 200-Tage-Linie minus 20 Prozent

Wegen der Trägheit des 200-Tage-Linie-Indikators wäre es denkbar, dass sich das Ergebnis verbessern ließe, würde nicht der Schnittpunkt des Kursverlaufes mit der Linie als Signal, sondern ein anderer Punkt, etwa eine Abweichung von plus oder minus 20 Prozent, als Ein- oder Ausstieg gewählt. So würde zum Beispiel gekauft, wenn der Aktienkurs 20 Prozent unter der 200-Tage-Linie liegt, und verkauft, wenn der Kurs 20 Prozent über der 200-Tage-Linie notiert. Diese Handlungsanweisung hätte von Juli 1960 bis Mai 1993 146 Prozent gebracht – bei insgesamt drei vollständigen Transaktionen, also jeweils Kauf und Verkauf, gegenüber einem Gewinn von 205 Prozent bei einer Kaufen-und-Halten-Strategie.

Die 200-Tage-Linie minus zehn Prozent

Die gleiche Strategie, die jedoch schon bei minus zehn Prozent kauft und bei plus zehn Prozent verkauft, hätte immerhin 196 Prozent Kursplus vom 4. Juli 1960 bis zum 3. Juli 1993 erzielt. Dies entspricht jedoch auch nur etwa der Kaufen-und-Halten-Strategie, die 205 Prozent ergab. Die Minus-zehn-Prozent-Handlungsanweisung war allerdings nicht immer investiert und konnte so zwischenzeitlich noch Festgeldzinsen verdienen, war also der Kaufen-und-Halten-Strategie vorzuziehen.

Die 100-Tage-Linie

Die 100-Tage-Linie schmiegt sich enger an die Kurve des Kursverlaufes an, weil der Durchschnitt der letzten 100 Tage in der Regel näher am wahren Kurs liegt als der Durchschnitt der letzten 200 Tage.

DAX und 100-Tage-Linie

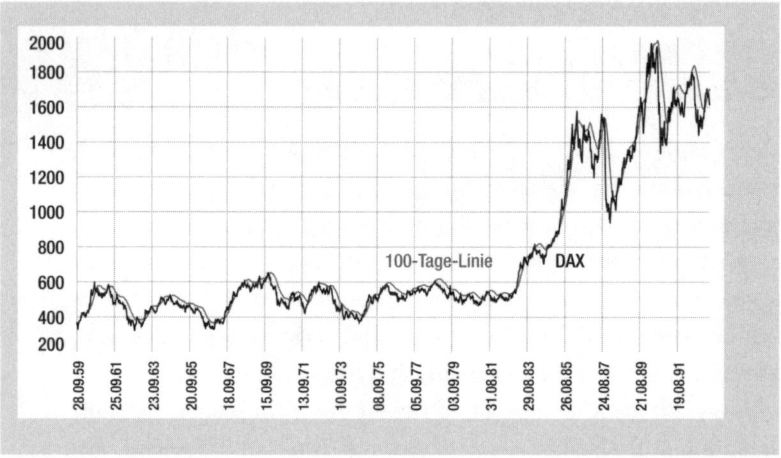

Die 100-Tage-Linie als Trendfolge-Signal lieferte ein Plus von 210 Prozent im Zeitraum vom 15. Februar 1960 bis zum 3. Juli 1993. Das heißt, schneidet der Kursverlauf die 100-Tage-Linie von unten nach oben, ergibt sich ein Kaufsignal, schneidet er sie von oben nach unten, zeigt sich ein Verkaufssignal. Dieses Ergebnis von plus 210 Prozent entspricht ungefähr dem bloßen Kaufen am 15. Februar 1960 und Halten bis zum 3. Juli 1993 mit plus 196 Prozent. Für die 100-Tage-Linie gilt das Gleiche wie für die 200-Tage-Linie. Auch sie schnitt aus denselben Gründen nach 1993 besser ab und erreichte damit von 1994 bis 2013 auch ein fast doppelt so gutes Resultat wie der DAX selbst.

Kein zufriedenstellendes Ergebnis liefert die „100-Tage-minus-zehn-Prozent-Vorschrift“. Ein Kauf, wenn der Kurs zehn Prozent unter der 100-Tage-Linie notiert, mit anschließendem Verkauf, wenn der Kurs zehn Prozent über ihr liegt, hätte im selben Zeitraum nur plus 104 Prozent erzielt.

Die 38-Tage-Linie

In der Regel ist es für den Erfolg an der Börse hilfreich, mit dem Trend zu gehen, denn der Vergleich von Aktienkursen mit Roulettezahlen ergibt, dass Aktienkurse vorzugsweise längere Serien in eine Richtung als Roulettezahlen entwickeln. Doch wie lässt sich die Richtung des Trends bestimmen? Ein nützliches Instrument, seine Richtung herauszufinden, um eine Position in Richtung des Trends einzugehen, ist der 38-Tage-Durchschnitt. Liegt der DAX über dem Mittelwert der letzten 38 Tage, befindet sich der Markt in einem Aufwärtstrend, liegt er darunter, in einem Abwärtstrend. Schneidet der DAX den 38-Tage-Durchschnitt von unten nach oben, beginnt eine Aufwärtsbewegung, bricht er nach unten durch, fängt eine Abwärtsbewegung an. Dieses 38-Tage-Trendfolge-Modell sollte sinnvollerweise mit einem Termin-Aktienindex auf den DAX oder einem DAX-ETF durchgeführt werden, da das häufige Kaufen und Verkaufen von Aktien wegen zu hoher Spesen ausscheidet. Das Modell sollte technisch so gehandhabt werden: Wenn der Aktienindex erstmalig wieder höher als der Mittelwert der vergangenen 38 Tage schließt, wird ein DAX-ETF gekauft. DAX-ETFs werden in der Regel auch nach Präsenzbörsenschluss um 17:30 Uhr weiter bis 20:00 Uhr gehandelt, sodass man zu Präsenzbörsenschluss oder kurz danach die Strategie ausführen kann. Verkauft wird der DAX-ETF wieder, wenn der DAX-Index unter die 38-Tage-Linie fällt. Der Anleger kann die 38-Tage-Linie selbst berechnen und seine Transaktionen danach planen, indem er die DAX-Schlusskurse der vergangenen 38 Börsentage addiert und die Summe anschließend durch 38 dividiert. Dies lässt sich mit den heute zur Verfügung stehenden elektronischen Geräten leicht bewerkstelligen.

Der Kursverlauf des DAX seit 1988 mit der eingezeichneten Durchschnittslinie der letzten 38 Tage ist in der folgenden Grafik dargestellt.

DAX und 38-Tage-Linie

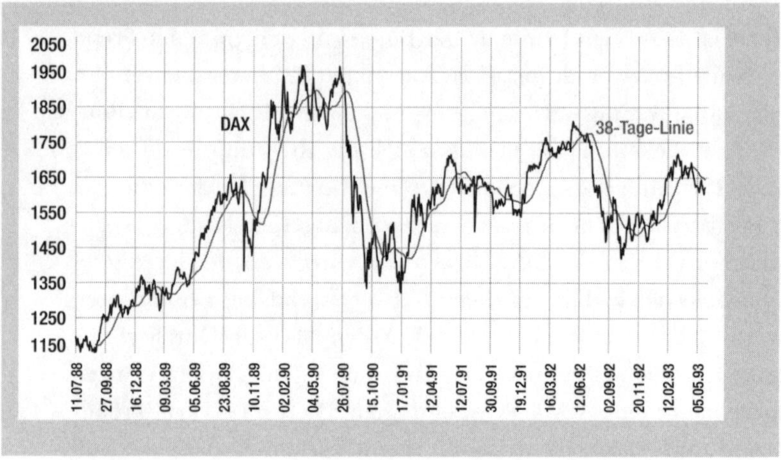

Wenn ein Anleger nun dieses 38-Tage-Trendfolge-Modell in den fünf Jahren von 1988 bis 1993 angewandt hätte, wäre er nur in den im nächsten Bild angegebenen Zeiten investiert gewesen.

Kursverlauf in der Zeit, in der das 38-Tage-Modell investiert ist

An diesem Bild lässt sich der Vorteil des Trendfolge-Modells erkennen: Während der Kursabschwünge im August und September des Jahres

1990, der „Golfkriegsbaisse“, und im Juli und August 1992, der „Schlesingerbaisse“, war der Investor nicht investiert. Der Nachteil dieses Modells ist jedoch, dass wegen der vielen kleinen Verluste, die dadurch entstehen, dass der Anleger kauft und kurze Zeit später mit einem kleinen Verlust wieder verkaufen muss, weil der Aktienkurs wieder unter die 38-Tage-Linie gefallen ist, der oben genannte Vorteil zum Teil wieder aufgezehrt wird. In diesem speziellen Fall des 38-Tage-Trendfolge-Modells, angewandt von Juli 1988 bis Juni 1993, hätte sich ein Gewinn von 544 DAX-Punkten ergeben. Dazu wären je 45 Kauf- und Verkaufstransaktionen nötig gewesen. Das bloße Kaufen und Halten des DAX-Index hätte in derselben Zeitspanne 493 DAX-Punkte ergeben.

Berücksichtigt werden müssen in der Bilanz zwischen Kaufen-und-Halten und dem 38-Tage-Trendfolge-Modell noch die Spesen, die der Kauf und Verkauf des DAX-Index verursachen, und der Zinsvorteil, den dieses Modell dadurch bringt, dass es nicht immer investiert ist und in dieser Zeit Zinsen verdienen kann. Die Spesen für je einen Kauf und Verkauf des DAX-Index heben sich in unserem Beispiel etwa gegen den Zinsvorteil auf.

Bemerkenswert an diesem Trendfolge-Beispiel ist, dass von den 45 Transaktionen, die zusammengenommen etwas mehr gebracht haben als der DAX, nur zwölf, also etwa 26 Prozent, mit Gewinn abgeschnitten haben. Somit haben diese 26 Prozent erfolgreichen Transaktionen viel mehr DAX-Pluspunkte pro Geschäft erzielt, als die 74 Prozent der schiefgelaufenen Geschäfte Minuspunkte eingefahren haben. Hieran lässt sich die Börsenregel „Lasse Gewinne laufen und realisiere Verluste“ veranschaulichen. Eine Trefferquote von 26 Prozent reicht also, um in den Gewinn zu kommen, wenn man nur die Regel beherzigt, Gewinne laufen zu lassen und Verluste zu begrenzen.

Dennoch ist in dem Fall des 38-Tage-Trendfolge-Modells der Vorteil gegenüber Kaufen-und-Halten nicht groß. Die 38-Tage-Linie ist, obwohl sie oft herangezogen wird, nicht ideal als Trendfolge-Indikator. Sie ist als Handlungsanweisung für den kurzfristigen Trader zu träge. Wesentlich bessere Resultate liefern, wie sich herausstellen wird, die gleitenden 20-, 10- und 5-Tage-Linien als Indikatoren für die Trendrichtung.

Die 20-Tage-Linie

Erheblich besser schneidet die 20-Tage-Linie als Trendfolge-Barometer ab. Wie in der nachfolgenden Grafik zu sehen ist, schmiegt sie sich viel enger an den wahren Kursverlauf an und ist dadurch nicht ganz so träge.

DAX und 20-Tage-Linie

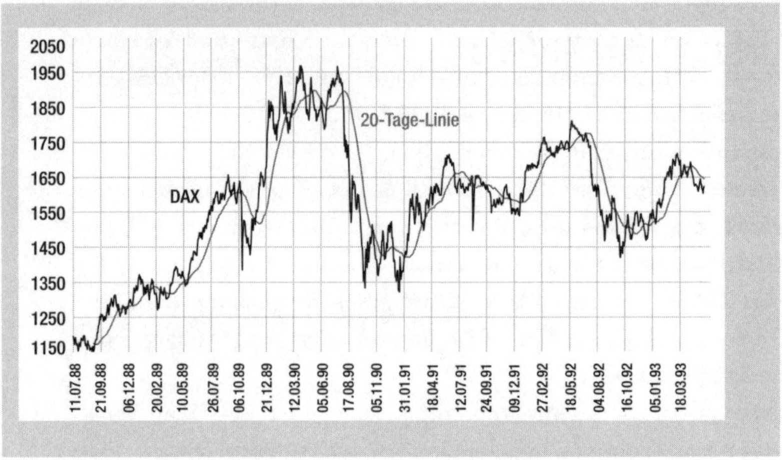

So werden die Trendwenden eher erkannt. Allerdings steigen dadurch die Zahl der Transaktionen und die Zahl der falschen Signale, bei denen durch Schwankungen des DAX ohne klaren Trend viele kleine Verluste eingefahren werden.

Insgesamt jedoch ist die 20-Tage-Trendfolge-Methode sehr profitabel. Wie im nächsten Bild zu sehen ist, werden auch beim 20-Tage-Trendmodell die beiden großen Baissen ausgelassen und schöne große Anstiege, so wie im November und Dezember des Jahres 1989 nach der Wiedervereinigung oder im März und April des Jahres nach dem Golfkrieg, mitgemacht.

Kursverlauf des DAX, während das 20-Tage-Modell investiert ist

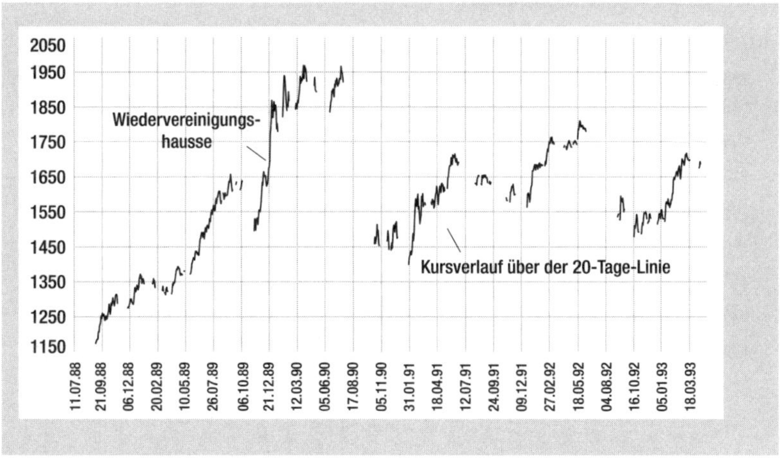

Von 1989 bis 1993 hätte die Strategie der 20-Tage-Trendfolge 688 DAX-Pluspunkte gebracht, bei 60 vollständigen Transaktionen, also Kauf und Verkauf. Dies ist erheblich mehr, als die Strategie des bloßen Kaufs von Aktien oder des Aktienindex im Juli 1988 und Haltens bis zum Juni 1993 gebracht hätte, nämlich nur 448 DAX-Punkte.

Die 20-Tage-Trendfolge-Methode lässt sich noch verbessern, wenn bei Verkaufssignalen nicht nur die Long-Position des Aktienindex verkauft wird, sondern ein Aktienindex zugleich geshortet oder leerverkauft wird. Mit der Trendfolge-Methode waren 265 zusätzliche DAX-Punkte erzielbar. Sie ist nachfolgend dargestellt. Es ist zu erkennen, dass die beiden großen Baissen durch die Leerverkäufe ebenfalls Pluspunkte gebracht hätten.

Kursverlauf des DAX, während das 20-Tage-Modell einen Leerverkauf signalisiert

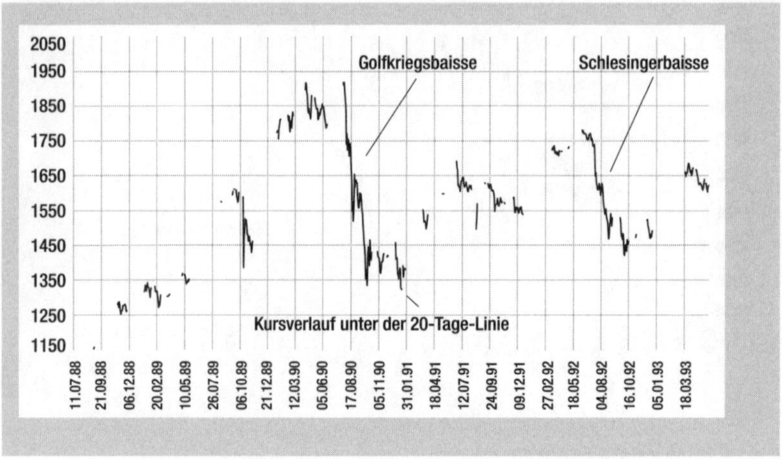

Die Summe der Leerverkäufe hätte in dem angegebenen Zeitraum 265 Pluspunkte ergeben.

Die 20-Tage-Trendfolge-Strategie hätte also unter Ausnutzung der Aufwärts- und Abwärtssignale 688 plus 265, also 953 DAX-Punkte erbracht. Dies ist mehr als doppelt so viel, wie das Halten von Aktien oder des DAX-Index allein erzielt hätte. Für den kurzfristigen Trader oder den aktiven Börsianer ist also die 20-Tage-Trendfolge-Methode sehr Erfolg versprechend. Sie sollte auf längere Sicht deutlich mehr Gewinn abwerfen als das bloße Halten von Aktien

Interessanterweise bringen nur 21 der 60 Long-Transaktionen, also etwa 35 Prozent, Gewinn. Dieser überwiegt jedoch das Minus aus den Verlust bringenden Transaktionen, sodass ein erheblich größerer Gewinn gemacht worden wäre als mit der einen Operation des Kaufens und Haltens.

Bei den Short-Transaktionen ist das Verhältnis noch krasser. Hier sind 13 der 60 Transaktionen, also weniger als 22 Prozent, Gewinn bringend und trotzdem ist das Gesamtresultat eindeutig positiv. Dies ist eine weitere Bestätigung der wichtigen Börsenregel: Gewinne laufen lassen, Verluste realisieren!

Im Detail hätte die Durchführung der 20-Tage-Strategie folgendermaßen ausgesehen: Der Anleger bildet die Summe der DAX-Schlusskurse der letzten 20 Tage und dividiert sie durch 20. Diese Zahl vergleicht er mit dem DAX-Schlusskurs des jeweiligen Tages. Liegt der DAX erstmalig wieder über der durch 20 dividierten Summe, nachdem er am Tag zuvor noch darunter gelegen hatte, kauft der Anleger zum Schluss der Präsenzbörse einen DAX-Future oder einen DAX-ETF, er geht long. Liegt der DAX am nächsten Tag wieder über dem Durchschnitt der dann letzten 20 Tage, bleibt der Anleger investiert, er bleibt long. Erst wenn der DAX eines Tages tiefer schließt als die durch 20 geteilte Summe der letzten 20 Tage, wird der DAX wieder verkauft und zugleich ein DAX-Future leerverkauft. Auch der DAX-ETF hat ein Pendant, den „Short-DAX-ETF", der wie eine Aktie gekauft werden kann. Der Börsianer geht damit short. Er bleibt so lange short, bis der DAX wieder höher schließt als der Durchschnitt der dann letzten 20 Tage, kauft dann den leerverkauften DAX-Index zurück beziehungsweise verkauft den Short-DAX-ETF und kauft einen Index oder einen DAX-ETF. Der Börsianer geht also wieder long.

Diese Handlungsanweisung hätte von 1988 bis 1993 – den handelbaren DAX-Index gibt es allerdings erst seit 1991 – 953 DAX-Punkte erzielt.

Die maximale Durststrecke, die der Investor zu überwinden gehabt hätte, wären minus 270 Punkte gewesen. Bei einem beliebigen Einstieg in dieses System während der gesamten Laufzeit wären also 270 Punkte das tiefste Minus gewesen, das aufgetreten wäre. Dies wäre beim „Gorbatschow-Crash" der Fall gewesen. Hier war der Anleger gerade long, als am Montagmorgen, dem 19. August 1991, wegen der Ereignisse in der Sowjetunion der DAX 150 Punkte tiefer landete, was nach dem 20-Tage-Modell einen Verkauf der Long-Position und einen Leerverkauf anzeigte. Wenige Tage später, als sich die Lage geklärt hatte, schoss der DAX steil in die Höhe und der leerverkaufte Index ins Minus. Der Gorbatschow-Crash war für das Trendfolge-Modell der bisher ungünstigste Fall.

Selbst bei diesem ungünstigsten aller möglichen Einstiege in diese Strategie wären nach den 270 DAX-Minuspunkten im Anschluss seit August 1991 noch 577 Pluspunkte gekommen. Trotz des maximalen Anlaufverlustes von 270 Punkten im August 1991 hätte der Anleger im Juni 1993 wieder den Verlust aufgeholt und läge 300 Punkte im Plus.

Auch die Langfristbeobachtung des 20-Tage-Durchschnitts liefert erfreuliche Ergebnisse. Hätte der Anleger die Strategie von Oktober

1959 bis September 1994 angewandt, hätten sich 2.583 Pluspunkte bei 457 Transaktionen ergeben – in einem Zeitraum, in dem der DAX nur 1.742 Punkte gestiegen war. Die zusätzlich angewandte Short-Strategie hätte noch einmal 798 Punkte gebracht. Zusammengenommen also sind die 3.381 Punkte Gewinn der 20-Tage-Strategie etwa doppelt so hoch wie die 1.742 Pluspunkte des DAX selbst. Auch nach 1993 zeigte sich die Überlegenheit der 20-Tage-Strategie. Hätte sie ein Investor von 1960 bis 2014 durchgeführt, hätte sich sein Einsatz um den Faktor 108 vergrößert, während der DAX sich in der gleichen Zeit nur versiebzehnfachte. Spesen und Zinsen sind hierbei nicht mitgerechnet. Dieses Resultat mit einem einfachen Trendfolge-Modell hätte jeder Anleger leicht selbst erzielen können. Er hätte nur die DAX-Notierungen verfolgen und jeweils den Mittelwert der 20 letzten Stände bilden müssen. Mit einem Tabellenkalkulations-Programm wäre dies einfach zu erledigen gewesen. Heute kann man sich auf Internetportalen den DAX-Chart mit eingezeichneten Durchschnittslinien direkt anschauen. Die nachfolgend noch erörterten 10-Tage- und 5-Tage-Strategien schneiden wieder deutlich schlechter ab als die 20-Tage-Strategie. 20 Börsentage, also etwa vier Wochen, scheint eine typische Größe zu sein, die die Bewegungen des DAX am besten einfängt, eine Art Zeitkonstante, auf der sich die Aktienkurs-Entwicklungen abspielen.

Die 10-Tage-Linie

Ebenfalls hilfreich, wenn auch nicht ganz so profitabel wie die 20-Tage-Linie als Trend-Indikator, zeigte sich die 10-Tage-Linie. Sie schmiegt sich, wie die nachfolgenden zwei Grafiken zeigen, noch näher an den Verlauf des DAX an.

DAX und 10-Tage-Linie (11. Juli 1988 bis 1. Januar 1991)

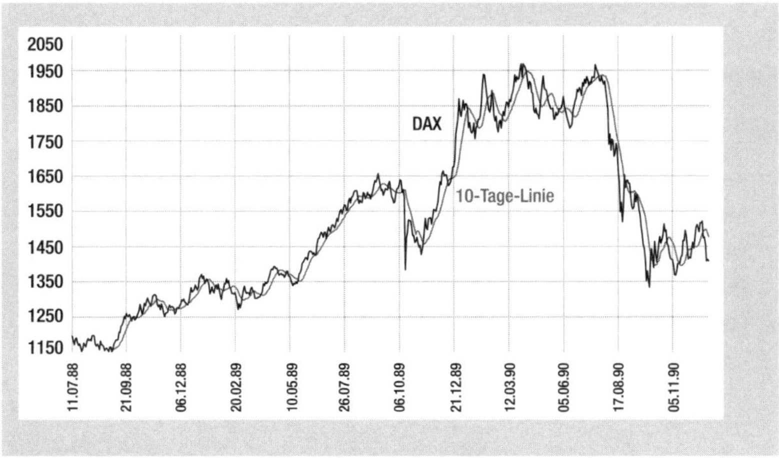

DAX und 10-Tage-Linie (2. Januar 1991 bis 23. Februar 1993)

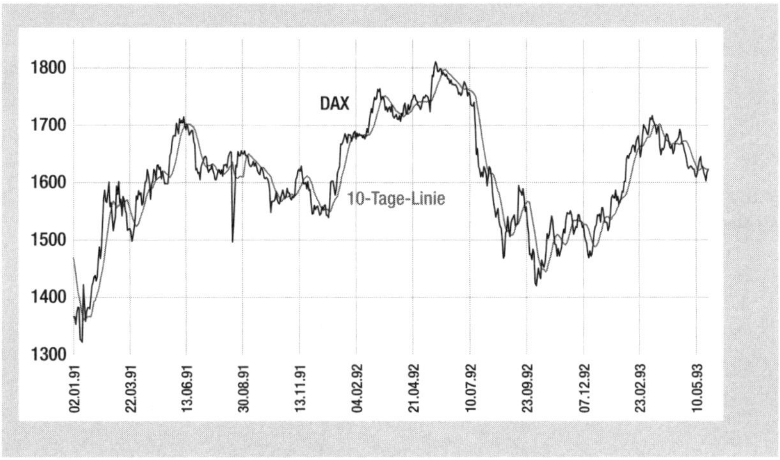

Die Ergebnisse, die sich erzielen lassen, wenn gekauft wird, sobald der DAX die 10-Tage-Linie von unten nach oben schneidet, und wenn verkauft wird, wenn der DAX durch die 10-Tage-Linie fällt, sind ebenfalls beeindruckend, doch nicht ganz so überzeugend wie die Resultate beim 20-Tage-Modell. So hätte das 10-Tage-Modell, angewandt vom Juli 1988 bis zum Juli 1993, allein durch Befolgen der

Kaufsignale ein Kursplus von 608 DAX-Punkten bei 81 Transaktionen gebracht.

Kursverlauf des DAX, während das 10-Tage-Modell investiert ist

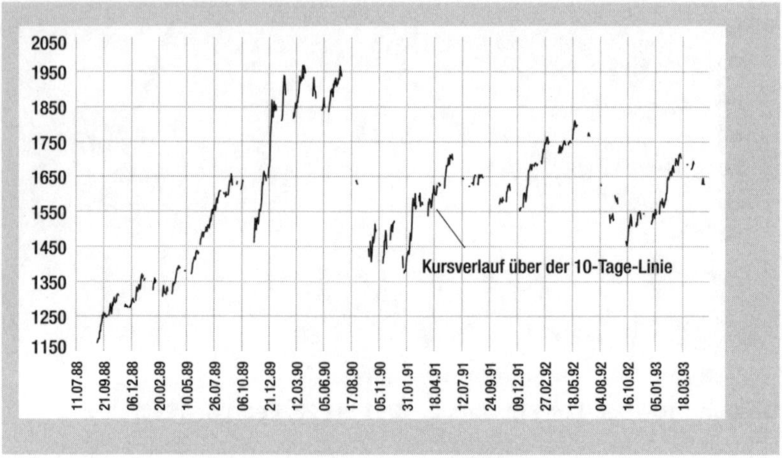

Der jeweilige Verkauf eines Termin-Aktienindex bei jedem Verkaufssignal hätte zusätzliche 256 Punkte gebracht.

Kursverlauf des DAX, während das 10-Tage-Modell einen Leerverkauf signalisiert

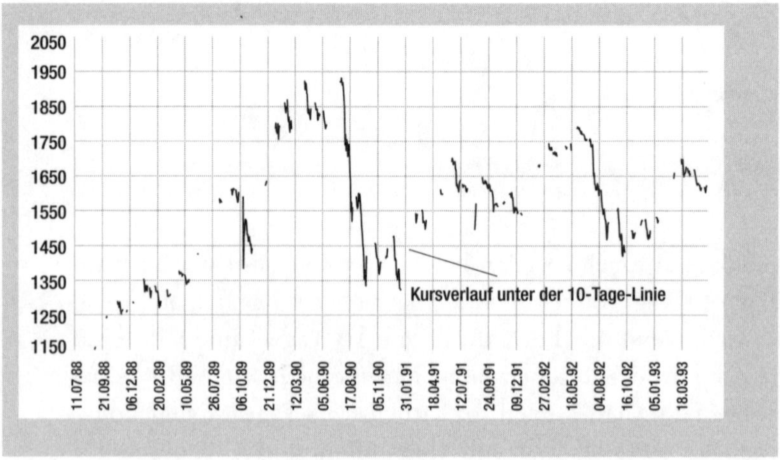

Die Anwendung des 10-Tage-Trendfolge-Indikators hätte also insgesamt 864 Pluspunkte des DAX-Index ergeben, während das Kaufen und Liegenlassen der Aktien nur 443 Punkte erzielt hätte. Dieses Ergebnis ist annähernd so hoch wie das des 20-Tage-Modells, birgt jedoch den Nachteil der höheren Anzahl von Transaktionen. So mussten beim 10-Tage-Trendfolge-Modell 81 statt der 60 beim 20-Tage-Modell nötigen Käufe und Verkäufe durchgeführt werden. Dennoch führt auch das 10-Tage-Modell zu einem fast doppelt so hohen Ertrag wie das bloße Liegenlassen der gekauften Aktien.

Nur 32 der 81 Long-Operationen, also 39 Prozent, waren positiv und 26 der 81 getätigten Leerverkäufe, also 32 Prozent, ergaben ein Plus. Dennoch hätte die 10-Tage-Strategie in den letzten fünf Jahren ein Plus von 73 Prozent eingebracht, der DAX selbst stieg in der gleichen Zeit nur 37 Prozent.

Die 5-Tage-Linie

Nicht ganz so optimal ist die 5-Tage-Linie als Trendfolge-Indikator. Sie ergibt zwar 831 Pluspunkte beim DAX-Index, es waren für dieses Ergebnis aber 117 Transaktionen notwendig. Die Kaufsignale brachten zusammengenommen 606 Pluspunkte, die Leerverkaufssignale noch einmal 225 Punkte. Das bloße Halten des DAX hätte 454 Punkte ergeben. Auch beim 5-Tage-Modell, wie schon beim 10-Tage-Modell und beim 20-Tage-Modell, war der „Gorbatschow-Crash" das herausragende negative Ereignis: Die Aktien fielen gerade, als der Anleger long war, um 134 DAX-Punkte, das Modell drehte, als der Putsch gemeldet wurde. So schlugen die vier Tage, die die Welt in Atem hielten, mit 267 Minuspunkten zu Buche. Trotz dieses sehr unglücklichen Ereignisses gab es 831 Pluspunkte. Bezeichnenderweise wurde dieses Resultat mit nur 38 Prozent Gewinn bringenden Transaktionen erzielt.

Die Trendfolge-Modelle bestätigen somit eindrucksvoll zwei überaus wichtige Börsenregeln:

1. Der Trend ist dein Freund.
2. Gewinne laufen lassen, Verluste realisieren.

Gewichtete gleitende Durchschnitte

Bei den ungewichteten gleitenden Durchschnitten geht jeder Kurs in gleicher Weise in die Berechnung ein, jeder ist also gleich wichtig. Kommt ein neuer aktueller Kurs hinzu, fällt der älteste weg. Vielfach wird deshalb ein gewichteter Durchschnitt verwendet. Hierbei gehen die Kurse, je aktueller desto gewichtiger, in die Berechnung ein. Die Begründung hierfür ist, dass ältere Kurse nicht dieselbe Bedeutung haben sollten wie frische Kurse. In der Praxis ist es jedoch kompliziert und wenig hilfreich, gewichtete Durchschnitte zu verwenden. Wenn ältere Kurse nicht solch ein Gewicht bei der Berechnung haben sollen, kann die Zeitspanne, über die beim ungewichteten Durchschnitt gemittelt wird, verkürzt werden. Ein über 20 Tage geometrisch gemittelter Durchschnitt kann gut durch einen ungewichteten über zehn Tage gemittelten ersetzt werden.

Die MACD-Methode

8

Der MACD-Indikator benutzt gewichtete Durchschnittswerte. MACD steht hier für Moving Average Convergence-Divergence Trading Method, also für die Gleitende-Durchschnitte-Konvergenz-Divergenz-Methode. Zwei gewichtete Durchschnitte mit unterschiedlichen Zeitspannen, aus denen der Mittelwert gebildet wird, werden voneinander abgezogen. Zu dieser MACD-Indikatorlinie selbst wird noch einmal ein gewichteter gleitender Durchschnitt gebildet, die Signallinie. Schneidet die MACD-Indikatorlinie ihren eigenen gleitenden Durchschnitt, also die Signallinie, von unten nach oben, ist ein Kaufsignal gegeben. Fällt sie von oben nach unten und unterschreitet dabei die Signallinie, so ist ein Verkauf angeraten.

In der Praxis werden bei der Berechnung des MACD-Indikators jedoch ungewichtete Durchschnitte verwendet. Üblich ist die Differenz zwischen einem 12-Tage- und einem 26-Tage-Durchschnitt. Diese MACD-Indikatorlinie wird dann noch einmal über neun Tage gemittelt.

DAX und MACD-Indikator (4. Oktober 1993 bis 12. Oktober 1994)

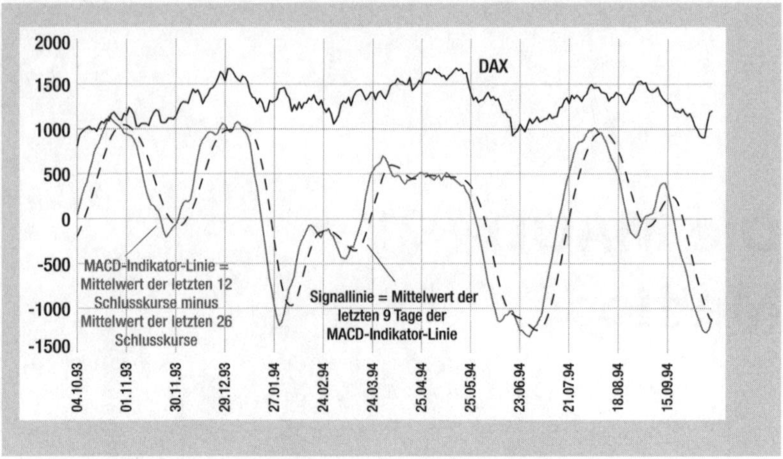

Hätte der Anleger von Oktober 1988 bis Juni 1993 diesen Indikator befolgt, das heißt, hätte er bei einer erstmalig wieder über dem 9-Tage-Durchschnitt liegenden MACD-Linie gekauft und bei einem Unterschreiten des Durchschnitts verkauft, hätte er 302 Pluspunkte eingesammelt. Nötig wären dafür 39 Transaktionen gewesen. In der gleichen Zeit ist der DAX 418 Punkte gestiegen. Die MACD-Methode hätte dem Anleger also keinen Vorteil gebracht.

Von 1959 bis Ende 1994 hätte diese Methode 1.679 Punkte geliefert, der DAX selbst jedoch 1.719. Auch hier wäre eine Befolgung der MACD-Methode also nicht ergiebig gewesen.

DAX und MACD-Indikator (15. August 1988 bis 6. Dezember 1993)

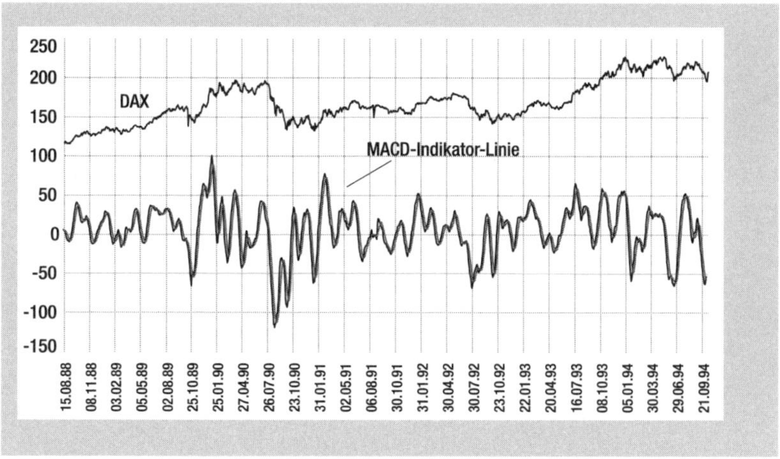

Das Momentum

9

Das Momentum, im Englischen als „Rate of Change“, kurz ROC, bezeichnet, ist eine Rechengröße, die Auskunft darüber geben soll, in welche Richtung und mit welcher Kraft sich der Aktienmarkt bewegt. Es wird berechnet, indem der letzte Aktienkurs durch einen Kurs der Vergangenheit, etwa durch einen fünf, zehn, 20 oder 30 Tage alten Kurs, geteilt wird. So ist das 20-Tage-Momentum gleich dem heutigen Aktienkurs geteilt durch den „20 Tage alten“ Aktienkurs. Liegt der aktuelle Kurs über dem 20 Tage alten, ist das Momentum größer als eins und der Markt steigt, notiert der neue Kurs unter dem 20 Tage alten, ist das Momentum kleiner als eins und der Markt fällt. Neben der Richtung liefert das Momentum noch die Stärke der Bewegung. Aus dem Quotienten lässt sich direkt die prozentuale Veränderung des neuen Kurses gegenüber dem alten Kurs ablesen. Bei einem Momentum von 1,05 liegt der Aktienmarkt aktuell fünf Prozent über dem Vergangenheitswert, bei einem Momentum von 0,94 liegt er sechs Prozent unter dem Vergleichswert. Wird nun das Momentum über oder unter dem Aktienmarkt aufgetragen, zeigt sich der zeitliche Verlauf des Momentums. Durchstößt das Momentum die Einer-Linie von unten nach oben, ergibt sich ein

Kaufsignal, denn der Kurs liegt zum ersten Mal wieder höher als der entsprechende Vergangenheitswert. Der Markt hat von „fallend“ auf „steigend“ gedreht. Durchschneidet das Momentum die Einer-Linie von oben nach unten, ist analog ein Verkaufssignal erschienen.

DAX und Momentum-Indikator

Aufgetragen ist in obigem Bild das 20-Tage-Momentum unter dem DAX vom 8. August 1988 bis zum 10. Oktober 1994.

Es hat in dieser Zeit 65 Kauf- und 65 Verkaufssignale gegeben. Hätte sich der Anleger an den Momentum-Indikator gehalten, hätte er mit 65 kompletten Transaktionen, also Kauf und Verkauf, 532 DAX Punkte eingefahren. Der DAX selber ist jedoch 951 Punkte gestiegen.

Die Anwendung des 20-Tage-Momentum-Indikators auf den DAX von 1988 bis Oktober 1994 hätte also keine sonderlich guten Resultate geliefert, im Gegenteil, „Kaufen und Halten“ hätte besser abgeschnitten. Zusätzlich belasten die Gebühren von 65 Transaktionen das Konto des Momentum-Indikator-Anwenders. Werden andere Zeitspannen zur Berechnung des Momentums gewählt, ergeben sich ebenfalls keine zufriedenstellenden Resultate.

Hätte ein Investor schon 1959 damit begonnen, das Momentum zu berechnen und sich danach gerichtet, wären bis zum 4. Januar 1995 genau 1.688 DAX Punkte zusammengekommen. Der DAX selbst legte in der gleichen Zeit etwa dasselbe zu, 1.684 Punkte. Es ist nicht verwunderlich, dass fast exakt das Resultat des DAX erzielt wurde. Die sehr große Zahl von 8.800 Börsentagen dieser Untersuchung lässt wohl zuverlässig den Schluss zu, dass die Berechnung des 20-Tage-Momentums beim DAX keinen Sinn macht.

Bei Anwendung des 10-Tage-Momentums hätte der Investor gar nur 335 Pluspunkte bei 95 kompletten Transaktionen erzielt. Wie nicht anders zu erwarten, liefert die langfristige Untersuchung des 10-Tage-Momentums von 1959 bis zum 4. Januar 1995 mit 1.675 Punkten wieder fast exakt das Resultat des DAX, mit dem 1.684 Punkte in der gleichen Zeit zu erzielen waren. Die Anwendung des 10-Tage-Momentums ist also auch nicht hilfreich.

Ein nicht ganz so schlechtes Ergebnis wie das 20-Tage-Momentum in den letzten sechs Jahren, nämlich 785 Punkte bei 145 Transaktionen, wäre mit dem 5-Tage-Momentum zu erzielen gewesen. 785 Punkte sind zwar fast so viel wie die 951 Punkte, die die Kaufen-und-Halten-Strategie ergeben hätte, doch die zusätzlichen Spesen der 145 Transaktionen schlagen kräftig zu Buche.

Manchmal wird eine weitere Momentum-Strategie angewandt, nämlich der Kauf, wenn das Momentum „nach oben dreht“. So wird ein Kaufsignal ausgelöst, wenn das Momentum erstmals wieder größer ist als das Momentum des Vortages. Verkauft wird, wenn das Momentum wieder nach unten wendet. Doch ein Vorsprung lässt sich mit dieser Anwendung des Momentums auch nicht erzielen. 606 Punkte hätte die Beachtung der Regel bei 308 Käufen und Verkäufen ergeben.

Wird das „Drehen“ des Momentums anders definiert, zum Beispiel dadurch, dass ein Wendesignal auftritt, wenn das 10-Tage-Momentum seinen eigenen gleitenden 5-Tage-Durchschnitt schneidet, lassen sich auch nur 761 Punkte erzielen.

Zusammengefasst ergibt sich, dass die Berechnung des Momentum-Indikators wenig hilfreich ist. Keine der untersuchten Anwendungen hätte es vermocht, die mit dem DAX erzielte Punktzahl in den letzten 36 Jahren zu übertreffen.

Die Stochastik

10

Der Stochastik-Indikator geht auf den Amerikaner George C. Lane zurück und ist ein Maß für die momentane relative Lage des Aktienmarktes im Vergleich zum Kursband der letzten Zeit. Die Stochastik ist ein Begriff aus der Mathematik. Sie bezeichnet die Beobachtung einer zufälligen Größe. Der Stochastik-Indikator wird bestimmt durch den Quotienten aus zwei Differenzen: aktueller Aktienkurs minus Tiefstkurs der letzten Zeit und Höchstkurs der letzten Zeit minus Tiefstkurs der letzten Zeit. Ist der aktuelle Kurs der tiefste Kurs der letzten Zeit, so ergibt der Quotient null, ist er der höchste, liefert der Bruch den Wert eins. Zahlen dazwischen geben an, wo sich der Aktienkurs im Vergleich mit Höchst- und Tiefstkurs befindet.

Die von Lane empfohlene Zeitspanne, für die dieser auch „K" genannte Indikator berechnet werden soll, ist fünf bis 21 Tage. Dieser Quotient wird geglättet, zum Beispiel über drei Tage, und „SK" oder „D" genannt. Die Glättung ist einfach der Mittelwert der letzten drei Tage. Die Größe SK wird wiederum etwa über drei Tage geglättet und dann „SD" oder „slow" genannt. Schneidet nun die SK-Linie die SD-Linie von unten nach oben, ergibt sich ein Kaufsignal, durchbricht

SK SD von oben nach unten, wird wieder verkauft und das Geld bis zum nächsten Kaufsignal bar liegen gelassen.

DAX und Stochastik-Indikator (5. April 1994 bis 10. Oktober 1994)

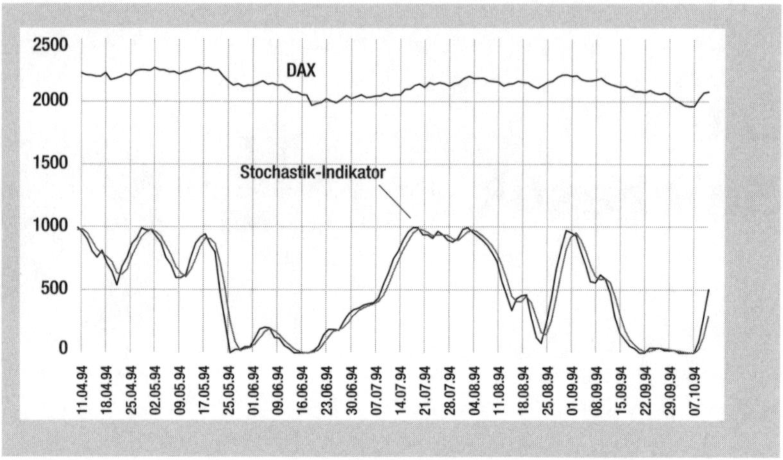

DAX und Stochastik-Indikator (8. August 1988 bis 10. Oktober 1994)

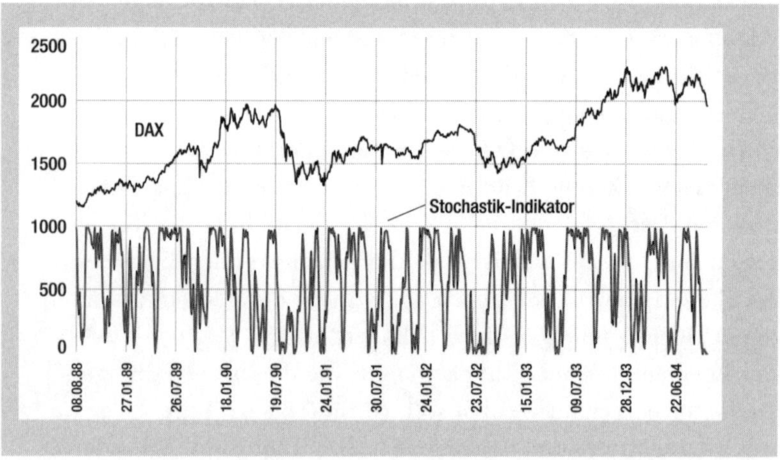

In der Grafik wurde der Stochastik-Indikator für 20 Tage berechnet. Die Glättung zur Erlangung der SK- und der SD-Linie fand jeweils über drei Tage statt.

Im Zeitraum vom 19. August 1988 bis zum 29. September 1994 hätte die Befolgung des Stochastik-Indikators dem Investor 997 Pluspunkte eingebracht. Nicht ganz so viel, nämlich nur 839 Punkte, stieg der DAX im gleichen Zeitraum. Der leichte Vorteil des Stochastik-Indikators wurde allerdings mit 181 Transaktionen erkauft. Im aussagekräftigeren Langfristvergleich DAX gegen Stochastik-Indikator lag der DAX ein wenig vorne. Von 1959 bis Anfang 1995 ließen sich mit der Stochastik 1.451 DAX-Punkte erzielen, der DAX legte 1.725 Punkte zu.

Die Variierung der Zeitspanne, für die der Stochastik-Indikator berechnet wird, ergibt ebenfalls keine wesentliche Verbesserung dieses Ergebnisses. Die 30-Tage-Stochastik mit Mittelungen über 20 Tage und noch einmal über fünf Tage hätte von 1959 bis 1995 insgesamt 1.307 DAX-Punkte eingesammelt.

Die Stochastik ist ein Indikator aus der Gruppe der Oszillatoren. Sie schwankt zwischen null und eins und gibt an, ob der Markt „überkauft" und fällig für eine Reaktion nach unten oder „überverkauft" und reif für eine Korrektur nach oben ist. Ein Oszillator ist also das Gegenteil von einem Trendfolge-Indikator. Sind die Aktienkurse in der letzten Zeit gestiegen, schaltet das Trendfolge-Modell auf Grün und prognostiziert weiter steigende Kurse. Der Oszillator rät in diesem Fall zu einem Verkauf, da die Kurse erst einmal wieder zurückgehen sollten. Da Trendfolge-Modelle, wie etwa das 20-Tage-Modell beim DAX, zu großen Gewinnen führen, wird klar, warum ein Oszillator wie die Stochastik wenig Gewinn versprechend ist. Die Stochastik ist also kein geeignetes Instrument für eine Prognose über den weiteren Verlauf des DAX.

Der Williams-Indikator

Einen der Stochastik ähnlichen Indikator hat Larry Williams entwickelt. Er bildet den Quotienten aus den Differenzen von Höchstkurs minus aktuellem Kurs und Höchstkurs minus Tiefstkurs. Hierbei kann die Zeitspanne, für die der Höchstkurs und der Tiefstkurs ermittelt werden, gewählt werden. Auch dieser Indikator gibt wie die Stochastik die relative Lage des Aktienkurses in Bezug auf die in letzter Zeit vorherrschende Handelsspanne an. Steht der Indikator bei null, ist der Aktienkurs auf dem höchsten Stand des betrachteten Zeitraums, ist der Indikator eins, sind die Aktien auf dem tiefsten Stand. Generell gilt: Wenn der Williams-Indikator über 0,8 steigt, wird der Markt als „überverkauft“ bezeichnet, wenn er unter 0,2 notiert, scheint der Markt „überkauft“. Wenn die Maßzahl von über 0,8 auf unter 0,8 fällt, wenn also der Markt „überverkauft“ war und sinkt, ist ein Kaufsignal gegeben. Umgekehrt ist ein Verkauf angeraten, wenn der Indikator von unter 0,2 auf über 0,2 steigt.

DAX und Williams-Indikator (3. Januar 1994 bis 10. Oktober 1994)

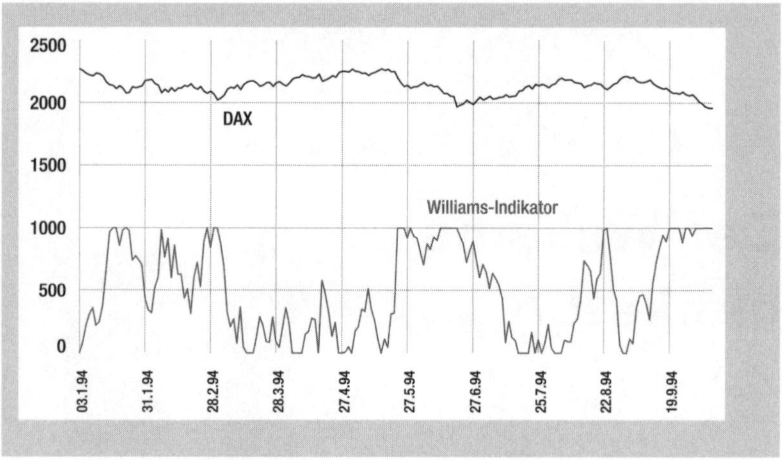

Die Beachtung des Williams-Indikators hätte von November 1988 bis Oktober 1994 genau 609 DAX-Punkte bei 30 Käufen und 30 Verkäufen erzielt. Dieses Ergebnis ist positiv, aber dennoch schlechter als das bloße Kaufen und Halten von Aktien. Letzteres hätte 829 DAX-Punkte in der gleichen Zeit ergeben. Auch der Williams-Indikator kommt nicht an das Ergebnis des 20-Tage-Modells heran.

DAX und Williams-Indikator (8. August 1988 bis 10. Oktober 1994)

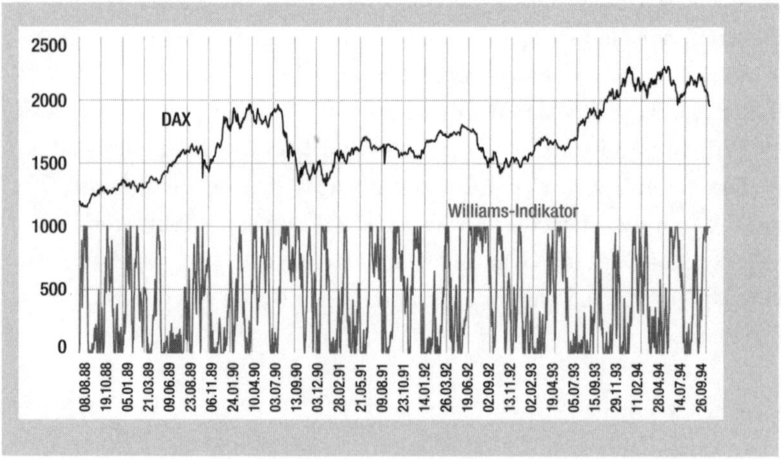

Die nächsten Kapitel gehen weiter der Frage nach, welche nachprüfbaren Aussagen sich noch über das Verhalten von Aktienkursen treffen lassen. Zu diesem Zweck wird der Kursverlauf des DAX in der Candlestick- oder Kerzendarstellung statistisch aufgeschlüsselt. So zeigt sich beispielsweise, dass nach bestimmten Formen des Kursverlaufs signifikant öfter steigende Kurse zu erwarten sind. Nach anderen wiederum muss mit fallenden Notierungen gerechnet werden. Das nächste Kapitel enthält alle wichtigen Chartformationen in der Candlestick-Darstellung und gibt an, wie sich die Kurse im Anschluss statistisch verhalten haben. Es wurden nicht nur alle Tageskerzen, die bisher beim DAX auftraten, sondern auch alle Wochen- und Monatskerzen untersucht. Dabei traten deutliche, zuvor nicht erwartete Unterschiede in der prognostischen Wirkung von Tages-, Wochen- und Monatskerzen auf.

Ebenfalls einer statistischen Untersuchung unterzogen wurden die herkömmliche Balkenchart-Technik und die Linienchart-Technik. Hierzu wurden Kursverläufe mathematisch gefasst, sodass sie ohne Spielraum der Deutung oder der Interpretation zeigen können, ob sie den bisher angenommenen Gesetzen der Charttechnik gehorchen.

Mit dieser Methode lässt sich auch prüfen, ob die alte Dow-Theorie zu Recht in den Lehrbüchern steht, ob sich Elliott-Wellen nachweisen lassen und ob es ein sinnvolles Kriterium für eine Anlageentscheidung ist, wenn der Aktienkurs einen neuen Höchstkurs erreicht hat.

Interessant ist auch die Untersuchung, welche Streckenlänge der DAX am häufigsten zwischen einem relativen Tiefpunkt und einem folgenden relativen Hochpunkt zurücklegt und wie dieser Weg im Verhältnis steht zum Abstand zwischen dem vorletzten Hoch und dem letzten relativen Tief.

An welchen Wochentagen treten relative Tiefpunkte bevorzugt auf? Gibt es die berühmten Fibonacci-Retracement-Levels wirklich und wie viele Tage liegen im Durchschnitt zwischen zwei benachbarten relativen Tiefpunkten? Auf all diese Fragen geben die folgenden Kapitel eine Antwort.

Eine interessante Strategie ergibt sich des Weiteren aus zwei Anomalien des DAX: Werden die täglichen prozentualen Kursveränderungen des DAX nach ihren Größen sortiert und ihre jeweilige Häufigkeit über der Größe aufgetragen, zeigt sich, dass kleine Kursveränderungen relativ zu einer Normalverteilung zu selten auftreten und große Kursveränderungen zu häufig. Außerdem ergibt sich, dass der DAX längere Serien mit steigenden Tagen bildet, als zu erwarten wäre. Diese beiden Anomalien hängen zusammen. Die großen prozentualen Kursveränderungen treten gerade bevorzugt in längeren Serien auf. Das hat für den Anleger den großen Vorteil, dass er damit rechnen kann, dass er sich vermutlich in einer längeren Serie mit steigenden Tagen befindet, wenn ein großer Kursanstieg an einem Tag vorliegt.

Wiederholen sich charakteristische Kursverläufe? Auch dieser Frage gehen die nächsten Kapitel nach. Wird zu einem gegebenen Kursabschnitt von beispielsweise drei Wochen in der Geschichte des DAX der ähnlichste Kursverlauf herausgesucht, ist es dann für den Anleger von Vorteil, wenn er weiß, wie sich der Aktienmarkt damals nach Ablauf der Referenzstrecke entwickelt hat? Bringt es also etwas, nach ähnlichen Kursverläufen zu suchen?

Das Hilfreiche an diesem Buch ist also, dass nachprüfbare Antworten gegeben werden, die dem Anleger einen statistischen Gewinnvorteil liefern können.

Die Candlestick-Charttechnik

12

Tageskerzen

Die Candlestick-Charttechnik zeichnet den Eröffnungs-, Hoch-, Tief- und Schlusskurs einer Ware, einer Währung, einer Aktie oder eines Aktienindex über der Zeitachse auf. Zwischen dem Eröffnungs- und dem Schlusskurs wird ein Rechteck gezogen, das einem Kerzenkörper gleicht. Dieser Kerzenkörper wird schwarz ausgemalt, wenn der Schlusskurs unter dem Eröffnungskurs liegt, wenn also die Ware oder die Aktie im Tagesverlauf gefallen ist (bei Tageskerzen). Er bleibt weiß, wenn der Schlusskurs über dem Eröffnungskurs liegt, die Ware oder die Aktie im Tagesverlauf also gestiegen ist. Der Höchst- und der Tiefstkurs werden jeweils durch einen Strich mit dem Kerzenkörper verbunden. Der obere Strich heißt Docht und der untere Lunte.
In der englischsprachigen Literatur haben sich andere Bezeichnungen für die beiden Zipfel des Gebildes durchgesetzt. Der obere Strich heißt dort „Upper Shadow" und die Linie, die vom Kerzenkörper nach unten weg führt, wird als „Lower Shadow" bezeichnet. Der Kerzenkörper gilt als „Real Body".

Die weiße Kerze

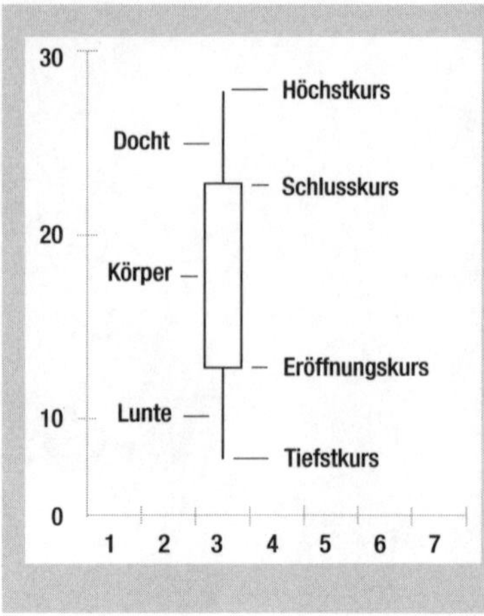

Die schwarze Kerze

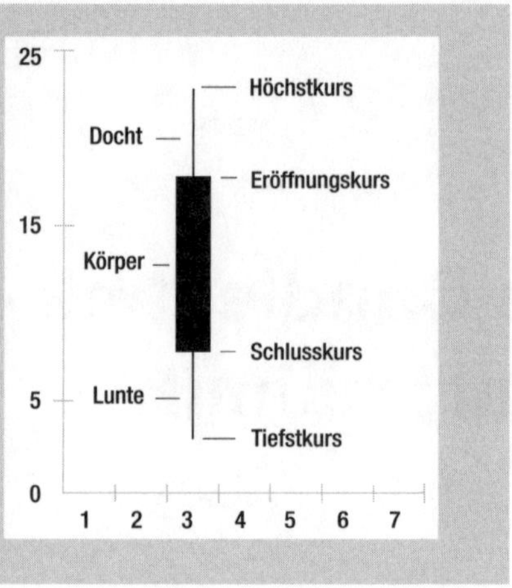

Schließt der DAX etwa in Höhe der Eröffnung, entsteht eine Kerze fast ohne Kerzenkörper, nur mit einem Docht und einer Lunte. Diese Spezialform einer Kerze heißt Doji.

Der Doji

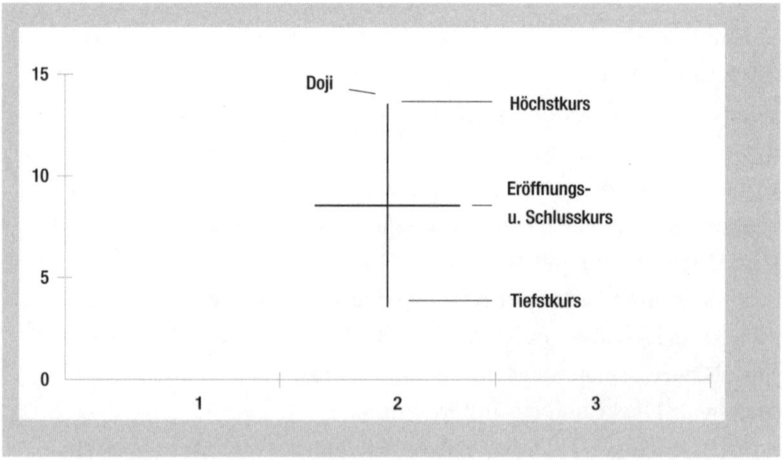

Schon allein diese Darstellung des Kursverlaufes lässt einen statistischen Vorteil erkennen: Von 1988 bis 1994 wurde an 1.254 Tagen gehandelt. Im

Durchschnitt verlor der DAX von der Eröffnung bis zum Schluss 0,4 Punkte, gewann aber vom Börsenschluss bis zur nächsten Eröffnung 1,0 Punkte. Pro Tag gewinnt der DAX also im Durchschnitt +0,6 Punkte. Nach einer der 599 weißen Kerzen steigt der durchschnittliche Kursgewinn bis zur nächsten Eröffnung von 1,0 Punkten auf 3,8 Punkte. In nur 32 Prozent der Fälle war nach einer weißen Kerze die nächste Eröffnung negativ. Die Größe des Kerzenkörpers spielt dabei eine weitere Rolle. Je größer der Kerzenkörper, desto positiver ist die Erwartung für die nächste Eröffnung. Eine weiße Kerze, die größer als fünf DAX-Punkte ist, lässt bis zur nächsten Eröffnung auf einen Gewinn von vier Punkten schließen. Ein sieben Punkte großer Kerzenkörper lässt den DAX im Mittel am nächsten Tag 6,5 Punkte höher eröffnen, ein elf Punkte großer gar zehn Punkte.

Auch der Docht der Kerze spielt eine Rolle. Hierbei gilt: Je kleiner der Docht, desto positiver ist die Vorgabe für den nächsten Tag. Ein Docht kleiner als fünf Punkte liefert acht Pluspunkte, ein Docht mit der Länge von acht Punkten dagegen minus fünf Punkte. Allein daraus lässt sich schon eine Strategie mit einem positiven statistischen Erwartungswert herleiten. Wird noch berücksichtigt, dass von Freitag bis Montag eine statistisch ungünstige Zeit ist, lässt sich eine Strategie wie folgt formulieren: Wird an einem Wochentag außer Freitag nach einer weißen Kerze mit einem Docht kleiner als drei Punkte, wenn am Vortag eine schwarze Kerze aufgetreten ist, ein DAX-ETF gekauft und zum Schluss des nächsten Börsentages wieder verkauft, wenn an diesem eine schwarze Kerze aufgetreten ist, sonst am übernächsten Tag zur Eröffnung, werden statistisch gesehen zehn DAX-Punkte Gewinn gemacht. Seit 1980 war dies 180-mal der Fall und hätte damit also 1.800 Punkte gebracht. Nur 35 Prozent der Transaktionen lieferten dabei ein Minus. Bei einem beliebigen Zeitpunkt des Einstiegs in dieses System wäre das größte Anlaufminus 100 Punkte gewesen.

Nach einer schwarzen Kerze dagegen verliert der DAX bis zur nächsten Eröffnung 1,8 Punkte. Auch bei der schwarzen Kerze sind die Größe des Körpers und der Wochentag, an dem die Kerze auftritt, von Bedeutung. Besonders aussagekräftig sind schwarze Kerzen am Freitag. Nach einer schwarzen Kerze mit einem Kerzenkörper, der größer als fünf Punkte ist, verlor der DAX im Durchschnitt der 54 Male 15 Punkte bis zur Eröffnung am Montag. Bei einem Kerzenkörper größer als sieben Punkte gab er 18 Punkte ab und bei einem Kerzenkörper größer als elf Punkte gar 20 Punkte. Hieraus lässt sich ebenfalls eine effiziente Gewinnstrategie herleiten. Wenn Donnerstag eine weiße Kerze auftrat und Freitag erscheint eine schwarze Kerze mit einem Körper, der größer als fünf Punkte ist, wird ein DAX-Short-ETF gekauft und am Montag zum Schlusskurs wieder verkauft. Das ergibt einen statistischen Gewinn von 26 Punkten pro Transaktion. In 71 Prozent der Fälle brachte diese Anweisung Gewinn. Bei den 21 entsprechenden Konstellationen von 1988 bis 1995 wurde zusammen ein Gewinn von 519 Punkten erzielt.

Die Long- und die Short-Strategie zusammen, angewandt von 1988 bis 1995, hätten also über 2.000 Punkte ergeben. Allein schon das Beachten der weißen und der schwarzen Kerzen, ihrer Größen und ihrer Dochtlängen hätte also in der Vergangenheit zu größeren Gewinnen für den Anleger geführt als das bloße Kaufen und Halten von Aktien.

Auch ein langer Docht kann als profitabler Verkaufshinweis angesehen werden. Nach einem Docht, der größer als zehn Punkte ist und auf einer weißen Kerze sitzt, eröffnet der DAX am nächsten Tag im Mittel zehn Punkte tiefer. Nach einer schwarzen Kerze mit einem Docht größer als zehn Punkte liegt der Aktienindex drei Tage später 17 Punkte tiefer.

Wichtig sind in einem Kerzenchart auch auftretende Fenster. Ein Fenster „nach oben" ist die Kursspanne zwischen dem tiefsten Kurs eines Tages und dem höchsten Kurs eines tieferen Vortages, also die senkrechte Lücke zwischen Luntenende und Dochtspitze. Bei einem Fenster „nach unten" in einem fallenden Markt ist es entsprechend der Abstand zwischen dem Höchstkurs eines Tages und dem Tiefstkurs des Vortages.

Folgt einem solchen Fenster nach oben, das größer als drei Punkte ist, eine weiße Kerze, gewinnt der DAX im Mittel bis zur nächsten Eröffnung weitere drei Punkte. Von den 153 Fällen, in denen ein solches Fenster auftrat, lag der nächste Tag in 62 Prozent der Fälle höher und nur in 38 Prozent der Fälle tiefer.

Wie schon einzelne Kerzen liefern auch Formationen aus zwei oder mehreren Kerzen einen statistischen Vorteil. Die wichtigsten dieser Formationen werden hier kurz erklärt. Große Bedeutung in der Candlestick-Charttechnik hat das Engulfing Pattern, das „einhüllende Muster". Das Positive Engulfing Pattern besteht aus einer kleinen schwarzen Kerze und einer nachfolgenden großen weißen Kerze, deren Kerzenkörper den Kursbereich des vorherigen schwarzen Kerzenkörpers umschließt. Die Eröffnung des zweiten Tages muss unterhalb des Schlusskurses des ersten Tages der Formation und der Schlusskurs des zweiten Tages muss oberhalb des Eröffnungskurses des ersten Tages liegen.

Das Positive Engulfing Pattern

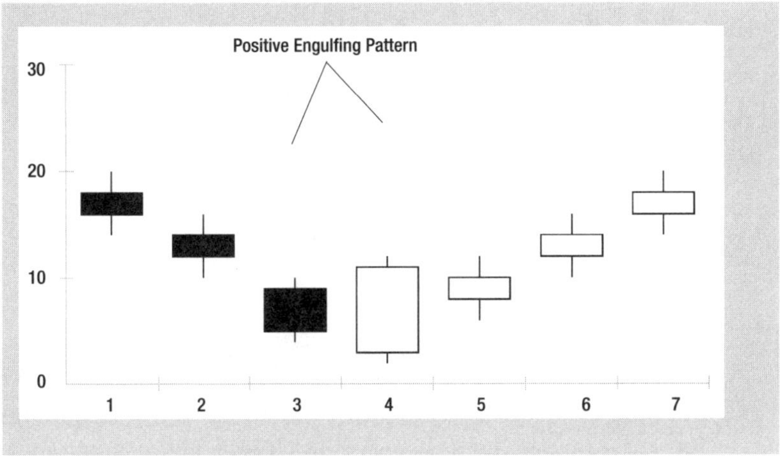

Diese Konstellation stellt bildlich den Wechsel der Stimmung der Börsianer bei einer Trendwende dar. Am ersten Tag ist die Stimmung der Börsianer schlecht. Die Kurse sind im Tagesverlauf gefallen. Am zweiten Tag eröffnet der Markt noch einmal tiefer. Doch während der Börsensitzung des zweiten Tages findet ein Umschwung in der Einstellung der Marktteilnehmer statt. Die Kurse steigen im Tagesverlauf und schließen sogar über der Eröffnung des Vortages. Häufig wird mit einem solchen Stimmungswechsel eine Trendwende in die Richtung eingeleitet, in die sich der Markt bewegen wird.

Ein solches Positive Engulfing Pattern trat beim DAX beispielsweise im Juli 1995 auf. Inmitten der 1995er-Hausse hatte eine Reaktion auf den vorangegangenen Kursgewinn von über 250 Punkten den DAX 70 Punkte hinabgeführt, als ein Positive Engulfing Pattern am Freitag, dem 30. Juni 1995, und Montag, dem 3. Juli 1995, zum Wiedereinstieg riet. Die höhere Eröffnung am Dienstag, dem 4. Juli 1995, und die steigenden Kurse im Tagesverlauf bestätigten das Kaufsignal Positive Engulfing Pattern.

Das Positive Engulfing Pattern im Verlauf des DAX

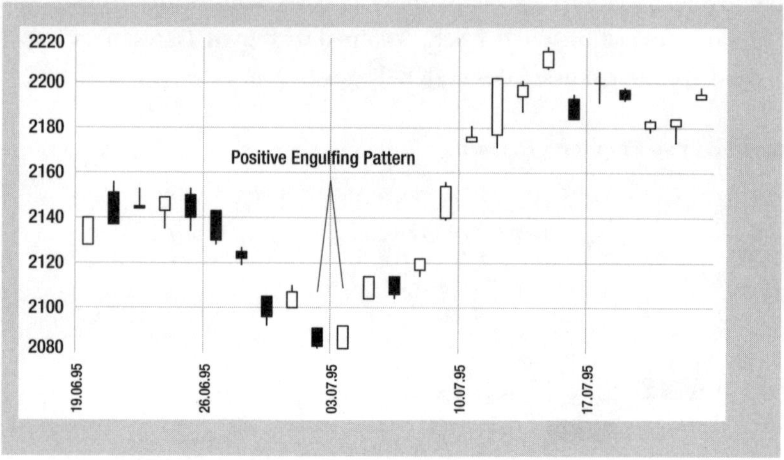

Tatsächlich lässt sich nachweisen, dass ein Positive Engulfing Pattern häufiger steigende Kurse nach sich zieht als fallende. Von 1988 bis 1996 trat beim deutschen Aktienindex 22-mal ein Positive Engulfing Pattern auf. 14-mal lagen die Kurse nach drei Tagen höher, 8-mal niedriger, in 64 Prozent der Fälle sagte das Positive Engulfing Pattern also die weitere Richtung voraus. Im Durchschnitt gewann der DAX in drei Tagen 8,1 Punkte. Die statistische Analyse liefert auch eine Antwort auf die Frage, wie weit in die Zukunft eine kerzentechnische Prognose reicht.

Von den 22 Vorkommnissen, in denen das Positive Engulfing Pattern auftrat, lag der DAX am nächsten Tag in 68 Prozent der Fälle höher, im Durchschnitt aller 22 Signale 7,1 Punkte über Vortag. Nach zwei Tagen notierte der DAX in 59 Prozent der Fälle höher, im Mittel 7,6 Punkte, nach drei Tagen in 64 Prozent höher mit acht Punkten im Durchschnitt, nach vier Tagen ebenfalls 64 Prozent mit 14 Punkten und nach fünf Tagen in 64 Prozent mit 15,5 Punkten. Danach nimmt der statistische Vorteil wieder ab. Nach sechs Tagen liegt der DAX nur noch 13 Punkte höher, nach elf Tagen 7,7 Punkte und 13 Tage später ist keine Auswirkung des Positive Engulfing Patterns mehr zu spüren. Der DAX notiert dann nur noch 0,5 Punkte höher. Dies deckt sich mit der Reichweitenanalyse von anderen Signalen. Vier bis fünf Tage lang ist der positive Effekt in der Regel zu beobachten. Nach zwölf Tagen ist kein Beitrag des Signals mehr zu erkennen.

Die Kursgewinne des DAX nach einem Positive Engulfing Pattern

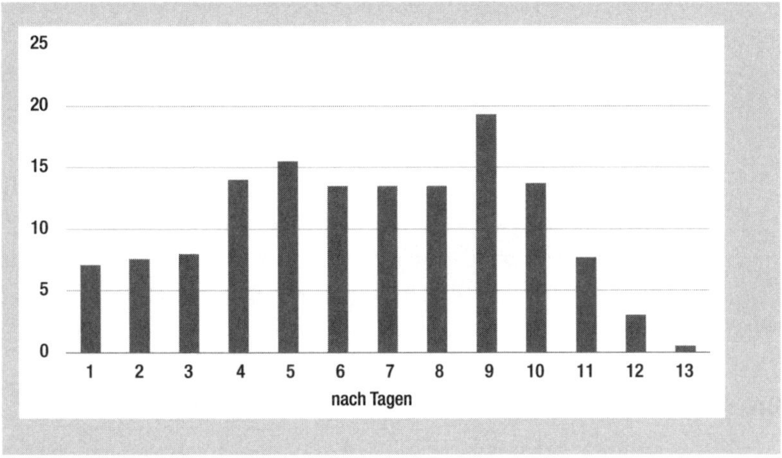

Ein Sonderfall des Positive Engulfing Patterns entsteht, wenn die erste kleine schwarze Kerze zu einem Doji schrumpft. Die so entstandene Figur heißt dann Positive Doji Engulfing Pattern und ist eine Verstärkung des Signals Positive Engulfing Pattern.

Das Positive Doji Engulfing Pattern

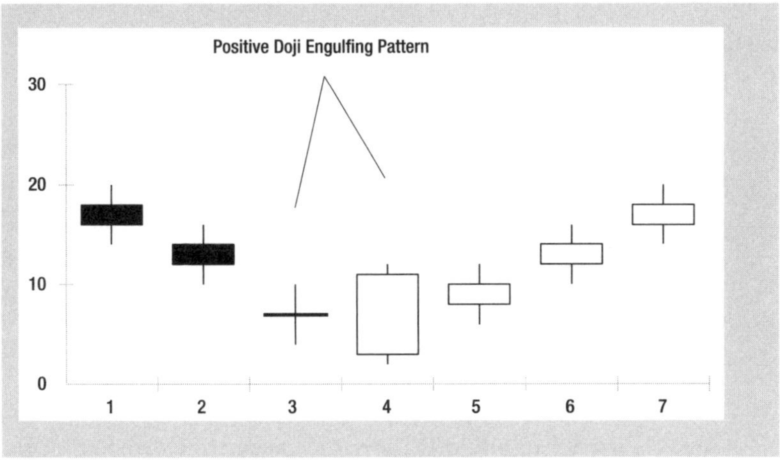

Der Doji am ersten Tag der Formation zeigte schon die vorherrschende Ambivalenz der Stimmung der Marktteilnehmer, die einer Wende vorausgeht.

Ein Positive Doji Engulfing Pattern trat gleich zu Beginn der 1995er-Hausse auf. Nach vier fallenden Tagen in der Aufwärtsbewegung zeigte ein Positive Doji Engulfing Pattern am Mittwoch, dem 19. April 1995, und am Donnerstag, dem 20. April 1995, dass die weitere Richtung des DAX aufwärts sein sollte. Auch hier zeigten die höhere Eröffnung und der freundliche Tagesverlauf am Freitag, dem 21. April 1995, eine Bestätigung des kerzentechnischen Kaufsignals. Der DAX stieg in den nächsten Tagen dann auch steil an.

Das Positive Doji Engulfing Pattern im Verlauf des DAX

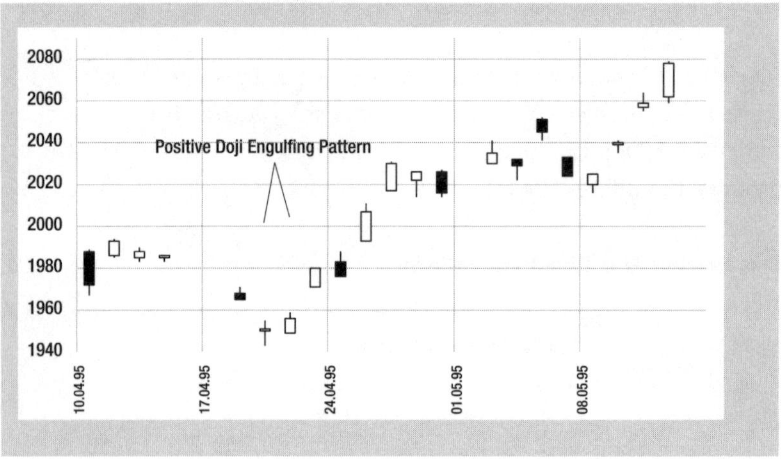

Seine prognostische Wirkung ist noch stärker als die des einfachen Positive Engulfing Patterns. Es trat 18-mal auf und nur sechsmal fielen die Kurse im Anschluss, zwölfmal stiegen sie. Im Durchschnitt lag der DAX drei Tage später 13 Punkte höher.

Das dem Positive Engulfing Pattern entsprechende Verkaufssignal ist das Negative Engulfing Pattern, die „negative Umarmung". Es besteht aus einer kleinen weißen Kerze und einer nachfolgenden großen schwarzen Kerze, deren Kerzenkörper den Kursbereich des weißen Kerzenkörpers umschließt. Die Eröffnung des zweiten Tages liegt hierbei über dem Schlusskurs des ersten Tages und der Schlusskurs des zweiten Tages unter der Eröffnung des ersten Tages.

Das Negative Engulfing Pattern

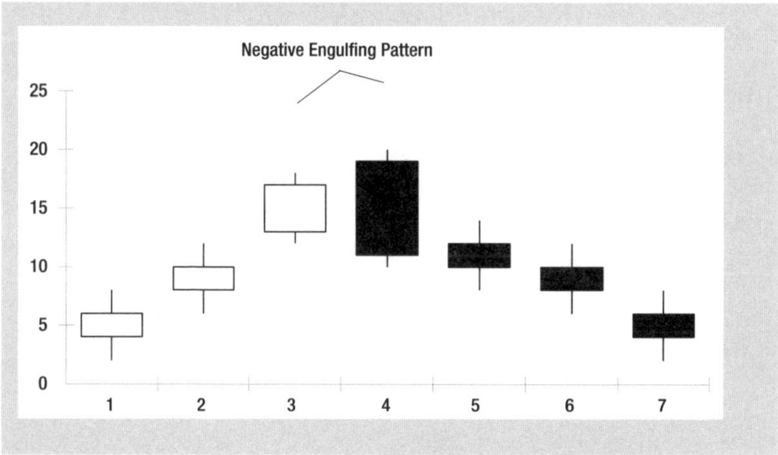

Diese Kerzenformation sagt aus, dass nach einem Tag mit steigenden Aktienkursen die Börse noch einmal freundlich eröffnet, aber im Tagesverlauf dreht und noch unter der Eröffnung des ersten Tages schließt. Neue Nachrichten oder eine neue Einschätzung der gegebenen Nachrichtenlage durch die Börsianer bewirkt eine neue Markteinschätzung. Mit diesem Stimmungsumschwung geht oft eine Umkehr des kurzfristigen Trends einher.

Ein solches Negative Engulfing Pattern trat beispielsweise im Oktober 1994 auf. Die Kurse waren im Vorfeld der 1994er-Bundestagswahl in einer Woche um über 150 Punkte gestiegen, als neue Umfragen erstmalig wieder den Einzug der FDP ins Parlament signalisierten. Als dann die FDP am Wahlsonntag tatsächlich den Sprung über die 5-Prozent-Hürde geschafft hatte, eröffnete der DAX am Montag weitere 40 Punkte höher. Doch da nun alle guten Nachrichten bereits in den Kursen enthalten waren, trat ein, was an der Börse als „Fait accompli" bekannt ist: Die Kurse fielen. Sie schlossen am Montag sogar unter der Eröffnung von Freitag. Für den Kerzentechniker war damit klar, dass ein Negative

Engulfing Pattern erschienen war und damit die Richtung der Aktienkurse zunächst einmal abwärts sein sollte. Tatsächlich verlor der DAX dann auch weitere 120 Punkte an den nächsten sechs Börsentagen.

Das Negative Engulfing Pattern im Verlauf des DAX 1994

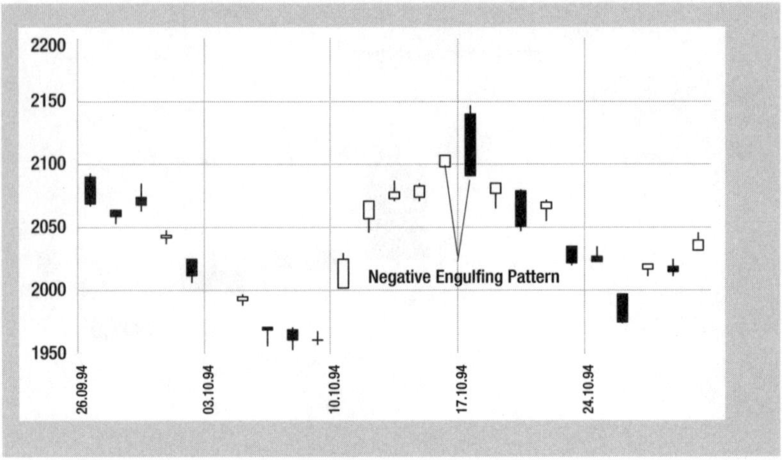

Ein weiteres Negative Engulfing Pattern erschien beim DAX beispielsweise im Januar 1996. Nach der langen 1995er-Hausse und 400 DAX-Punkten Kursgewinn in zwei Monaten zeigte ein Negative Engulfing Pattern, dass die steile Aufwärtsbewegung zunächst einmal beendet war. Am 31. Januar 1996 gab eine weiße Kerze mit großem Kursgewinn noch den vorherrschenden Optimismus der Börsianer wieder. Am nächsten Tag eröffneten die Aktienkursnotierungen auch noch einmal fester, doch im Tagesverlauf des 1. Februar gaben die Kurse deutlich nach und schlossen sogar noch unter der Eröffnung des Vortages. Mit diesem kurzfristigen Stimmungsumschwung war auch die langfristige Aufwärtsbewegung zunächst einmal zu Ende. Der tiefere Schlusskurs am 2. Februar bestätigte dann das Verkaufssignal Negative Engulfing Pattern.

Das Negative Engulfing Pattern im Verlauf des DAX 1996

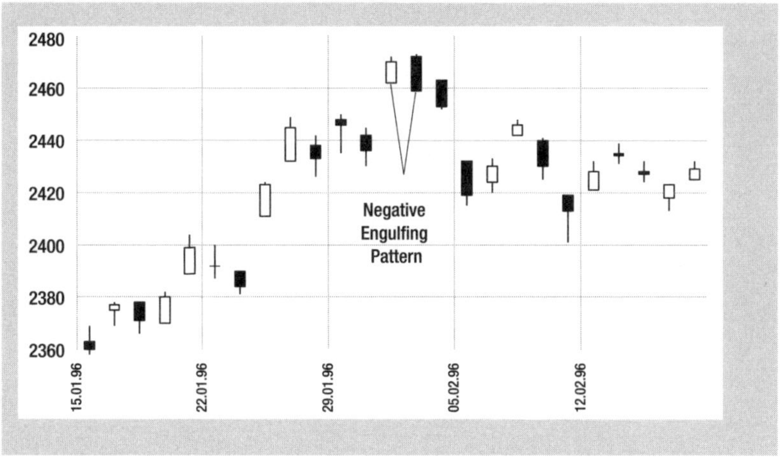

Auch beim Negative Engulfing Pattern lässt sich zeigen, dass es eine statistisch nachweisbare Prognosekraft hat. Im Verlauf des DAX von 1988 bis 1996 traten 31 Negative Engulfing Patterns auf. In 65 Prozent der Fälle lag der DAX drei Tage später tiefer. Im Durchschnitt der 31 Verkaufshinweise lag der DAX nach drei Tagen sieben Punkte tiefer. Auch dies ist ein klarer Hinweis auf die Wirksamkeit der Candlestick-Charttechnik.

Für das Negative Engulfing Pattern lässt sich ebenfalls eine Reichweitenstatistik angeben. Ein Tag nach dem Verkaufssignal, das 31-mal auftrat, lag der DAX in 58 Prozent der Fälle tiefer, im Durchschnitt 4,8 Punkte. Nach zwei Tagen notierte er in 55 Prozent der Fälle tiefer, und zwar 3,2 Punkte im Mittel. Nach drei Tagen lässt sich das Maximum der Wirkung feststellen. In 65 Prozent der Fälle wurde der DAX dann tiefer gehandelt, und zwar sieben Punkte im Mittel. Nach vier Tagen lag er 7,8 Punkte tiefer, nach fünf Tagen 7,1 Punkte und nach sechs Tagen noch 3,8 Punkte. Nach neun Tagen notierte er gar 0,2 Punkte höher und nach zehn Tagen 3,4 Punkte höher.

Die Kursveränderung des DAX nach einem Negative Engulfing Pattern

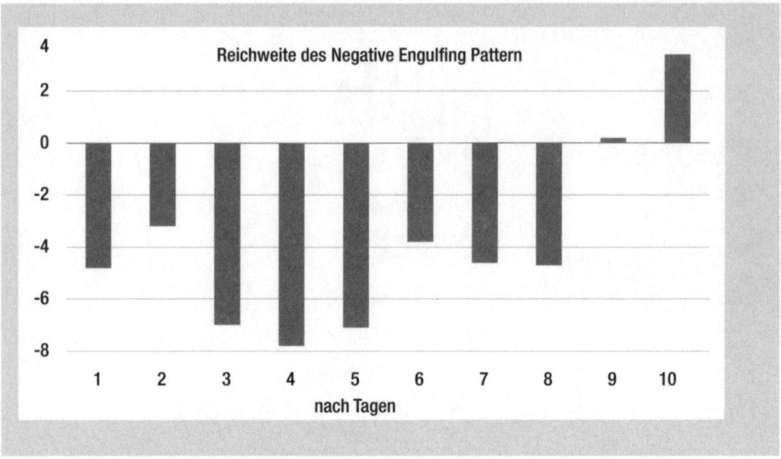

Auch zum Negative Engulfing Pattern gibt es eine ähnliche Formation mit verstärkter Aussagekraft, das Negative Doji Engulfing Pattern. Bei ihm ist die kleine weiße Kerze des ersten Tages zu einem Doji geschrumpft.

Das Negative Doji Engulfing Pattern

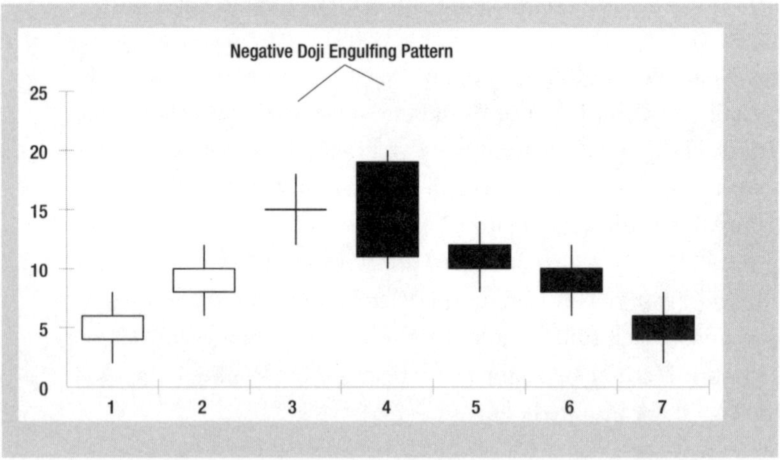

Der Doji des ersten Tages der Figur gibt hierbei schon einen Hinweis auf den möglichen Umschwung in der Anlegermeinung.

Eine deutliche Abwärtsbewegung, die den DAX 200 Punkte kostete und eine Korrektur in der 1995er-Hausse darstellte, leitete ein Negative Doji Engulfing Pattern am Dienstag, dem 19. September 1995, und am Mittwoch, dem 20. September 1995, ein. Der DAX war zuvor 400 Punkte in sechs Monaten gestiegen, als am Mittwoch, dem 20., nach einer freundlichen Eröffnung die Aktienkurse empfindlich an Boden verloren und später unter dem Vortags-Eröffnungskurs schlossen. Die deutlich schwächere Eröffnung am Donnerstag bestätigte dann das Verkaufssignal. Die kleine Kerze des ersten Tages der Formation war zwar ein wenig größer, als ein Doji sein sollte, jedoch war sie sehr klein gegenüber der schwarzen Kerze des nächsten Tages, sodass dieser Formation die Bedeutung eines Negative Doji Engulfing Patterns zugesprochen werden kann.

Das Negative Doji Engulfing Pattern im Verlauf des DAX

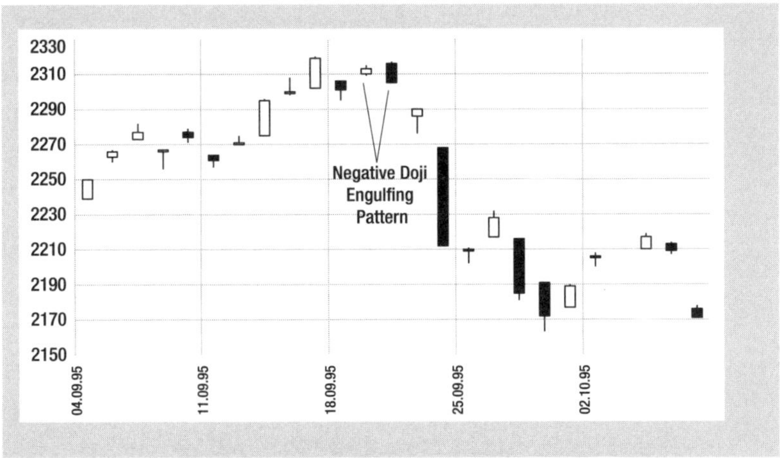

Im Durchschnitt der 20 Negative Doji Engulfing Patterns, die von 1988 bis 1996 auftraten, lag der DAX allerdings nach drei Tagen nur fünf Punkte tiefer, während es bei dem einfachen Negative Engulfing Pattern minus 11,5 Punkte waren. 60 Prozent der Negative Doji Engulfing Patterns zogen tiefere Kurse nach sich.

Eine ähnlich bedeutende Formation ist der Harami. Der Positive Harami besteht aus einer großen schwarzen Kerze am ersten Tag der Figur und einer kleinen weißen Kerze am zweiten Tag, die mit ihrem Kerzenkörper innerhalb des Kursbereichs des schwarzen Kerzenkörpers liegt.

Der Positive Harami

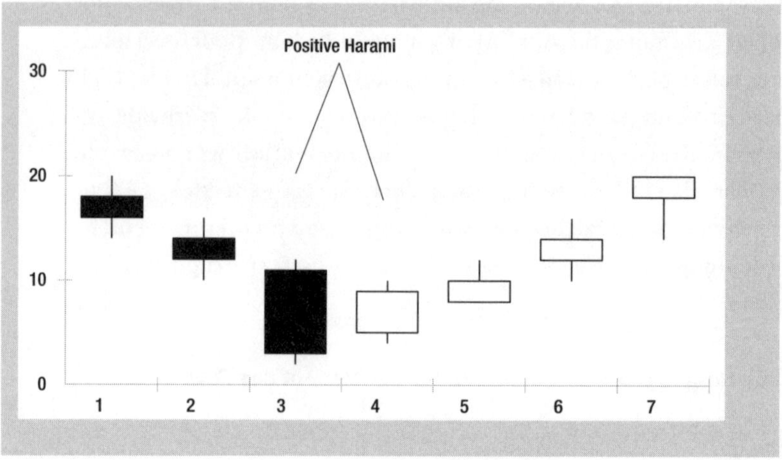

Am ersten Tag herrscht noch eine schlechte Stimmung, die Kurse fallen den ganzen Tag deutlich. Am nächsten Tag zeigt sich aber ein Hoffnungsschimmer. Die Aktien eröffnen schon etwas besser und steigen im Tagesverlauf. Die Stimmung hat also gedreht.

Zu Beginn des zweiten Teils der langen Aufwärtsbewegung 1995 trat ein solcher Positive Harami auf. Die Kurse hatten sich schon 100 Punkte von ihrem Tief bei 2.100 Punkten nach oben bewegt, als eine kleine Gegenbewegung drei Tage lang den DAX 30 Punkte zurückdrängte. Am Donnerstag, dem 23. November 1995, fielen die Kurse noch im Tagesverlauf zurück, doch am Freitag, dem 24. November 1995, eröffneten sie höher und stiegen während der Börsensitzung ein wenig an. Der Positive Harami war damit erschienen. Am nächsten Börsentag, dem folgenden Montag, eröffnete der DAX gleich 20 Punkte höher und legte bis zum Ende des Handelstages noch einmal 20 Punkte zu. Mehrere Hundert Punkte Kursanstieg folgten dann in den nächsten Wochen. Wie dieses Beispiel zeigt, kann der Positive Harami nicht nur als Wendesignal von einer Baisse zu einer Hausse auftreten, sondern er kann auch in einer langgestreckten Aufwärtsbewegung nach ein paar fallenden Tagen die Wiederaufnahme des Haussetrends signalisieren.

Der Positive Harami im Verlauf des DAX

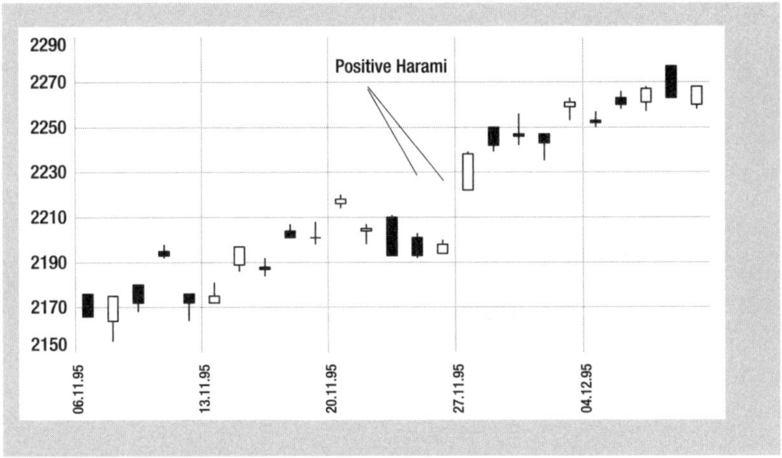

Stimmungswechsel finden nicht oft statt. Wenn also einmal eine Wende eingetreten ist, ist die Wahrscheinlichkeit groß, dass die neue Beurteilung der Lage erst einmal ein paar Tage anhält.

Von 1988 bis 1996 trat der Positive Harami beim DAX 26-mal auf. In 54 Prozent der Fälle lag der DAX dann drei Tage später höher, allerdings gewann er im Durchschnitt nur einen Punkt. Der Positive Harami ist also nicht so aussagekräftig wie das Positive Engulfing Pattern.

Nach 1996 besserte sich die Prognosekraft des Positive Harami. Von 1996 bis Ende 2014 traten 190 Positive Haramis im Kursverlauf des DAX auf. Nach sechs Tagen notierten die Aktien im Mittel 0,25 Prozent höher, in 60 Prozent der Fälle ging es nach dem Signal bergauf. Auch in diesem Fall lag der größte Effekt in der Gegend von sechs Börsentagen. Nach zwei Tagen war noch kein Unterschied festzustellen, nach vier Tagen betrug das Plus 0,13 Prozent, bei sechs Tagen war das Maximum erreicht und nach acht Tagen war das Kursplus wieder auf 0,18 Prozent zurückgegangen.

Die Verstärkung des Positive Harami ist das Positive Harami Cross. Hierbei ist am zweiten Tag statt einer kleinen weißen Kerze ein Doji zu sehen.

Das Positive Harami Cross

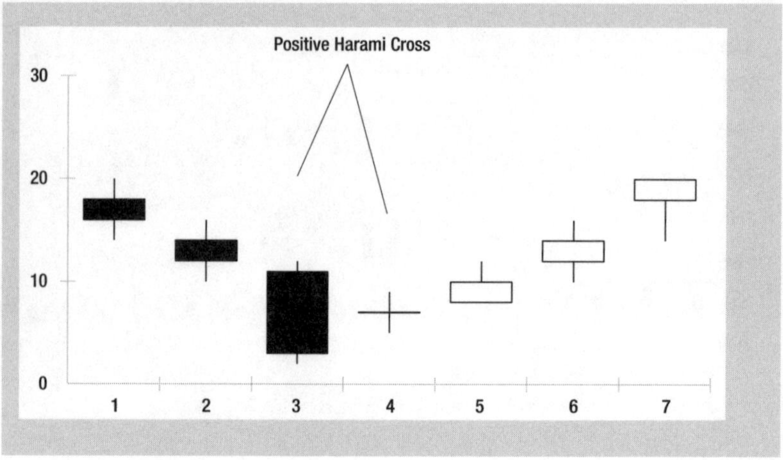

Der Doji des zweiten Tages stellt die Abwärtsbewegung des ersten Tages infrage.

In einer Situation, die im Abschnitt über das Negative Engulfing Pattern schon besprochen wurde, nämlich in den Tagen vor der Bundestagswahl 1994, deutete ein Positive Harami Cross auf eine dramatische Stimmungswende der Börsianer hin. Am Donnerstag, dem 6. Oktober 1994, und am Freitag, dem 7. Oktober 1994, gab die Kerzentechnik ein Kaufsignal für den DAX, bevor die für die Börse günstigen Umfrageergebnisse am Wochenende veröffentlicht wurden und der DAX tags darauf fast senkrecht in die Höhe schoss.

Das Positive Harami Cross ist etwas wirkungsvoller als das Positive Doji Engulfing Pattern. 65 Prozent der 20 Positive Harami Crosses, die von 1988 bis 1996 aufgetreten sind, kündeten von steigenden Kursen in drei Tagen.

Auch nach dem Jahr 1996 zeigte sich das Positive Harami Cross zuverlässiger als der einfache Positive Harami. In den 18 Jahren traten zwar nur 19 Harami Crosses auf, doch in 74 Prozent der Fälle konnte nach vier Börsentagen ein Kursplus erzielt werden. Die Reichweite des Harami Cross erwies sich dabei jedoch als kurz. Während nach zwei und vier Tagen die Kurse in 74 Prozent der Fälle höher notierten, lag der Wert nach sechs Tagen nur noch bei 63 Prozent.

Das Positive Harami Cross im Verlauf des DAX

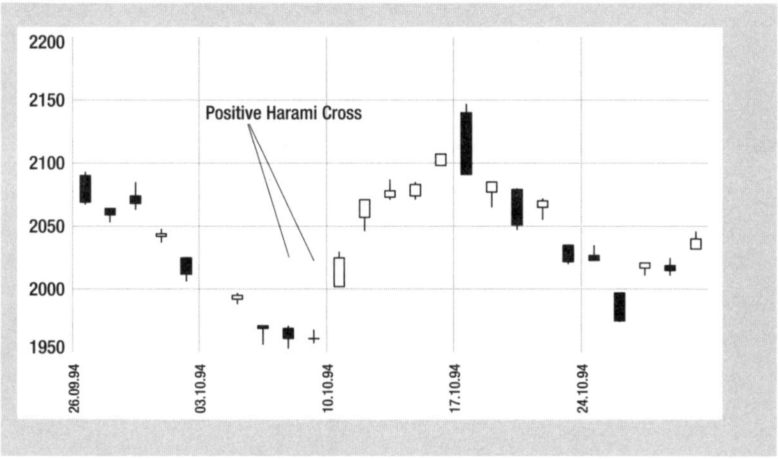

Analog dazu ist der Negative Harami ein Verkaufssignal. Beim Negative Harami folgt einer großen weißen Kerze eine kleine schwarze Kerze etwa in der Mitte der Spanne des weißen Kerzenkörpers. Nach der Euphorie des ersten Tages der Figur, den die große weiße Kerze symbolisiert, ist die tiefere Eröffnung des zweiten Tages eine Ernüchterung. Dass die Kurse dann am zweiten Tag noch im Tagesverlauf fallen, kommt erschwerend hinzu.

Der Negative Harami

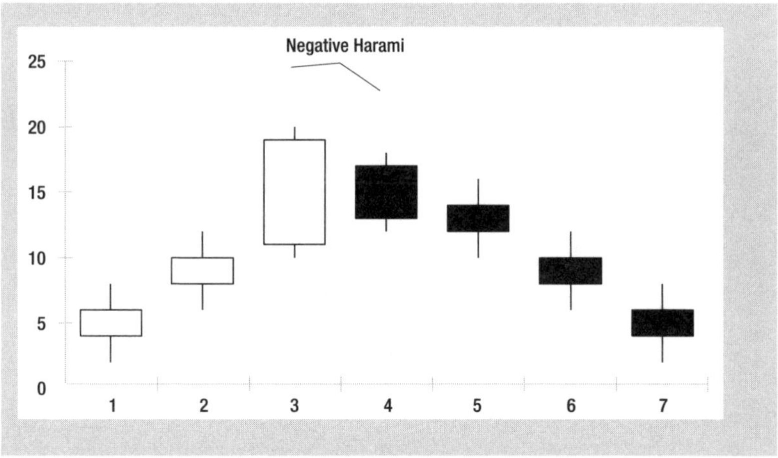

Am Freitag, dem 15. September 1995, und am Montag, dem 18. September 1995, trat ein solcher Negative Harami beim DAX auf. Er zeigte nach einem deutlichen Kursanstieg eine Wende nach unten an. Tatsächlich fielen die Aktienkurse im Anschluss sechs Wochen lang und

Der Negative Harami im Verlauf des DAX 1995

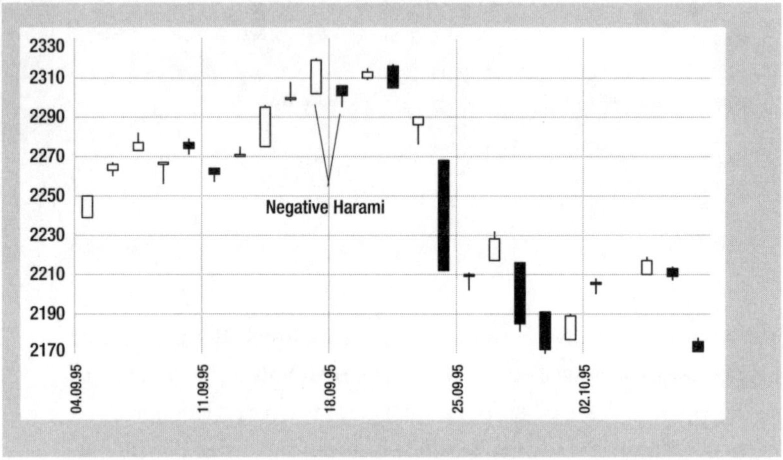

verloren über zehn Prozent ihres Wertes. Dieser Kursrutsch war eine Gegenbewegung in der großen 1995/1996er-Hausse. Nach diesem Einbruch setzte der DAX seine Aufwärtsbewegung wieder fort und stieg bis zum Sommer 1996 um 20 Prozent. Der Negative Harami ist in diesem Fall nicht ganz lehrbuchmäßig, er ist zu „exzentrisch" – normalerweise sollte der kleine schwarze Kerzenkörper etwa in der Mitte des großen weißen Kerzenkörpers liegen –, aber seine Bedeutung verliert er deshalb nicht.

Auch in diesem Fall war es wieder wichtig, auf die Begleitumstände zu schauen. Die große weiße Kerze des Negative Harami lag deutlich über der vorangegangenen kleinen schwarzen Kerze. Beim Auftreten des Negative Harami befand sich der Markt also in einer Aufwärtsbewegung. Dies erweist sich als wichtig, damit der Negative Harami auch als Formation einer Trendwende von Hausse nach Baisse, die er ja anzeigen soll, gedeutet werden kann. Denn in einer Abwärtsbewegung, wenn die letzten Kerzen vor dem Auftreten des Negative Harami höher als die große

Der Negative Harami im Verlauf des DAX 1996

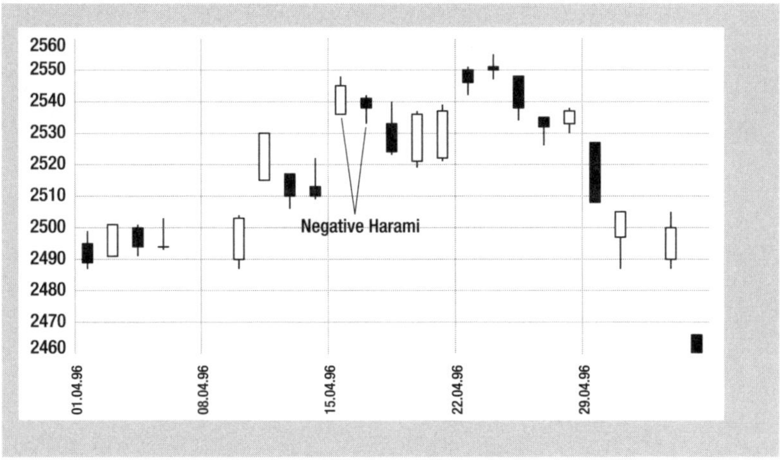

weiße Kerze des Negative Harami liegen, kann diese Formation ja nicht die Rolle eines Trendwende-Indikators übernehmen.

Zur nachträglichen Bestätigung, dass es sich wirklich um eine Trendwende gehandelt hat, dient das Fenster nach unten, das dem Negative Harami folgt. Auch das erneute Fenster nach unten nach der folgenden tieferen kleinen Kerze zeigte weiter die Richtung des neuen Trends an. Nach der Eröffnung verlor der DAX dann auch im Tagesverlauf drei Prozent.

Ein weiteres Exemplar ließ sich am Montag, dem 15. April 1996, und am Dienstag, dem 16. April 1996, beobachten. Nach einem 50-Punkte-Anstieg in fünf Börsentagen im Zuge der 1995/1996er-Hausse zeigte der Harami, dass der Markt im Moment übermüdet war und eine Ruhepause brauchte. Die Notierungen bewegten sich noch eine Woche seitwärts, bevor sie 100 Punkte abgaben. Nach dieser Abwärtsbewegung nahm der DAX seinen Höhenflug wieder auf.

26 Negative Haramis traten beim DAX von 1988 bis 1996 auf. In 69 Prozent seines Vorkommens fielen die Kurse im Anschluss. 16 Punkte lag der DAX nach drei Tagen im Durchschnitt der 26 Fälle tiefer.

Die Variante des Negative Harami, bei der die zweite Kerze zu einem Doji geschrumpft ist, heißt Negative Harami Cross.

Das Negative Harami Cross

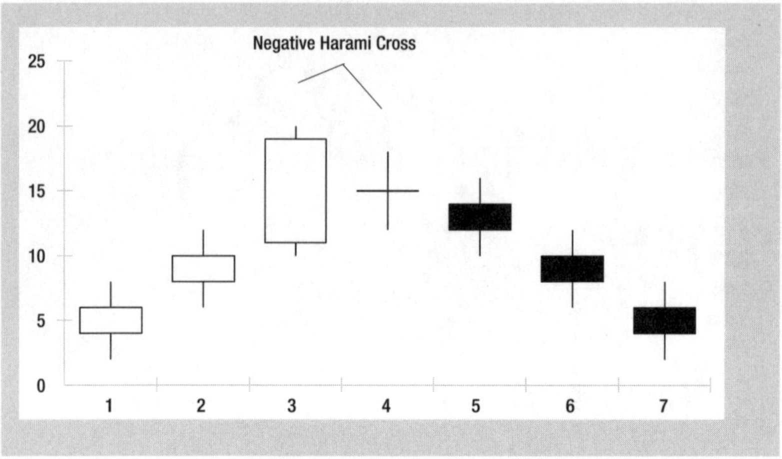

Hier symbolisiert der Doji die Unentschlossenheit nach der großen weißen Kerze, die häufig einer Trendwende vorausgeht.

Das Negative Harami Cross im Verlauf des DAX

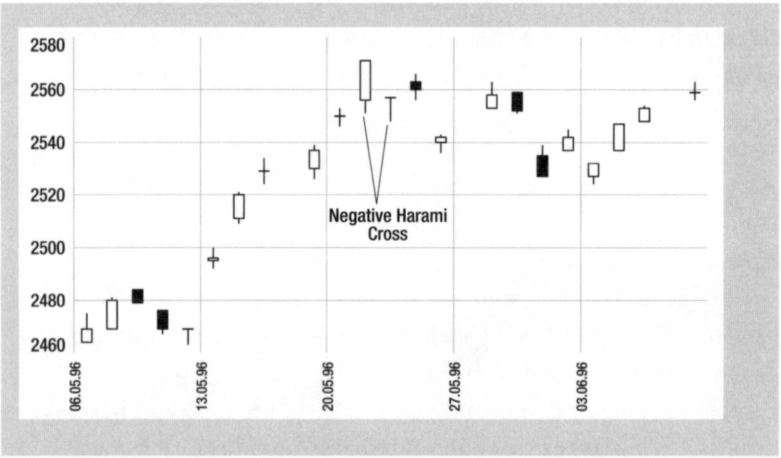

Im Mai 1996 stieg der DAX nach einer kurzen Abwärtskorrektur über 100 Punkte in fünf Börsentagen. Das dann auftretende Negative Harami Cross war das Signal für den Anleger, zunächst einmal Gewinne aus seinen Kurzfristengagements, wie etwa Call-Optionen oder DAX-Terminkäufen, mitzunehmen. In den nächsten vier Wochen waren dann auch keine Kursfortschritte mehr zu verzeichnen.

Das Negative Harami Cross kam allerdings ziemlich selten vor und seine Prognosekraft war nicht so hoch wie die des einfachen Negative Harami. Das Negative Harami Cross trat nur elfmal auf und nur in 55 Prozent der Ereignisse lag der DAX im Anschluss tiefer.

Auch hier lässt sich die Prognosereichweite des kerzentechnischen Signals mit drei Tagen angeben. Nach zehn Tagen ist keine statistische Auswirkung der Kerzenformation mehr festzustellen.

Weitere kerzentechnische Kaufsignale werden aus einer großen schwarzen Kerze und einer folgenden tiefer gelegenen großen weißen Kerze gebildet. Wenn die weiße Kerze etwa in Höhe der Unterkante der schwarzen Kerze schließt, handelt es sich um das Positive In-Neck Pattern.

Das Positive In-Neck Pattern

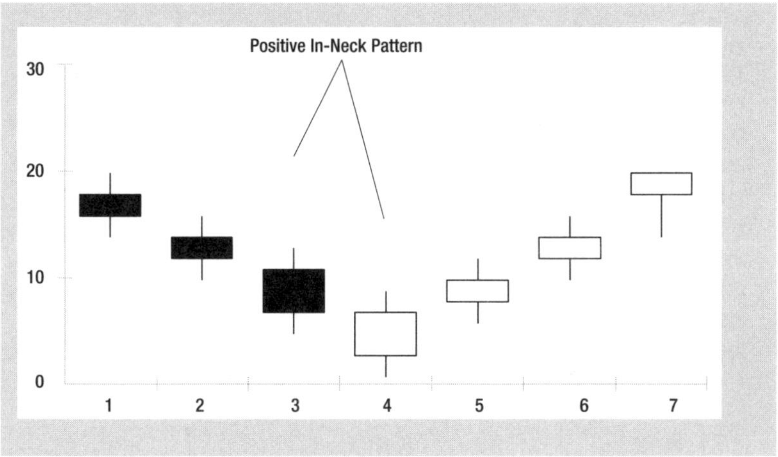

Bei dieser positiven „Im-Nacken-Formation" ist der erste Tag noch von schlechter Börsenstimmung geprägt. Auch am zweiten Tag eröffnet der DAX noch einmal deutlich schwächer. Doch während der Börsensitzung setzt sich langsam Optimismus durch und die Kurse der Aktien beginnen zu steigen. Bei Börsenende haben sie dann wieder das Schlussniveau des

Vortages erreicht. Mit diesem Stimmungsumschwung geht häufig eine kurzfristige Trendwende einher.

Im frühen Stadium der langen Aufwärtsbewegung des DAX, die im März 1995 begann, weit in das Jahr 1996 hineinreichte und durch sinkende Renditen öffentlicher Anleihen getragen wurde, hatte der DAX, nachdem er bereits über 250 Punkte angestiegen war, unter Bildung von vier schwarzen Kerzen 30 Punkte des Anstieges wieder abgegeben. Am Tag nach den vier schwarzen Kerzen eröffnete er noch einmal 20 Punkte tiefer, drehte aber und stieg während der Börsensitzung deutlich an. Das Resultat war eine große weiße Kerze, deren Schlusskurs etwa in Höhe der Unterkante der letzten schwarzen Kerze zu liegen kam. Damit war das Positive In-Neck Pattern entstanden und zeigte dem Börsianer, dass die nächste Richtung der Kursentwicklung aufwärts sein sollte. Der DAX gewann in den zwei Wochen nach dem Positive In-Neck Pattern wieder 50 Punkte.

Das Positive In-Neck Pattern im Verlauf des DAX

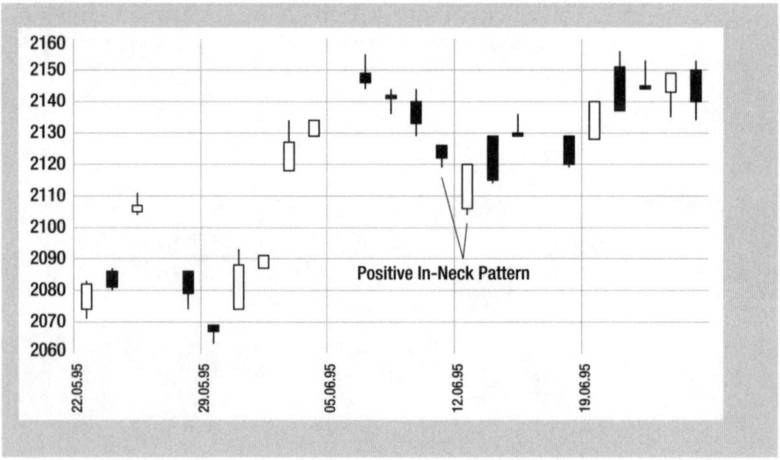

Steigt der DAX am zweiten Tag über den Schlusskurs des ersten Tages hinaus, aber nicht über die Mittellinie, die Thrusting Line, des schwarzen Kerzenkörpers, ergibt sich das Positive Thrusting Pattern, das „stoßende Muster“.

Das Positive Thrusting Pattern

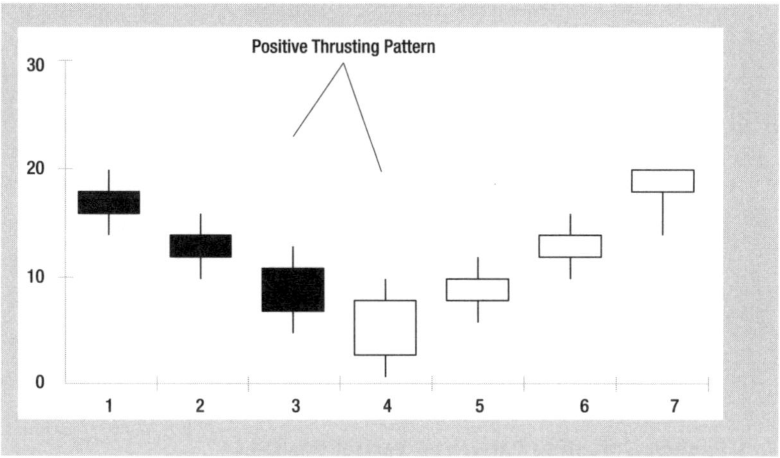

Während der großen 1995/1996er-Hausse bei den deutschen Aktien kam es im Februar zu einer 100 Punkte dauernden Abwärtsbewegung. Nach zuvor 500 Punkten Kursanstieg stellte dieser kleine Einbruch eine Korrektur dar. 13 Börsentage lang waren die Notierungen tendenziell gefallen, als am 14. Tag eine große schwarze Kerze einen neuen Tiefpunkt der Korrektur markierte. Am Tag danach, am Mittwoch, dem 21. Februar 1996, eröffnete der DAX dann noch einmal tiefer und fiel zunächst weiter, doch während der Börsensitzung drehte der Markt, holte den anfänglichen Verlust wieder auf und stieg noch über den Schlusskurs des Vortages hinaus, allerdings nicht über die Mittellinie des schwarzen Kerzenkörpers des Vortages. Damit war das Positive Thrusting Pattern erschienen. Am Tag nach diesem Positive Thrusting Pattern eröffnete der DAX dann auch deutlich höher mit einem Fenster, also mit einer Lücke im Kursverlauf, nach oben und legte im Tagesverlauf noch einmal deutlich zu. Diese positive Stimmung hielt dann noch einige Tage an. In acht Börsentagen gewann der DAX über 100 Punkte und machte damit den Verlust der Korrektur wieder wett. Das Positive Thrusting Pattern hatte hier ein klares Signal für einen bevorstehenden Anstieg geliefert.

Nicht ganz eine Woche später, wie in derselben Grafik zu sehen, trat noch ein Positive Thrusting Pattern auf. In diesem Beispiel zeigte das Positive Thrusting Pattern nicht die Wende von fallenden zu steigenden

DAX-Kursen an, sondern es läutete nach einem steilen Anstieg und einem Tag mit nachgebenden Notierungen die Wiederaufnahme des steilen Haussetrends ein. Nach zwei großen weißen Kerzen, jeweils mit großen Fenstern nach oben, hatte der DAX 70 Punkte zugelegt. Nach so viel offensichtlicher Stärke ist in der Regel eine Aufwärtsbewegung noch nicht am Ende. Die kleine schwarze Kerze, die dann am Montag, dem 26. Februar 1996, folgte, hätte aber den Abbruch der günstigen Entwicklung bedeuten können. Am nächsten Tag eröffnete der DAX auch noch einmal schwächer, doch dann schöpfte er wieder Mut und stieg bis Börsenschluss in den Kursbereich des schwarzen Kerzenkörpers des Vortages. Damit war wieder grünes Licht gegeben für den weiteren Anstieg. Weitere 50 Punkte in drei Tagen folgten.

Das Positive Thrusting Pattern im Verlauf des DAX

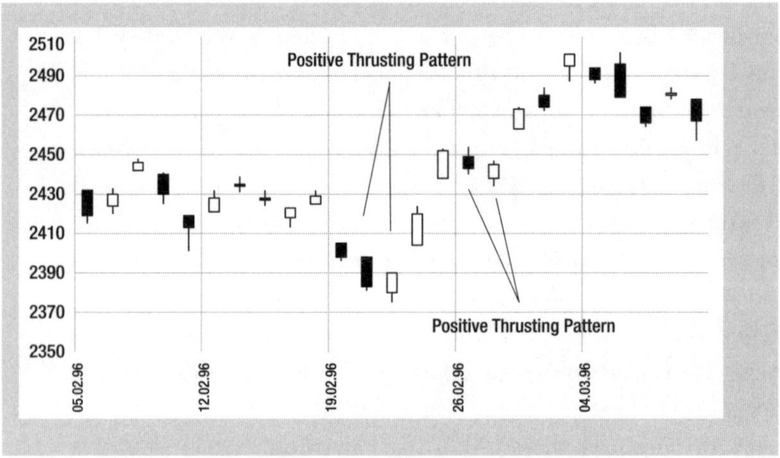

Legt der DAX am zweiten Tag noch deutlicher zu und endet in Höhe der oberen Hälfte des schwarzen Kerzenkörpers, ist das Piercing Pattern, das „durchdringende Muster“, entstanden.

Das Piercing Pattern

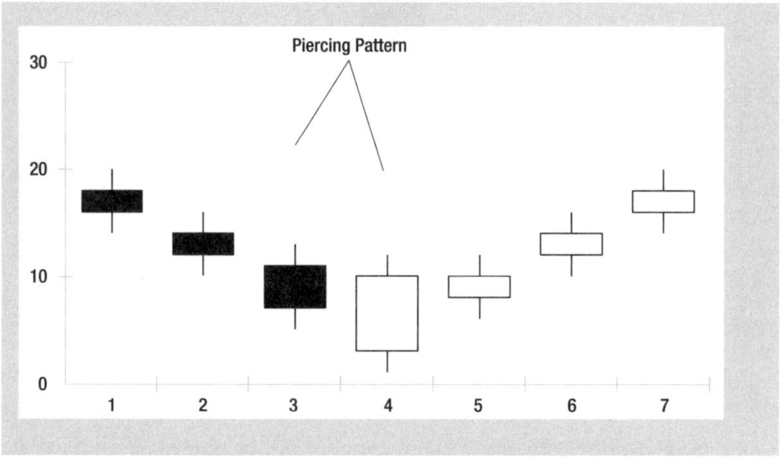

Leider lässt sich die Aussagekraft dieser drei Formationen nicht statistisch fassen, denn das Positive In-Neck Pattern kommt sowohl am Ende einer Abwärtsbewegung vor und signalisiert den Beginn einer Aufwärtsbewegung als auch mitten in einer Abwärtsbewegung und zeigt mit seiner weißen Kerze nur einen Tag der Reaktion auf die vorangegangenen Verluste, bevor die Baisse weiter ihren Lauf nimmt. So ist es besonders wichtig, bei diesen drei Formationen das Umfeld und weitere kerzentechnische Signale zu beachten. Für sich allein genommen haben das Positive In-Neck Pattern, das Positive Thrusting Pattern und das Piercing Pattern keine statistische Aussagekraft. 96 Positive In-Neck Patterns, Positive Thrusting Patterns und Piercing Patterns traten beim DAX von 1988 bis 1996 auf. In 52 Prozent der Fälle lag der DAX anschließend höher, in 48 Prozent der Fälle tiefer.

Die entsprechenden Verkaufsformationen werden aus einer großen weißen Kerze und einer nachfolgenden, höher gelegenen schwarzen Kerze gebildet. Schließt der DAX am zweiten Tag etwa in Höhe des Schlusskurses des ersten Tages, heißt diese Anordnung Negative In-Neck Pattern.

Das Negative In-Neck Pattern

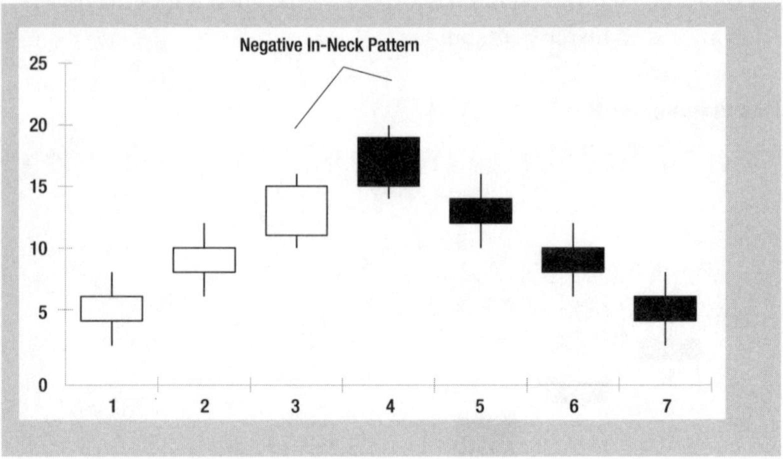

Hierbei ist am ersten Tag die Welt der Börsianer noch in Ordnung, die Kurse legen deutlich zu. Auch der zweite Tag fängt sehr freundlich an, doch im Börsenverlauf trübt sich die Stimmung ein und die anfänglichen Gewinne gehen wieder verloren. Bei Börsenschluss ist endlich wieder der Vortagesschluss erreicht. Diese Meinungsänderung der Börsianer ist typisch für eine Trendwende am Aktienmarkt.

Gleich zu Beginn der 1995/1996er-Hausse, nach den ersten 100 Punkten Kursanstieg, zeigte ein Negative In-Neck Pattern den Beginn einer dreiwöchigen Seitwärtsbewegung an. Am 2. November 1995 sah es noch so aus, als setze sich die lange Aufwärtsbewegung fort. Der DAX eröffnete mit einem großen Fenster nach oben und stieg im Tagesverlauf. Ein leichtes Anzeichen nachlassender Kraft war allerdings schon der lange Docht. Am nächsten Tag, dem 3. November 1995, eröffnete der DAX dann noch einmal deutlich höher, konnte jedoch das Niveau im Tagesverlauf nicht halten. Er fiel zurück und beendete die Sitzung auf der Höhe des Schlusskurses vom Vortag. Nach dem so entstandenen Negative In-Neck Pattern folgte ein weiterer schwacher Tag mit einer schwarzen Kerze. Doch diese Entwicklung mündete nicht in eine Abwärtsbewegung, sondern das Negative In-Neck Pattern zeigte nur eine Pause in der Hausse an. Drei Wochen liefen die Kurse etwa waagerecht, bevor die große Hausse weiter ihren Weg nahm.

Das Negative In-Neck Pattern im Verlauf des DAX

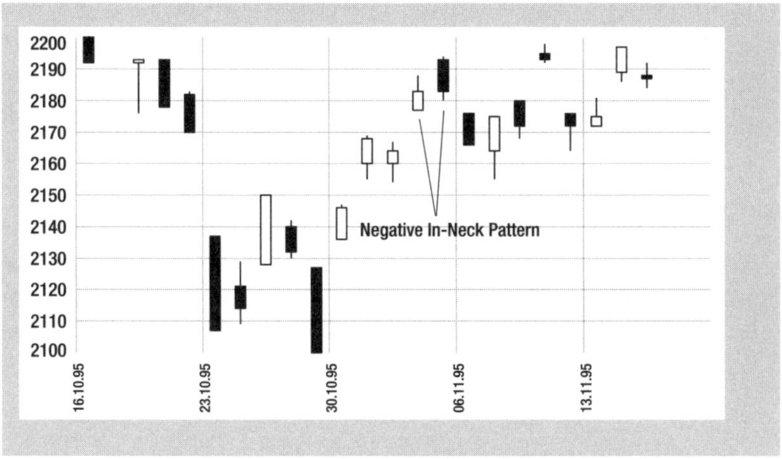

Fällt der DAX am zweiten Tag noch unter den Schlusskurs des ersten Tages, aber nicht unter die Mittellinie des weißen Kerzenkörpers, entsteht das Negative Thrusting Pattern.

Das Negative Thrusting Pattern

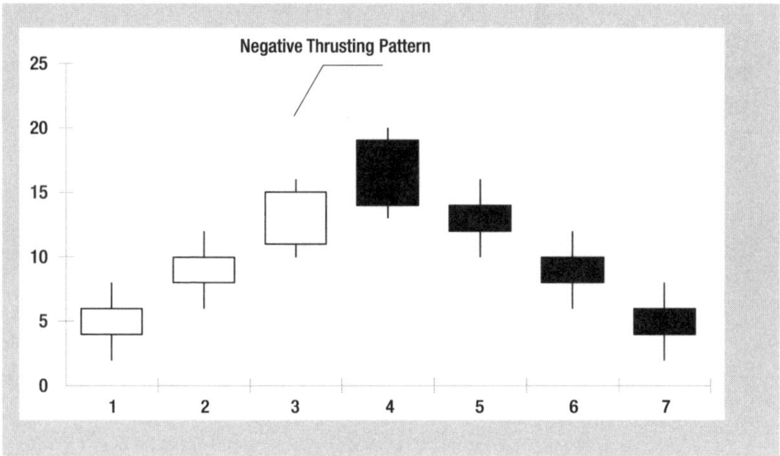

Von März bis Juni 1995 hatten die Aktienkurse 250 Punkte zugelegt. Dieser Anstieg war der Beginn einer großen Hausse. Anderthalb Jahre später sollte der DAX fast 50 Prozent höher notieren. Doch die große Aufwärtsbewegung blieb nicht ohne Rückschläge. Eine dieser sogenannten Korrekturen begann am Montag, dem 19. Juni, und am Dienstag, dem 20. Juni 1995. Die Kerzen der beiden Tage formten zusammen nämlich ein Negative Thrusting Pattern. Am Montag bildete die große weiße Kerze noch den vorherrschenden Optimismus ab. Auch am Dienstagmorgen eröffnete der DAX noch einmal deutlich höher und stieg sogar noch ein paar Punkte während der Börsensitzung, doch dann kam die Ernüchterung. Die Kurse gaben nach und schlossen deutlich unter dem Schlusskurs des Vortages. Drei Tage bewegten sich die Aktienkurse noch waagerecht, bevor sie innerhalb von fünf Tagen über 70 Punkte verloren. Danach nahm die Hausse wieder ihren Lauf und deutliche Kursanstiege folgten in den nächsten Wochen.

Das Negative Thrusting Pattern im Verlauf des DAX

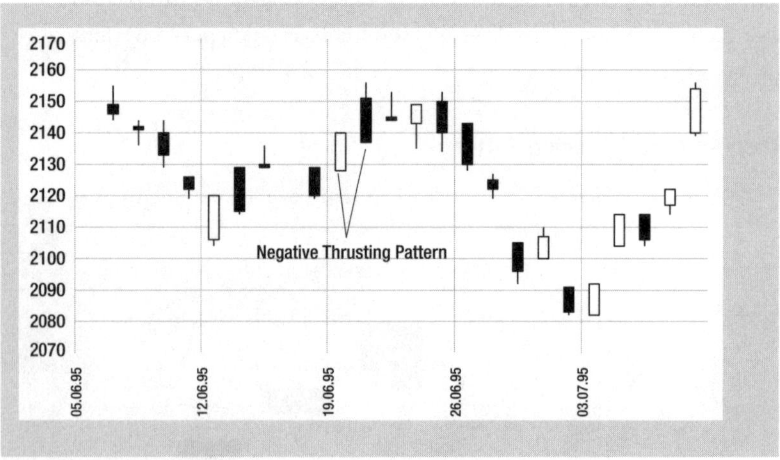

Verliert der DAX am zweiten Tag noch mehr an Boden und endet in der unteren Hälfte des weißen Kerzenkörpers, ergibt sich das Dark Cloud-Cover, die „dunkle Wolke".

Das Dark Cloud-Cover

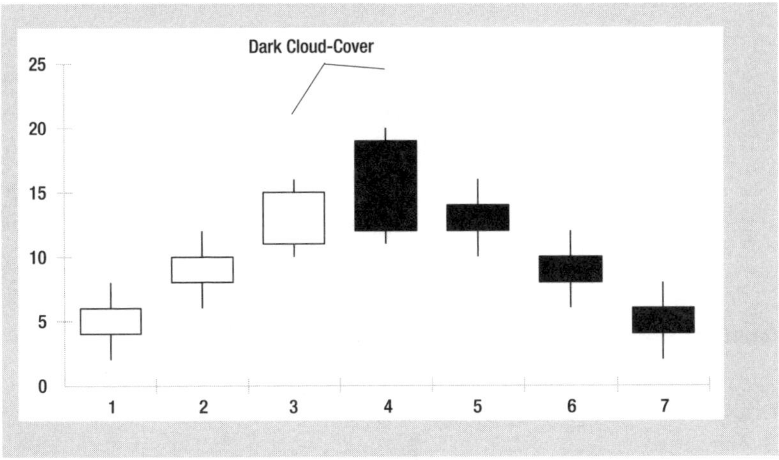

Eine eindrucksvolle Dark-Cloud-Cover-Formation erschien zwischen Weihnachten und Silvester 1993. In den Wochen zuvor hatte der DAX einen dramatischen Anstieg vollführt. Im Mai lag er noch bei 1.600 Punkten, schaffte es im Juli, den alten historischen Höchstkurs zu übertreffen, überwand im Oktober die magische 2.000-Punkte-Marke und stieg in den vier Wochen vor Weihnachten noch einmal zehn Prozent auf 2.250 Punkte an. Vor den Feiertagen, der ohnehin freundlichsten Zeit für Aktien, eröffnete der DAX am 23. Dezember mit einem Fenster nach oben erstmalig über der 2.200er-Marke und stieg im Tagesverlauf weiter. Am ersten Börsentag nach Weihnachten sprang der Kurs wieder deutlich nach oben und konnte während der gesamten Börsensitzung noch zulegen. Doch am Dienstag, dem 28. Dezember, kam das Erwachen: Zunächst eröffneten die Kurse wieder extrem fest wie schon viele Tage zuvor, doch dann passierte das Unerwartete: Die Kurse verloren während der Börsensitzung über 40 Punkte in einem Anfall plötzlicher Ernüchterung und schlossen unter dem Vortagesschluss – sogar noch unter der Mittellinie des weißen Kerzenkörpers vom Vortag. Ein deutliches Verkaufssignal hatte sich so gebildet: das Dark Cloud-Cover. Der steile Anstieg und die Größe der schwarzen Kerze sind so markant, dass sie sogar bei historischer Betrachtung des Kursverlaufes noch ins Auge fallen.

Interessant an diesem Beispiel ist noch, dass keinerlei neue Nachrichten diese schwarze Kerze am 28. Dezember verursacht hatten. Scheinbar ohne Grund fingen die Kurse an zu fallen. Die Candlestick-Charttechnik hatte hier also den Finger am Puls, stellte eine deutliche Stimmungsverschlechterung fest und empfahl den Ausstieg. Fast zehn Prozent verloren die Aktien in den folgenden drei Wochen. Fast zwei Jahre lang konnte der DAX dieses Niveau nicht überwinden. Erst im September 1995, während der großen 1995/1996er-Hausse, wurde diese Marke überschritten.

Das Dark Cloud-Cover im Verlauf des DAX

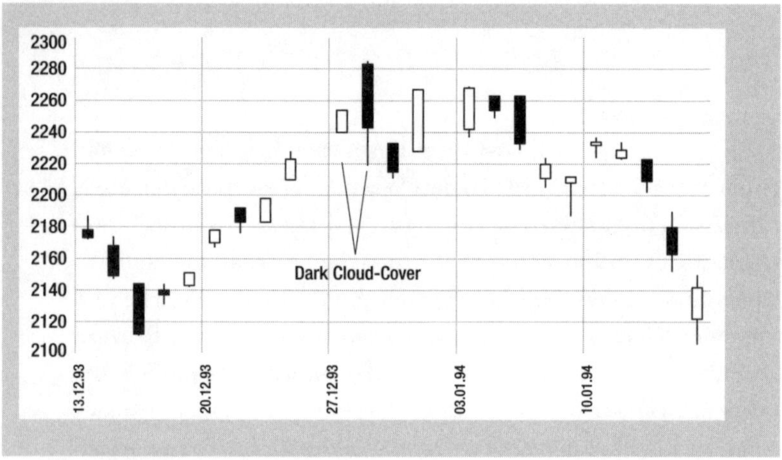

Die Prognosewirkung dieser drei Verkaufsformationen lässt sich statistisch nicht fassen, denn das Negative In-Neck Pattern beispielsweise kann eine Trendwende nach einer Aufwärtsbewegung einleiten, aber auch nur einen Tag der Gewinnmitnahmen in einer intakten Aufwärtsbewegung darstellen. Auch in diesem Fall muss das Umfeld, in dem diese Formationen auftreten, analysiert und auf weitere Kerzenformationen, die eine Bestätigung des Trends anzeigen könnten, geachtet werden. Einzeln genommen kann aus dem Negative In-Neck Pattern, dem Negative Thrusting Pattern und dem Dark Cloud-Cover keine statistische Aussage gewonnen werden. Nach den 104 Fällen, in denen diese Formationen auftraten, lag der DAX in 48 Prozent der Fälle niedriger.

Eine Formation, die aus drei Kerzen besteht, ist der Morning Star, der Morgenstern. Er besteht aus einer großen schwarzen Kerze, einer tiefer gelegenen kleinen weißen oder schwarzen Kerze und darauf folgend einer höheren großen weißen Kerze.

Der Morning Star

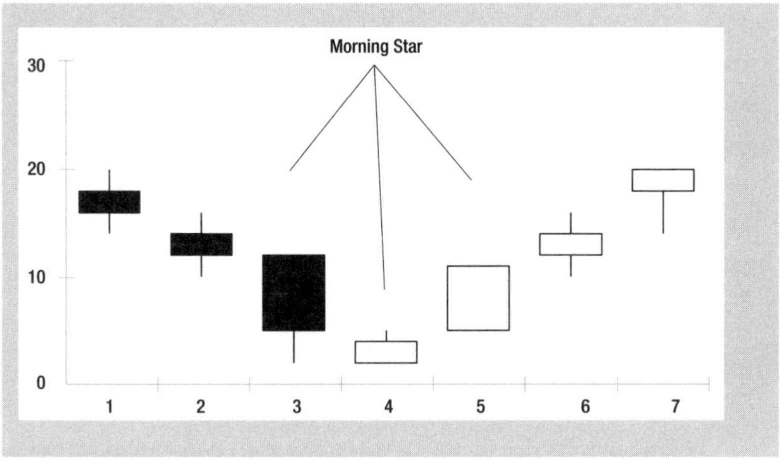

Am ersten Tag dieser Figur fallen die Kurse stark, die Stimmung der Börsianer ist schlecht. Auch der zweite Tag bringt noch keine Erholung. Die Preise beginnen noch einmal schwächer, fallen aber nicht mehr so stark. Das lässt die Börsianer hoffen. Am dritten Tag schließlich eröffnen die Kurse höher und steigen im Tagesverlauf deutlich an. Diese gestiegenen Kurse machen dem Börsianer Mut und häufig steigen die Kurse im Anschluss an den so entstandenen Morning Star.

Innerhalb der schon mehrfach angesprochenen 1995/1996er-Hausse gab nach einer 50-Punkte-Abwärtskorrektur ein Morning Star wieder grünes Licht für den Fortgang der Aufwärtsbewegung. Die Hausse entwickelte sich schon 200 Punkte lang, als nach einer einwöchigen Seitwärtsbewegung die Kurse am Montag, dem 18. Dezember 1995, tiefer eröffneten und im Tagesverlauf fielen. Am Dienstag dann bildete sich noch einmal eine tiefer gelegene schwarze Kerze. Der Mittwoch mit seiner großen weißen Kerze vollendete dann den Morning Star und zeigte in die Richtung der Kursentwicklung der nächsten Wochen. Für den Anleger war es hilfreich zu wissen, dass die Reaktion mit dem Morning Star beendet war.

Der Morning Star im Verlauf des DAX

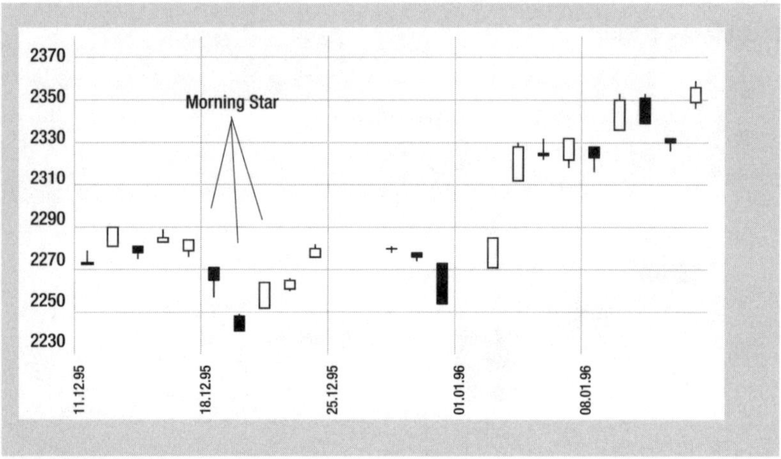

Wenn anstelle der kleinen schwarzen Kerze in einigen Abweichungen eine kleine weiße auftritt, hat die so entstandene Figur trotzdem die Bedeutung eines Morning Stars. Seltener tritt als zweite Kerze ein Doji auf. Diese Form des Morning Stars heißt Morning Doji Star.

Ein besonders eindrucksvoller Morning Star trat im Oktober 2014 auf. Nach der russischen Annexion der ukrainischen Halbinsel Krim weitete sich der Konflikt aus. Prorussische Separatisten lieferten sich mit Unterstützung regulärer russischer Truppen anhaltende Kämpfe mit der ukrainischen Armee in der Ostukraine. Es wurde befürchtet, dass sich dieser Konflikt ausweiten könnte und auch andere Länder des ehemaligen Ostblocks in Kämpfe verwickelt werden könnten. Dies trübte in der ersten Oktoberwoche die Stimmung am deutschen Aktienmarkt spürbar ein. Hinzu kam noch, dass vorher vom Westen Wirtschaftssanktionen beschlossen worden waren und gerade in dieser Woche Wirtschaftsdaten einliefen, die zeigten, dass der durch den Boykott eingebrochene Außenhandel mit Russland deutliche Spuren in den Wachstumsraten hinterlassen hatte.

Ein sehenswerter Morning Star im Verlauf des DAX

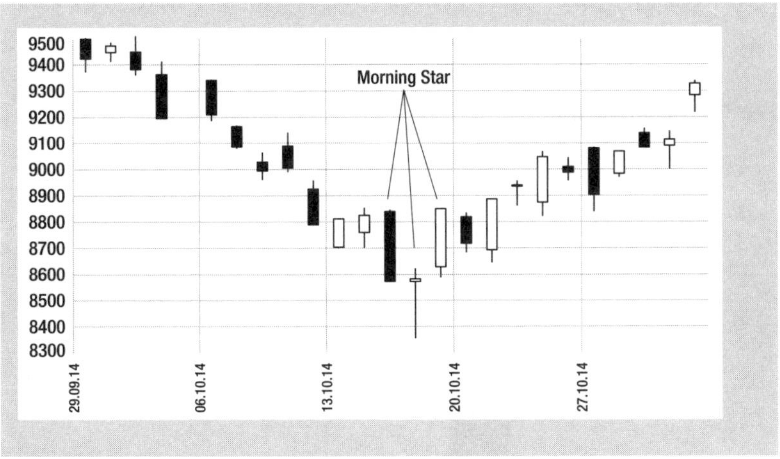

Insgesamt hatte der DAX in zwei Wochen schon 700 Punkte verloren, als er am Mittwoch, dem 15. Oktober 2014, mit einer großen schwarzen Kerze weitere 200 Punkte nachgab. Am nächsten Tag setzte sich der Ausverkauf zunächst fort und die deutschen Aktien fielen bis zum Mittag um weitere 250 Punkte. Doch ebenso schnell, wie es an diesem Tag bergab gegangen war, drehten die Notierungen und stiegen senkrecht nach oben, ohne dass irgendeine nennenswerte kursbeeinflussende Nachricht eingelaufen wäre. An diesem erinnerungswürdigen Tag schloss der DAX sogar elf Punkte über seinem Eröffnungskurs. Zwischendurch hatte er eine Reise von 445 Punkten erlebt, mehr als 200 Punkte runter und dann wieder rauf. Den investierten Anlegern hatte sich an diesem Tag der Magen umgedreht. Die donnerstagmittags begonnene Erholung setzte sich am Freitag fort. Nach einer 46 Punkte höheren Eröffnung sieg der DAX im Tagesverlauf weitere 221 Punkte an. Ein riesengroßer und damit sehr aussagekräftiger Morning Star war so erschienen. Generell kann man sagen: Je größer die Kursspanne der Formation, desto bedeutungsvoller muss sie für den weiteren Kursverlauf gewertet werden. Tatsächlich ging es dann auch in den nächsten Wochen steil bergauf. Der Morning Star hatte dem Anleger ganz klar signalisiert, dass der Kurseinbruch nun vorbei und wieder mit freundlicheren Kursen zu rechnen sei. Selbst aus einiger zeitlichen Entfernung wirken die Geschehnisse dieser drei Tage, die den Morning Star gebildet haben, immer noch seltsam. Innerhalb von drei Tagen verlor der DAX über fünf Prozent und gewann sie wieder.

Der Morning Doji Star

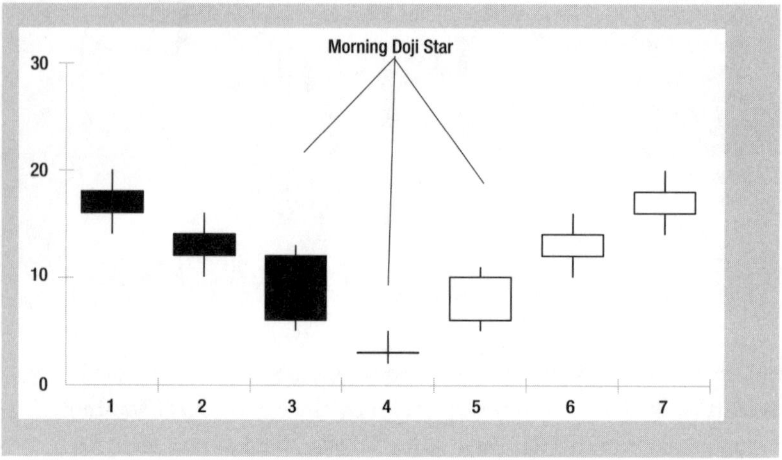

Der Morning Doji Star gilt als Verstärkung des Kaufsignals Morning Star.

In der Spätphase des ersten Abschnitts der 1995/1996er-Hausse, der von März 1995 bis September 1995 dauerte, gab es einen Morning Doji Star, das Zeichen zum letzten 100-Punkte-Anstieg vor dem zehnprozentigen Einbruch im Oktober 1995. Nach einem Abbröckeln von 50 Punkten und unter Bildung mehrerer schwarzer Kerzen erschien nach einer solchen schwarzen Kerze am Freitag, dem 1. September 1995, ein tiefer gelegener Doji – ein erstes Zeichen des Innehaltens. Die Unentschlossenheit, die der Doji ausdrückt, war der Grundstein einer Wende nach oben. Tatsächlich eröffnete der DAX dann am Montag, dem 4. September 1995, fester und stieg im Tagesverlauf unter Bildung einer großen weißen Kerze. Ein Kaufsignal war so entstanden. 100 Punkte legte der DAX in den nächsten zwei Wochen zu. Der Morning Doji Star hatte also die richtige Richtung angezeigt.

Der Morning Doji Star im Verlauf des DAX

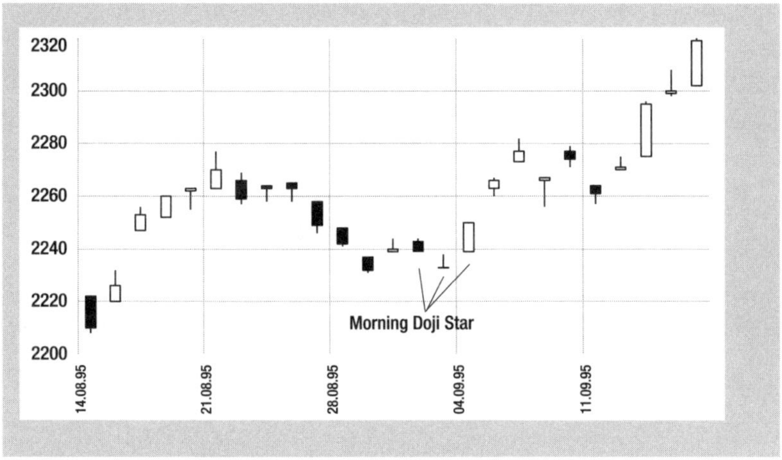

Die Prognosewirkung des Morning Stars lässt sich statistisch nachweisen. 64 Morning Stars traten im Verlauf des DAX von 1988 bis 1996 auf. In 57 Prozent der Fälle lag der DAX nach drei Tagen höher. Im Mittel über alle 64 Male legte er im Anschluss an den Morning Star sechs Punkte zu.

Auch nach dem Jahr 1996 konnte der Morning Star seine Prognosefähigkeit eindrucksvoll unter Beweis stellen. Von 1997 bis 2014 traten 85 Morning Stars auf. Bereits nach zwei Tagen war ein Plus von 0,4 Prozent festzustellen. Nach vier Tagen notierten die Kurse ebenfalls 0,4 Prozent höher. In 69 Prozent der Fälle gab es einen Gewinn. Auch hier lag das Maximum bei vier Tagen. Nach sechs Tagen war der Kursgewinn auf 0,16 Prozent geschrumpft und nur noch 61 Prozent der Fälle wiesen ein Plus auf. Nach acht Tagen ließ sich kein statistischer Unterschied mehr feststellen.

Die entsprechende Verkaufsformation ist der Evening Star, der Abendstern. Er besteht aus einer großen weißen Kerze, einer höher gelegenen kleinen weißen oder schwarzen Kerze und einer großen tiefer gelegenen schwarzen Kerze am dritten Tag.

Der Evening Star

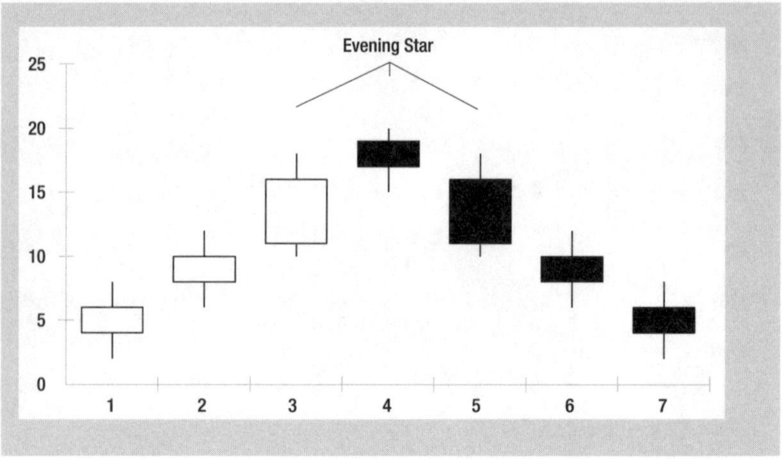

Auch hier vollzieht sich die Trendwende in drei Tagen. Der erste Tag steckt noch voller Optimismus, ja Euphorie, und die Notierungen steigen deutlich an. Der zweite Tag ist auch noch freundlich, die Kurse eröffnen etwas höher, steigen dann aber wenig oder fallen gar etwas zurück. Der dritte Tag bringt dann die Ernüchterung. Die Kurse verlieren deutlich an Boden. Der Stimmungsumschwung, der sich in diesen drei Kerzen widerspiegelt, leitet oft eine Trendwende ein.

So wie der Morning Star in der großen Hausse die Wiederaufnahme der Aufwärtsbewegung nach einer Korrektur anzeigte, sorgte der Evening Star für die Einleitung der Reaktion nach unten. Am Freitag, dem 2. Juni 1995, befand sich die Aufwärtsbewegung noch unter Dampf. Die Kurse eröffneten höher und stiegen im Tagesverlauf. Der nächste Börsentag, Dienstag, der 6. Juni 1995, signalisierte mit seiner höher gelegenen kleinen schwarzen Kerze zu Beginn noch Euphorie wegen der höheren Eröffnung, doch im Verlauf schon etwas Skepsis, denn die Kurse gaben ja während der Börsensitzung nach. Die schwarze Kerze am nächsten Tag, am Mittwoch, dem 7. Juni, verdeutlichte dann eine weitere Verfinsterung der Lage. Diese drei Tage bildeten zusammengenommen ein kerzentechnisches Verkaufssignal, einen Evening Star. Die Kurse fielen dann auch 50 Punkte in den folgenden vier Tagen. Dieses vom Evening Star markierte Kursniveau von 2.150 Punkten bildete auch beim nächsten Angriff zwei Wochen später ein unüberwindliches Hindernis. Erst im dritten Anlauf konnte die 2.150-Punkte-Marke mit viel Schwung und Kraft überwunden werden.

Der Evening Star im Verlauf des DAX

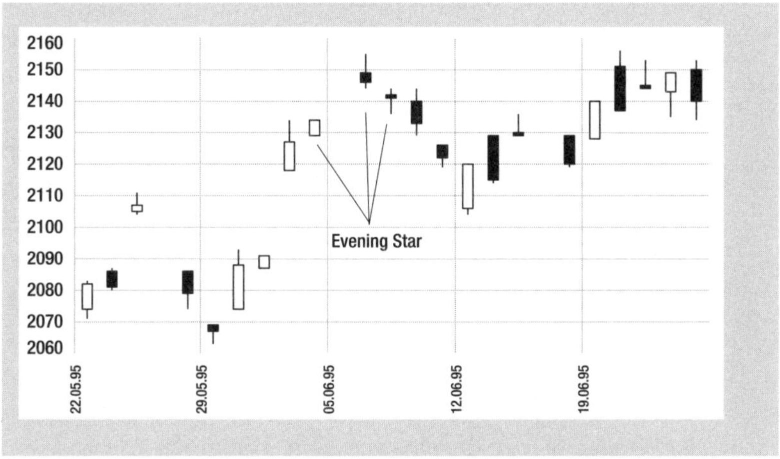

Der Evening Star tritt auch als Formation mit einem Doji als zweiter Kerze auf und heißt dann entsprechend Evening Doji Star.

Der Evening Doji Star

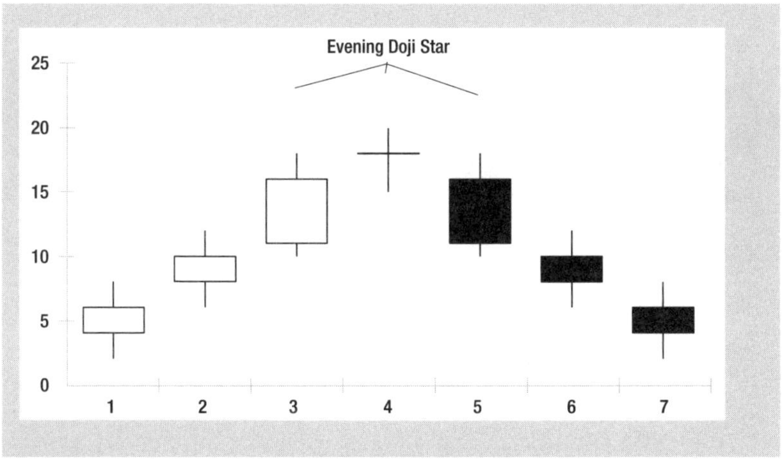

Im Mai 1995 prallte der DAX erneut von der 2.280er-Marke ab, die er schon Weihnachten 1993 nicht überwunden hatte. Eine vierwöchige Abschwächung folgte als Ernüchterung. Über 300 Punkte oder 15 Prozent gab der DAX in dieser Zeit ab. Eine Zinsversteifung war die Ursache. Die Rendite zehnjähriger Anleihen war in der gleichen Zeit von sechs Prozent auf sieben Prozent gestiegen. Ausgegangen war die negative Tendenz vom Rentenmarkt in den USA. Dort stiegen die Zinsen, weil die wirtschaftliche Entwicklung deutlich an Fahrt gewann. Der deutsche Anleihemarkt zog parallel nach unten, obwohl in Deutschland selbst keine Anzeichen für ein Anziehen der Konjunktur oder wachsenden Inflationsdruck zu sehen waren. Die Talfahrt des DAX vollzog sich in zwei Schüben, beide dauerten zwei Wochen und kosteten den DAX jeweils 200 Punkte. Der zweite Schub wurde durch einen Evening Star angekündigt. Am Freitag, dem 3. Juni 1994, legte eine große weiße Kerze die Erwartung nahe, eine Erholung von den vorangegangenen Kursverlusten könnte bevorstehen. Doch der Doji am Montag, dem 6. Juni 1994, zeigte zunächst einmal eine Pause an, ein Zeichen der Unsicherheit, die einer Wende in der Regel vorausgeht. Die große schwarze Kerze vom Dienstag, dem 7. Juni 1994, machte dann klar, dass es zunächst erst einmal abwärts gehen sollte. Der Evening Doji Star war so entstanden und warnte vor kommendem Ungemach.

Der Evening Doji Star im Verlauf des DAX

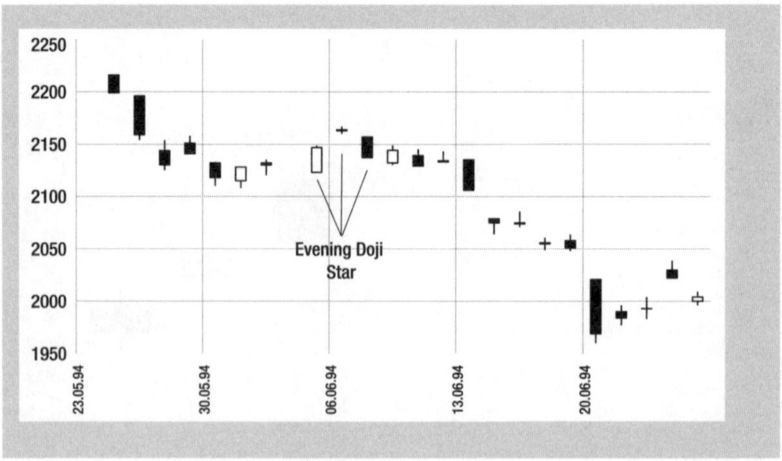

Die Prognosewirkung des Evening Stars lässt sich, ähnlich wie beim Negative In-Neck Pattern, nicht statistisch zeigen. Es treten sowohl Fälle auf, in denen der Evening Star nach einer langen Aufwärtsbewegung korrekt die Wende von einer Hausse zu einer Baisse signalisiert, als auch Situationen mitten in einer Aufwärtsbewegung, in denen die große schwarze Kerze, ähnlich der schwarzen Kerze im Negative In-Neck Pattern, nur einen Tag der Gewinnmitnahmen nach den Kursfortschritten der Vortage bedeutet, ohne dass es zu einem Übergang in eine Baisse kommt. Auch hier gilt es das Umfeld zu beachten und nach weiteren kerzentechnischen Wendesignalen Ausschau zu halten.

Eine stabile Trendbestätigungs-Formation wird aus den Three White Soldiers gebildet, den drei weißen Soldaten. Sie besteht aus drei jeweils etwas höher gelegenen weißen Kerzen.

Die Three White Soldiers

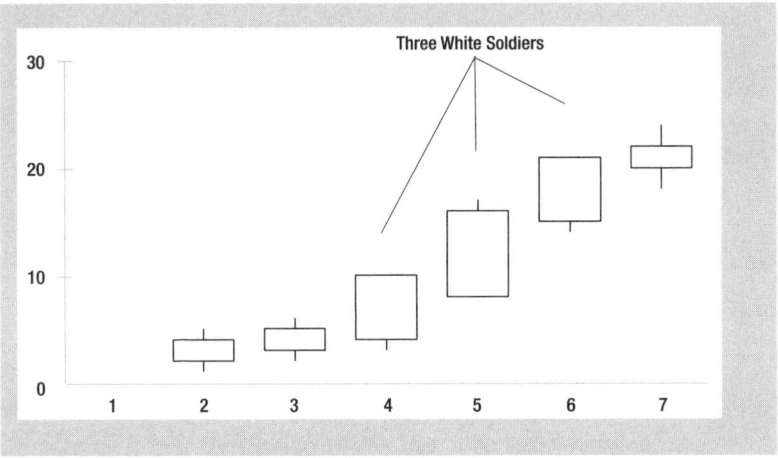

In den Three White Soldiers spiegelt sich das Vertrauen der Börsianer in die weitere Kursentwicklung wider. Jeder einzelne Tag ist freundlich gegenüber dem Vortag und im Tagesverlauf steigen die Kurse. Eine Aufwärtsbewegung ist in der Regel ein sich selbst verstärkender Prozess. Die Zuversicht der Marktteilnehmer lässt die Kurse steigen und anziehende Kurse selbst veranlassen weitere Börsianer, ebenfalls einzusteigen.

Anschaulich zeigte sich die Kraft der Three White Soldiers im Februar 1996. Drei große weiße Kerzen tauchten hintereinander auf. Zwischen ihnen waren je mit einem Fenster große Kurssprünge als Zeichen der Kraft aufgetreten. In diesen drei Tagen gewann der DAX 70 Punkte hinzu. Nach einem Tag Pause mit einer schwarzen Kerze im Anschluss an die drei weißen Kerzen legte der DAX erneut 60 Punkte zu. Die drei weißen Kerzen spiegelten also das Drängens des DAX in höhere Kursregionen.

Die Three White Soldiers im Verlauf des DAX

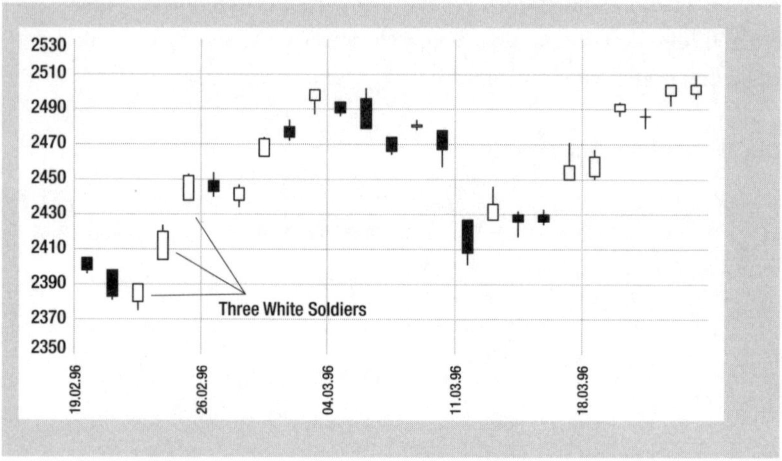

Die positive Kraft, die die Three White Soldiers entfalten, lässt sich statistisch nachweisen: 34 solcher Formationen traten beim DAX von 1988 bis 1996 auf und nur 44 Prozent der weiteren Kursentwicklung war negativ. Über alle 34 Vorfälle gemittelt lag der DAX nach fünf Tagen sechs Punkte höher.

Die inverse Figur, die in einer stabilen Abwärtsbewegung vorkommt, sind die Three Crows, die drei Krähen. Sie besteht aus drei jeweils tiefer gelegenen schwarzen Kerzen.

Die Three Crows

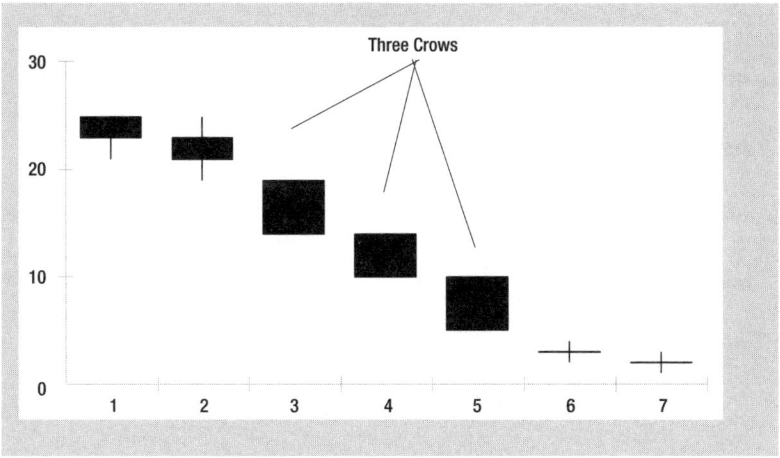

Typisch für viele Abwärtsbewegungen ist das langsame Schwinden des Vertrauens der Anleger. Nach einem Tag mit sinkenden Kursen lassen sich viele Börsianer dazu verleiten, ihre Bestände auch abzugeben. Am zweiten Tag fallen die Notierungen im Tagesverlauf weiter. Als Folge daraus werden noch mehr Marktteilnehmer zu Verkäufen stimuliert. Eine sich selbst verstärkende Talfahrt ist damit in Gang gekommen.

Im Vorfeld der Bundestagswahl 1994 verlor der DAX im September 1994 über zehn Prozent an Wert. Umfragen deuteten ein Scheitern der FDP an der 5-Prozent-Hürde an. Fünf Wochen lang gab der DAX kontinuierlich nach. Mitten in dieser Abwärtsbewegung, am Dienstag, dem 13., am Mittwoch, dem 14. und am Donnerstag, dem 15. September 1994, zeigten die Three Crows, dass es sich bei der Kursbewegung um einen stabilen Abwärtstrend handelte. An allen drei Tagen signalisierte der während der Börsensitzung fallende DAX eine schlechte Grundstimmung, die sich immer mehr durchsetzte. Nach diesen Three Crows blieb der Pessimismus erhalten und der DAX fiel zwei Wochen lang weitere 150 Punkte. Die große Skepsis, die die Three Crows ausdrückten, blieb also weiter bestehen. Diese Kerzenformation aus drei schwarzen Kerzen war also eine gute Indikation für die weitere Richtung der Kursentwicklung.

Die Three Crows im Verlauf des DAX

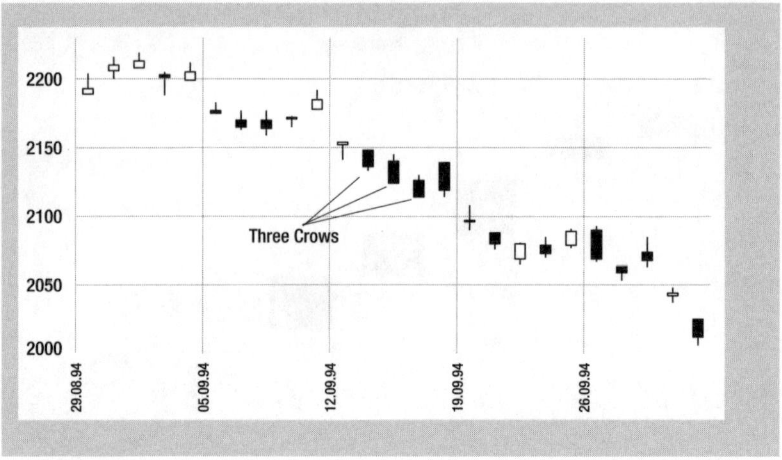

Auch die Three Crows können ihre Prognosefähigkeit statistisch beweisen: 17-mal traten die Three Crows auf. In 60 Prozent der Fälle lag der DAX dann nach drei Tagen tiefer. Im Mittel der 17 Vorkommnisse gab der DAX zehn Punkte in drei Tagen im Anschluss an die Three Crows nach.

Auch einzelne Kerzen mit einer bestimmten Form haben in der Kerzentechnik einen Namen und eine Bedeutung für den weiteren Kursverlauf. Kleine Kerzen mit einer langen Lunte und ohne – oder mit sehr kleinem – Docht heißen Hammer oder Hanging Man, gehenkter Mann, je nachdem, ob sie nach einer Abwärtsbewegung oder nach einer Aufwärtsbewegung auftreten. Beim Hammer, der nach einer Abwärtsbewegung so genannt wird, fallen also die Kurse nach der Eröffnung deutlich, erholen sich aber noch am selben Tag im Tagesverlauf und schließen in der Nähe der Eröffnung. Oft hat mit diesem Stimmungswechsel im Tagesverlauf auch der kurzfristige Trend gedreht. Hammer und Hanging Man können weiß oder schwarz sein, je nachdem, ob die Börse leicht über oder leicht unter der Eröffnung schließt. Die Lunte sollte in jedem Fall mehr als doppelt so groß wie der Kerzenkörper sein.

Der weiße Hammer

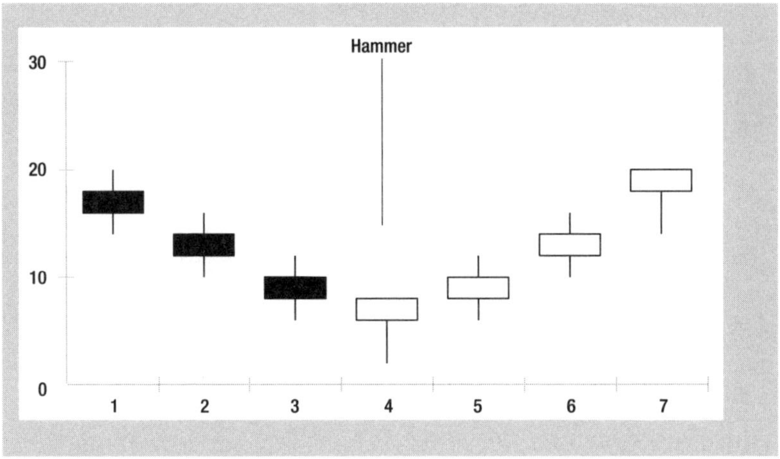

Der schwarze Hammer

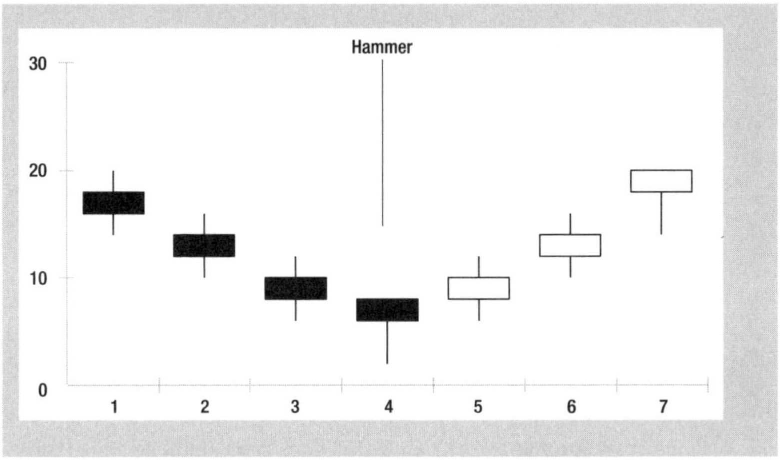

Nach einer Aufwärtsbewegung heißt diese Figur Hanging Man.

Der weiße Hanging Man

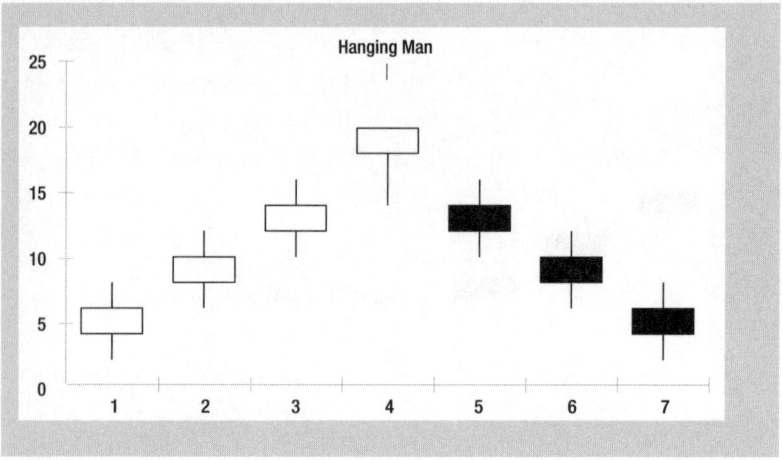

Einer weiteren Reaktion in der großen 1995/1996er-Hausse ging ein Hanging Man voraus. Nach dem steilen Anstieg, der durch die schon besprochenen Three White Soldiers eingeleitet wurde und dem DAX über 100 Punkte Gewinn in sieben Börsentagen brachte, erschien am achten Tag mit einem Fenster nach oben eine weiße Kerze mit einer langen Lunte. Dieses Symbol für sich allein genommen ist noch kein Verkaufssignal, doch nach der dann folgenden schwarzen Kerze war ein Verkauf angeraten. Die Kurse gaben dann den vorherigen 100-Punkte-Gewinn fast vollständig wieder ab.

Aus einer einzelnen Kerze korrekt eine Wende diagnostizieren zu wollen stellt sich als schwierig dar. Deshalb sind die Begleitumstände ihres Auftauchens mit zu bewerten. Ein Hanging Man signalisiert zunächst nur, dass eine Wende zu diesem Zeitpunkt möglich scheint. Die Eröffnung am nächsten Tag unter dem Kerzenkörper des Hanging Man und der Fall der Kurse im Tagesverlauf bestätigten dann die Einschätzung einer stattgefundenen Wende.

Der weiße Hanging Man im Verlauf des DAX

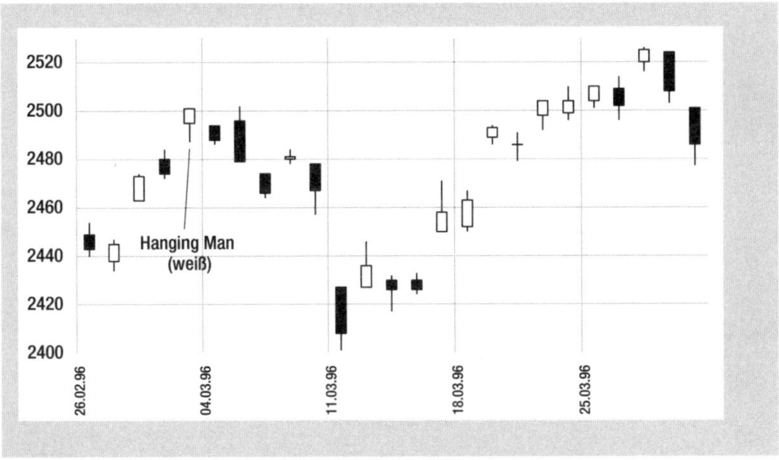

Bei der statistischen Untersuchung, ob der Hammer oder der Hanging Man eine Signalwirkung für den weiteren Kursverlauf haben, ergibt sich, wenn zunächst beide Symbole zusammengefasst werden – denn oft ist ja nicht eindeutig, ob es sich um eine Aufwärts- oder eine Abwärtsbewegung handelt –, dass 37 weiße Hammers oder Hanging Men von 1988 bis 1996 beim DAX aufgetreten sind. Über diese 37-mal gemittelt lag der DAX nach drei Tagen 8,5 Punkte tiefer. Es ergab sich kein wesentlicher Unterschied, ob diese Figur in einer Aufwärts- oder in einer Abwärtsbewegung auftrat. 19-mal lag der Hammer über Vortag, der DAX verlor dann sieben Punkte, 16 mal lag er tiefer, er wird dann als Hanging Man bezeichnet, und der DAX büßte 6,5 Punkte in den anschließenden zwei Tagen ein. Zweimal lag er auf der Höhe des Vortages. Ein weißer Hammer und ein weißer Hanging Man ziehen also bevorzugt fallende Kurse nach sich.

Anders ist die Situation beim schwarzen Hammer beziehungsweise beim schwarzen Hanging Man. 30-mal tauchte ein schwarzer Hammer oder Hanging Man auf. Nach dem schwarzen Hanging Man stiegen die Kurse deutlich. Drei Tage später lag der DAX im Mittel 14 Punkte höher. Auch hier war kein Unterschied festzustellen, ob der Hammer/Hanging Man in einer Aufwärts- oder in einer Abwärtsbewegung erschien. Nach einem gegen Vortag tieferen Hammer stieg der DAX in drei Tagen

19 Punkte und nach einem höheren Hammer, also einem Hanging Man, lag er 18 Punkte höher. Entscheidend bei dieser Figur ist also offensichtlich nicht, ob sie in einer Aufwärts- oder in einer Abwärtsbewegung auftritt, sondern ob ihr Körper weiß oder schwarz ist.

Noch eine andere einzelne Kerze gilt in der Candlestick-Charttechnik als bedeutend: ein kleiner weißer oder schwarzer Kerzenkörper ohne – oder fast ohne – Lunte und mit einem sehr langen Docht. Sie heißt Inverted Hammer oder Shooting Star, je nachdem, ob die Kerze nach einer Aufwärts- oder nach einer Abwärtsbewegung auftritt.

Der weiße Inverted Hammer

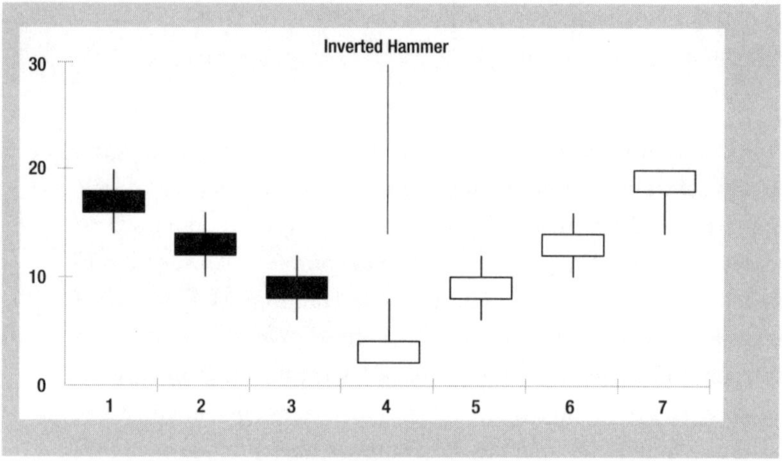

Der lange Docht des Inverted Hammers zeigt die Unentschlossenheit des Marktes an, die einer Trendwende in der Regel vorangeht. Sie wird auch als Patt im Kampf der Bullen mit den Bären gedeutet. Beim Inverted Hammer wollen die Kurse zunächst schon in die Richtung des neuen Trends, werden dann aber noch von den Verkäufen der negativ gestimmten Bären zurückgehalten. Erst am nächsten Tag nach den deutlich gestiegenen Kursen halten sich die Bären zurück und der Weg nach oben ist frei.

Der weiße Shooting Star

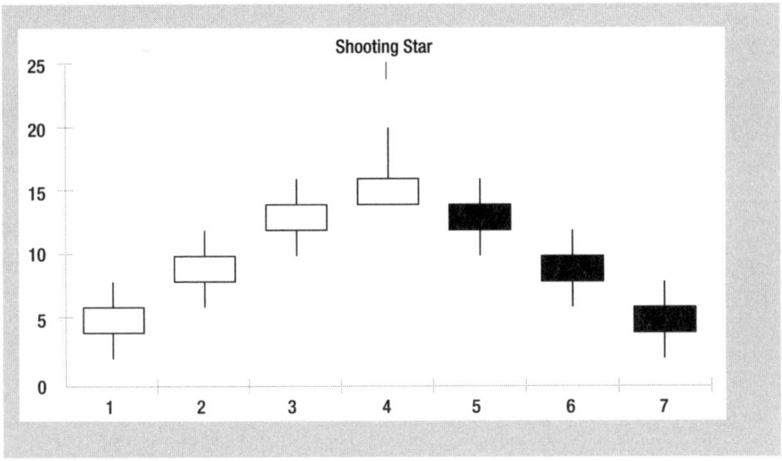

Jedoch weder beim Inverted Hammer noch beim Shooting Star, je weiß oder schwarz, lässt sich mit der statistischen Analyse eine eindeutige Symbolwirkung für den weiteren Kursverlauf feststellen. 25 weiße Shooting Stars, also kleine Kerzen mit sehr langem Docht, die über Vortag lagen, traten auf. Drei Tage später lag der DAX 7,7 Punkte höher. Eigentlich sollte nach einem Shooting Star, der nach einer Aufwärtsbewegung auftritt, eine kurzfristige Wende eingeleitet worden sein, doch im Mittel der 25 Vorfälle stieg der DAX in den folgenden drei Tagen fünf Punkte weiter. Die Kraft dieser einzelnen Kerze reicht offensichtlich nicht aus, den Kurzfristtrend zu brechen.

Beim weißen Inverted Hammer, also einem kleinen Kerzenkörper über Vortag mit einem sehr langen Docht, notierte der DAX im Mittel der sechs Vorkommnisse 8,3 Punkte tiefer. Der Inverted Hammer zeigt also keine nachweisbare Wende im kurzfristigen Trendverlauf an, sondern im Gegenteil: Nach einem Inverted Hammer geht in der Mehrzahl der Fälle die Abwärtsbewegung weiter. Ebenfalls als wenig aussagekräftig erwiesen sich der schwarze Shooting Star und der schwarze Inverted Hammer. Die 13 schwarzen Inverted Hammers lieferten im Mittel 1,6 Punkte Kursgewinn. Nur der schwarze Shooting Star lieferte mit 10,2 Pluspunkten eine nennenswerte Kursveränderung nach drei Tagen. Doch der schwarze Shooting Star, also die höher gelegene kleine schwarze Kerze mit langem Docht, sollte eine kurzfristige Wende nach unten anzeigen. Stattdessen steigen die Notierungen im Anschluss daran deutliche zehn Punkte an.

Die Einzelkerzen-Formationen können also nicht als vollwertige Wendesignale betrachtet werden. Ein einziger Tag scheint nicht die Kraft zu haben, einen Kurzfristtrend umzukehren. Vielmehr sollten Hammer, Hanging Man, Inverted Hammer und Shooting Star in Verbindung mit anderen Wendeformationen betrachtet und bewertet werden. So kann durchaus ein Hammer oder ein Shooting Star als erste Kerze in einem Engulfing Pattern oder als zweite Kerze in einem Harami eine signalverstärkende Funktion bekommen.

Auch kann ein Inverted Hammer oder ein Hanging Man vor oder nach einer starken Formation wie dem Engulfing Pattern oder dem Harami als Bestätigung gewertet werden.

Wochenkerzen

Neben den bisher besprochenen Tageskerzen können auch Wochenkerzen zur mittelfristigen Kursprognose gezeichnet werden. Hierbei wird der Montagsschlusskurs als Eröffnungskurs, der Freitagsschlusskurs als Wochenschlusskurs, der höchste Schlusskurs der Woche als Wochenhöchstkurs und der tiefste Wochenschlusskurs als Wochentiefstkurs gewertet.

Die Wochenkerze

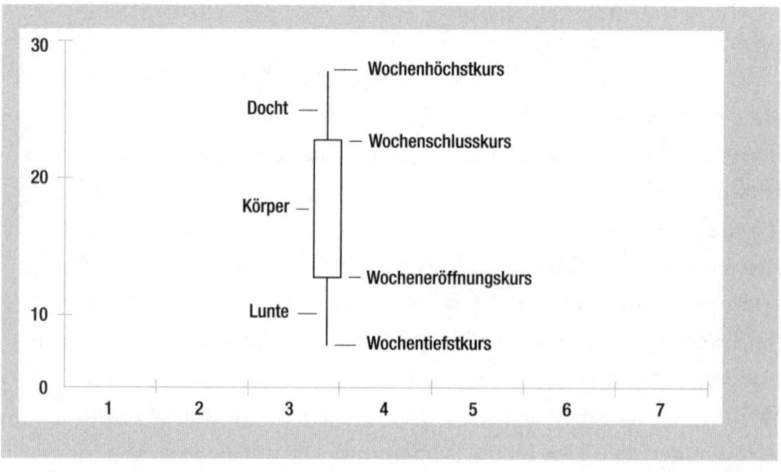

Da bei der Zeichnung von Wochenkerzen nur Schlusskurse verwendet werden, können auch weiter als 1988 in die Vergangenheit zurückreichende Charts gezeichnet werden. Der DAX mit fortlaufenden Notierungen von halb elf Uhr vormittags bis halb zwei Uhr nachmittags wurde erst 1988 eingeführt. Tageskerzen lassen sich daher erst seit 1988 erstellen. Die in diesem Kapitel gezeichneten Wochenkerzen verwenden einen anhand der bekannten Tagesschlusskurse der einzelnen DAX-Aktien bis 1959 zurückgerechneten DAX-Index. Für die Wochenkerzen gilt analog, was schon für die Tageskerzen besprochen worden ist. Weiße Kerzen sind günstig für den weiteren Kursverlauf und kommen gehäuft in einer Hausse vor, während schwarze Kerzen vorwiegend in einer Abwärtsbewegung auftauchen.

Von 1959 bis 1996 ließen sich 1.864 Kerzen zeichnen. In dieser Zeit gewann der DAX 1.693 Punkte. Pro Woche legte er also im Durchschnitt 0,9 Punkte zu. Von diesen 1.864 Kerzen erschienen 884 weiß. Nach einer dieser 884 weißen Kerzen legte der DAX in der darauffolgenden Woche 1,9 Punkte zu, während er nach einer der 751 schwarzen Kerzen 0,3 Punkte verlor. Ein wenn auch sehr kleiner Vorteil der weißen Wochenkerzen lässt sich hier erkennen. Eine weiße Kerze wird bevorzugt von steigenden Kursen gefolgt. Dies ist eine Auswirkung der Trendfolgeeigenschaften des DAX. Steigende Kurse ziehen öfter weiter anziehende Notierungen nach sich als fallende Kursnotizen und umgekehrt.

Nach den 234 Dojis wurde in der nächsten Woche im Mittel ein Anstieg von 1,0 DAX-Punkten festgestellt. Der Doji ist ein neutrales Signal und die 1,0 Punkte unterscheiden sich kaum von den 0,9 Punkten, die der DAX über alle Kerzen gemittelt im langjährigen Durchschnitt gestiegen ist.

Wie schon bei den einzelnen Tagen hat auch bei den Wochenkerzen die Körpergröße der Kerze eine Bedeutung für den weiteren Kursverlauf. Nach einer weißen Kerze mit einem Kerzenkörper, der größer oder gleich 29 Punkten ist, steigt der DAX im Mittel 4,4 Punkte in der nächsten Woche, bei einem 40 Punkte großen Körper 6,0 Punkte und bei einem 50 Punkte großen Körper 9,3 Punkte. Dies ist schon als Signal zu beachten. Nach einer Woche, in der der DAX von Montag bis Freitag 50 Punkte zulegen konnte, ist also statistisch mit 9,3 Punkten Kursgewinn in der nächsten Woche zu rechnen.

Das Phänomen, dass eine größere Kerze eine größere Wirkung hat, lässt sich bei den schwarzen Kerzen nicht beobachten. Bei einem schwarzen Kerzenkörper größer oder gleich einem Prozent des Schlusskurses entwickelt sich die nächste Woche zwar mit minus 0,6 Punkten etwas schwächer und auch die Folgewochen verlaufen mit 1, 0,4, 1,6 und 1,6 Punkten in der Summe unterdurchschnittlich, aber bei einem noch größeren Kerzenkörper tritt ein gegenteiliger Effekt ein. Nach einer schwarzen Kerze mit einem Kerzenkörper, der größer oder gleich fünf Prozent des Schlusskurses ist, gewinnt der DAX in der Folgewoche sechs Punkte, in den nächsten zwei Wochen 6,8 und in den nächsten drei Wochen acht Punkte. Der Kursverlust von fünf Prozent in einer Woche ist wohl so groß, dass erst einmal eine Bewegung in die andere Richtung zum Tragen kommt. Erst nach fünf Wochen setzt sich die negative Wirkung der großen schwarzen Kerze durch. Drei Minuspunkte ergeben sich beim DAX im Mittel bis dahin.

Wie schon bei den Tageskerzen haben auch bei den Wochenkerzen verschiedene Kombinationen aus mehreren weißen oder schwarzen Kerzen eine besondere Bedeutung. Die bei den Tageskerzen aussagekräftigste Formation, das Engulfing Pattern, erweist sich auch bei den Wochenkerzen als prognosefähig, wenn auch nicht annähernd so stark wie bei den Tageskerzen.

Ein solches Positive Engulfing Pattern aus Wochenkerzen trat zum Beispiel im September 1959 während der großen Nachkriegshausse auf. Die Kurse der deutschen Aktien schossen nach Wiederaufnahme des Handels im Jahre 1949 im Zuge des Wirtschaftswunders steil in die Höhe. Nachdem sie bei Kriegsende noch so gut wie wertlos waren, konnten sie von 1949 bis 1960 mit Ausnahme mehrerer Korrekturen deutlich steigen. Einer dieser kurzen Rückschläge wurde durch Spannungen im Ost-West-Verhältnis ausgelöst. Im Januar 1959 kam Fidel Castro in Kuba an die Macht und die USA wähnten die Sowjetunion als Drahtzieher der kubanischen Revolution. Der Ton zwischen den Großmächten verschärfte sich und immer, wenn dies nach dem Krieg der Fall war, wurden die Auswirkungen am deutlichsten im Westen Deutschlands spürbar. Die Bundesrepublik Deutschland besaß den „Frontstaat-Malus“. Ausländische Investoren reagierten empfindlich auf jede Verschärfung des Ost-West-Konflikts und zogen Gelder ab. Die Kurse von deutschen Aktien gaben in der Folge nach.

Im Herbst 1959 begann dann eine kurze Tauwetterzeit, die mit dem USA-Besuch von Generalsekretär Chruschtschow anfing. Im DAX spiegelte sich diese Zeit durch eine große weiße Kerze in der Woche vom Montag, dem 19. Oktober 1959, wider. Zusammen mit der schwarzen Kerze der Vorwoche ergab sich so ein Positive Engulfing Pattern. Die beim Chruschtschow-Besuch beschlossene Ost-West-Abrüstungskonferenz beflügelte die Kurse im Anschluss an dieses Kaufsignal. Die Aktienkurse verdoppelten sich in den zehn Monaten nach dem Positive Engulfing Pattern. Im Sommer des Jahres 1960 kam diese Entspannungsperiode jäh zu einem Ende, als ein amerikanisches U-2-Spionageflugzeug über sowjetischem Territorium abgeschossen wurde. Im Herbst dieses Jahres 1960 fand nicht nur die Hoffnung auf Verständigung zwischen den Großmächten ein Ende, sondern auch die zwölf Jahre dauernde Nachkriegshausse. Das Kursniveau vom Herbst 1960 wurde sieben Jahre lang nicht überboten.

Das Positive Engulfing Pattern, gebildet aus Wochenkerzen, im Verlauf des DAX

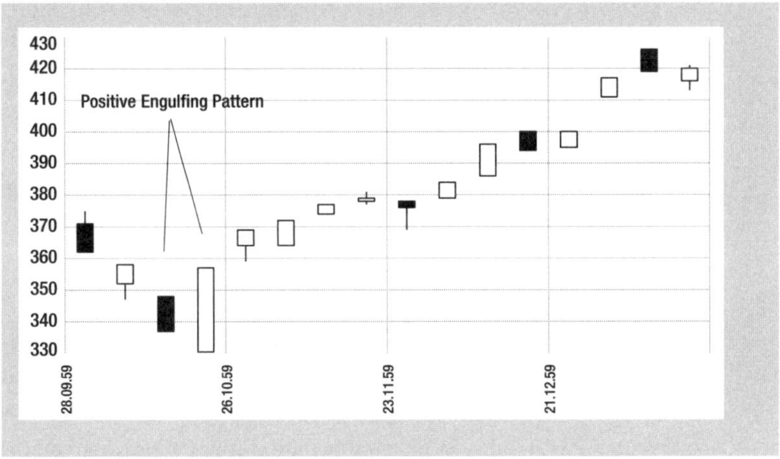

Die statistische Wirkung des Positive Engulfing Patterns bei den Wochenkerzen und ihre Dauer lassen sich grafisch auftragen. Im Mittel liegt der DAX nach einer Woche 1,7 Punkte höher, nach zwei Wochen 5,3 Punkte, nach drei Wochen 3,9 Punkte, nach vier Wochen 6,9 Punkte und nach fünf Wochen 8,5 Punkte.

Kursveränderung des DAX nach einem Positive Engulfing Pattern beziehungsweise einem Negative Engulfing Pattern, jeweils gebildet aus Wochenkerzen

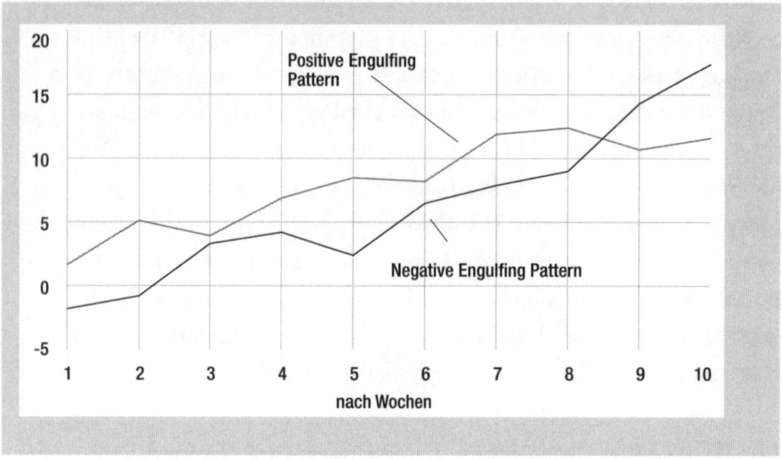

Nach einem Negative Engulfing Pattern verlor der DAX in der folgenden Woche 1,8 Punkte. Nach zwei Wochen lag er 0,3 Punkte tiefer, nach drei Wochen 3,3 Punkte höher, nach vier Wochen 4,2 Punkte höher und nach fünf Wochen 2,4 Punkte höher. Ein Negative Engulfing Pattern trat zum Beispiel im September 1965 auf. Das schlechte Umfeld, in dem sich die Aktienbörse Ende 1965 und im Jahre 1966 befand, hatte wirtschaftliche Gründe. Die Zinsen stiegen. Am 13. August 1965 hatte die Deutsche Bundesbank den Diskontsatz von 3,5 Prozent auf vier Prozent angehoben, den höchsten Stand seit 1960. Grund für diese Anhebung war eine auf über drei Prozent anziehende Inflationsrate. Die steigende Inflationsrate wiederum war Folge des zu stark wachsenden Bruttosozialproduktes von über fünf Prozent. Die Aufgabe der Bundesbank war, mit steigenden Zinsen das Wirtschaftswachstum zu dämpfen, um den Preisauftrieb in den Griff zu bekommen. Sie nahm dabei das Risiko einer Rezession in Kauf. Diese so von der Bundesbank herbeigeführte Rezession begann im Jahre 1966 und nahm, wie erhofft, den Kostendruck.

Nachdem am 13. August der Diskontsatz angehoben worden war, begann in der Woche vom 20. September 1965 die Börse zu erahnen, wohin die zukünftige Entwicklung gehen sollte. In der Woche zuvor waren die Aktienkurse noch gestiegen und bildeten eine weiße Kerze. Am Montag, dem 20. September 1965, eröffneten die Kurse auch noch einmal freundlich, doch dann ging es bergab. Die ganze Woche über fielen die Kurse und schlossen unter der Vorwocheneröffnung. Ein sehr aussagefähiges Negative Engulfing Pattern war damit entstanden. Da ja das fundamentale Umfeld ebenfalls negativ war, konnte dieses kerzentechnische Signal als klares Zeichen zum Verkauf bestehender Aktienpositionen gewertet werden. Zehn Prozent seines Wertes verlor der DAX in den folgenden drei Wochen als Beginn der Vorwegnahme der kommenden Rezession. Nach einer kurzen, zweiwöchigen Erholung setzten die Aktien ihre Talfahrt fort. Insgesamt verloren sie bis zum Januar 1967 gut ein Drittel ihres Wertes in der Baisse, die durch das beschriebene Negative Engulfing Pattern angekündigt worden war.

Das aus Wochenkerzen gebildete Negative Engulfing Pattern im Verlauf des DAX

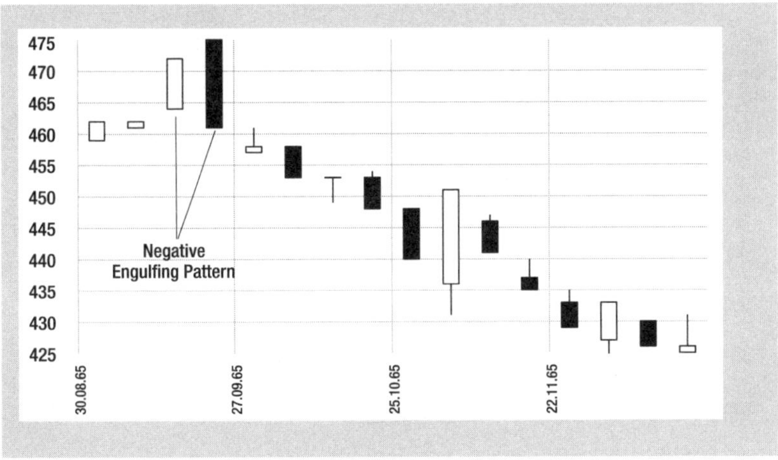

Ähnlich ist die Situation beim Harami, der zweitstärksten Formation bei den Tageskerzen. Auch hier ergibt sich nur ein leichter statistischer Vorteil. Ein Positive Harami trat zum Beispiel beim DAX im August 1982 auf. Wenige Wochen nach Beginn der Jahrhunderthausse, deren Startschuss, die Diskontsatzsenkung von 7,5 Prozent auf sieben Prozent am 27. August 1982, das Ende der Hochzinsphase bedeutete, kam die

Aufwärtsbewegung ins Stocken. Zweifel kamen auf, ob die lange Zeit mit hohen Zinsen den Inflationstendenzen wirklich den Wind aus den Segeln genommen hatte. Konnte sich also der Zinssenkungsprozess fortsetzen? Der Diskontsatz war mittlerweile auf fünf Prozent zurückgenommen worden. Steigende Zinsen sind das Ungünstigste, was einem Aktienmarkt widerfahren kann. Sie machen Aktien unattraktiv, weil ein vergleichbares Investment in Anleihen oder Geldmarktfonds mehr Zinsen abwirft und weil die Verdienstsituation der Firmen sich verschlechtert, denn ein höherer Fremdkapitaldienst schmälert das Einkommen. Die Aktien fielen zwei Wochen lang nach dem zaghaften Haussebeginn. Doch in der Woche vom 24. Januar 1983 zeigte eine kleine Kerze im Kursbereich des großen schwarzen Kerzenkörpers der Vorwoche ein Kaufsignal, einen Positive Harami. Die Hausse sollte also weiterlaufen. In den folgenden drei Monaten konnte der DAX dann fast 40 Prozent steigen. Während dieser Hausse wurde der Diskontsatz ein weiteres Mal zurückgenommen. Der Treibsatz für diesen Teil der Jahrhunderthausse waren also die sinkenden Zinsen.

Der aus Wochenkerzen gebildete Positive Harami

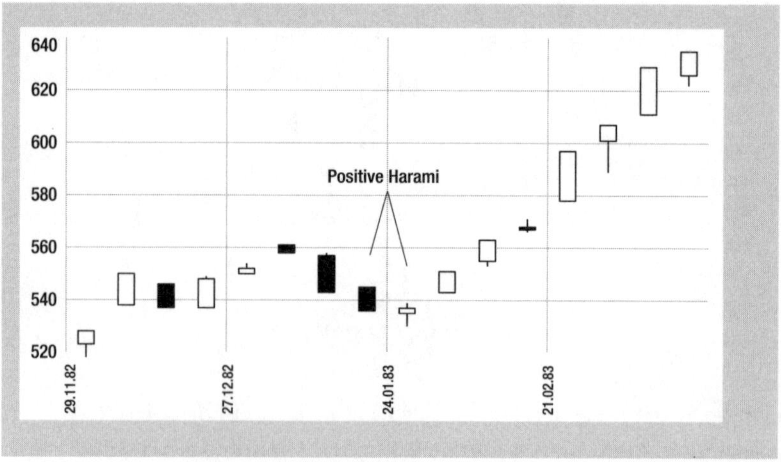

Es zeigt sich nur ein leichter Vorteil nach einigen Wochen für den Positive Harami. In der ersten Woche fällt der DAX sogar vier Punkte. Dann, nach sieben Wochen, liegt er 15 Punkte höher.

Kursverlauf des DAX nach einem aus Wochenkerzen gebildeten Positive beziehungsweise Negative Harami

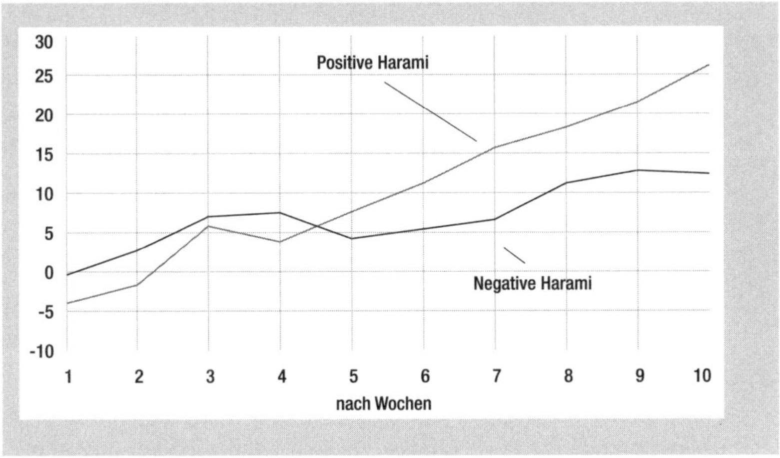

Der Negative Harami ließ die Kurse nur in der ersten Woche fallen und zwar 0,4 Punkte, in den folgenden Wochen war dann ein etwas gebremster Anstieg zu verzeichnen. Nach sechs Wochen lag der DAX nur 5,4 Punkte höher. Trotz der statistisch gesehen schwachen Prognosekraft des Negative Harami wurden einige deutliche Kursrückgänge durch einen Negative Harami eingeleitet, wie zum Beispiel im März 1973. In der für die Aktien ungünstigen Zeit von 1969 bis 1982 leitete ein Negative Harami eine große Baisse ein, in deren Verlauf der DAX mehr als 30 Prozent verlieren sollte. Im Jahr 1969 begann die Phase, in der die Geldwertpräferenz von der Sachwertpräferenz abgelöst wurde. Von da an rückten Aktien und Anleihen sukzessive aus dem Blickfeld der Investoren und Gold, Silber, Platin, Immobilien und andere Sachwerte gewannen an Wert. Die Teuerungsraten nahmen weltweit kontinuierlich zu. Der DAX erreichte inflationsbereinigt erst 1993 wieder das Niveau von 1969. Viele Krisen fielen in diese Zeit, so zum Beispiel ein Nahostkrieg und zwei Ölkrisen. Die große Baisse von 1973 und 1974, der bis dahin größte prozentuale Rückgang seit 1945 an der Wall Street, begann mit Zinsanhebungen der internationalen Notenbanken wegen des weltweit einsetzenden Preisauftriebs. Im Januar 1973 erhöhte die Bundesbank den Diskontsatz auf fünf Prozent. Die Inflationsrate war mittlerweile auf über sechs Prozent angestiegen. Im März kündigte dann ein Negative Harami den Abstieg der deutschen Aktienkurse in den Keller an. In der Woche vom 19. März 1973 stiegen die Kurse noch im Wochenverlauf und bildeten eine weiße Kerze ohne Docht. Doch schon in der darauf folgenden Woche zeigte eine kleine schwarze Kerze im unteren Kursbereich des weißen Kerzenkörpers der Vorwoche die schlechte Stimmung, die sich eingeschlichen hatte. Der folgenschwere Rückzug der Amerikaner aus Vietnam fiel in diese Zeit. Die Auswirkungen der sich abzeichnenden Watergate-Affäre wurden spürbar. Im April 1973 trat der US-Justizminister zurück. Ein dramatischer Kursverfall folgte in den kommenden Wochen und Monaten. Beschleunigt wurde er durch weitere Diskontsatzanhebungen im Mai auf sechs Prozent und im Juni auf sieben Prozent und durch den Beginn des Jom-Kippur-Krieges im Nahen Osten. Ägypten und Syrien hatten Israel angegriffen. Damit begann auch die erste Ölkrise. In den Niederlanden wurde im November das Fahrverbot an Sonn- und Feiertagen eingeführt. Auch die USA wurden von den nahöstlichen Öllieferanten boykottiert. Dort kam es zu Lieferengpässen und kilometerlangen Staus vor Tankstellen, von denen etliche gar kein Benzin mehr verkauften. In dieser schweren Krise verloren die deutschen Aktien mehr als ein Drittel ihres Wertes. Der amerikanische Dow-Jones-Index halbierte sich sogar. Der Dollar stürzte ins Bodenlose. Erst im November 1974 hatte dieser Alptraum ein Ende. Die am Nahostkonflikt beteiligten Truppen hatten sich inzwischen entflochten, der Ölpreis normalisiert, Nixon war zurückgetreten und der Diskontsatz konnte im Oktober 1974 erstmalig wieder sinken.

Der aus Wochenkerzen gebildete Negative Harami im Verlauf des DAX

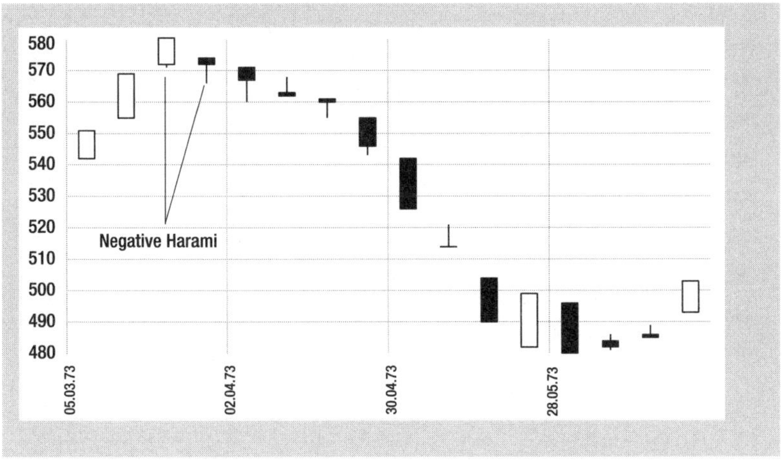

Etwas deutlicher war dagegen die Signalwirkung beim Hammer/Hanging Man und beim Inverted Hammer/Shooting Star. Hierbei wird nicht unterschieden, ob sie in einer Aufwärts- oder in einer Abwärtsbewegung auftauchen.

Nach der schweren Baisse, die von März 1973 bis zum Oktober 1974 dauerte, signalisierte die Diskontsatzsenkung der Deutschen Bundesbank von sieben Prozent auf 6,5 Prozent am 25. Oktober 1974 den Beginn des Wiederanstieges der Kurse. In der Woche nach dieser Senkung zeigte ein Hammer als Wochenkerze, dass auch die Candlestick-Charttechnik grünes Licht gab. Dieser Hammer veranschaulichte die sich widersprechenden Gefühlsregungen der Börsianer. Einerseits wird die große Skepsis, die anderthalb Jahre fallender Kurse hinterließ, in der beginnenden Abwärtsbewegung der Woche deutlich. Doch dann nahm die Hoffnung auf ein Ende der Baisse überhand. Schließlich war der Diskontsatz gesenkt worden und es gab erste Zeichen, dass die Inflationsrate von über sieben Prozent langsam nachzulassen begann. Die Kurse schlossen in Höhe der Vorwocheneröffnung. An diesen so entstandenen Hammer fügten sich mehrere Wochen mit deutlich steigenden Notierungen an. Der Diskontsatz wurde im Februar 1975 erneut gesenkt und dann im März und im Mai wieder. 35 Prozent stieg der DAX im Jahre 1975.

Der aus Wochenkerzen gebildete Hammer im Kursverlauf des DAX

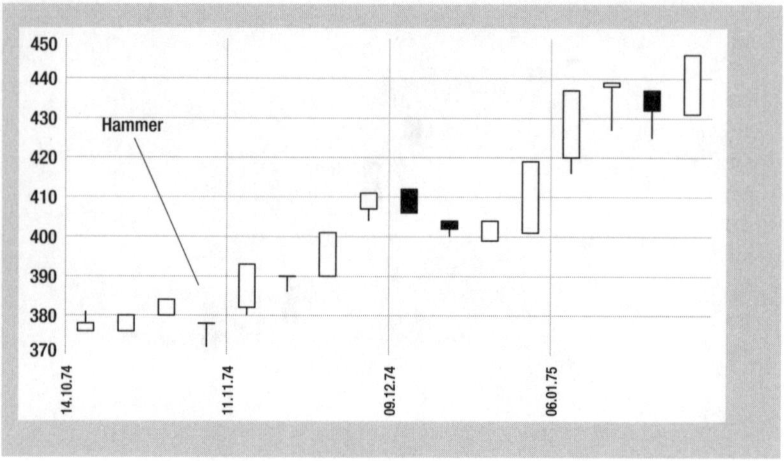

Im Mittel aller 218 Hammers, die von 1959 bis 1996 erschienen, lag der DAX nach fünf Wochen fast zehn Punkte höher.

Die große Hausse, die dem DAX ein Kursplus von 50 Prozent einbrachte, wurde von sinkenden Zinsen getragen. Die durchschnittliche Umlaufrendite öffentlicher Anleihen fiel in diesem Zeitraum von fast sieben Prozent auf fünf Prozent. Welchen Treibsatz dieser 30-prozentige Rückgang der Zinsen für die Aktienkurse bedeutete, ist verständlich. Vergleichbare Investments in Anleihen rentierten nur noch fünf Prozent statt sieben Prozent, die Firmen wurden auf der Fremdkapitalseite entlastet und der zusätzliche Stimulus für die Wirtschaft erhöhte noch einmal die Ertragskraft der Unternehmen. Während dieser Phase sinkender Zinsen kam es im September 1995 ausgehend von den USA zu einer kurzfristigen Versteifung. Dort drohte die Wirtschaft zu sehr an Fahrt zu gewinnen, weshalb die Rendite der amerikanischen Anleihen kurzfristig anstieg. Möglicherweise war auch die Diskontsatzsenkung der Deutschen Bundesbank auf 3,5 Prozent vom 25. August 1995 beteiligt. Bei einigen Marktteilnehmern war der Eindruck entstanden, dies könnte vielleicht die letzte Zurücknahme und damit das Ende des Zinssenkungsprozesses bedeuten. Der DAX reagierte auf diesen Zinsanstieg in den USA mit sinkenden Kursen. Er fiel fast zehn Prozent von 2.300 auf 2.100 Punkte. In der Woche vom 23. Oktober 1995 erschien dann ein Inverted Hammer auf der 2.100er-Linie. Der DAX stieg in dieser Woche fast 50 Punkte bei aufkeimender Hoffnung, die Zinsen könnten vielleicht doch noch sinken, nur um wieder 50 Punkte in der zweiten Wochenhälfte zu verlieren. Der so entstandene Inverted Hammer ist Ausdruck dieser Ambivalenz, die kurzfristigen Richtungsänderungen notwendigerweise vorausgeht. Nach diesem Inverted Hammer nahm der DAX seinen alten Weg nach oben wieder auf und gewann 20 Prozent in den nächsten vier Monaten.

Kursverlauf des DAX nach einem aus Wochenkerzen gebildeten Hammer beziehungsweise Inverted Hammer

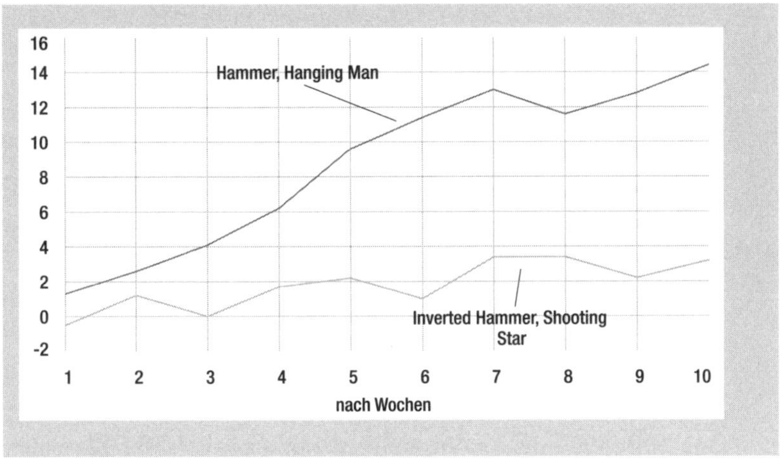

Deutlich zu sehen ist auf der Grafik, welchen Unterschied es macht, ob eine Kerze einen langen Docht oder eine lange Lunte besitzt. Während die langen Lunten des Hammers und des Hanging Man für steigende Kurse sorgen, fast zehn Punkte nach fünf Wochen, wie bereits geschildert, folgen einem langen Docht wie dem beim Shooting Star oder beim Inverted Hammer keine deutlich anziehenden Notierungen. Hammer und Hanging Man können wegen der langen Lunten also als positive Zeichen gewertet werden.

Der aus Wochenkerzen gebildete Inverted Hammer im Verlauf des DAX

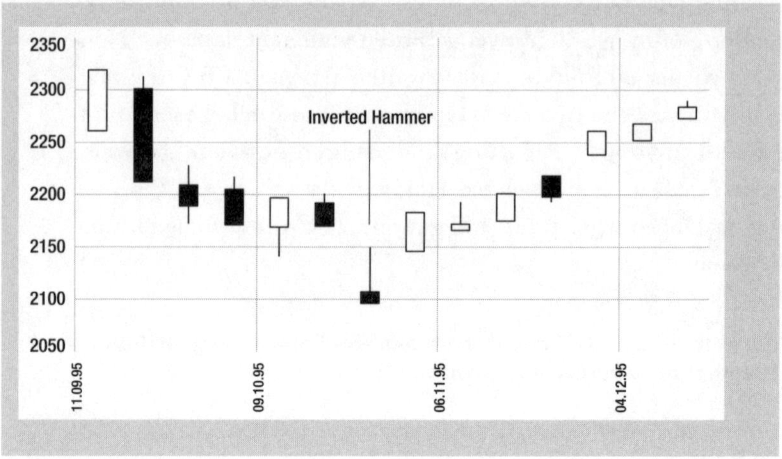

Beim Inverted Hammer/Shooting Star dagegen gewann der DAX in den folgenden fünf Wochen nur 2,2 Punkte. Ein Beispiel eines Shooting Stars ereignete sich im Sommer des Jahres 1981. Im Vorgriff auf die 1982er-Rezession in Deutschland fielen die deutschen Aktienkurse von August 1981 bis September 1981 kurz und scharf über zehn Prozent. Die auf über sechs Prozent ansteigende Inflationsrate ließ eine baldige Lockerung der Zinszügel der Deutschen Bundesbank immer unwahrscheinlicher erscheinen. Der Shooting Star ist auch hier wieder, wie in den vorherigen Beispielen der Hammer und der Inverted Hammer, Sinnbild der wechselnden Stimmungslage der Börsianer. In der Woche vom 17. August 1981 stiegen die Kurse erst voller Hoffnung, um dann wieder in sich zusammenzusacken und auf der Höhe der Wocheneröffnung zu schließen. Die Woche danach begann dann mit einem Fenster nach unten deutlich tiefer und die Aktien fielen auch im Wochenverlauf weiter.

Der aus Wochenkerzen gebildete Shooting Star im Verlauf des DAX

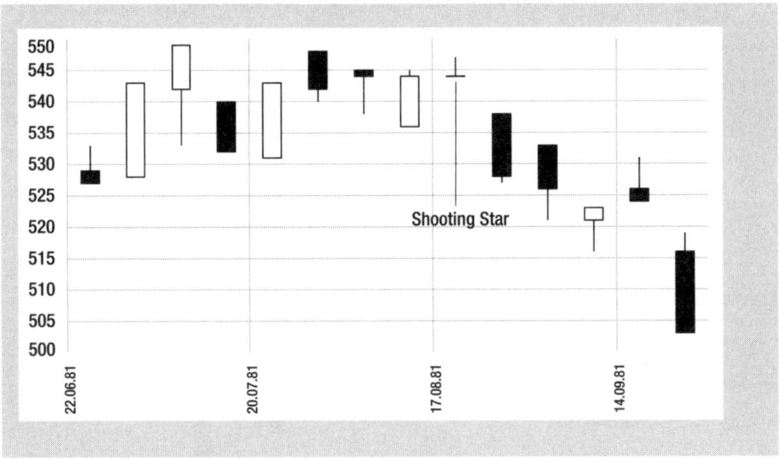

Ein eindrucksvoller Morning Star im Jahre 1982 markierte den Beginn der Jahrhunderthausse. Er gab den Startschuss zu dieser Hausse, deren erste Etappe von 1982 bis 1987 dauerte.

1982 fand eine Zeitenwende an den Finanzmärkten statt. Der Übergang von Jahren mit steigenden Inflationsraten, steigenden Zinsen, steigenden Immobilienpreisen und vernachlässigten Aktienkursen zu Jahren mit fallenden Inflationsraten, fallenden Zinsen, fallenden Immobilienpreisen und steigenden Aktienkursen fand just zu dieser Zeit statt. Eingeleitet wurde dieser Umschwung durch die Wahl Ronald Reagans zum Präsidenten der USA im November 1980 und die auf Inflationsbekämpfung ausgerichtete Politik des damaligen US-Notenbankchefs Paul Volcker. Nach den Jahren mit dem als schwächlich angesehenen Präsidenten Carter war Ronald Reagan Garant für ein starkes Amerika – somit auch für einen steigenden Dollar – sowie Verfechter des freien Welthandels und des freien Unternehmertums. Dazu kam, dass Paul Volcker das Problem der Inflation entschlossen und glaubwürdig anging. Am 27. August 1982 wurde dann der Diskontsatz, die wichtige Zins-Leitgröße, von der Deutschen Bundesbank erstmals wieder gesenkt, von 7,5 Prozent auf sieben Prozent, weil die bittere Medizin der hohen Zinsen zu wirken begann und die Inflationsraten langsam auf dem Rückzug waren. Der Aktienmarkt reagierte positiv. In der Woche von Montag, dem 23. August

1982, stiegen die Kurse der deutschen Aktien, nachdem sie wochenlang gefallen waren, unter Bildung einer weißen Kerze. Damit war ein Morning Star entstanden. In der Woche zuvor war eine tiefer gelegene schwarze Kerze mit einer langen Lunte aufgetreten, die schon die Hoffnung auf die Wende signalisierte. Vorausgegangen war eine große schwarze Kerze fast ohne Lunte. In diesen drei Wochen war so der Morning Star aus Wochenkerzen entstanden. Die große Hausse konnte beginnen. Es folgte eine Kursverdreifachung in drei Jahren.

Der aus Wochenkerzen gebildete Morning Star im Verlauf des DAX

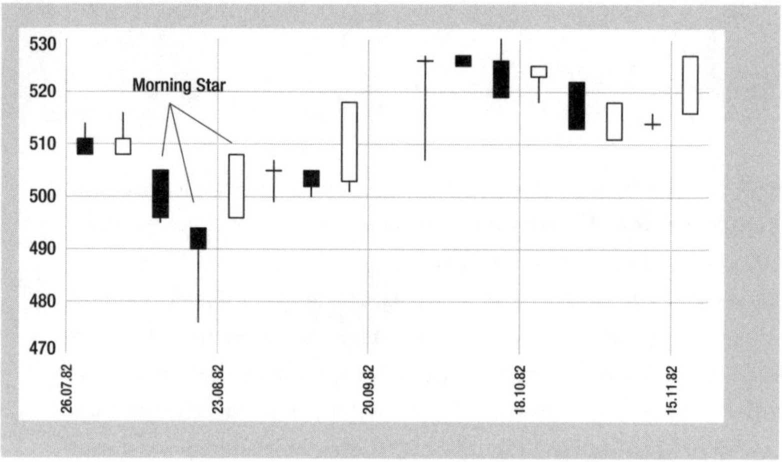

Eine weitere Eigenschaft der Kerzencharts des DAX lässt sich feststellen: Es treten längere Serien weißer beziehungsweise schwarzer Kerzen auf, als statistisch zu erwarten wäre. Dieses Phänomen lässt sich als Trendbildung verstehen. Von 1959 bis 1996 traten 1092 weiße Wochenkerzen oder Wochen-Dojis auf. Von diesen 1.092 Kerzen traten 201 in einer Einerserie auf, das heißt, vor und nach ihnen lag eine schwarze Kerze. Wäre die Reihenfolge der weißen und schwarzen Kerzen nach den Gesetzen der Wahrscheinlichkeit verteilt, wie die Anordnung von gefallenen roten und schwarzen Roulettezahlen, hätten 273 Einerserien auftreten müssen. Einerserien sind bei den weißen Kerzen also seltener, als bei einer Zufallsverteilung zu erwarten wäre. Zweierserien, also zwei weiße Kerzen oder Dojis nach einer schwarzen Kerze und gefolgt von einer schwarzen Kerze, traten ebenfalls deutlich weniger auf: 96-mal, statt der 137 zu erwartenden Male. Ebenso gab es nur 62- statt 68-mal Dreierserien. Dagegen neigte der DAX eindeutig zu längeren Serien mit weißen Kerzen. 44-mal Viererserien kamen im Ablauf der Wochenkerzen vor, deutlich mehr als die 34 Male bei einer normalen Verteilung. Auch Fünferserien waren mit 23 Ereignissen gegenüber 17 zu erwartenden überrepräsentiert. Bei Sechserserien ist das Verhältnis elf zu acht, bei Siebernerserien sechs zu vier und bei Achterserien fünf zu zwei. Bei den Zehnerserien, von denen drei auftraten, war keine einzige zu erwarten. Es erschienen sogar zwei Elferserien und eine Dreizehnerserie, mit denen bei einer Grundmenge von 1.092 Vorfällen nach den Gesetzen der Wahrscheinlichkeit nicht zu rechnen war.

Die Wahrscheinlichkeit für weiter steigende Kurse nach bereits gestiegenen Kursen

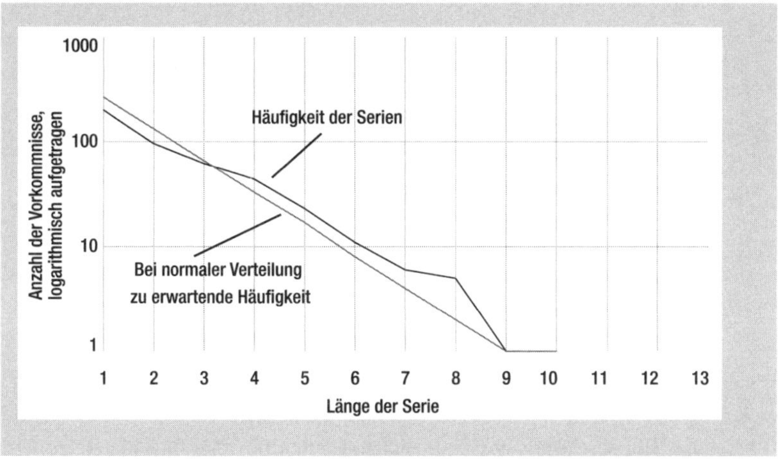

Daraus ergibt sich, dass nach einer weißen Kerze oder einem Doji die Chance auf eine anschließende weiße Kerze oder einen Doji 56 Prozent ist. Nach zwei weißen Kerzen steigt diese Wahrscheinlichkeit gar auf 62 Prozent für eine dritte weiße Kerze. Dies ist Ausdruck der Trendeigenschaften des DAX. Wenn die Aktien also zwei Wochen hintereinander im Wochenverlauf gestiegen sind, stehen die Chancen, dass sie in der dritten Woche im Wochenverlauf steigen, 62 zu 38 oder 1,6 zu 1.

Es ist also mehr als anderthalbmal wahrscheinlicher, dass sie in der dritten Woche im Wochenverlauf steigen, als dass sie fallen. Nach vier Wochen sinkt die Wahrscheinlichkeit dann auf 54 Prozent, nach fünf Wochen ist sie 56 Prozent, nach sechs Wochen 62 Prozent und nach sieben Wochen gar 67 Prozent. Wenn der DAX also sieben Wochen lang im Wochenverlauf gestiegen ist, ist er nicht, wie oft vermutet, reif für eine Abwärtskorrektur, sondern im Gegenteil, die Chancen stehen dann 2 zu 1, dass er in der achten Woche im Wochenverlauf weiter steigt.

Der DAX konterkariert damit das natürliche Verlangen des Anlegers, billig zu kaufen. Wenn der DAX begonnen hat zu steigen, möchten viele Investoren dabei sein, ärgern sich aber, dass sie inzwischen mehr bezahlen müssten. So warten sie auf schwächere Kurse in der Hoffnung, dass dann, wenn sie billiger gekauft haben, der DAX wieder deutlich zulegen werde. Diesen Gefallen erweist der DAX in der Regel dem Anleger aber nicht, sondern im Gegenteil, wenn er zwei Wochen gestiegen und dann eine Woche im Wochenverlauf gefallen ist, der Anleger also einen vermeintlich günstigen Einstieg in den Aktienmarkt vor sich hat, sprechen die Chancen für fallende Kurse in der vierten Woche. Zum Tiefstkurs kaufen und eine hohe Wahrscheinlichkeit auf steigende Kurse haben, das schließt sich gegenseitig aus.

Monatskerzen

Für die langfristige Kursprognose lassen sich Monatskerzen zeichnen. Der Schlusskurs des ersten Börsentages eines neuen Kalendermonats wird als Eröffnungskurs der Monatskerze und der Schlusskurs des letzten Börsentages wird als Schlusskurs der Monatskerze gewertet. Der höchste Schlusskurs des Monats markiert den Höchstkurs der Monatskerze und der tiefste Schlusskurs deren Tiefstkurs.

Die weißen Monatskerzen sprechen für eine stabile Aufwärtsbewegung und treten mit Vorliebe in einer Hausse auf. Die schwarzen Monatskerzen sind ein negatives langfristiges Zeichen und erscheinen bevorzugt in einer Baisse. Monats-Dojis sind neutral und können Zeichen einer bevorstehenden Wende sein.

Die Monatskerze

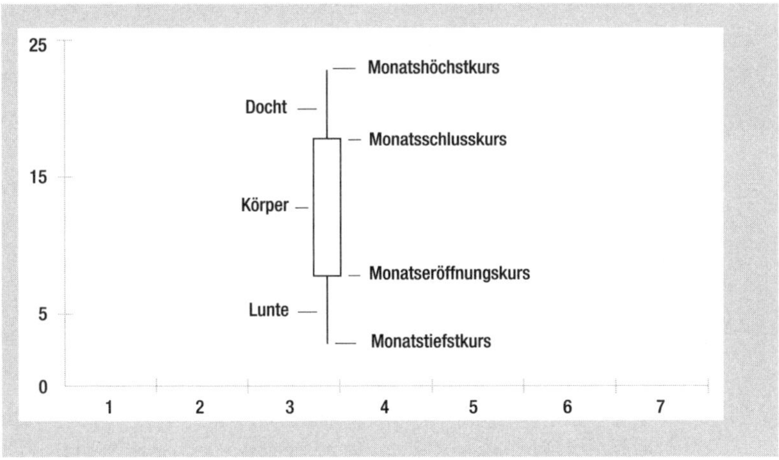

Von 1959 bis 1996 konnten 427 Monatskerzen gezeichnet werden, 205 weiße, 195 schwarze und 27 Dojis. Im selben Zeitraum legte der DAX 1645 Punkte zu, also 3,9 Punkte pro Monat. Nach einer weißen Kerze gewinnt der DAX im nächsten Monat im Durchschnitt 4,5 Punkte. Dies unterscheidet sich nicht wesentlich von den 3,9 Punkten, die der DAX in einem Monat nach einer beliebigfarbigen Kerze zulegt. Nach vier Monaten lässt sich ebenfalls keine Abweichung vom statistischen Mittel erkennen: 16,3 gegen 15,6 Punkte. Ein etwas besserer Erwartungswert ergibt sich nach einer weißen Kerze, die auf eine schwarze Kerze folgt, nämlich 12,1 Punkte in einem Monat. Ebenfalls günstig sind die Vorgaben für den nächsten Monat, wenn der Kerzenkörper der weißen Monatskerze größer oder gleich zwei Prozent des Schlusskurses der Kerze ist. Dann werden statistisch 8,4 Punkte im nächsten Monat erzielt. Diese beiden Erwartungswerte, 12,1 Punkte und 8,4 Punkte, sind jedoch für einen Monat zu gering, um daraus eine sinnvolle Kauf- und Verkaufsstrategie herzuleiten.

Nach einer der 195 schwarzen Kerzen gewinnt der DAX nur 2,7 Punkte im nächsten Monat, statt der 3,9 Punkte, die im Mittel über alle Kerzen zu erwarten wären. Wenn die schwarze Kerze hinter einer weißen liegt, verliert der DAX 1,8 Punkte. Auch hier gilt, je größer die schwarze Kerze, desto negativer ihre Aussage. Eine schwarze Kerze mit einem Kerzenkörper größer oder gleich fünf Prozent des Schlusskurses drückt den DAX im nächsten Monat um 4,6 Punkte, ein schwarzen Kerzenkörper größer oder gleich zehn Prozent gar 31,8 Punkte. Ein so großer Kerzenkörper kam allerdings in den 36 Jahren nur elfmal vor. Keine sinnvolle Aussage lässt sich mit den bekannten Candlestick-Formationen aus Monatskerzen gewinnen. 15-mal erschien von 1959 bis 1996 ein Positive Engulfing Pattern. Einen Monat später lag der DAX 5,4 Punkte tiefer, zwei Monate später zwölf Punkte tiefer, drei Monate später 2,9 Punkte höher, vier Monate später 3,6 Punkte höher und fünf Monate später 28 Punkte tiefer. Als Kaufsignal kann das Positive Engulfing Pattern bei den Monatskerzen also nicht gelten. Kaum anders ist die Lage beim Negative Engulfing Pattern. Nach einem der 18 Negative Engulfing Patterns lag der DAX einen Monat später im Mittel neun Punkte tiefer, nach zwei Monaten acht Punkte höher, nach drei Monaten zwei Punkte höher, nach vier Monaten 16 Punkte tiefer und nach fünf Monaten 23 Punkte tiefer. Also auch das Negative Engulfing Pattern, aus Monatskerzen gebildet, eignet sich nicht zur Kursprognose.

Dagegen steigen die Kurse in den Folgemonaten sowohl nach einem Positive Harami als auch nach einem Negative Harami deutlich an. 20, 30, 40, 50 und 60 Punkte gewinnt der DAX in den dem Positive Harami folgenden Monaten. Bei dem Negative Harami sind es gar 44, 54, 56, 59 und 53 Punkte. Also auch der Negative Harami liefert kein sinnvolles Signal im Sinne der Candlestick-Charttechnik. Bei der Untersuchung weiterer bekannter Formationen zeigt sich ebenfalls, dass die Kerzentechnik bei Monatskerzen nicht sinnvoll angewandt werden kann. Dies mag an einem falschen Zeittakt liegen. Die geniale Eigenschaft der Candlesticks ist, dass sie bei Tageskerzen die kurzfristigen Stimmungsschwankungen der Börsianer abbilden. Wenn nach einer Aufwärtsbewegung die Anleger an einem Tage optimistisch sind, die Kurse steigen und eine weiße Kerze gebildet wird, dann der DAX am nächsten Tag getragen von Hoffnung noch einmal höher eröffnet, doch im Tagesverlauf fällt und unter der Eröffnung des Vortages schließt, wird dieser Stimmungsumschwung, der dann meist noch einige Tage anhält, von einem Negative Engulfing Pattern mit Tageskerzen trefflich beschrieben. Diese Eigenschaft lässt sich ja auch statistisch nachweisen. Eine Monatskerze dagegen mittelt über alle Stimmungsschwankungen eines ganzen Monats hinweg. Die Lebensdauer von Stimmungen und Einschätzungen von Börsianern hält meist nur wenige Tage an. Sie lassen sich also nicht mit einem Maßband messen, dessen kleinste Einheit ein Monat ist. Die Eigenschaften der Kerzen, die sie im Kurzfristbereich zu einem genialen Instrument machen, verlieren sich bei den Monatskerzen. Es wird bei ihnen einfach über zu viele Ereignisse hinweg gemittelt, als dass das Ergebnis noch eine klare Aussage ermöglichte. Außerdem sagt die Kerzentechnik keine externen kursrelevanten Ereignisse voraus. Sie gibt die Stimmung der Börsianer vor Bekanntgabe wichtiger Wirtschaftsdaten wieder und zeigt an, wie der Markt hinterher auf sie reagiert. Dies alles spielt sich im Bereich weniger Tage ab. In einem einer Kerzenformation aus Monatskerzen folgenden Monat kommt statistisch gesehen eine Vielzahl externer Ereignisse vor, sodass eine einzelne Kerze sich gar nicht mehr einem einzelnen Ereignis oder Wirtschaftsdatum zuordnen lässt.

Verzeichnis der bedeutendsten kerzentechnischen Formationen

Nachfolgend sind die wichtigsten kerzentechnischen Figuren noch einmal in der Reihenfolge ihrer Wichtigkeit und Treffsicherheit aufgeführt:

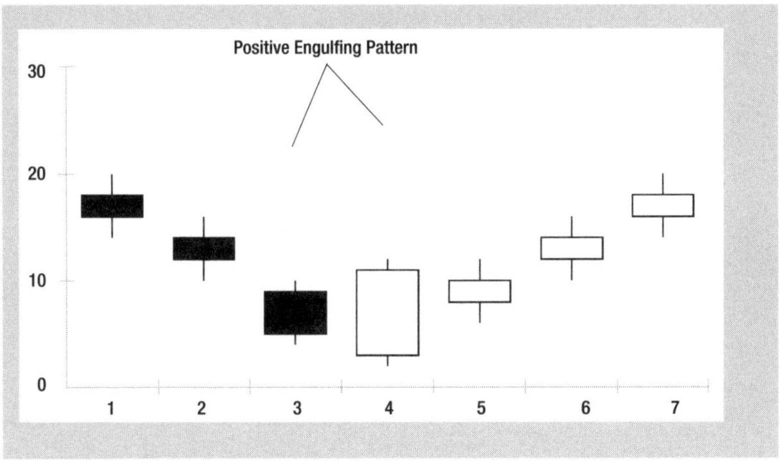

Das Positive Engulfing Pattern ist das wichtigste und zuverlässigste Kaufsignal der Kerzentechnik. Nach fünf Börsentagen notiert der DAX im Durchschnitt 15,5 Punkte höher.

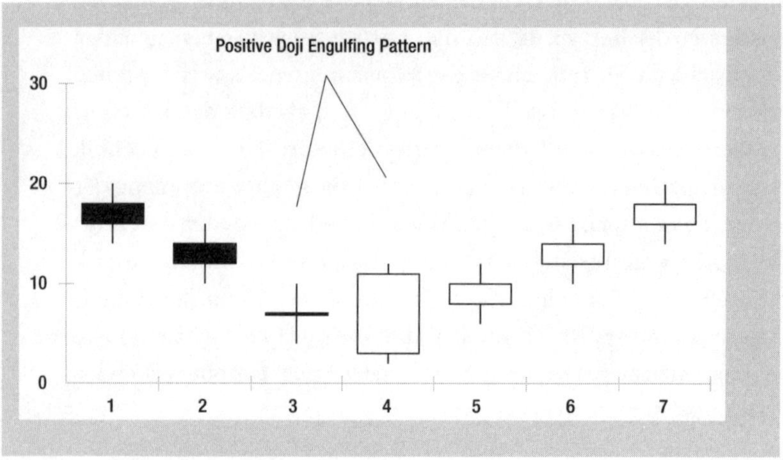

Das Positive Doji Engulfing Pattern ist eine Spezialform des Positive Engulfing Patterns und ebenfalls ein starkes Kaufsignal. Nach drei Tagen liegt der DAX im Mittel 13 Punkte höher.

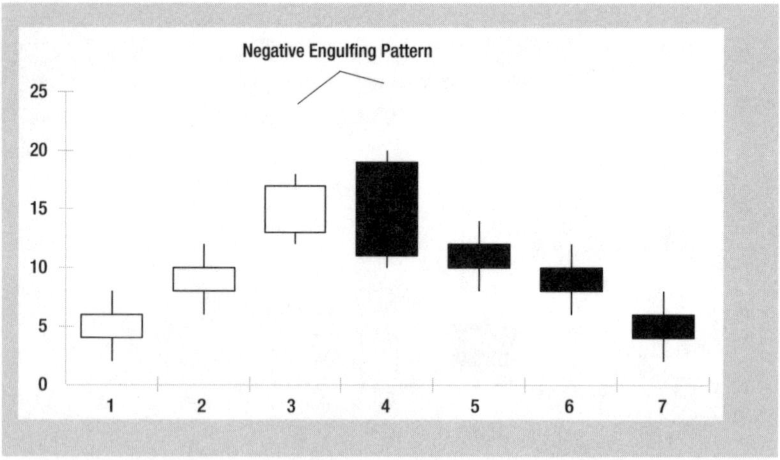

Das Negative Engulfing Pattern ist das zuverlässigste Verkaufssignal der Kerzentechnik. In den dem Negative Engulfing Pattern folgenden vier Tagen verliert der DAX durchschnittlich 7,8 Punkte.

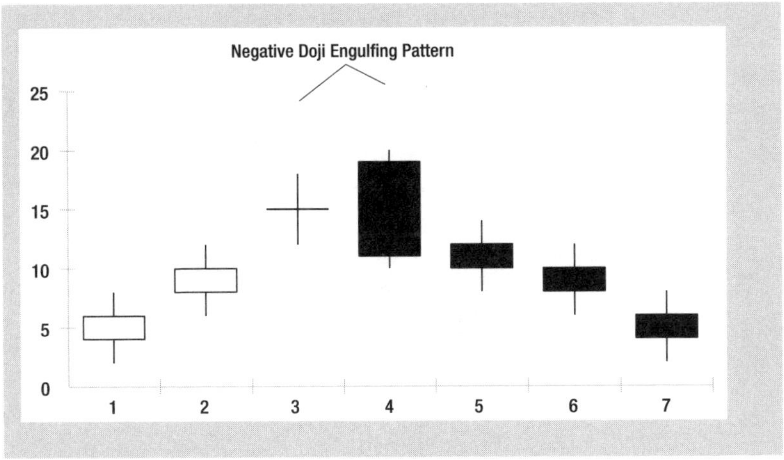

Eine Spezialform des Negative Engulfing Patterns ist das Negative Doji Engulfing Pattern. Es ist ebenfalls ein starkes Verkaufssignal. Drei Tage später notiert der DAX fünf Punkte tiefer.

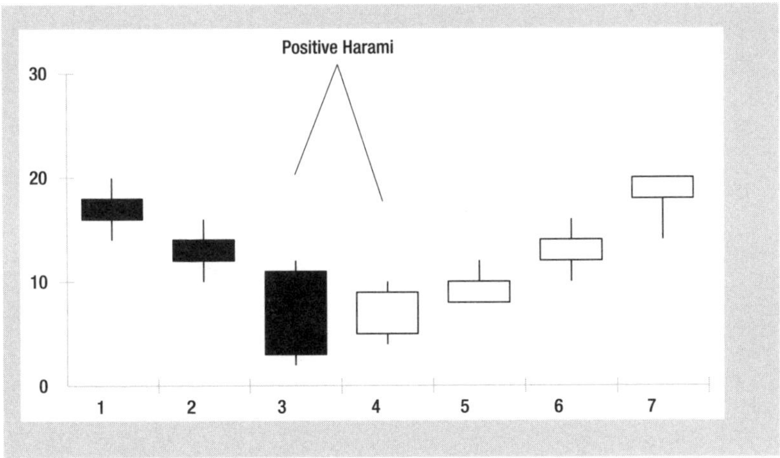

Nicht ganz so eindrucksvoll ist die Aussage des Positive Harami. Er ist ein Kaufsignal. Drei Tage nach dem Auftreten des Positive Harami lag der DAX in 54 Prozent der Fälle höher, allerdings nur um einen Punkt, gemittelt über alle Vorkommen.

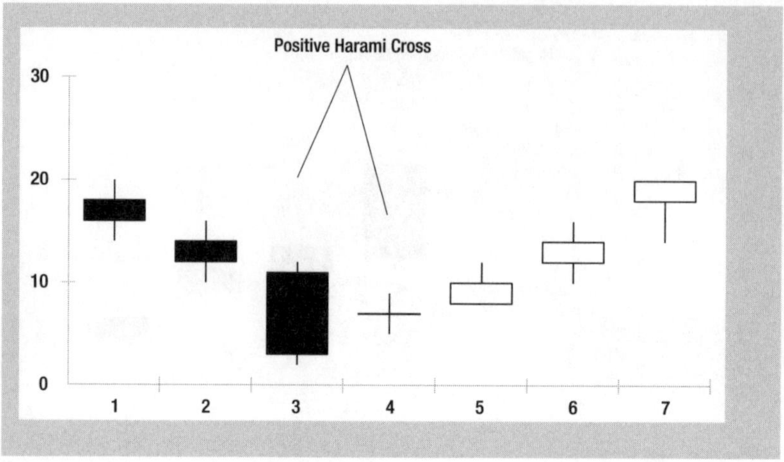

Etwas deutlicher ist die Wirkung des Positive Harami Cross. Seine Kaufaufforderung wurde in 65 Prozent der Fälle durch eine positive Kursentwicklung bestätigt.

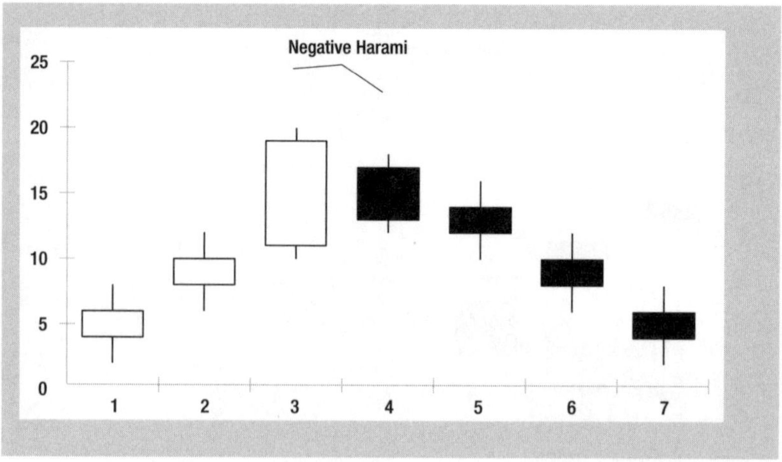

Sehr gut ist die Prognosekraft des Negative Harami. Er signalisiert nachgebende Notierungen. In 69 Prozent der Fälle fielen die Kurse nach seinem Auftreten. 16 Punkte verlor der DAX im Mittel über alle Vorkommen.

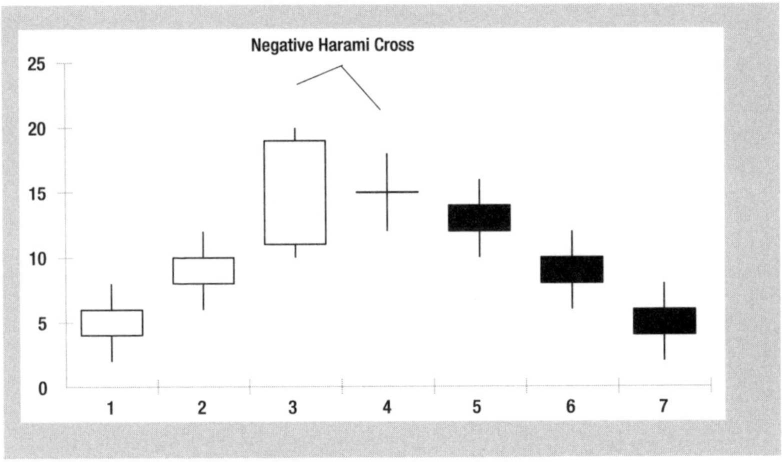

Beim Negative Harami Cross, auch einem Verkaufssignal, fielen die Kurse in 55 Prozent der Fälle nach seinem Erscheinen.

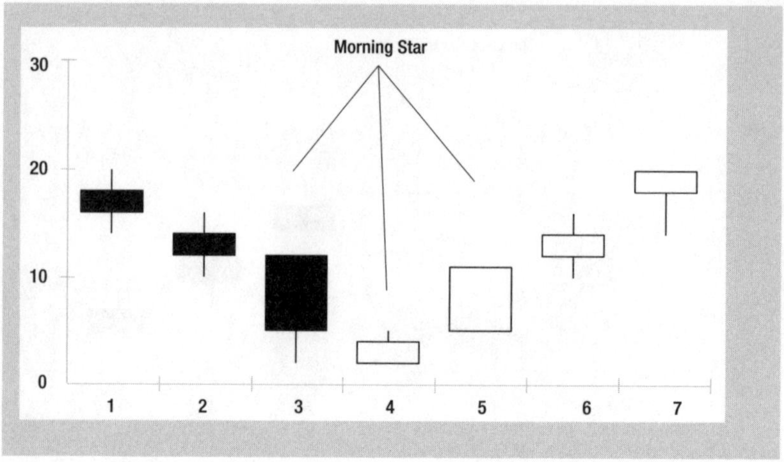

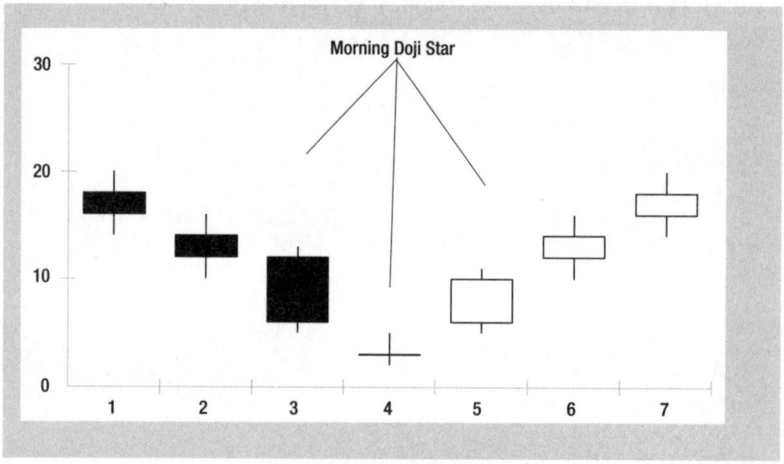

Der Morning Star und der Morning Doji Star sind Kaufsignale. In 57 Prozent der Fälle lag der DAX nach drei Tagen höher. Im Mittel über alle 64 Male legte er nach dem Morning Star sechs Punkte zu.

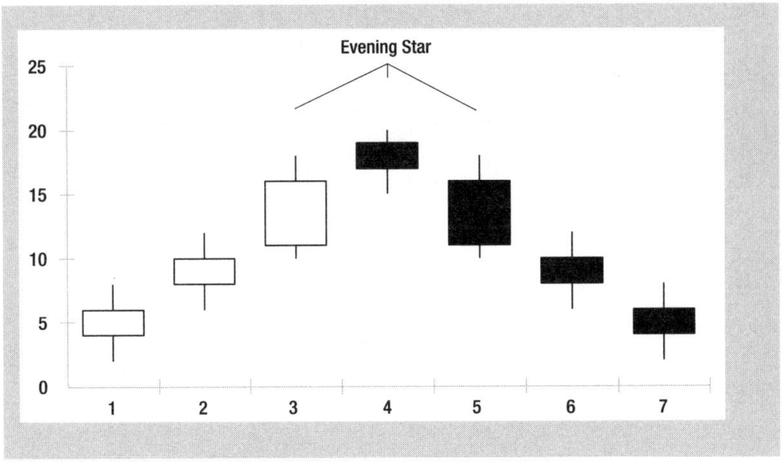

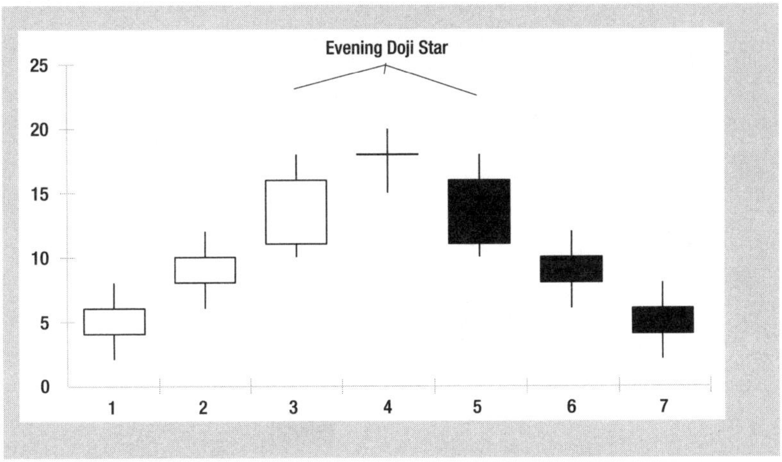

Die Wirkung des Evening Stars lässt sich statistisch nicht zeigen. Hier hängt die Bewertung vom jeweiligen Umfeld ab. Auf weitere kerzentechnische Zeichen und auf die nächste Eröffnung und die Kerze nach dem Evening Star ist zu achten.

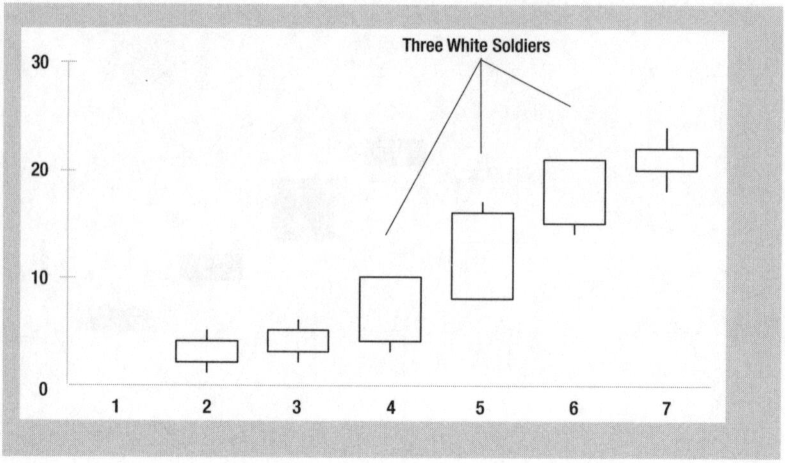

Die Three White Soldiers künden von einer stabilen Aufwärtsbewegung. Nach fünf Tagen liegt der DAX im Durchschnitt sechs Punkte höher.

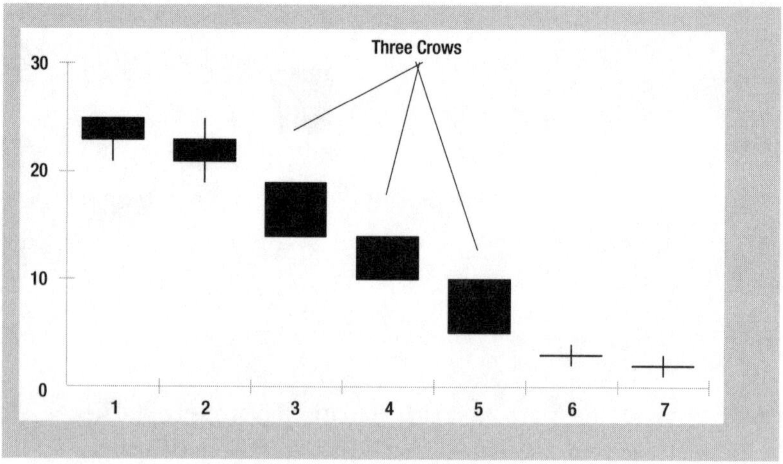

Eine stabile Abwärtsbewegung wird von den Three Crows angezeigt. In den nächsten drei Tagen verliert der DAX im Durchschnitt weitere zehn Punkte.

Die Balkenchart-Analyse

13

Bei der Balkenchart- oder Barchart-Analyse wird wie bei der Candlestick-Charttechnik der Kursverlauf einer Ware, einer Währung, einer Aktie oder eines Aktienindex über der Zeitachse aufgetragen. Im Unterschied zu der Candlestick-Charttechnik werden jedoch nur Hoch-, Tief- und Schlusskurs eingezeichnet. Der höchste Kurs des Tages und der tiefste Kurs des Tages werden durch eine senkrechte Linie miteinander verbunden. In Höhe des Schlusskurses wird ein im rechten Winkel nach rechts weglaufender kurzer Strich angefügt.

Die Balkenchart-Analyse sollte der Candlestick-Charttechnik unterlegen sein, da sie weniger Informationen zur Verfügung stellt. Sie unterschlägt die Aussage, wo der Kurs eröffnet und welche Richtung er im Tagesverlauf eingeschlagen hat. Es zeigt sich auch auf den folgenden Seiten, dass viele oft zitierte Weisheiten der herkömmlichen Charttechnik sich statistisch nicht erhärten lassen. Trotzdem lassen sich mit ihr einige längerfristige Aussagen treffen. Für einen Kursverlauf beispielsweise, der sich über Monate hinzieht, erweisen sich die Bewegungen innerhalb der einzelnen Tage, die die Candlestick-Charttechnik aufzeichnet, als nicht mehr bedeutungsvoll.

Der Balken

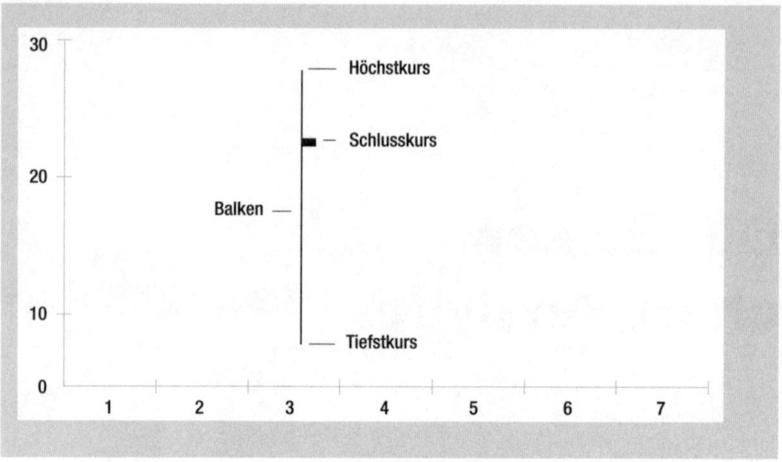

Die Chartanalyse ordnet nun einigen Formationen, die jeweils aus einer Vielzahl von Balken bestehen, Bedeutungen für den weiteren Kursverlauf zu.

Trendlinien und Trendkanäle

Zur Bestimmung der Richtung, die die Kursentwicklung in Zukunft vermutlich einschlagen wird, zeichnet der Charttechniker durch zwei optisch auszumachende lokale Minima der jüngsten Zeit eine gerade Linie. Liegt der zweite relative Tiefpunkt über dem ersten, steigt die Gerade an und der Charttechniker erwartet weiter anziehende Kurse; notiert er unter dem ersten relativen Minimum, fällt die Gerade und der Kurs befindet sich in einem Abwärtstrend.

Genauso gut können zur Trendbestimmung auch relative Hochpunkte gewählt werden. Liegt das zweite lokale Maximum höher als das erste, zieht der Charttechniker eine ansteigende Trendlinie durch die beiden relativen Hochpunkte, liegt es tiefer als das erste Maximum, legt er eine fallende Trendlinie durch die Hochpunkte.

Möglicher Kursverlauf mit höherem zweiten relativen Tiefpunkt

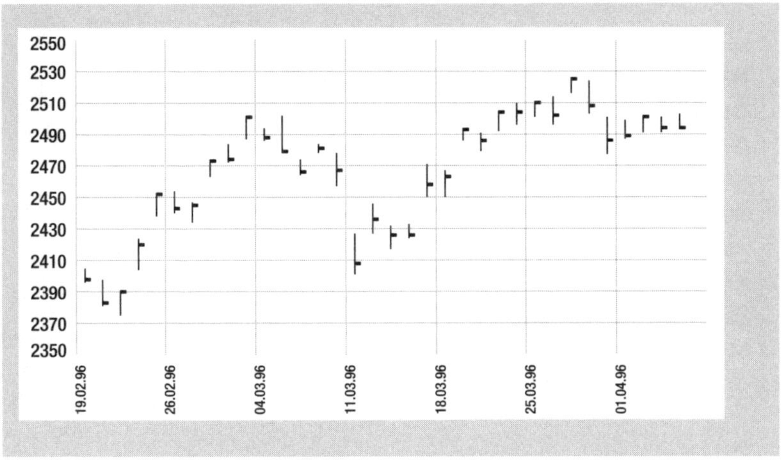

Nicht selten verlaufen die beiden Trendlinien, die an einen gegebenen Kursverlauf jeweils an die Hochpunkte und an die Tiefpunkte angelegt werden, parallel. Dann entsteht ein Trendkanal.

Der Trendkanal im Balkenchart

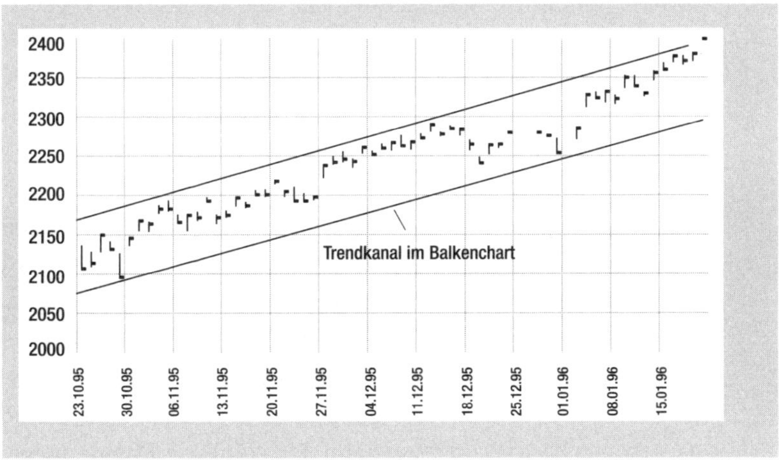

Diese Trendlinien und Trendkanäle können auch in Charts eingezeichnet werden, die nur aus miteinander verbundenen Schlusskursen bestehen.

Trendlinien und Trendkanäle bestehend aus Schlusspunkten

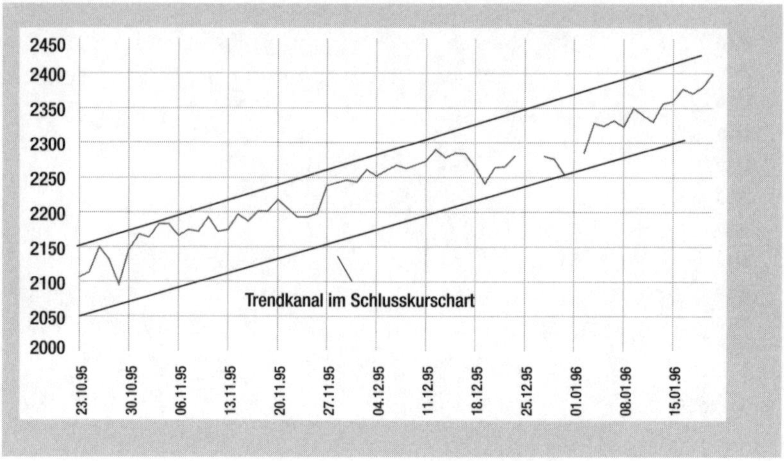

Das Postulat der Charttechniker ist nun: Lässt sich an einen Kursverlauf der letzten Zeit eine ansteigende untere oder obere Trendlinie anlegen, steigt der Kurs in nächster Zeit mit einer größeren Wahrscheinlichkeit, als dass er fällt. Lässt sich dagegen an einen gegebenen Kursverlauf der jüngsten Vergangenheit eine fallende untere oder obere Trendlinie anpassen, gibt der Kurs in nächster Zeit bevorzugt nach. Dies würde eine einfache Methode der unmittelbaren Kursprognose darstellen, doch lässt sich die Trefferquote dieses Verfahrens statistisch nachweisen?

Zunächst ergeben sich bei der mathematischen Formulierung der Aussagen Probleme: Welche Tief- beziehungsweise Hochpunkte werden verwendet?

Zur quantitativen Untersuchung der Charttechnik wurde folgendes Verfahren gewählt: Es werden im Kursverlauf des DAX von 1988 bis 1996 diejenigen Kurspunkte ausgesucht, die höher als die zehn vorhergehenden und höher als die zehn nachfolgenden Kurspunkte waren und als „best of 21" bezeichnet. Diese Punkte stellen nun die lokalen Maxima dar. Analog wurden die Kurspunkte gesucht, die gleichzeitig tiefer als zehn vorhergehende und zehn nachfolgende Punkte lagen und als „worst of 21" bezeichnet, womit die lokalen Minima bestimmt waren. Nun lag nicht immer zwischen je zwei Maxima ein „worst of 21"-Minimum. In diesem Fall wurde eine „Ordnung" hinabgestiegen und zwischen diesen beiden Maxima ein „worst of 19“, also ein Kurspunkt, der tiefer als neun vorhergehende und neun nachfolgende war, gesucht. Wurde auch dabei kein relatives Minimum gefunden, wurde ein „worst of 17“, ein „worst of 15“ und so weiter gesucht, bis ein relatives Minimum zwischen den beiden Maxima eruiert war. Genauso wurde verfahren, um zwischen zwei relativen Minima genau ein Maximum festzustellen. Anschließend war also der gegebene Kursverlauf zerlegt in eine Abfolge von jeweils wechselnden relativen Maxima und relativen Minima.

Der Kursverlauf des DAX 1988 bis 1996, zerlegt in eine Abfolge von sich jeweils abwechselnden relativen Maxima und Minima

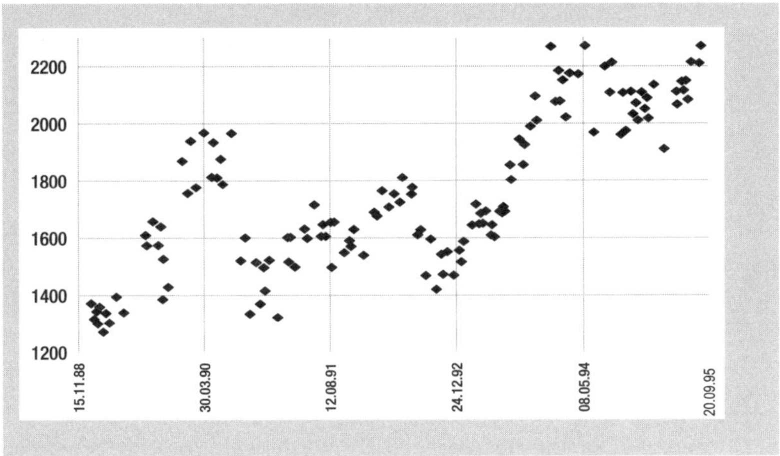

Mithilfe dieses so gefundenen Verlaufes konnte die Aussage der Charttechnik statistisch nachgeprüft werden. Nun stellt sich die Frage, ob tatsächlich zwei relativen Tiefpunkten oder Hochpunkten, von denen der zweite höher als der erste liegt, sich also eine ansteigende Trendlinie durch beide ziehen lässt, ein dritter höherer relativer Tiefpunkt oder Hochpunkt folgt, so wie es die Chartanalyse postuliert. Und folgt andersherum zwei Tiefpunkten, deren zweiter tiefer liegt, sodass sich also eine fallende Trendlinie einzeichnen lässt, ein weiterer Tiefpunkt? Die Antwort lautet: nein. Nach einem höheren relativen Tiefpunkt folgt ein noch höherer relativer Tiefpunkt nicht mit größerer Wahrscheinlichkeit als ein tieferer relativer Tiefpunkt. Genauso wenig folgt einem tieferen relativen Tiefpunkt öfter ein noch tieferer als ein wieder höherer. Von den 67 Extrempunkten traten 37 als Einerserie auf, 37-mal wechselte also die Richtung und nur 30-mal lag der nächste Extrempunkt in derselben Richtung. Die Chance nach einem höheren Hoch für ein weiteres noch höheres Hoch betrug also nur 45 Prozent. Es war also ganz im Gegenteil wahrscheinlicher, dass nach Ausbildung einer Trendlinie der Trend wechselte.

Diese Untersuchung wurde auf eine größere Zeitspanne ausgedehnt und bis 1959 zurück betrachtet und diesmal die Untersuchung dahingehend geändert, dass, wenn zwischen zwei relativen Tiefpunkten der Ordnung „worst of 21" kein Hochpunkt der Ordnung „worst of 21" lag, der tiefere der beiden Tiefpunkte ausgewählt wurde. Auch so ergab sich eine Zerlegung des Kursverlaufs in eine Abfolge von jeweils wechselnden relativen Hoch- und Tiefpunkten. Auch hierbei war das Ergebnis ernüchternd. Von den so gefundenen 254 Extrempunkten im Zeitraum 1959 bis 1996 traten 141 in einer Einerserie auf. Der mit einer Trendlinie durch zwei Extrempunkte bestimmte Trend wurde also nur in 113 von 254 Fällen beibehalten, dagegen in 141 Fällen gebrochen. Die Chance auf eine Fortdauer des mit einer Trendlinie durch zwei Extrempunkte gefundenen Trends ist also wieder nur 45 Prozent. Das Ziehen einer Linie durch zwei Extrempunkte ist also kein geeignetes Instrument zur Trendbestimmung. Die Beliebtheit der Trendlinien resultiert vermutlich daraus, dass bei der Vielzahl der Extrempunkte nur die Linien eingezogen werden, die rückwirkend Sinn ergeben. Eine Kursprognose auf relativen Hoch- und Tiefpunkten basierend ist offensichtlich nicht sinnvoll, da sie von der Statistik widerlegt wird.

Die Dow-Theorie

Diese Ergebnisse stellen auch die fast hundertjährige These von Charles Dow infrage, die besagt, dass, wenn einem relativen Hoch ein höheres relatives Hoch folgt oder einem relativen Tief ein höheres relatives Tief, der Markt sich in einer Aufwärtsbewegung befindet. Die Untersuchungen des letzten Kapitels ergeben, dass sich gerade an den Extrempunkten die Trendrichtung nicht festmachen lässt. Nach jedem Extrempunkt ist die Wahrscheinlichkeit fast gleich groß, dass der nächste Extrempunkt höher oder tiefer liegt, unabhängig davon, wie der vorherige Extrempunkt zu liegen kam. Damit muss auch der Handelsstrategie eine Absage erteilt werden, die vorsieht, dass Aktien gekauft werden, sobald das vorherige Hoch überschritten wird, und Aktien verkauft werden, wenn der letzte Tiefpunkt unterschritten wird. Diese Strategie hätte beim DAX von 1959 bis 1996 Verluste produziert.

Die Elliott-Wellen

Eine weitere Analysetechnik, die sich auf relative Hoch- und Tiefpunkte bezieht, beruht auf den sogenannten Elliott-Wellen. Diese Technik postuliert, dass sich eine Aufwärtsbewegung in fünf Abschnitte zerlegen lässt: In drei Aufwärtswellen, unterbrochen von zwei Abwärtskorrekturwellen.

Drei Aufwärtswellen

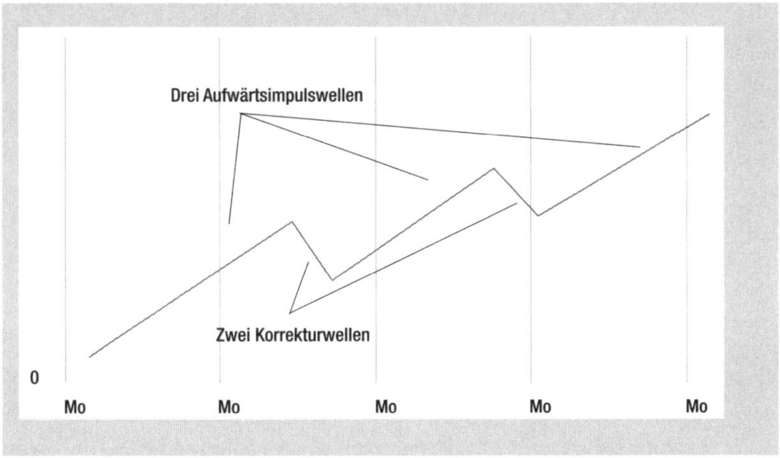

Eine Abwärtsbewegung soll sich dagegen nur in drei Teilabschnitte einteilen: zwei Abwärtsimpulswellen und dazwischen eine Aufwärtskorrekturwelle.

Zwei Abwärtswellen

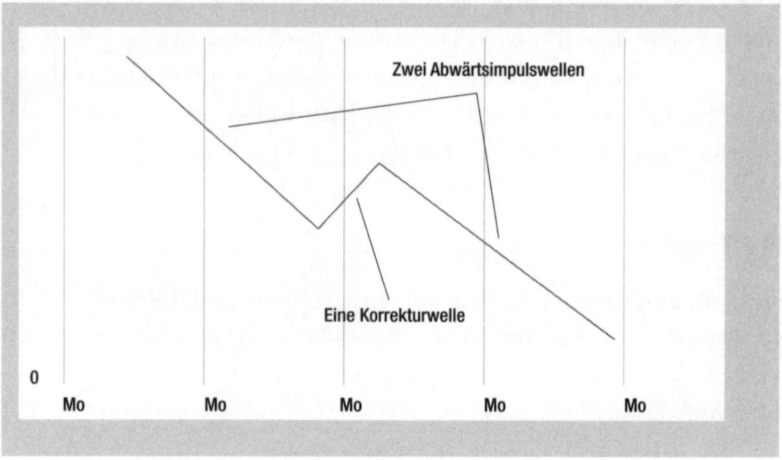

Doch lassen sich in einem gegebenen Kursverlauf diese Strukturen statistisch nachweisen? Auch hier ist die Antwort: nein. Dazu müssten nach Zerlegung des Kursverlaufs Dreierserien von relativen Hochpunkten überdurchschnittlich häufig vorkommen. Dies ist nicht der Fall. Im Gegenteil, die geforderten Dreierserien von lokalen Maxima kommen sogar relativ selten vor. Die Elliott-Wellen lassen sich statistisch nicht nachweisen.

Häufigste Steigungsraten

Eine andere interessante Frage lässt sich mit dem so in Extrempunke zerlegten Kursverlauf beantworten: Gibt es bevorzugte Prozentsätze, um die ein Kurs von einem relativen Minimum zu einem relativen Maximum steigt und um die er nach einem lokalen Gipfel bevorzugt fällt, bevor er wieder nach oben dreht? Wird der prozentuale Kursunterschied zweier benachbarter Extrempunkte grafisch aufgetragen, zeigt sich deutlich, dass ein Anstieg von vier Prozent von einem relativen Minimum zum nächsten relativen Maximum am häufigsten vorkommt.

Häufigkeiten bei prozentualen Kursveränderungen

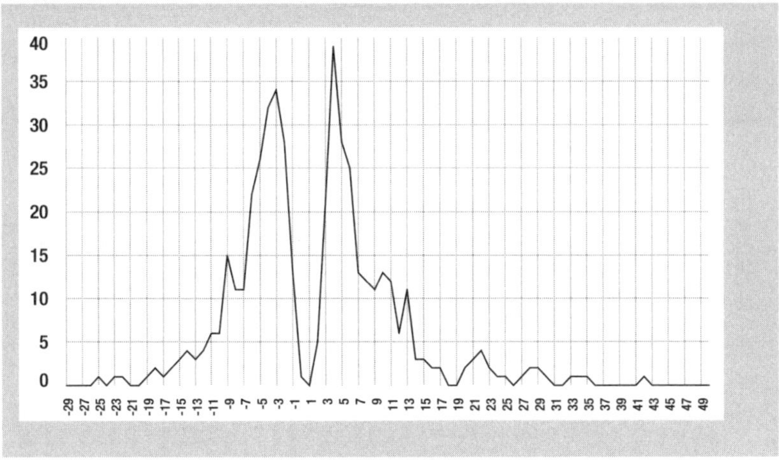

Dies zu wissen ist hilfreich für den kurzfristigen Investor, der zum Beispiel mit einem spesengünstigen DAX-ETF kleine Schwankungen des Aktienmarktes ausnutzen will. Hatte zum Beispiel der DAX bei 2.500 Punkten einen unteren Extrempunkt und begann zu steigen, kann der Anleger annehmen, dass der nächste relative Hochpunkt etwa bei 2.600 Punkten liegen sollte. Größere Kurshoffnungen zu hegen, ohne dass ein relatives Minimum dazwischenkommt, scheint also nicht angebracht. Von einem relativen Maximum zu dem nächsten relativen Minimum verliert der DAX am häufigsten drei Prozent. Das heißt, bildet sich ein Hochpunkt bei zum Beispiel 2.500 Punkten, sollte der DAX auf etwa 2.425, den nächsten lokalen Tiefpunkt, nachgeben.

Werden nun die Kursveränderungen zweier unmittelbar aufeinanderfolgender Wegstrecken zwischen relativen Extrempunkten zueinander in Beziehung gesetzt, ergibt sich ein interessantes Bild:

Aufgetragen sind die Häufigkeiten von relativen prozentualen Kursveränderungen von einem relativen Minimum zum nächsten relativen Maximum in Beziehung zur vorherigen Wegstrecke vom vorletzten relativen Maximum zum letzten relativen Minimum.

Die Häufigkeiten prozentualer Verhältnisse zweier benachbarter Wegstrecken von Minimum zu Maximum und vom vorletzten Maximum zum letzten Minimum

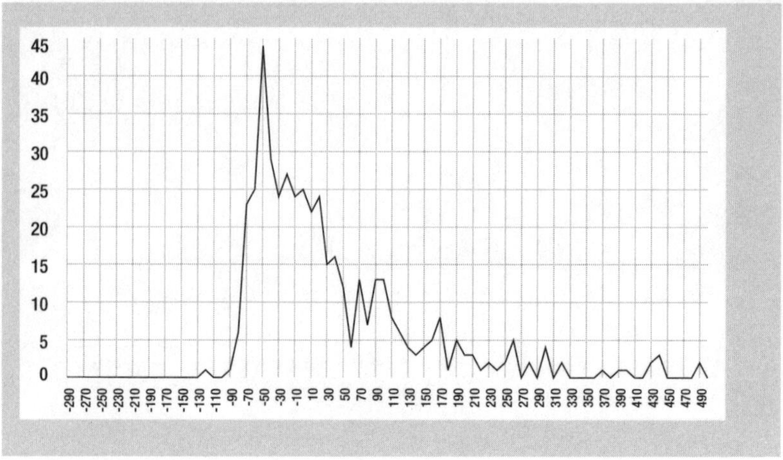

Die Prozentzahl von 50 tritt dabei deutlich am häufigsten auf, 44-mal. Wenn der DAX also zum Beispiel von 2.000 Punkten auf 2.200 Punkte gestiegen ist, ist es am wahrscheinlichsten, dass er zunächst auf 2.100 fällt, bevor es wieder bergauf geht. Das berühmte „retracement level", Rückzugsniveau, von 50 Prozent lässt sich also tatsächlich nachweisen. Auch die Zahlen um 100 Prozent treten sehr häufig auf. Dies dürfte in Seitwärtsbewegungen oft der Fall sein, wenn zum Beispiel der DAX von 2.000 Punkten auf 2.100 steigt und dann wieder auf 2.000 Punkte zurückfällt. Noch ein ausgeprägter Buckel tritt bei der 200 Prozent-Marke auf. Nicht selten sind also Kursbewegungen, bei denen der DAX das Doppelte dessen zulegt, was er zwischen den letzten beiden Extrempunkten verloren hatte. Fällt der DAX von zum Beispiel 2.100 Punkten auf 2.000 Punkte, sollte 2.200 das bevorzugte Kursziel des nächsten lokalen Maximums sein. Schließlich ragen noch die 260 Prozent aus der Verteilung der bevorzugten Kursveränderungen heraus. Achtmal stieg der DAX also genau das 2,6-fache dessen, was er zwischen den vorhergehenden Extrempunkten verloren hatte. Die vielfach zitierten Fibonacci-Zahlen, die auf den goldenen Schnitt zurückgehen, also 61 Prozent und 39 Prozent, lassen sich nicht bestätigen. Wird jetzt die Häufigkeit der prozentualen Kursveränderungen nicht gegen den letzten Extrempunkt, sondern gegen alle anderen Extrempunkte ermittelt, ergibt sich ein ähnliches Bild:

Häufigkeit der prozentualen Abstände von relativen Extrempunkten

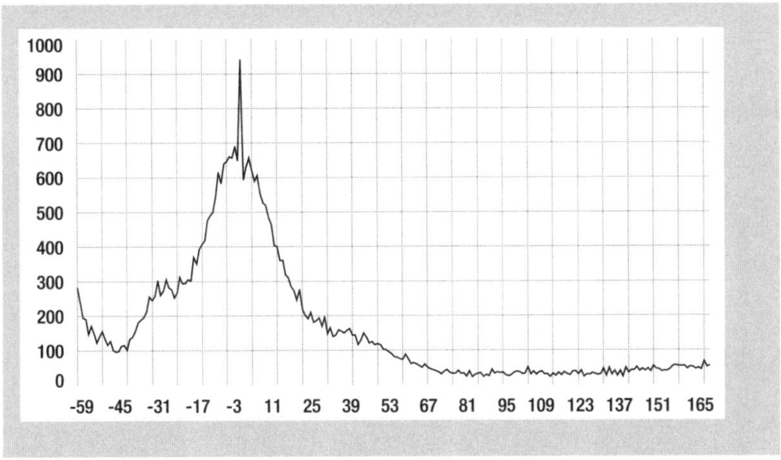

Es zeigen sich deutliche Abweichungen von einer normalen Verteilung und zwar im Bereich von -33 Prozent und +50 Prozent. Es sind also relative Hochpunkte gern 50 Prozent höher als relative Tiefpunkte. Hatte der DAX zum Beispiel eine Vielzahl von Tiefpunkten in der Gegend von 1.000 Punkten, wird der Kursbereich von etwa 1.500 Punkten für lokale Maxima bevorzugt. So hängen also etwa +50 Prozent und -33 Prozent zusammen. Steigt der DAX 50 Prozent und fällt zurück auf das Ausgangsniveau, hat er 33 Prozent verloren. Diese 50 Prozent und 33 Prozent haben also für den Kursverlauf des DAX eine besondere Bedeutung.

Auch hier lassen sich die Fibonacci-Zahlen als bevorzugte Kursniveaus nicht nachweisen.

Häufigkeit von Extrempunkten an bestimmten Wochentagen

Interessantes zeigt sich auch bei der Untersuchung, an welchen Wochentagen die Extrempunkte häufiger auftreten. Die Hochs treten fast doppelt so häufig an Montagen auf wie an den anderen Wochentagen.

Häufigkeit von relativen Hochpunkten an bestimmten Wochentagen

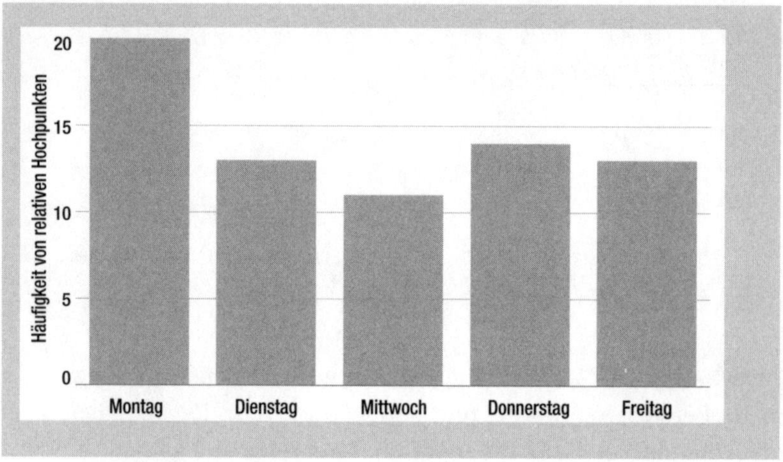

Die Tiefpunkte ergeben sich an Montagen und Dienstagen deutlich häufiger. Ausgesprochen selten sind Tiefs an Donnerstagen.

Möglicherweise kann man diese Anomalie in Beziehung setzen zur auffälligen Verteilung der freundlichen Wochentage, wie sie im ersten Kapitel beschrieben worden ist. Bei der statistischen Aufschlüsselung hatte sich ja ergeben, dass die Donnerstage und die Freitage viel öfter steigende Kurse bereithalten als der Anfang der Woche. Da wundert es dann nicht, dass an diesen eher freundlichen Tagen zum Wochenende hin auch weniger Tiefpunkte auftauchen. Der öfter unfreundliche Wochenanfang entpuppt sich dann bevorzugt als Tiefpunkt einer Abwärtsbewegung.

Häufigkeit von relativen Tiefpunkten an bestimmten Wochentagen

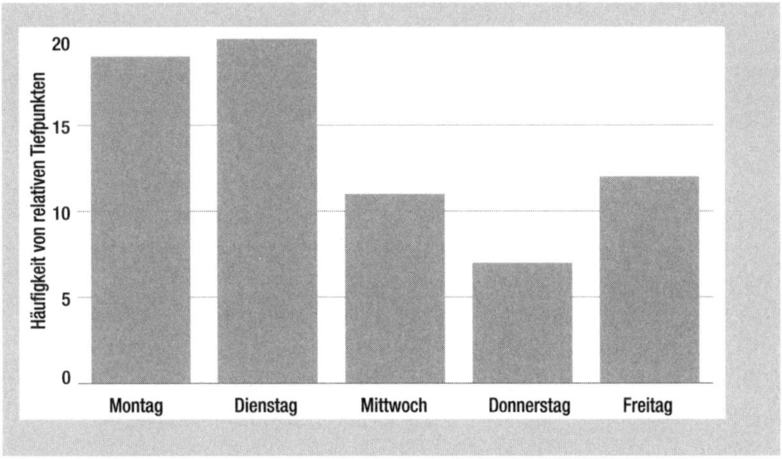

Eine mögliche Erklärung hierfür ist, dass sich übers Wochenende, an dem nicht agiert werden kann, eine Spannung aufbaut. Nach einer Aufwärtsbewegung in der Vorwoche bildet sich eine Spannung heraus, die sich am Montag unter Bildung eines Hochpunktes entlädt. Ist der Montag einmal vorbei, kann sich der Börsianer am Dienstag überlegen, noch bis Mittwoch oder Donnerstag zu warten. Im umgekehrten Fall kann sich auch nach einer Abwärtsbewegung in der Vorwoche der Verkaufswunsch am Wochenende, wenn dem Investor die Hände gebunden sind, so steigern, dass es am Montag zu einer Art Verkaufspanik kommen kann, die auch noch bis Dienstag anhalten kann. Der Montag ist also für Extrempunkte prädestiniert.

Doppeltop – Doppelboden

Eine besondere Bedeutung für die Charttechnik haben zwei nahe beieinander liegende Extrempunkte auf etwa der gleichen Höhe. Wenn zwei nebeneinander liegende Hochpunkte auf demselben Kursniveau auftreten, werden sie als Doppeltop bezeichnet und gelten als Wende nach unten, weil der Kurs es nicht geschafft hat, den letzten Extrempunkt zu überbieten.

Das Doppeltop

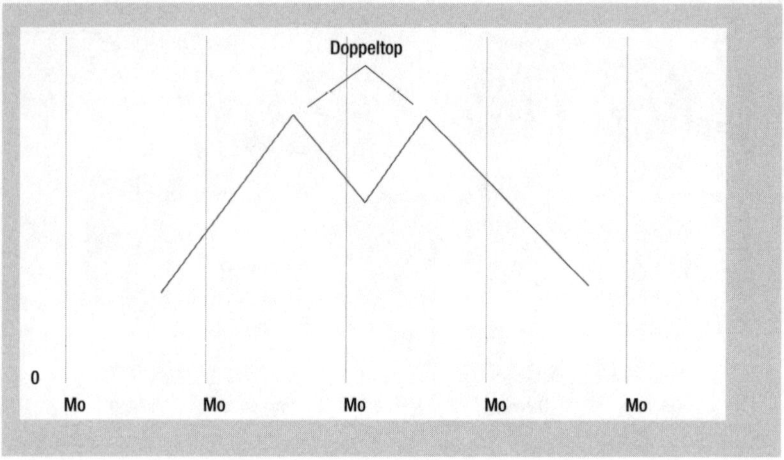

Umgekehrt verhält es sich bei zwei benachbarten lokalen Minima. Sie heißen Doppelboden und haben die Bedeutung der unteren Umkehr nach oben. Hier wird angenommen, dass eine Kurshöhe, auf der die Notierungen zweimal gewendet haben, eine derart solide Unterstützung darstellt, dass der Kurs diese Linie nicht mehr unterschreiten und von da an steigen sollte.

Der Doppelboden

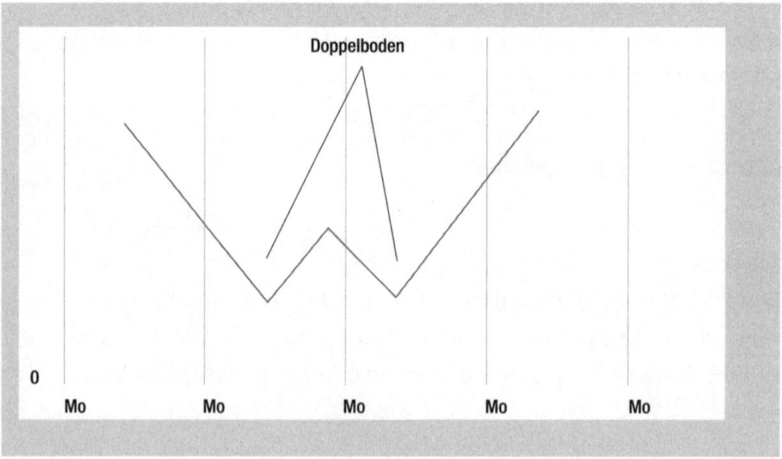

Doch wie verhält es sich tatsächlich? Lassen sich diese von der Charttechnik postulierten Wendekonfigurationen statistisch nachweisen? Es wurde untersucht, ob zwei benachbarte Hochs auftraten, die sich in weniger als einem Prozent in ihrer Kurshöhe unterschieden. Dies war von 1959 bis 1996 53-mal der Fall. In 55 Prozent dieser Fälle allerdings lag dann das folgende Hoch über diesem Kursniveau und nur in 45 Prozent der Fälle war tatsächlich eine Wende eingetreten und das lokale Maximum lag tiefer. Ein Doppelhoch kann also nicht als Wendeformation betrachtet werden.

Werden nun zwei benachbarte relative Minima gesucht, die sich in der Kurshöhe um weniger als ein Prozent unterscheiden, finden sich 57 solcher Vorfälle. Bei 58 Prozent dieser Doppeltiefs erschien das dann folgende relative Minimum auf einem höheren Kursniveau, es hatte also tatsächlich eine Wende stattgefunden. In 42 Prozent der Fälle lag das nächste Tief aber erneut tiefer. Ein leichter statistischer Vorteil von 58 zu 42 ergab sich also für steigende Kurse nach einem Doppelboden. Da der Aktienmarkt im Laufe der Zeit im Mittel steigt und die Chance, dass nach einem beliebigen relativen Minimum die Wahrscheinlichkeit auf ein nächstes höheres relatives Minimum 55 Prozent ist, sind die 58 Prozent steigender Kurse nach einem Doppeltief nur marginal größer. Bei einem Doppeltief kann also auch nicht von einer Wendeformation gesprochen werden.

Das Doppeltop mit tieferem Zwischenhoch

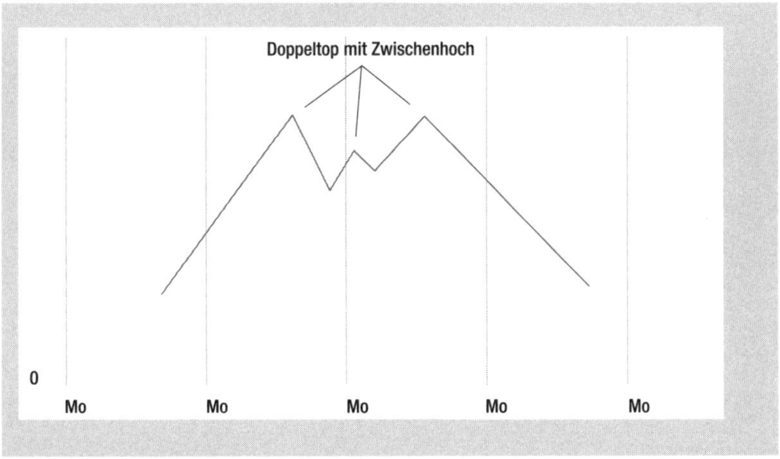

Wurde nun nach zwei lokalen Maxima auf dem gleichen Kursniveau gefahndet, zwischen denen ein tieferes Maximum lag, die beiden Spitzen des Doppelhochs also weiter auseinander lagen, ergab sich ebenfalls kein Anhaltspunkt für eine größere Wendehäufigkeit. Zwölfmal trat eine solche Konfiguration auf. Sechsmal lag das dann folgende relative Maximum über dem letzten Hoch und sechsmal darunter. Es zeigt sich also auch keine statistische Bedeutung dieser Art des Doppelhochs.

Der Doppelboden mit höherem Zwischentief

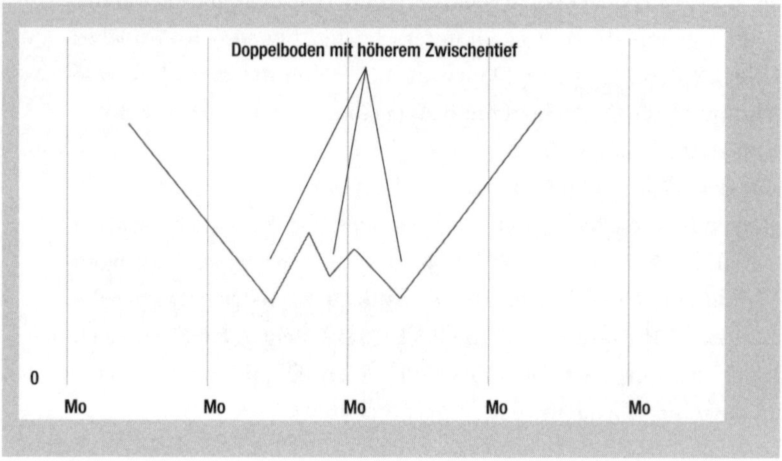

Sind die zwei lokalen Minima auf gleicher Höhe durch ein weiteres höheres lokales Minimum getrennt, ergeben sich ebenfalls keine statistischen Auffälligkeiten. 14-mal trat diese Formation auf, siebenmal stiegen die Kurse im Anschluss und siebenmal fielen sie.

Ein Doppelboden mit einem höheren Zwischentief kann also auch nicht als Wendeformation betrachtet werden.

Tägliche prozentuale Veränderungen

Wird der zeitliche Verlauf des DAX als Reihe von prozentualen Veränderungen gegen den Vortageskurs dargestellt und werden die sich ergebenden Werte nach ihrer vorkommenden Häufigkeit aufgeschlüsselt, ergibt sich ein interessantes Bild:

Häufigkeit der prozentualen Kursveränderungen

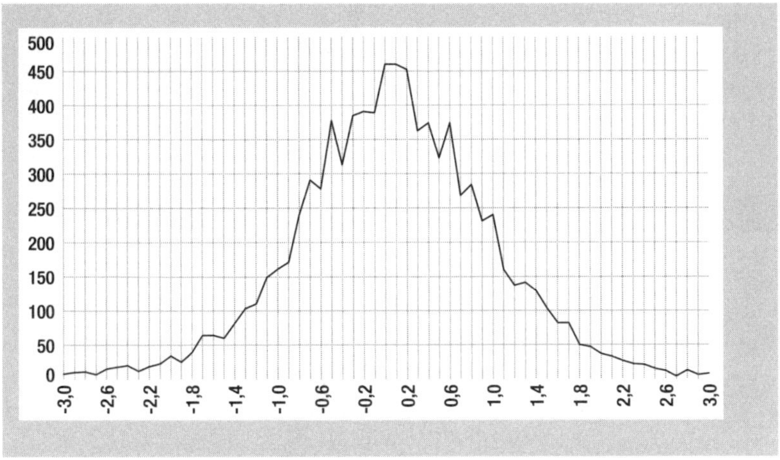

Eine Kursveränderung in einer Größe zwischen +0,1 Prozent und +0,2 Prozent trat im Verlauf des DAX von 1959 bis 1996 450-mal auf, eine Größe zwischen +0,2 Prozent und +0,3 Prozent ergab sich 360-mal. Mit zunehmender Größe der Kursveränderungen nimmt die Anzahl der erschienenen Fälle ab. Große prozentuale Kursveränderungen sind also seltener als kleine. Über den gesamten möglichen prozentualen Kursbereich ergibt sich ein einer Gauß`schen Glockenkurve der normalen Verteilung ähnlicher Verlauf.

Häufigkeitsverteilung der täglichen prozentualen Kursveränderungen und Gauß'sche Glockenkurve

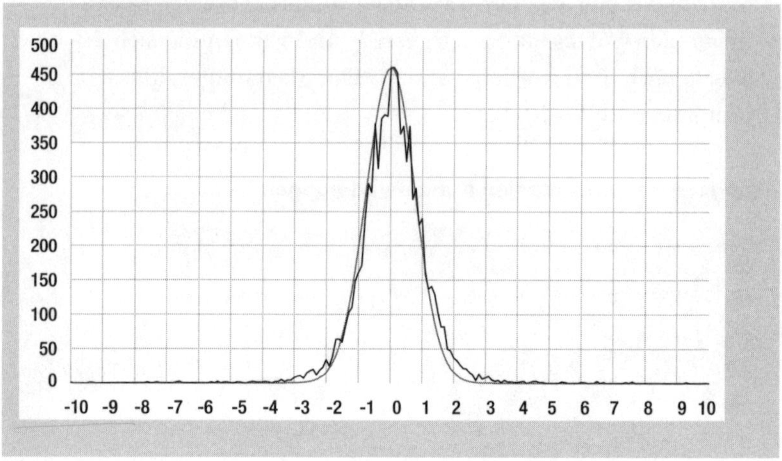

Mehrere markante Abweichungen von diesem erwarteten glatten Verlauf einer Gauß'schen Glockenkurve sind sichtbar. Anstiege zwischen +0,2 Prozent und +0,5 Prozent sind etwas seltener als zu erwarten gewesen wäre, ebenso wie Kursverluste zwischen 0 Prozent und -0,4 Prozent. Dagegen ergeben sich deutlich häufiger größere Kursgewinne, als die Gauß`sche Glockenkurve an normalerweise anzutreffenden Vorfällen angibt: Zwischen +1,3 Prozent und +3,5 Prozent liegt die wahre Verteilung deutlich über der angenommenen Kurve. Statt der zu erwartenden 20-mal, die der DAX zwei Prozent an einem Tag steigen sollte, legte er tatsächlich 40-mal zwei Prozent zu. So große Tagesgewinne, wie +4,5 Prozent, die auftraten, oder +5,4 Prozent, oder +6,5 Prozent dürften „normalerweise" überhaupt nicht vorkommen. Gleiches gilt für große negative Kursveränderungen: Zwischen -2 Prozent und -3,5 Prozent ist ebenfalls eine deutliche Abweichung der wahren von der angenommenen Kurve zu erkennen. Auch größere Kursverluste, die wie -4,4 Prozent, -5,4 Prozent oder -6,6 Prozent tatsächlich vorkamen, waren nach der Normalverteilung nicht zu erwarten. Es bleibt also die Tatsache, dass kleine Kursveränderungen von +0,2 Prozent bis +0,5 Prozent gegen Vortag zu selten und größere Kursveränderungen zwischen +1,5 Prozent und +3,5 Prozent zu häufig vorkommen.

Serien

Um diesem Phänomen auf den Grund zu gehen, wird untersucht, in welchen Serien sich die Kursveränderungen zeigen. Von 1959 bis 1996 wurde an 8.136 Tagen gehandelt. An 4.130 Tagen ergab sich eine positive Kursveränderung. Unter diesen 4.130 positiven Kursbewegungen befanden sich 751-mal reine Einerserien. 1.032 hätten es statistisch sein sollen. Einerserien sind also deutlich unterrepräsentiert. Zweierserien sind ebenfalls zu selten: 457 statt 516. Etwas zu häufig sind dagegen Dreierserien. 275-mal stieg der DAX genau drei Tage lang nach einem Kursverlust, bevor wieder ein Kursverlust auftrat. 258-mal wären bei einer normalen Verteilung zu erwarten gewesen. Noch deutlicher wird diese Diskrepanz bei längeren Serien. 141 Viererserien bildete der DAX, 129 wären normal, 91 Fünferserien ergaben sich gar gegen nur 65 zu erwartende, 44 Sechserserien gegen 32, 27 Siebenerserien gegen 16, 13 Achterserien gegen acht und schließlich mit fünf Neunerserien gegen vier und zwei Zehnerserien gegen zwei wurde die Zahl der statistisch zu erwartenden ziemlich genau getroffen.

Tatsächlich auftretende Serien gestiegener DAX-Kurse und zu erwartende Serienhäufigkeit

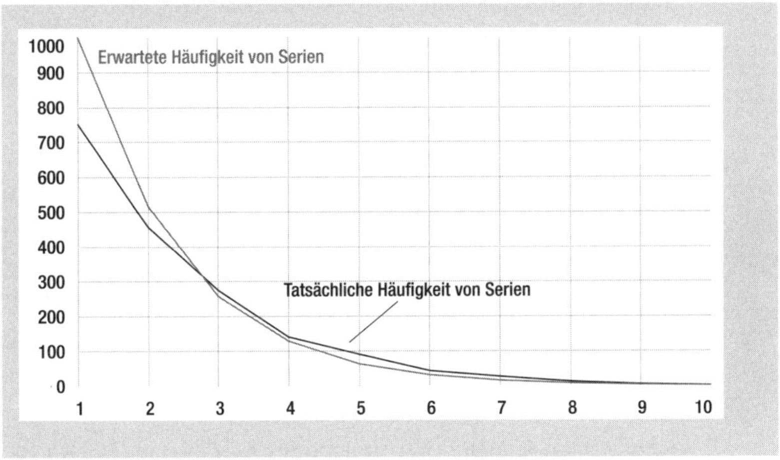

Der DAX hat also deutlich die Eigenschaft, lange Serien zu bilden. Wäre 8.136-mal eine Münze geworfen worden, wäre sie etwa 65-mal je fünfmal hintereinander Zahl nach oben gelandet. Der DAX ist aber 91-mal je fünfmal hintereinander gestiegen. Er besitzt also eine Trendeigenschaft. Wie ist diese Eigenheit zu erklären? Mindestens drei Möglichkeiten gibt es hierfür. Der DAX hängt von äußeren Einflussfaktoren, wie etwa Nachrichten, und von der Kursveränderung des Vortages ab. Erstens könnte es also sein, dass, wenn eine die Kurse beflügelnde Nachricht veröffentlicht wird, wie zum Beispiel eine Diskontsatzsenkung, diese nicht gleich in voller Höhe im Kurs eskomptiert wird. Vielleicht dauert es drei, vier oder fünf Tage, diese zu verdauen. Einerseits könnte es dauern, bis diese Nachricht von allen Anlegern in ihrer vollen Bedeutung erkannt wird, oder die Skeptiker brauchen einige Tage, um sich der neuen Situation bewusst zu werden.

Als erste Möglichkeit bleibt also, dass sich der DAX erst langsam an neue Gegebenheiten anpasst und auf eine positive Nachricht mit einer Serie von Tagen mit steigenden Kursen reagiert, statt mit einem einzigen Kursgewinn.

Zweitens besteht die Möglichkeit, dass gute Nachrichten in Serien auftreten und der DAX an jedem Tag der Serie auf eine jeweils neue gute Nachricht reagiert. Als Beispiel mag hier der Schlauch von veröffentlichten US-Konjunkturdaten dienen. Angenommen, die amerikanischen und deutschen Zins- und Aktienmärkte befinden sich in Anspannung, weil eine zu gut laufende US-Konjunktur mit Inflationsgefahren befürchtet wird, tatsächlich aber der Konjunktur- und Inflationsdruck in der letzten Zeit nachgelassen hat. Dann reagieren die Anleihe- und Aktienmärkte positiv, wenn ein niedriger als erwartet ausgefallener Produzentenpreisindex in den USA veröffentlicht wird. Am nächsten Tag ist dann der Konsumentenpreisindex ebenfalls günstig und die Börse reagiert erneut positiv. Am dritten Tag dann sind die Einzelhandelsumsätze gefallen, auch dies ein Zeichen für nachlassenden Inflationsdruck. Am vierten Tag schließlich ist die Zahl der Neubauvorhaben rückläufig. So kann also eine Serie von guten Nachrichten entstehen und der DAX reagiert auf jede einzelne Nachricht und bildet dabei eine Serie.

Drittens kann auch durch steigende DAX-Kurse eine Rückkopplung eingeleitet werden. Steigende Kurse wecken beim Beobachter Lust, auch Aktien zu besitzen. Kauft er, steigen die Kurse weiter und locken neue Investoren an.

Welcher dieser drei Erklärungsansätze zum Tragen kommt, oder ob gar alle drei von Bedeutung sind, lässt sich nicht entscheiden. Tatsache bleibt jedoch, dass der DAX bevorzugt Serien oder Trends ausbildet. Steigt der DAX nach einem Tag mit gefallenen Notierungen, ist die Wahrscheinlichkeit auf einen weiteren Tag mit anziehenden Notierungen 58,5 Prozent. Nach zwei positiven Tagen nimmt diese Wahrscheinlichkeit sogar noch auf 59 Prozent zu. Nach drei Tagen beträgt sie dann 54 Prozent und nach vier Tagen 56,3 Prozent. Erst nach fünf Tagen mit steigenden Kursen hat der Anleger wieder eine Wahrscheinlichkeit von 1 zu 1 auf steigende oder erstmals wieder fallende Notierungen. 91-mal ging seit 1959 nach einer Fünferserie der Kursanstieg weiter und genau 91-mal brach er ab.

Nun lässt sich eine Verbindung herstellen zwischen der Anomalie des DAX, bevorzugt lange Serien zu bilden, und der Anomalie, große Kursveränderungen zu häufig zu produzieren. Werden beispielsweise die prozentualen Kursveränderungen, die in Einerserien auftreten, verglichen mit denen, die in Dreierserien zutage treten, ergeben sich deutliche Unterschiede.

Häufigkeitsverteilung der täglichen prozentualen Kursveränderungen in einer Einerserie

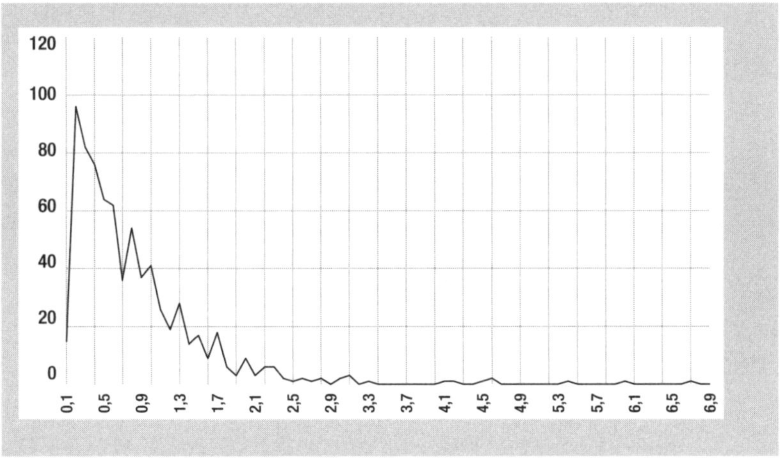

Häufigkeitsverteilung der täglichen prozentualen Kursveränderungen in einer Dreierserie

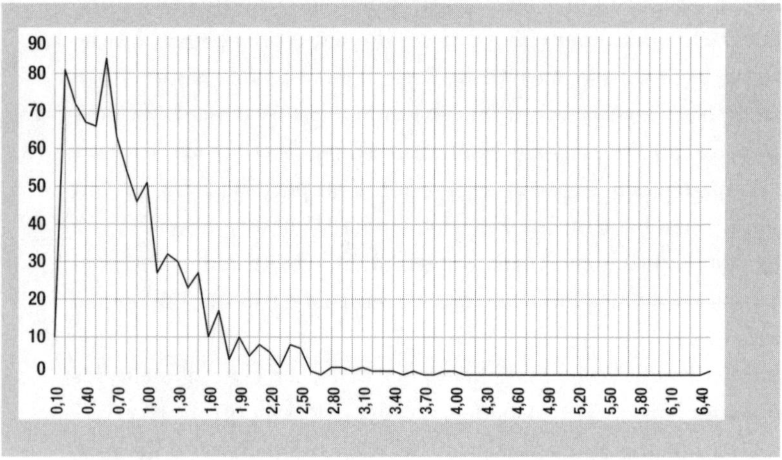

Bei Einerserien war ein Kursgewinn von +0,2 Prozent am häufigsten anzutreffen, danach folgte ein asymptotischer Abfall der größeren Kursgewinne, wie es zu erwarten ist. Die Häufigkeitsverteilung der Kursgewinne bei Dreierserien zeigt jedoch ein ganz anderes Bild. Sie prägt einen deutlichen Buckel bei größeren Kursanstiegen aus. So war bei der Dreierserie +0,6 Prozent die häufigste Kursveränderung. Auch +0,7 Prozent, +0,8 Prozent und +0,9 Prozent Steigerungen traten deutlich öfter auf als bei den Kursveränderungen der Einerserie. Hier zeigt sich, dass in den häufig auftretenden langen Serien von Kursanstiegen beim DAX auch bevorzugt größere tägliche Kursgewinne zu verzeichnen sind. Andersherum folgt daraus, dass sich der Investor nach einem größeren Kursgewinn von beispielsweise 0,6 Prozent mit deutlicher Wahrscheinlichkeit in einer langen Serie befindet. Nach einem klaren Anstieg des DAX kann der Anleger also nicht davon ausgehen, dass die Kurse in einer sogenannten technischen Reaktion zunächst einmal nachgeben, sondern im Gegenteil, er kann damit rechnen, dass es weiter bergauf geht.

Eine interessante Frage tauchte im letzten Kapitel bei der Diskussion der Trendeigenschaften des DAX auf. Als Einflussfaktoren für die Kursveränderungen des DAX eines Tages wurde die Nachrichtenlage des neuen

Tages und die Kursveränderung des DAX des Vortages identifiziert. Ein gegenüber Vortag gestiegener DAX kann beim Anleger den Wunsch entstehen lassen, ebenfalls Aktien zu besitzen. Das Gehirn des Menschen extrapoliert vorzugsweise linear. Wenn etwas gestern 100 kostete und heute 101 wert ist, wird angenommen, dass es morgen bei 102 stehen wird. Wenn der Investor, durch die steigenden Kurse angelockt, kauft, steigen die Kurse dann am nächsten Tag tatsächlich. Umgekehrt produziert ein fallender Kurs beim Anleger Zurückhaltung. Seine Strategie, auf niedrigere Kurse zu warten, wurde ja bestätigt. Die Kurse sind heute billiger als gestern. So ist er geneigt, noch einen Tag zu warten, um einen noch günstigeren Einstieg zu erwischen. Dieses Verhalten verstärkt den Abwärtstrend.

Allerdings gibt es dabei auch einen Schwellenwert. Sind die Kurse über eine bestimmte prozentuale Größe hinaus gefallen, drängen sie sich gewissermaßen als dringender Kauf, quasi als Sonderangebot, auf. Sind sie über eine bestimmte Größe gegen Vortag gestiegen, mag sich im Gegenzug ein Verkauf als Gewinnmitnahme anbieten. In jedem Fall ist die prozentuale Kursveränderung des Vortages ein wichtiger Einflussfaktor für die Kursveränderung eines Tages. Die Kursveränderung des Vortages hing aber schon von der Kursveränderung des Tages davor ab, und die wiederum von der davor, sodass der Schluss naheliegt, dass es zu Ähnlichkeiten in Kursverläufen kommen sollte. Wenn der DAX also, nach drei Tagen mit Kursanstiegen von jeweils einem Prozent am vierten Tag ein halbes Prozent zulegt, sollte er das nächste Mal, wenn er wieder dreimal hintereinander ein Prozent zulegt, am vierten Tag ein halbes Prozent steigen, sofern nicht externe Nachrichten ein anderes Ergebnis nahelegen.

Ähnlichkeiten

14

Interessant ist also nun, den DAX auf Ähnlichkeiten im Kursverlauf zu untersuchen. Zu diesem Zweck wurden im Kursverlauf des DAX an einem Tag die prozentuale Kursveränderung gegenüber dem Vortag und die 14 vorherigen Kursveränderungen bestimmt. Diese Reihe von 15 Prozentzahlen, die die jeweiligen Kursveränderungen des DAX gegen Vortag darstellt, wurde nun mit allen jeweils 15 prozentualen Kursveränderungen im DAX von 1959 bis 1996 verglichen. Wenn die Summe der quadratischen Abweichungen der entsprechenden Kursveränderungen minimal war, sollte also der dem Ausgangsverlauf ähnlichste Kursverlauf gefunden worden sein. Die Strecke von 15 Werten wurde rechnerisch an jeden der über 8.800 DAX-Werte angelegt, verglichen, und der ähnlichste wurde ausgewählt. Dann wurde nachgesehen, ob die Tage 16, 17, 18 und so weiter des Ursprungsverlaufes ebenfalls den Tagen 16, 17, 18 und so weiter des gefundenen Verlaufs ähnelten. Elf Beispiele mögen diese Analyse verdeutlichen.

Als erster Punkt der Ähnlichkeitssuche wurde im Kursverlauf des DAX des Jahres 1995/1996 willkürlich Freitag, der 27. Oktober 1995, ausgewählt. Aufgetragen sind in der Grafik der Kursverlauf des DAX vom 27. Oktober 1995 und die 14 vorhergegangenen Börsentage. Unter den Kurs vom 27. Oktober 1995 ist der Kurs vom Freitag, den

16. Oktober 1987, den die Rechenvorschrift als Endpunkt des ähnlichsten aller 15-Tage-Abschnitte von 1959 bis 1996 gefunden hatte, eingezeichnet. Die 14 Börsentage vor dem 16. Oktober 1987 wurden ebenfalls aufgetragen. Tatsächlich zeigt das Bild vom linken Rand bis zur Bildmitte, bis zum 27. Oktober 1995, zwei sehr ähnliche Kursverläufe.

Der Kursverlauf des DAX vor und nach dem 27. Oktober 1995 und der ähnlichste Vergleichsverlauf

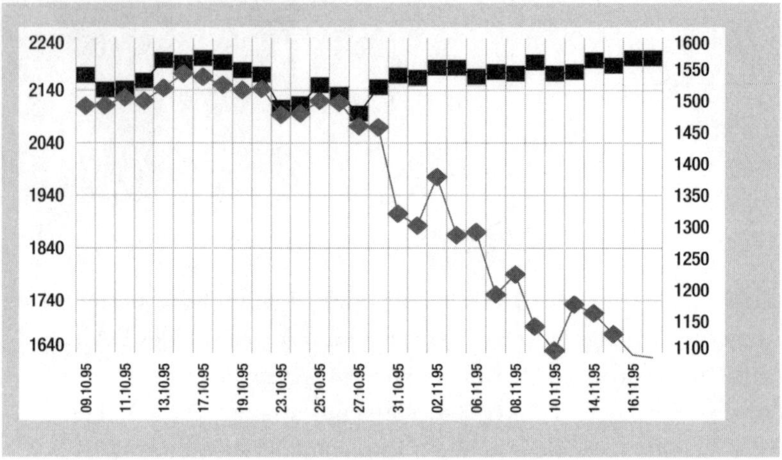

Doch genau mit diesem Tag bricht die Ähnlichkeit ab. Montag, der 30. Oktober 1995, ist ein sehr fester Börsentag, doch der vergleichbare Tag, Freitag, der 16. Oktober 1987, geht leicht schwächer. Dramatisch wird der Unterschied jedoch in den folgenden Tagen: Dienstag, der 31. Oktober 1995, tendiert wieder freundlich, doch der Vergleichstag ist der schwarze Montag, der 19. Oktober 1987, jener denkwürdige Tag des großen Börsencrashs. Im weiteren Verlauf wird die Diskrepanz immer ausgeprägter. Im Oktober 1987 verliert der DAX weiter deutlich an Boden. Mit Ausnahme des Mittwochs, des 21. Oktober 1987, an dem sich die Kurse um fünf Prozent erholten, geben die Notierungen dramatisch ab. 1995 dagegen steigen die Aktien abgesehen von drei etwas leichteren Tagen kontinuierlich an. 1987 verlieren sie an fünf Börsentagen über 20 Prozent.

Demgegenüber liefert die Suche nach einem dem Zeitraum von Dienstag, dem 7. November 1995, bis Montag, dem 27. November 1995, möglichst ähnlichen Kursverlauf ein wesentlich besseres Resultat. Gefunden wurde der Kursabschnitt von 15 Tagen, der am Mittwoch, dem 12. September 1984, endet.

Der Kursverlauf des DAX vor und nach dem 27. November 1995 und der ähnlichste Vergleichsverlauf

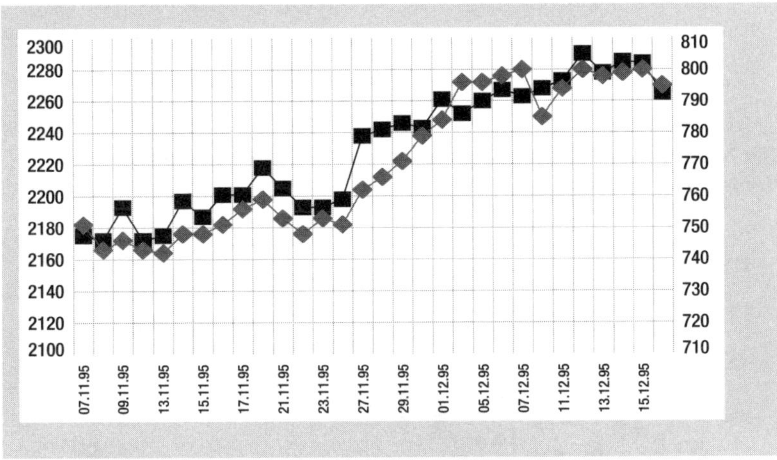

Von allen 15-Tage-Abschnitten von 1959 bis 1996 kam gerade dieser dem Ausgangsverlauf am nächsten. Die dem 12. September 1984 folgenden 15 Tage zeigten auch weiterhin Ähnlichkeit mit den Tagen, die auf den Ausgangsverlauf folgen. Die Strategie, am 27. November 1995 den ähnlichsten Kursverlauf der Vergangenheit herauszusuchen und für die Einschätzung der weiteren Entwicklung hinzuzuziehen, hätte sich in diesem Fall ausgezahlt. Im September 1984 folgte dem gefundenen Kursverlauf eine Reihe von Tagen mit anziehenden Notierungen. In den nächsten 15 Tagen stieg der DAX damals fünf Prozent. Fast die gleiche Kurssteigerung ergab sich dann auch nach dem 27. November 1995. Der Anleger hätte also mit dieser Handlungsanweisung einen deutlichen Gewinn erzielen können. Interessant ist, dass auch die letzten fünf der folgenden 15 Tage fast genau mit denen des gefundenen Verlaufs übereinstimmen und dass gerade zwischen den Tagen 14 und 19 ein steiler Kursanstieg auftritt. Dies war also ein positives Beispiel für den Ansatz, Ähnlichkeiten in früheren Kursverläufen zu suchen.

Das nächste Beispiel ist ebenfalls ermutigend. Ausgegangen wird vom Mittwoch, dem 3. Januar 1996. Geprägt ist der Kursverlauf der 14 Tage vor diesem Tag von den zwei großen Kursanstiegen von jeweils etwa einem Prozent am 14. und am 15. Tag. Die Suche nach einem entsprechenden Kursabschnitt in der Vergangenheit liefert als beste Annäherung den 15. Februar 1985 und die 14 Tage davor. Auch diese Periode zeigt am 14. und am 15. Tag jeweils einen Kursanstieg von etwa einem Prozent. Die relativen Tiefpunkte am 7. und am 13. Tag stimmen ebenfalls überein. Doch wie geht es nach diesen 15 Tagen weiter?

Der Kursverlauf des DAX vor und nach dem 3. Januar 1996 und der ähnlichste Vergleichsverlauf

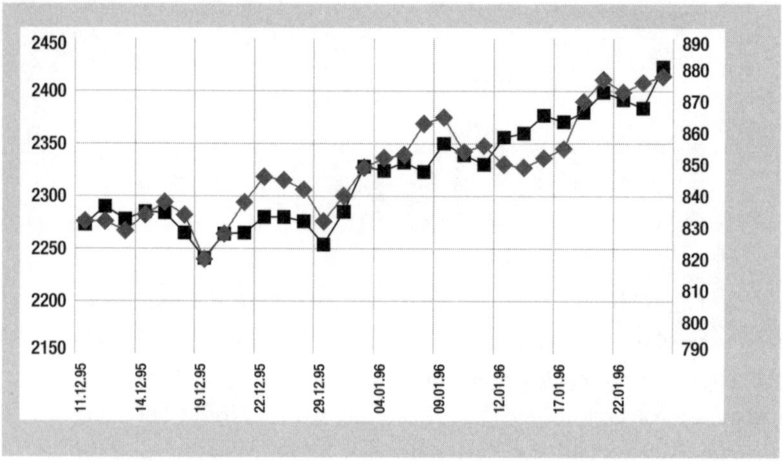

Auch hier zeigt sich eine zufriedenstellende Übereinstimmung. In beiden Fällen steigen die Kurse weiter an, etwa vier Prozent in den folgenden 15 Tagen. Auch die relativen Hochpunkte des weiteren Kursverlaufes stimmen überein. Sie wurden jeweils am 4. und am 12. Tag nach dem Stichtag erreicht. Auch hier war die Ähnlichkeitsstrategie eine erfolgreiche Handlungsanweisung. Hätte der Investor, nachdem er am Mittwoch, dem 4. Januar 1996, den ähnlichsten Kursverlauf der Vergangenheit herausgesucht hatte, aus dem weiteren Kursverlauf geschlossen, die Aktien würden auch in den auf den 4. Januar 1996 folgenden Tagen weiter steigen, und hätte er mithilfe einer Call-Option oder dem Kauf eines DAX-ETF auf steigende Kurse gesetzt, wäre er reichlich belohnt worden. In diesem Fall hätte die Vorgehensweise, nach Ähnlichkeiten zu suchen, also auch zu großen Erfolgen geführt.

Der nächste willkürlich herausgesuchte Tag, für den eine Ähnlichkeitsanalyse durchgeführt wurde, war der 19. Januar 1996. Die Strecke, für die ein ähnlicher Kurs gesucht wurde, ist gekennzeichnet durch einen kontinuierlichen Aktienkursanstieg über 15 Tage hinweg. Die ähnlichste Vergleichsstrecke endete am Dienstag, dem 23. April 1995.

Der Kursverlauf des DAX vor und nach dem 19. Januar 1996 und der ähnlichste Vergleichsverlauf

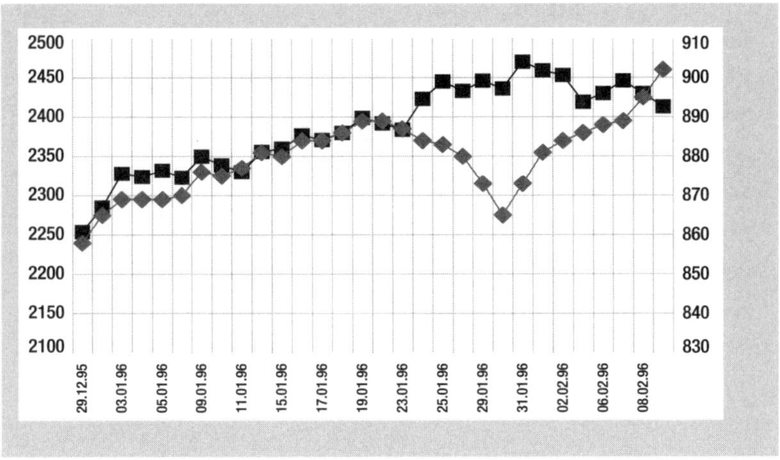

Die 14 vorhergehenden Börsentage bildeten ebenfalls einen recht gleichmäßigen Anstieg von etwa drei Prozent. Nach den beiden Stichtagen, dem 19. Januar 1996 und dem 23. April 1985, verlaufen die Entwicklungen der Kurse noch zwei Tage lang fast identisch, doch dann trennen sich die Wege. 1985 ergibt sich ein leichter Einbruch, der seinen Tiefpunkt am 7. Tag nach dem Vergleichstag erreicht. Danach steigt der Kurs 1985 wieder an und erzielt am 14. Tag, relativ gesehen, das Kursniveau, das der Kursverlauf 1996 ebenfalls am 14. einnimmt, etwa ein Prozent über dem Stichtagsniveau. Insgesamt gesehen ist dies jedoch keine überzeugende Ähnlichkeit nach dem Vergleichstag.

Einen überzeugenden Erfolg der Ähnlichkeitssuche liefert das nächste Beispiel. Am Montag, dem 5. Februar 1996, wurde wiederum eine den letzten 15 Börsentagen ähnliche Vergleichsstrecke in der Vergangenheit gesucht. Die Tage vor dem 5. Februar 1996 zeigten ein recht auffälliges Bild. Die Kurse stiegen in den ersten zwölf Tagen deutlich an, über vier Prozent, doch sie verloren die Hälfte des Anstieges an den Tagen 13, 14 und 15 wieder. Dieses ins Auge fallende Verhalten liefert auch eine Vergleichsstrecke aus dem Jahre 1988.

Der Kursverlauf des DAX vor und nach dem 5. Februar 1996 und der ähnlichste Vergleichsverlauf

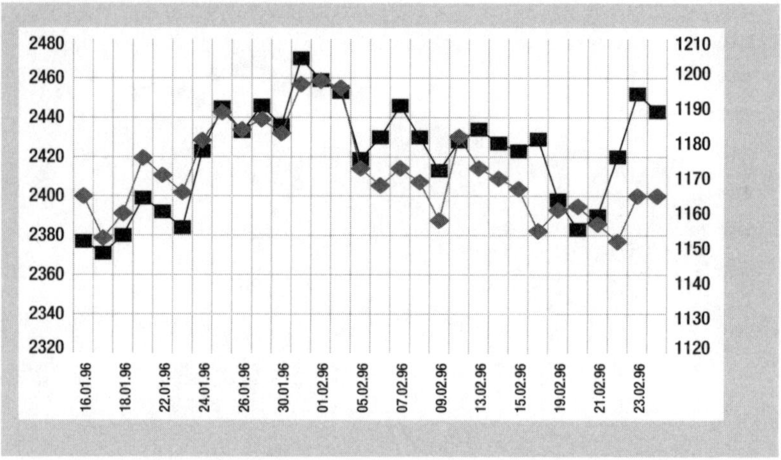

Die 15 Tage, die am Donnerstag, dem 11. August 1988, enden, zeigten sich als dem Anfangsverlauf am ähnlichsten. Auch 1988 stiegen die Kurse in den ersten zwölf Tagen deutlich an, um die Hälfte des Anstieges an den Tagen 14 und 15 wieder abzugeben. An den auf beide Vergleichstage folgenden 15 Börsentagen läuft diese deutliche Ähnlichkeit weiter. Zunächst folgen beide Male Fortsetzungen der begonnenen Aufwärtsbewegungen, die ihre relativen Tiefpunkte jeweils am 4. Tag nach dem Stichtag und am 9. beziehungsweise 11. Tag erreichen. Auch die Erholungen am 13., 14. und 15. Tag beziehungsweise am 14. und 15. Tag sehen ähnlich aus. Die beiden Wegstrecken sind also auch über den Stichtag hinaus deutlich ähnlich. Für den Anleger wäre also

in diesem Fall die Ähnlichkeitsstrategie erfolgreich verlaufen. Er hätte nach der gefundenen Vergleichsstrecke am Stichtag auf weiter sinkende Kurse gesetzt und wäre für sein Verhalten belohnt worden. Die Kurse gaben auch im Anschluss an den Stichtag 1996 deutlich nach.

Der nächste willkürlich gewählte Termin für einen Ähnlichkeitstest ist Donnerstag, der 22. Februar 1996. Die 15-Tage-Spanne, die am 22. Februar 1996 endet, fällt in eine Korrekturphase nach einem deutlichen Anstieg. Der DAX war von Oktober 1995 bis Anfang Februar 1996 um 400 Punkte oder etwa 20 Prozent angestiegen, musste aber von Anfang Februar bis Mitte Februar 100 Punkte davon wieder abgeben. Am Donnerstag, dem 22. Februar 1996, legte er dagegen wieder zu. Bei der Suche nach einer Vergleichsstrecke fiel die Wahl auf die 15 Börsentage, die am Montag, dem 30. Dezember 1991, enden. Es sind die Tage, die mit den Ausgangstagen die kleinste Summe von Abweichungsquadraten bilden. Sie sehen damit auch optisch am ähnlichsten aus.

Der Kursverlauf des DAX vor und nach dem 22. Februar 1996 und der ähnlichste Vergleichsverlauf

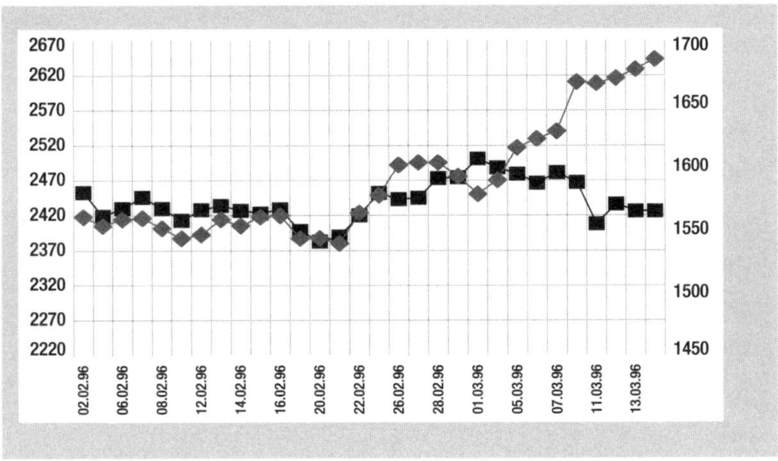

Die auf die Stichtage folgenden acht Tage verlaufen bei beiden Kursentwicklungen auch weiter parallel. Doch danach trennen sich die Wege. 1991 steigen sie dann fünf Prozent an, doch 1996 geben sie zwei Prozent nach. Einige Zeit läuft also in diesem Beispiel die Ähnlichkeit weiter, doch dann treten gänzlich unterschiedliche Bewegungen ein.

Ein Investor, der nach dem Ähnlichkeitsmodell am Freitag, dem 23. Februar 1996, auf steigende Kurse gesetzt hätte, wäre zunächst in den Gewinn gelaufen. Die unterschiedliche Entwicklung nach dem achten Tag hätte ihn dann dazu veranlassen können, die Gewinne mitzunehmen. Hätte er dagegen die Meinung vertreten, die Ähnlichkeit müsse in den nächsten Tagen wieder aufgenommen werden, und an der Position festgehalten, wären die Gewinne wieder verloren gegangen. So ist dieses Beispiel weder als Erfolg noch als Misserfolg dieser Strategie zu werten.

Das nächste Beispiel wiederum kann durchaus als Erfolg gewertet werden. Der gewählte Tag ist Montag, der 11. März 1996. Nach der oben beschriebenen Korrektur und dem folgenden Wiederanstieg gaben die Kurse bis zum Stichtag noch einmal nach. Die gefundene Referenzstrecke, die diesen 15 Tagen am nächsten kommt, endet am Montag, dem 8. August 1983.

Der Kursverlauf des DAX vor und nach dem 11. März 1996 und der ähnlichste Vergleichsverlauf

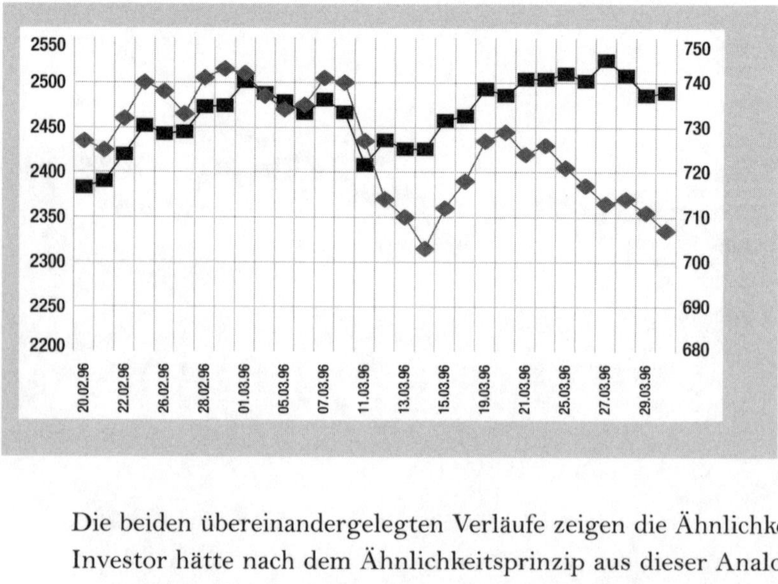

Die beiden übereinandergelegten Verläufe zeigen die Ähnlichkeit. Der Investor hätte nach dem Ähnlichkeitsprinzip aus dieser Analogie herausgelesen, bis zum dritten Tag nach dem Stichtag zu warten, um dann mithilfe des Kaufs einer Call-Option oder eines DAX auf Termin auf steigende Kurse zu setzen. Dies hätte ihm Gewinn gebracht. Die Notierungen stiegen bis zum achten Tag um drei Prozent an. Nach dem Verkauf der Position am siebten Tag stieg der DAX dann 1996 auch nicht weiter an. Er fiel zwar nicht, wie es das Beispiel aus dem Jahr 1983 suggeriert hätte, stieg aber auch nicht weiter an. Der Investor hätte die Analogie jedoch zu seinem Vorteil nutzen können.

Noch besser geklappt hätte das Analogieprinzip am Mittwoch, dem 24. April 1996. Im Zuge der 1995/96er-Hausse stiegen die Aktienkurse auch Anfang April wieder an. Die 15 Tage, die am 24. April 1996 enden, sind also geprägt von einer Aufwärtsbewegung.

Der Kursverlauf des DAX vor und nach dem 24. April 1996 und der ähnlichste Vergleichsverlauf

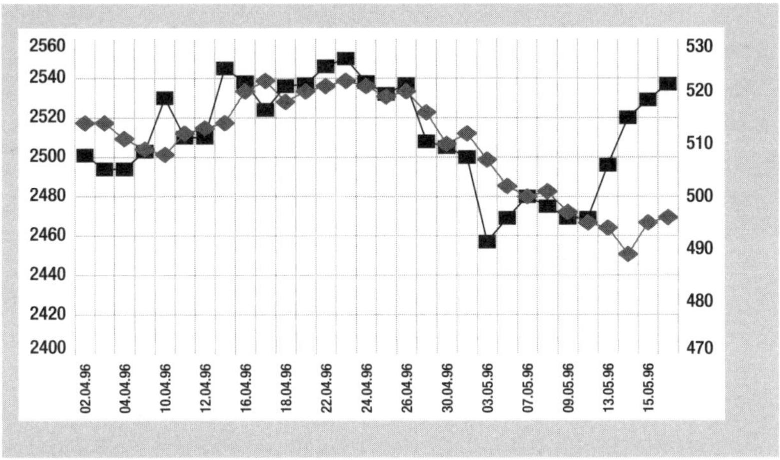

Die gefundene Vergleichsstrecke endet am 14. Oktober 1980. Hier ist die Ähnlichkeit zur Ausgangsstrecke nicht ganz so hoch, aber eine noch ähnlichere Vergleichsstrecke trat von 1959 bis 1996 nicht auf. Doch nach dem Stichtag verläuft die Referenzstrecke auffallend parallel zu der Entwicklung des Jahres 1996 weiter. Für den Ähnlichkeitsinvestor wäre dies ein voller Erfolg gewesen. Am ersten Tag nach dem Stichtag, dem 24. April 1996, hätte der Anleger, den weiteren Verlauf vom Oktober 1980 vor Augen, also auf fallende Kurse gesetzt. Die Kurse gaben dann tatsächlich in den folgenden Tagen nach. Ein großer Gewinn wäre der Lohn dafür gewesen, der Analogie zu vertrauen.

Eine begrenzte Ähnlichkeit im weiteren Verlauf lässt sich am Beispiel vom Freitag, dem 3. Mai 1996, feststellen. Die Kurse verlieren in den 15 Tagen, die am 3. Mai 1996 enden, vier Prozent.

Der Kursverlauf des DAX vor und nach dem 3. Mai 1996 und der ähnlichste Vergleichsverlauf

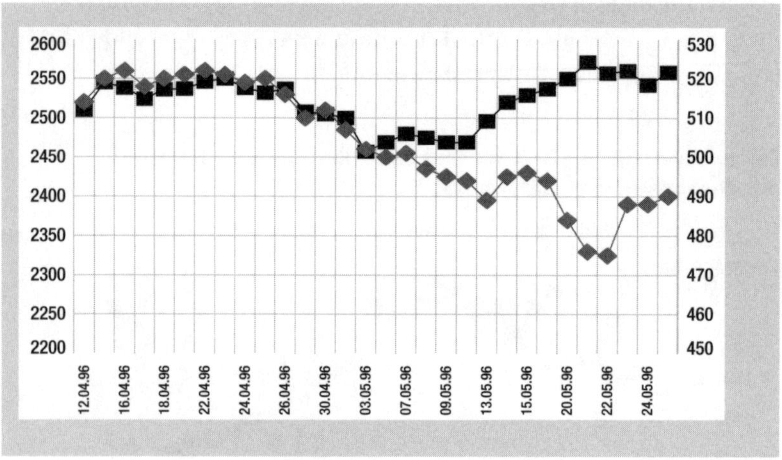

Innerhalb der gefundenen Vergleichsstrecke, deren letzter Kurs der 23. Oktober 1980 ist, geben die Notierungen ebenfalls vier Prozent ab. Die beiden Wege verlaufen parallel. 1980 verlieren die Aktien an den dem Stichtag folgenden Tagen deutlich. Bis zum 12. Tag fallen sie fünf Prozent. 1996 dagegen steigen die Kurse leicht an. Für den Ähnlichkeitsinvestor hätte diese Analogie also keinen Vorteil gebracht. Er hätte am Tag nach dem Stichtag mit fallenden Notierungen gerechnet, aber stattdessen legten sie leicht zu. Ein Verlust bei einer entsprechenden Investition wäre die Folge gewesen. Zutreffend dagegen wäre die Analogie am Dienstag, dem 14. Mai 1996, gewesen. In den 15 Tagen einschließlich des 14. Mai verlief der DAX im Wesentlichen waagerecht ohne große Kursausschläge. Dies war im Jahre 1963 schon einmal der Fall. In den 15 Börsentagen, die mit Donnerstag, dem 11. Juli 1963, enden, zeigt sich die größte Ähnlichkeit zu dem gegebenen Kursverlauf von 1996.

Der Kursverlauf des DAX vor und nach dem 14. Mai 1996 und der ähnlichste Vergleichsverlauf

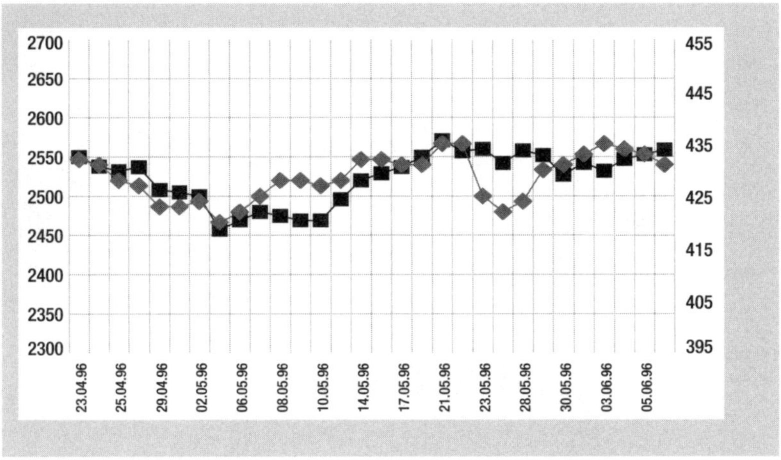

Auch damals verliefen die Kurse waagerecht. In den dann folgenden 15 Tagen wurde diese kontinuierliche Kursbewegung beibehalten. 1996 passierte genau dasselbe. Die Kurse liefen seitwärts. Der Anwender der Analogietheorie hätte also beim Blick auf den weiteren Kursverlauf 1963 eine gute Annäherung der nächsten Tage vor sich gehabt.

Ein fast identisches Bild liefert der nächste Vergleich. Nach dem Stichtag Dienstag, dem 21. Mai 1996, gewinnen die Aktienkurse leicht. Die größte Ähnlichkeit zeigt auch diesmal eine Wegstrecke aus dem Jahre 1963: die Tage vor dem 17. Juli 1963. Auch damals zog der DAX leicht an.

Allerdings steigen die Kurse an den Tagen vier, fünf und sechs im gefundenen ähnlichsten Verlauf nicht so stark an wie an den entsprechenden Tagen des Ursprungsverlaufs. Trotzdem erwies er sich als der ähnlichste vorhandene Vergleichsverlauf.

Der Kursverlauf des DAX vor und nach dem 21. Mai 1996 und der ähnlichste Vergleichsverlauf

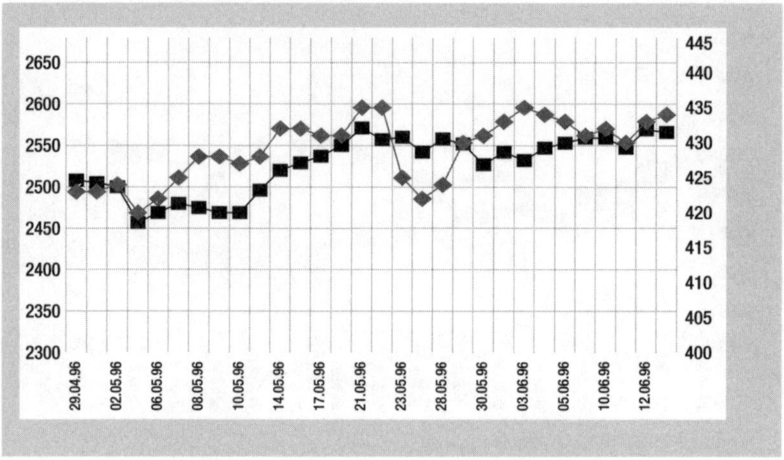

Die weitere Entwicklung 1963 verlief dann genau waagerecht. An diese Vorgabe hielten sich die Kurse auch 1996. Die Ähnlichkeit setzte sich also fort. Für den Investor war dieser Vergleich somit sehr hilfreich. Er hatte damit eine recht genaue Vorstellung von der weiteren Entwicklung.

Im Laufe der Jahre seit dem Erscheinen der Bücher „Der intelligente Investor“ und „Börsenzyklen“ bekundeten die Leser dieser Bücher, meiner Kolumnen in *Der Aktionär* und meiner Internetseite immer wieder verstärktes Interesse an der kurzfristigen Aktienkursprognose. So sehr der Börsenindikator dem Anleger auf längere Sicht hilft und das Anlageergebnis steigert, trifft er doch keine Aussage über die unmittelbare Zukunft. Die Kursentwicklung der nächsten 14 Tage deckt er nicht ab. Eine ungefähre Vorstellung des unmittelbar bevorstehenden Kursverlaufs scheint aber nicht nur für aktive Händler, die kurzfristige spekulative Positionen auf steigende oder fallende Kurse eingehen wollen, von Nutzen zu sein. Auch konservative Langfristanleger wollen ein Gefühl dafür erwerben, ob mit ihrer Position alles in Ordnung ist oder ob sich am Kursverhalten ein mögliches drohendes Unheil abzuzeichnen beginnt. Dazu hat sich die Ähnlichkeitsanalyse neben der zyklischen Analyse, auf die ich im nächsten Kapitel eingehen werde, als unverzichtbares Hilfsmittel herausgestellt. Sie versetzt den Anleger in die Lage, einen möglichen, ja sogar in der Regel einen wahrscheinlichen weiteren Kursverlauf zu vermuten und eine recht zuverlässige 2-Wochen-Prognose zu erstellen.

Als jüngstes Beispiel für diese Vorgehensweise möchte ich die Entwicklung im Vorfeld der Ukraine-Krise im Sommer 2014 schildern. Viele typische Verhaltensweisen der Kurse zeigen sich an diesem Kursverlauf. Der DAX überschritt im Juni 2014 erstmals in seiner Geschichte die 10.000-Punkte-Marke, obwohl noch im März zuvor Russland die Krim annektiert hatte, Sanktionen gegen Russland beschlossen worden waren und eine neue Ost-West-Eiszeit angebrochen schien. Der Konflikt weitete sich im Juli aus, als es zu offenen Kämpfen zwischen der ukrainischen Armee und von regulären russischen Truppen unterstützten Separatisten kam. Trotz dieses offenen Krieges an den Grenzen zu Europa kamen die deutschen Aktien nicht wirklich unter Druck. Man hätte auf den ersten Blick meinen können, die Gefechte beeindruckten den DAX nicht sonderlich. Obwohl alle Fakten bereits auf dem Tisch lagen und die deutschen Aktien mit ihren Kursen die augenblickliche Situation korrekt hätten widerspiegeln sollen, war der DAX nicht in die Knie gegangen. Die drei Wochen vor dem Börsensturz sind nachfolgend abgebildet.

Der Kursverlauf des DAX vor dem Ukraine-Rutsch

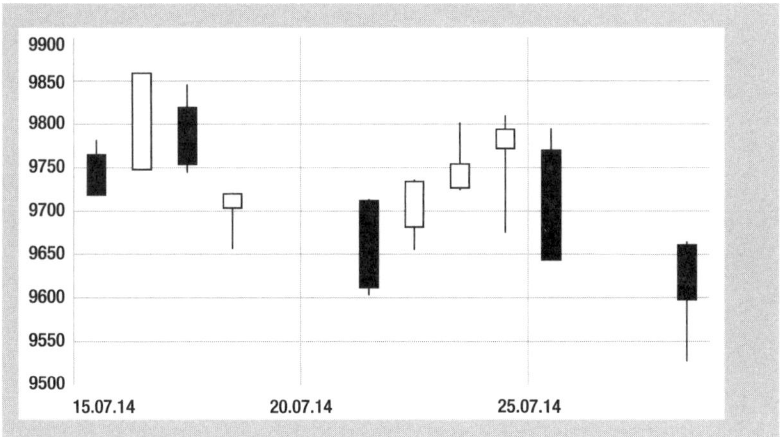

Auch bei schlechten Nachrichten von der ukrainischen Front, wenn sich die Kämpfe wieder einmal verstärkt und den DAX 100 Punkte nach unten geschickt hatten, erholte er sich jedes Mal schnell wieder über die 9.800 Punkte. Eigentlich sollte am Montag, dem 28. Juli 2014, alles in den Kursen enthalten gewesen sein und der DAX sich mit der Situation abgefunden haben. Doch die Ähnlichkeitsanalyse lieferte zu diesem Zeitpunkt ein erschreckendes Ergebnis:

Der gefundene ähnlichste Vergleichsverlauf im Oktober 1976

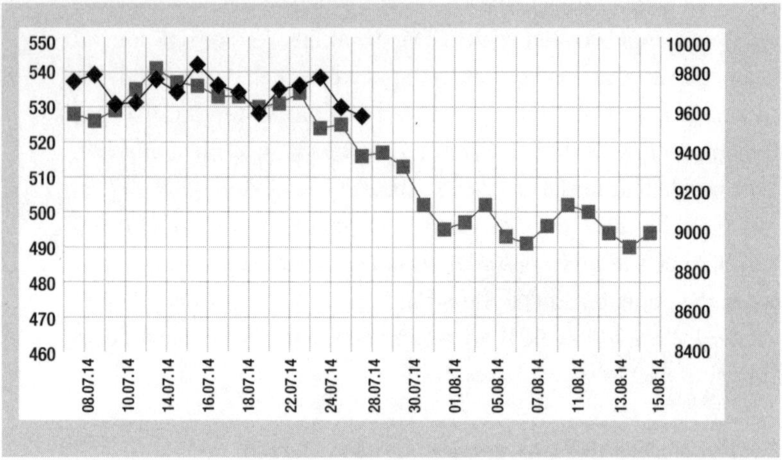

Als ähnlichster Kursverlauf in der Spanne von 1960 bis 2014 wurden die 14 Tage vor dem 6. Oktober 1976 gefunden. Direkt nach diesen ähnlichen 14 Tagen ging es 1976 steil bergab. In zwölf Börsentagen verlor der DAX zehn Prozent seines Wertes – kein gutes Omen für die weitere Entwicklung der Aktien nach dem 28. Juli 2014. Es sollte dann tatsächlich ein starker Einbruch folgen. Verblüffend parallel zu dem 1976er-Rutsch ging es auch im Sommer 2014 bergab.

Der ähnlichste Vergleichsverlauf von 1976 und der tatsächliche Verlauf im August 2014

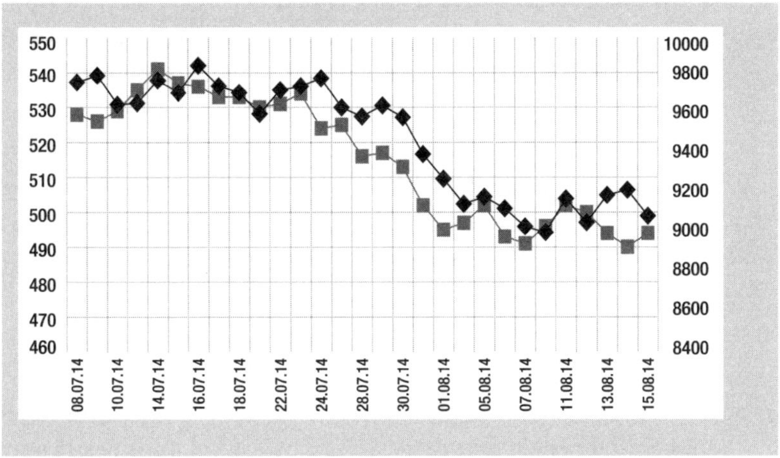

Obwohl keine zusätzlichen schlechten Nachrichten eingetroffen waren, kollabierte der DAX plötzlich ebenfalls um zehn Prozent. Dieses Phänomen der verzögerten Reaktion tritt häufig auf. Man meint, alles sei in den Kursen bereits enthalten, und die Aktienkurse reagieren dann mit Zeitverzögerung auf längst bekannte Tatsachen. Deshalb kommt man oft mit der Nachrichtenanalyse allein für die Kursprognose nicht weiter. Die Ähnlichkeitsanalyse hält in solch einem Fall den Finger an den Puls und versucht eine Diagnose des Kurszustandes der Aktien. Sie liefert in der Regel eine recht gute Abschätzung für eine mögliche weitere Entwicklung der Kurse.

Die statistische Analyse hat gezeigt, dass es eine Reihe von Verhaltensweisen gibt, die dem Anleger, der sie befolgt, einen Vorteil liefert, der sich im Börsenerfolg niederschlagen sollte.

Als unentbehrliches Hilfsmittel erweist sich als Erstes die Candlestick-Charttechnik. Sind die DAX-Tageskurse in Kerzenform aufgetragen, ermöglicht oftmals schon ein erster flüchtiger Blick eine korrekte Einschätzung des Marktverlaufes der nächsten Tage. Nach einem Positive Engulfing Pattern beziehungsweise einem Positive Doji Engulfing Pattern gewinnt der DAX 15,5 beziehungsweise 13 Punkte in den nächsten fünf Börsentagen. Umgekehrt verliert er nach einem Negative

Engulfing Pattern beziehungsweise einem Negative Doji Engulfing Pattern 7,8 beziehungsweise fünf Punkte. Nach einem Positive Harami Cross steigen die Kurse in 65 Prozent der Fälle, nach einem Negative Harami fallen sie 69 von 100 Malen. Nicht nur Trendwende-Formationen wie die oben genannten, sondern auch Trendbestätigungs-Formationen wie beispielsweise die Three White Soldiers zeigen dem investierten Anleger, dass sich seine Position weiter günstig entwickeln dürfte. Sechs Punkte gewinnt der DAX in fünf Tagen nach den Three White Soldiers. Sogar einzelne Tage an der Börse liefern in Kerzenform direkte Hinweise auf die weitere Entwicklung. Nach einer weißen Kerze mit einem Körper, der größer oder gleich sieben Punkte ist, eröffnet der DAX am nächsten Börsentag im Mittel 6,5 Punkte höher. Nach einem schwarzen Kerzenkörper mit mehr als sieben Punkten Größe fällt dagegen der DAX-Kurs im Durchschnitt 18 Punkte bis zur nächsten Börseneröffnung. Auch die Formen einzelner Kerzen, wie etwa die eines Hammer oder eines Shooting Star, ein auftretendes Fenster, eine lange Lunte oder ein langer Docht verschaffen dem Anleger einen statistisch nachweisbaren Vorteil. Einen etwas geringeren Vorsprung liefert die Candlestick-Analyse bei Wochenkerzen. Wochenkerzen dienen hauptsächlich dazu, den mittelfristigen, wenige Wochen dauernden Trend festzulegen. Nach drei weißen Wochenkerzen ist die Chance, dass die Aktienkurse in der vierten Woche ebenfalls steigen, 1,6 : 1. Der Anleger kann also anhand der Wochenkerzen entscheiden, ob er sich in einer mittelfristigen Aufwärts- oder Abwärtsbewegung befindet und wie die Chancen stehen, dass der Aktienmarkt weiter steigt. Aus Monatskerzen ließ sich dagegen kein statistischer Vorteil herauslesen.

Interessante Aspekte liefert die statistische Analyse der herkömmlichen Charttechnik. Dazu wird zunächst der gegebene DAX-Kursverlauf eindeutig, wiederholbar und durch eine Rechenvorschrift auch in den Computer eingebbar in einer Abfolge von jeweils wechselnden relativen Hoch- und Tiefpunkten dargestellt. Nun ließen sich an der so erhaltenen Kurve Aussagen der herkömmlichen Charttechnik, die bisher nur qualitativ möglich waren, quantitativ, also zahlenmäßig fassbar, nachprüfen. Dabei ergab sich, dass sich an den viel verwendeten Trendlinien durch relative Extrempunkte kein Trend festmachen ließ. Nach einem höheren relativen Hoch folgt mit fast gleicher Wahrscheinlichkeit ein noch höheres relatives Hoch wie wieder ein niedrigeres. Mit diesem Resultat konnte die über 100-jährige sogenannte Dow-Theorie, die besagt, dass nach einem höheren Hoch mit großer Wahrscheinlichkeit ein noch höheres Hoch folgt, zumindest für den DAX widerlegt werden. Auch die vermutete Prognosekraft der bekannten Doppelhochs und Doppeltiefs, die eine Wende nach unten beziehungsweise eine Umkehr nach oben signalisieren sollten, lässt sich nicht nachweisen. Nach einem Doppelhoch ist, wie auch nach einem Doppeltief, die Wahrscheinlichkeit etwa genauso groß, dass die Aktien steigen wie dass sie fallen. Elliott-Wellen ließen sich im Kursverlauf des DAX ebenfalls nicht finden.

Interessant ist die Untersuchung, welche Kursspanne der DAX von einem relativen Tief zum nächsten relativen Hoch im Durchschnitt durchmisst: am häufigsten vier Prozent des Kurswertes. Dies ist hilfreich zu wissen. Vier Prozent sind also bei einer Aufwärtsbewegung zu erwarten, bevor ein relativer Gipfel erreicht ist.

Werden nun die einzelnen Kursveränderungen von Hoch zu Tief jeweils mit unmittelbar vorangegangenen Kursveränderungen verglichen, zeigt sich, dass eine Bevorzugung von bestimmten Prozentzahlen stattfindet. Nach einem Anstieg von Tief zu Hoch verliert der DAX am häufigsten danach wieder 50 Prozent des Anstieges. Weitere deutliche Häufigkeitsmaxima treten bei den Marken von 200 Prozent und 260 Prozent auf. Der DAX gewinnt, nachdem er von einem relativen Hoch zu einem relativen Tief gefallen ist, bevorzugt das Doppelte oder das 2,6-Fache dessen, was er vorher verloren hatte.

Aufschlussreich ist das Ergebnis der Untersuchung, in welchen zeitlichen Abständen die relativen Extrempunkte auftauchen. Relative Extrempunkte liegen bevorzugt neun, 13, 22 und 36 Tage auseinander. Diese Unterschiede sind sehr stark ausgeprägt. Während 12-mal nach neun Tagen und 14-mal nach 13 Tagen ein erneuter Extrempunkt auftrat, geschah dies nach zwölf Tagen nur dreimal und nach 17 Tagen zweimal, nach 22 Tagen dagegen zehnmal.

Die Fibonacci-Verhältnisse des goldenen Schnitts lassen sich nicht finden.

Des Weiteren ist es hilfreich zu wissen, dass Hochpunkte mit doppelt großer Häufigkeit an Montagen auftreten als an anderen Wochentagen. Tiefpunkte sind an Montagen und Dienstagen am häufigsten. Donnerstags treten kaum Tiefpunkte auf.

Wird der DAX als Abfolge von prozentualen Kursveränderungen dargestellt und diese Menge von Veränderungen nach ihrer Größe sortiert, ergibt sich eine Häufigkeitsverteilung, die von einer zu erwartenden Normalverteilung deutlich abweicht. Kleine Kursveränderungen, also von 0,2 Prozent bis 0,5 Prozent, kommen zu selten vor, und größere, zwischen 1,5 Prozent und 3,5 Prozent, erscheinen zu häufig. Die weitere Untersuchung dieses Phänomens ergibt, dass bei der Abfolge von prozentualen Veränderungen längere Serien gebildet werden, als normal wäre. Gerade die Kombination dieser beiden Anomalien liefert einen aufschlussreichen Ansatz: Diese beiden Phänomene hängen zusammen. Gerade in den langen Serien treten die großen täglichen prozentualen Kursveränderungen auf. Das bedeutet für den Investor: Steigt der DAX an einem Tag stark an, ist die Wahrscheinlichkeit groß, dass der Anleger sich in einer längeren Serie ansteigender Kurse befindet, da große Kursveränderungen hauptsächlich in längeren Serien aufeinanderfolgender Tage mit DAX-Anstiegen auftreten.

Das letzte Kapitel war schließlich der Frage gewidmet, ob es zu Ähnlichkeiten in den historischen Kursverläufen des DAX gekommen ist. Bringt es dem Anleger etwas, wenn er aktuell einen prägnanten Kursverlauf vor sich hat und in den Kursverläufen der Vergangenheit nachschaut, wann schon einmal ein ähnlicher Kursverlauf auftrat und wie es danach weiterging? In vielen Fällen verhält sich der DAX auch weiter genauso, wie er es in der Vergangenheit beim analogen Vergleichsstück des ähnlichen historischen Kursverlaufs getan hatte. In den elf ausgesuchten Beispielen folgt er siebenmal in etwa den Vorgaben. Viermal bricht der DAX allerdings die Ähnlichkeit direkt oder nach wenigen Tagen ab. Dennoch liefert die Ähnlichkeitssuche auch dann einen Vorteil. Denn wenn der DAX sich weiter ähnlich verhält, ist die Ähnlichkeit so groß, dass sich daraus Gewinn ziehen lässt. Wenn die Ähnlichkeit abbricht, ist dies relativ schnell – nach ein, zwei oder drei Tagen – erkennbar und die aufgrund der Ähnlichkeit eingegangene Position kann geschlossen werden.

Zyklische Aspekte

15

Lassen sich an den Aktien- und Zinsmärkten wiederkehrende Vorgänge, wie sie auch im täglichen Leben der Menschen auftreten, feststellen, und kann der Geldanleger daraus Nutzen ziehen? Fast alle Lebensprozesse auf der Erde verlaufen in einer zeitlich mehr oder weniger festgelegten Abfolge. Die meisten davon sind von der Sonne geprägt, so etwa der Tag-Nacht-Rhythmus. Auch die Jahreszeiten bestimmen das Verhalten von Mensch, Tier und Pflanze.

Im gleichen Maß, wie die durch die solaren Rhythmen geprägte allgemeine Aktivität der Menschen schwankt, verändert sich auch ihre wirtschaftliche Leistung. Das Maß hierfür ist das Bruttoinlandsprodukt. Es ist die Summe aller im Lande produzierten Waren und Dienstleistungen. Diese Summe erstreckt sich über ein Jahr. Daher mittelt dieses Maß über kurzfristige Schwankungen hinweg.

Beispielsweise ist die Wirtschaftsleistung einer Bevölkerung zu verschiedenen Jahreszeiten unterschiedlich. Das Bruttoinlandsprodukt ist während der Sommerferien kleiner als in den Tagen vor Weihnachten. Deshalb werden die Quartalszahlen des Bruttoinlandsprodukts auch saisonal bereinigt veröffentlicht, das heißt, es wird jedes Quartal mit dem entsprechenden Quartal des Vorjahres verglichen. Eine Gegenüberstellung von Sommerquartal und Winterquartal ergäbe keinen Sinn.

Im weiteren Verlauf geht das Buch nun der Frage nach, ob neben diesen von den Märkten bereits antizipierten Schwankungen andere Rhythmen im Kursverlauf von Aktien, Gold, Währungen und Warenpreisen feststellbar sind. In den nächsten beiden Kapiteln werden die bekannten Kitchen-Juglar- und Kondratieff-Zyklen gezeigt. Ihre Längen betragen vier, acht und 54 Jahre. Danach widmet sich ein Kapitel der Untersuchung, welche anderen periodischen Veränderungen sich in einem Kursverlauf feststellen lassen. Zur Analyse wurde eine Methode gewählt, die einem gegebenen Kursverlauf eine periodische mathematische Funktion bestmöglich annähert. Hier wurden beim Zins für langlaufende amerikanische Staatsanleihen eine 58-jährige Periodik und beim amerikanischen Dow-Jones-Index eine 31-jährige gefunden. Darüber hinaus zeigte der Dow Jones Index das Auftreten von 15-Wochen- und 55-Wochen-Wellen.

Ein weiteres Kapitel untersucht meteorologische Zyklen. Es zeigt sich dabei, dass langfristige Schwankungen im Klima einen großen Einfluss auf das Leben der Menschen und ihre wirtschaftlichen Aktivitäten hatten. Es wird eine Verbindung hergestellt zwischen dem Klima auf der Erde und der Aktivität der Sonne. Dies hat für die Prognose von Kursverläufen den großen Vorteil, dass sich die Sonnenaktivität einigermaßen zuverlässig für die Zukunft angeben lässt, was für Klimadaten bisher nicht der Fall ist. Eine erhöhte Sonnenaktivität führt zu wärmeren Temperaturen auf der Erde. Diese wiederum sorgen für gute Ernten, niedrige Nahrungsmittelpreise, niedrige Zinsen und damit für hohe wirtschaftliche Aktivität und hohe Aktienkurse. So prägt die Sonne nicht nur den Tag-Nacht- und den Jahreszeiten-Rhythmus, sondern über ihre Aktivitätsschwankungen auch wirtschaftliche Zyklen.

Der Kondratieff-Zyklus

Welche periodischen Vorgänge des Wirtschaftsgeschehens sind überhaupt bekannt? Der populärste regelmäßig wiederkehrende wirtschaftliche Ablauf ist ohne Zweifel der Kondratieff-Zyklus. Nicolai Kondratieff stellte in den Schwankungen des amerikanischen Großhandelspreisindex einen etwa alle 54 Jahre wiederkehrenden Anstieg fest.

Großhandelspreisindex der USA

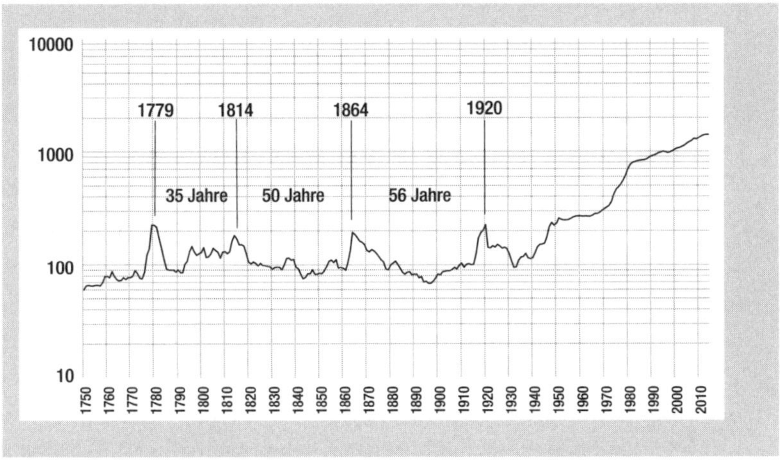

Kondratieff schloss daraus, dass sich die verschiedenen Phasen der Wirtschaftsentwicklung in einer festen Reihenfolge ständig wiederholen. Einer wirtschaftlichen Blüte folgt eine Rezession. Die Rezession wächst sich zu einer Depression aus. Eine Depression ist eine lang andauernde Rezession mit entweder sehr hoher Arbeitslosigkeit oder fallenden Einzelhandelspreisen oder beidem. Nach dem tiefen Tal der wirtschaftlichen Misere setzt eine Erholung ein und entwickelt sich dann wieder zu einem neuen Aufschwung. Der Kreislauf fängt von vorn an.

Aus heutiger Sicht wurde nach dem Übergang der Agrar- in die Industriegesellschaft der erste Aufschwung durch den Einsatz von Dampfmaschinen in der Produktion getragen. Die Eisenbahn und die Massenerzeugung von Stahl trieben die zweite industrielle Welle an. Anfang des letzten Jahrhunderts sorgten die Elektrifizierung und neue Produkte der Chemieindustrie für den dritten Boom. In der jüngsten Vergangenheit übernahm die Automobilproduktion die Führungsrolle. Möglicherweise wird der laufende Kondratieff-Zyklus den Namen „Information" erhalten. Die Lage der Wirtschaft wird je einem Zustand der Großhandelspreisindexkurve zugeordnet. Die stabilen bis leicht steigenden Preise gehen mit wirtschaftlicher Erholung einher. Beim Übergang in die Blütezeit wird der Preisanstieg steiler, bis schließlich im Boom, bei überhitzter Wirtschaft, die Preise ihren Gipfel bilden. Mit Abflauen des Booms geben die Preise wieder nach, die Wirtschaft schwächt sich ab und versinkt in einer Rezession, die bei weiter fallenden Preisen in eine Depression übergeht.

Tatsächlich ist der Großhandelspreisindex die Schlüsselgröße für die amerikanische Wirtschaft und somit auch für die Börse. Er prägt den Wirtschaftskreislauf oder ist Abbild desselben. Der Gipfel des Großhandelspreisindex 1920 trat auch in der Tat 56 Jahre nach dem letzten Gipfel von 1864 auf. Dieser wiederum 50 Jahre nach dem 1814er Hochpunkt. Doch der Abstand zwischen 1814 und dem Hoch von 1779 betrug nur 35 Jahre.

Zwischen 1920 und der nächsten stark inflationären Phase 1980 vergingen 60 Jahre. 1980 hatte sich jedoch die Welt verändert. Die Währungen waren nicht mehr goldgedeckt. Im Jahr 1973 hatten die USA den Goldstandard abgeschafft. Seither fielen nach einer Inflationsphase die Preise und Löhne nicht wieder zurück, wie in früheren Zeiten, sondern blieben relativ stabil. Der Goldstandard wurde abgelöst durch die Übereinkunft, die Nominallöhne dürften nicht fallen. Der Übergang von mal steigenden und mal fallenden Preisen zu nur noch mehr oder weniger steigenden Preisen bereinigt die Schuldensituation schleichend inflationär und hält wahrscheinlich eine Depression, wie sie zuletzt 1932 auftrat, von der Weltwirtschaft fern. Die Zeiten, in denen Preise und Löhne fielen, waren in der Wirtschaftsgeschichte immer die grausigsten. Vor der großen Depression war schon die Depression von 1876 verheerend. Ebenfalls bei fallenden Preisen erlebten die USA 1843 und 1829 schwere Depressionen. Bei allem berechtigten Ärger über steigende Preise muss bedacht werden, dass es gesamtwirtschaftlich gesehen kaum etwas Übleres gibt als stark fallende Preise.

Wie kommt es nun zu diesem Zyklus und wie kann der Börsianer davon profitieren? Zunächst fällt auf, dass in den Zeiten stark steigender Großhandelspreise kriegerische Verwicklungen stattgefunden haben.

Kriege mit amerikanischer Beteiligung, bei denen es zu einem starken Preisanstieg kam

Von 1776 bis 1783 fand der amerikanische Unabhängigkeitskrieg statt. Die 13 Neuenglandstaaten erkämpften ihre Unabhängigkeit von Großbritannien. Die Auseinandersetzungen von 1812 bis 1815 werden auch „zweiter Unabhängigkeitskrieg" oder „Krieg von 1812" genannt.

Von 1861 bis 1865 kämpften in den USA die Nordstaaten gegen die Südstaaten im amerikanischen Bürgerkrieg, der auch als Sezessionskrieg bezeichnet wird.

Von 1914 bis 1918 wütete der 1. Weltkrieg. Jeder der Hochpunkte im Großhandelspreisindex fällt also mit einem Krieg zusammen. Die Preise von Waren stiegen, nicht weil daran weltweit Mangel geherrscht hätte, sondern weil die Verteilung ein Problem war. Während des Zweiten Weltkrieges 1939 bis 1945 verdoppelten sich die Großhandelspreise in den USA ebenfalls. Danach fielen sie allerdings nicht wie in vergleichbaren früheren Phasen zurück auf Vorkriegsniveau, sondern blieben 20 Jahre lang etwa konstant.

Der starke Anstieg von 1969 bis 1980 kann auch als Folge von Krieg interpretiert werden. Der sich ausweitende Vietnamkrieg, ein Nahostkrieg 1970, die Ölkrise 1974 und der erste Golfkrieg 1980 sorgten für einen inflationären Anstieg des Preisniveaus. Vor allem die drei letztgenannten Kriege und Krisen verteuerten den Preis des Öls, des wohl wichtigsten Rohstoffs der modernen Industriegesellschaft.

Dramatische Steigerungen des amerikanischen Preisniveaus ergeben sich offensichtlich nur bei kriegerischen Auseinandersetzungen, an denen die USA beteiligt sind, oder die den Nachschub des „flüssigen Goldes" unterbrechen.

Ergeben sich die beiden Abstände der Gipfel im Großhandelspreisindex, von 1814 bis 1864 und von 1864 bis 1920, also nur zufällig zu etwa 50 Jahren, weil gerade Kriege stattfanden, oder ist der Kondratieff-Zyklus in Wahrheit eine Gesetzmäßigkeit über das Auftreten von Kriegen? Für die erste Deutung spricht, dass die beiden Preisanstiege seit 1939, die Kondratieff nicht mehr erlebte, nicht zu dem 50-Jahres-Zyklus passen. Der Gipfel der Inflation des Zweiten Weltkrieges kam nur 25 Jahre nach dem des 1. Weltkrieges. Die nächste Spitze der Preisentwicklung folgte dann 35 Jahre später. Die beiden Inflationsphasen von 1779 und 1814 lagen auch nur 35 Jahre auseinander.

Eine weitere Deutung des Kondratieff-Zyklus erscheint im Rückblick fraglich. Die wirtschaftliche Abschwächung nach den inflationären Boomzeiten sei hervorgerufen worden durch eine Marktsättigung an vorhandenen Warenangeboten und einen Mangel an neuen Produkten, die einen erneuten Aufschwung hätten tragen sollen. Erstens: Es gibt keine Marktsättigung. Es werden heute mehr Fernseher verkauft als bei dessen Einführung oder Ausbreitung, obwohl 98 Prozent aller Haushalte bereits einen Fernseher besitzen. Der Ersatzbedarf ist immer höher als die Einführungsstückzahl. Außerdem hat es vor der großen Depression keine Marksättigung an den Gütern des täglichen Lebens gegeben. Zweitens waren die Produkte, die den nächsten Aufschwung getragen haben, die Autos, längst auf dem Markt. Es fehlte 1932 aufgrund der fallenden Löhne und der hohen Arbeitslosigkeit einfach das Geld, diese Produkte zu kaufen.

Zusammengefasst lässt sich sagen: Aus der geschichtlichen Betrachtung folgt, dass große Inflationsschübe nur in Kriegszeiten auftreten und auf Verteilungsschwierigkeiten zurückzuführen sind. Daher ist es möglich, dass der Kondratieff-Zyklus auf die zufällige Distanz zweier Kriege zurückzuführen ist. Der Gedanke, dass dem Kondratieff-Zyklus ein 50 jähriger Zyklus im Auftreten von Kriegen zugrunde liegt, scheint weit hergeholt. Im Übrigen ist der 50-jährige Zyklus wahrscheinlich zu lang, als dass er für kurzfristige Geldanlage-Entscheidungen eine Rolle spielen könnte.

Der Juglar- und der Kitchen-Zyklus

Weitere Beispiele für Zyklen im Wirtschaftsablauf finden sich in der Literatur unter den Begriffen „Juglar-Zyklus“ und „Kitchen-Zyklus“. Als Juglar-Zyklus wird die acht- bis zwölfjährige Wiederkehr eines ähnlichen Wirtschaftsgeschehens bezeichnet. Diese Periodik soll sich in den Wachstumsraten des Bruttoinlandsprodukts zeigen. Das Bruttoinlandsprodukt ist die Summe aus allen in einem Land hergestellten Waren und in Anspruch genommenen Dienstleistungen. Anhand der Täler der Zyklen, also der Rezessionen, lässt sich dieser Juglar-Zyklus für die Bundesrepublik Deutschland in etwa zeigen.

Seit Kriegsende durchlief die Bundesrepublik sechs Rezessionen, 1967, 1975, 1982, 1993, 2003 und 2009. Die zeitlichen Differenzen zwischen diesen Rezessionen betrugen also acht, sieben, elf, zehn und sechs Jahre, im Mittel also genau sieben Jahre. Diese Zahlen sind eigentlich zu unterschiedlich, als dass es sich um eine echte Periodik handeln könnte, aber sie liegen in der Größenordnung eines Juglar-Zyklus. Dieser erstreckt sich von Rezession zu Rezession und umfasst die wirtschaftliche Erholung von der Flaute zum Boom und dann wieder den konjunkturellen Abschwung. In den Wachstumsphasen zwischen den Rezessionen treten kleine konjunkturelle „Dellen“ auf, jeweils eine pro Juglar-Zyklus. So lag zwischen der 1967er- und der 1975er-Rezession das Jahr 1971 mit deutlich schwächerem Wachstum als 1970 und 1972. Der zeitliche Abstand dieser Wachstumsdelle 1971 von der 1967er-Rezession ist vier Jahre, und von der 1975er-Rezession trennten sie auch vier Jahre. Dieses vierjährige Auf und Ab wird in der Literatur als Kitchen-Zyklus bezeichnet. Zwischen 1975 und 1982 lag die Wachstumsdelle asymmetrisch im Jahre 1977, also nur zwei Jahre nach der Rezession und fünf Jahre vor der nächsten konjunkturellen Flaute 1982. Von der 1982er-Rezession aus dauerte es wieder fünf Jahre bis zur nächsten leichten Wirtschaftsabschwächung 1987 und weitere fünf Jahre ließ dann die nächste Rezession 1993 auf sich warten. Vier Jahre vor der 1967er-Rezession, der ersten Flaute mit negativen Bruttoinlandsprodukt-Wachstumsraten, gab es übrigens schon eine leichte Abkühlung, nämlich 1963, wie auch zuvor schon 1958.

Wachstumsraten des Bruttosozialprodukts in der Bundesrepublik Deutschland 1951 bis 2014 (2014 geschätzt)

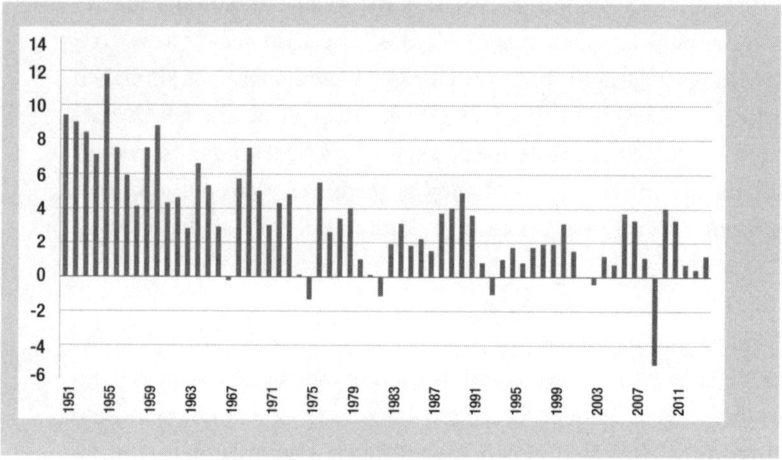

Die wirtschaftliche Entwicklung von 1967 bis 1993 lässt sich also als Aufeinanderfolge von drei Juglar-Zyklen deuten, wobei jeder Juglar-Zyklus aus zwei Kitchen-Zyklen besteht. Im nächsten Juglar-Zyklus von 1993 bis 2003 sieht man eine kleine Wirtschaftseintrübung im Jahr 1996. Auch diese Konjunkturdelle liegt nicht mitten im Juglar-Zyklus, sondern asymmetrisch. Im letzten Juglar-Zyklus von 2003 bis zum Jahr 2009 mit nur sechs Jahren Abstand lässt sich keine Delle erkennen

Die Juglar-Zyklen sollten sich auch in der Bewegung der Zinsen zeigen. Jeder konjunkturelle Zyklus geht mit einer periodischen Veränderung der Zinsen einher. Die wirtschaftliche Erholung wird von steigenden Zinsen für langfristig ausgeliehenes Kapital begleitet. Die wachsende Aktivität der Firmen bei steigender Produktion sorgt für zunehmende Nachfrage nach Kapital, denn Material für zu bearbeitende Aufträge muss vorfinanziert und Erweiterungsinvestitionen müssen getätigt werden. Beim Nachlassen der Expansion sinken dann die Zinsen wieder, bis im konjunkturellen Tal die Zinsen für langfristige Ausleihungen ihren Tiefpunkt erreichen. Es zeigt sich beim Auftragen der durchschnittlichen Umlaufrendite öffentlicher Anleihen, also dem Maß für den Zins auf langfristige Ausleihungen, dass die entstandene Kurve zeitversetzt zur Wachstumsrate des Bruttosozialprodukts liegt.

Durchschnittliche Umlaufrendite öffentlicher Anleihen und Wachstumsrate des Bruttosozialprodukts 1960 bis 1994

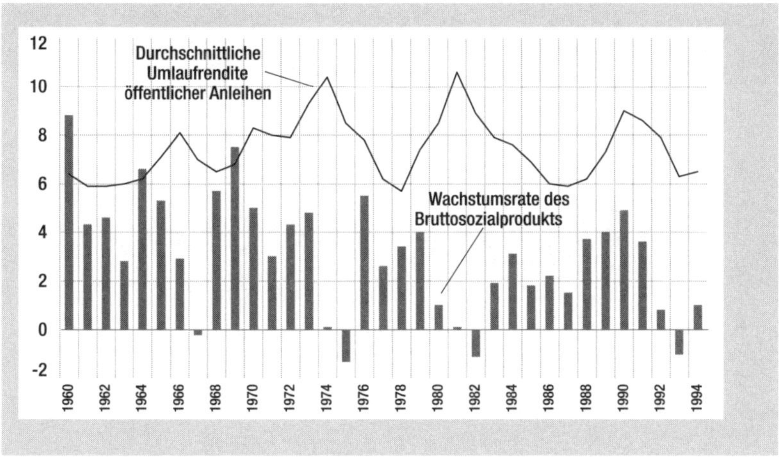

Es ist nicht so, wie oft vermutet wird, dass in Boomzeiten mit hoher Kapitalnachfrage die Zinsen ihren Höhepunkt erreichen, sondern im Gegenteil, die Hochzinsphasen fallen fast mit den Rezessionen zeitlich zusammen. Bei genauerem Hinsehen zeigt sich jedoch, dass die hohen Zinsen bereits vor den Rezessionen auftreten. Sowohl 1966, ein Jahr vor der Rezession, wie auch 1974 und 1981, jeweils ein Jahr vor der wirtschaftlichen Flaute, wurden Höchststände in der durchschnittlichen Umlaufrendite registriert. Allerdings wurde 1990 der Zinsgipfel drei Jahre vor der wirtschaftlichen Flaute erreicht.

Dies kann aber als Anomalie gedeutet werden, da im Jahr 1990 die deutsche Wiedervereinigung gelang. Der lange aufgestaute Konsumwunsch der Menschen im Osten Deutschlands sorgte für einen verlängerten Wirtschaftsboom und zögerte die eigentlich vom Zinszyklus her schon 1991 fällige Rezession hinaus bis ins Jahr 1993. Bezeichnenderweise erlebten die USA die Rezession schon im Jahr 1991, obwohl doch beide Länder sonst immer ziemlich parallel in eine Wirtschaftsabschwächung gleiten.

Rendite zehnjähriger Bundesanleihen und Bruttoinlandsprodukt von 1994 bis 2014

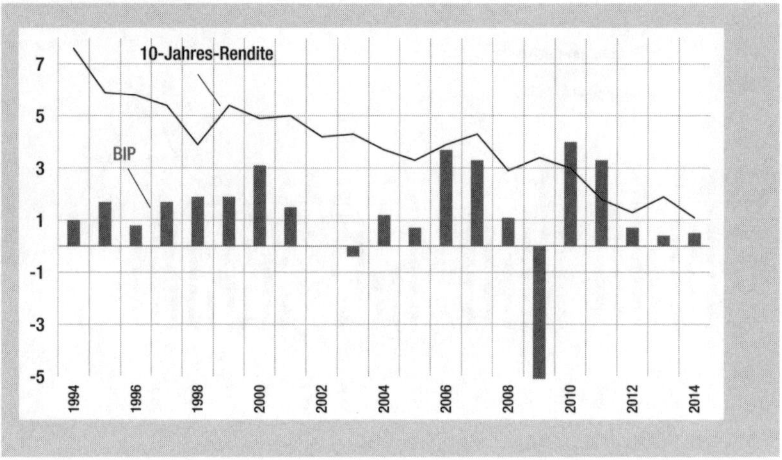

Auch vor der 2009er-Rezession trat der Zinsgipfel bereits zwei Jahre vor Erreichen der wirtschaftlichen Talsohle auf. Wie kommt es zu diesem scheinbar unlogischen Verhalten der Zinsen? Warum folgte die Rezession so dicht den hohen Zinsen? Die Deutung liegt nahe, dass die hohen Zinsen die Rezession einleiteten oder sie zumindest erst ermöglichten. Doch wenn die Zinsen die konjunkturelle Entwicklung verursachen oder ihr zumindest vorauseilen, was ist die Ursache für die Zinsveränderungen? Der Blick auf die Grafik, die die Zinsen für öffentliche Anleihen über der Inflationsrate aufgetragen darstellt, zeigt eine verblüffende Übereinstimmung.

Durchschnittliche Umlaufrendite öffentlicher Anleihen und Inflationsrate

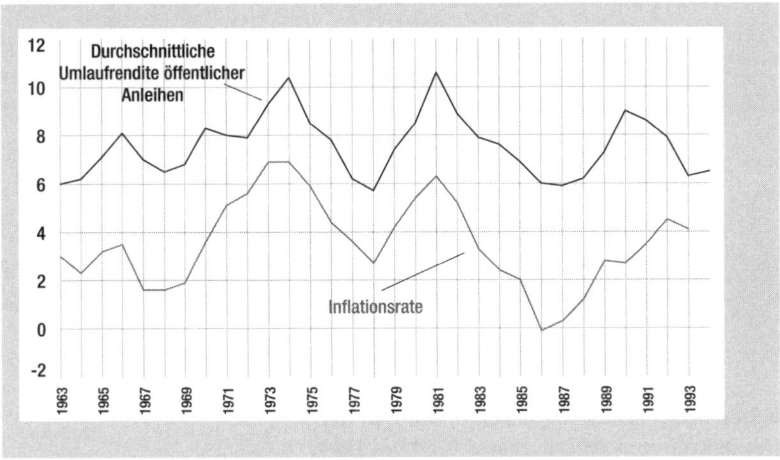

Zins und Inflation laufen fast parallel. Der Hochpunkt der Zinsen 1966 deckt sich mit dem Gipfel der Inflationsrate. Ebenso wurden 1974, wie auch 1981, die höchsten Stände von Zins und Inflation erreicht. Nur 1990 sahen die Zinsen zwei Jahre vor dem Inflationshochpunkt ihr Maximum. Allerdings blieb die Rendite öffentlicher Anleihen von 1990 bis 1992 auf einem hohen Niveau. Der Zins scheint also durch die Inflationsrate bestimmt zu sein.

Die Tiefpunkte in der Zinskurve wie im Inflationsablauf lagen von 1968 bis 1978 zehn Jahre und von 1978 bis 1986 acht Jahre auseinander. Die Größenordnung der Differenzen entspricht dem Juglar-Zyklus, was auch für die Bruttoinlandsprodukt-Zahlen galt. Dies ist keine Überraschung, denn es handelt sich um denselben Zyklus, der sowohl das Bruttoinlandsprodukt als auch die Inflation beeinflusst.

Die Inflationsrate ist insofern für den Zins von langfristigen Anleihen maßgebend, als derjenige, der Geld ausleiht, real, das heißt nach Abzug der Teuerung, ein positives Ergebnis seiner Geldanlage erzielen will. Eine höhere Inflationsrate bedingt also einen höheren Zins. Der Geldverleiher will ja mehr Kaufkraft durch seine Transaktion erzielen und nicht weniger, sonst wäre es ja für ihn günstiger gleich etwas zu kaufen, statt das Geld anzulegen, um später etwas zu erwerben.

Was aber ist die Ursache für die Schwankungen der Inflationsrate? Steigende Teuerungsraten werden verursacht durch anziehende Preise von Waren und Dienstleistungen. Die gemeinsame Kraft, die hinter beidem steckt, sind steigende Löhne, bei Dienstleistungen direkt, bei angebotenen Waren über den Umweg der Lohnkosten bei der Produktion. Die Lohnhöhe bildet sich durch Angebot und Nachfrage. Bei großem Arbeitskräfteangebot, bei hoher Arbeitslosigkeit also, ist der Lohnkostendruck niedriger als bei Vollbeschäftigung und, damit verbunden, Arbeitskräftemangel in einigen Teilen der Wirtschaft. Arbeitslosenquote und Inflationsrate über der Zeitachse aufgetragen zeigen diesen Zusammenhang grafisch.

Arbeitslosenquote und Inflationsrate in der Bundesrepublik Deutschland 1960 bis 1994

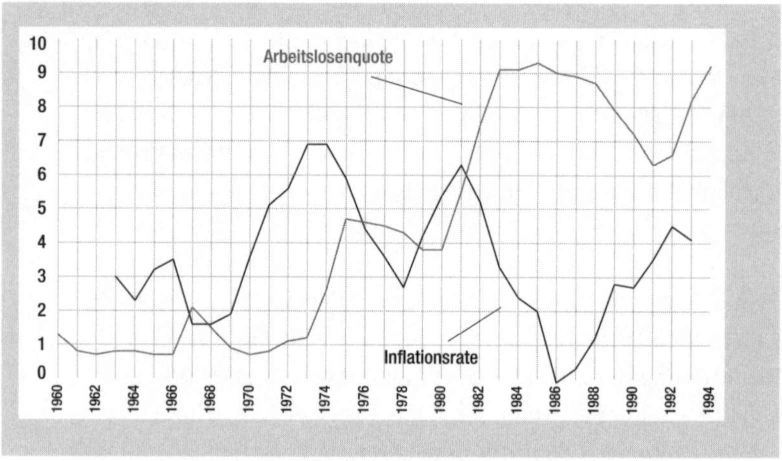

Beide Kurven sind deutlich gegenläufig. Die niedrigen Inflationsraten 1967 und 1968 mit 1,5 Prozent gingen mit einer Arbeitslosigkeit von zwei Prozent einher. Dies ist zwar eine vergleichsweise niedrige Beschäftigungslosenquote, jedoch ist sie doppelt so hoch wie die Rate von 0,8 Prozent vorher und nachher. Die Jahre 1976, 1977 und 1978, die von niedrigen oder fallenden Inflationsraten geprägt waren, hatten ebenfalls relativ hohe Arbeitslosenzahlen. Bis 1981 stieg die Inflationsrate, aber die von 1980 bis 1985 steigende Arbeitslosigkeit – die Quote verdoppelte sich von vier Prozent auf 9,5 Prozent – sorgte für einen Rückgang. 1986 konnte auf Grund der hohen Arbeitslosigkeit eine Teuerungsrate von -0,2 Prozent ermittelt werden. Die wieder bis 1991 steigende Beschäftigung – der Prozentsatz der Erwerbslosen fiel auf 6,5 Prozent – ließ die Preise wieder anziehen. 4,5 Prozent legten die Preise 1992 zu. Der Anstieg der Erwerbslosigkeit auf über neun Prozent 1994 sollte die Inflationsrate 1995 wieder sinken lassen. Bei den Schwankungen sowohl der Beschäftigung als auch der Inflation handelt es sich wieder um verschiedene Erscheinungen desselben zugrunde liegenden Zyklus.

Die Tiefpunkte der Arbeitslosenquote 1970, 1980 und 1991 liegen zehn beziehungsweise elf Jahre auseinander. Es ist also derselbe Juglar-Zyklus, der sich in den Veränderungen des Bruttoinlandsprodukts zeigte. Letztlich gilt also, dass für die Schwankungen der Zinsen die Veränderungen der Teuerungsrate maßgeblich sind. Diese ihrerseits werden durch steigende Lohnkosten beeinflusst, welche von den Arbeitslosenzahlen abhängen. Eine Zunahme der Beschäftigung resultiert somit in steigenden Preisen und in deren Gefolge steigenden Zinsen. Diese schwächen die Konjunktur ab und die Arbeitslosigkeit nimmt zu.

Edmund Phelps und Nobelpreisträger Milton Friedman haben zu diesem Problem eine Theorie entwickelt. Danach gibt es eine natürliche Rate der Arbeitslosigkeit, auch NAIRU, Non-Accelerating Inflation Rate of Unemployment, „nicht inflationsbeschleunigende-Arbeitslosenquote", genannt. Wird diese Rate unterschritten, steigt die Inflation, wird sie übertroffen, sinkt sie. In den USA, gaben diese Forscher an, liege diese NAIRU bei sechs Prozent. Vor den Arbeiten von Phelps und Friedman wurde angenommen, mehr Beschäftigung könne durch mehr Inflation „erkauft" werden. In diesem Sinne meinte Altbundeskanzler Schmidt, er hätte lieber fünf Prozent Inflation als fünf Prozent Arbeitslose. Doch die Arbeiten von Phelps und Friedman zeigten, dass eine Erwerbslosenquote von einem Prozentpunkt unter der neutralen Rate nicht nur eine im nächsten Jahr um einen Prozentpunkt höhere Inflationsrate nach sich zieht, sondern dass die ein Jahr lang zu niedrige Arbeitslosenquote für alle folgenden Jahre eine um einen Prozentpunkt zu hohe Preissteigerungsrate zur Folge hat. Um dieses Inflationspotenzial wieder zu beseitigen, sei ein Jahr mit einer Beschäftigungslosigkeit von einem Prozentpunkt über der natürlichen Rate notwendig. Diese neutrale Rate der

Arbeitslosigkeit lässt sich also klar dadurch ermitteln, dass, wenn sie unterschritten wird, die Inflationsrate steigt, und wenn sie übertroffen wird, die Teuerungsrate sinkt.

In den USA wurde diese Rate von den Wissenschaftlern Phelps und Friedman mit sechs Prozent errechnet. In Deutschland lässt sich diese Rate nicht so einfach angeben. Sie ist hier eine Variable der Zeit geworden. Seit 1960 hat sie kontinuierlich zugenommen. 1967 reichte ein Anstieg von 0,8 Prozent auf zwei Prozent aus, um die Inflationsrate von 3,5 Prozent auf 1,5 Prozent sinken zu lassen. 1,5 Prozent Arbeitslosigkeit reichten 1975 nicht mehr aus, den Preisauftrieb in den Griff zu bekommen. Erst eine Arbeitslosenrate von fünf Prozent, etwa in der Höhe, wie sie die beiden Forscher errechnet hatten, drückte die Teuerungsrate von sieben Prozent auf unter drei Prozent. 1981 ergab sich eine Inflationsrate von sechs Prozent trotz einer Beschäftigungslosenquote von fast sechs Prozent. Erst der Anstieg der Arbeitslosigkeit auf über neun Prozent ließ den Preisdruck auf -0,2 Prozent zurückgehen. Im weiteren Verlauf scheint diese neutrale Rate der Arbeitslosigkeit weiter angestiegen zu sein. Eine Arbeitslosenquote von 6,5 Prozent wurde 1991 von einem Anstieg der Teuerung auf 4,5 Prozent begleitet. Die Erwerbslosenquote von 6,5 Prozent muss also unter der neutralen Arbeitslosenquote gelegen haben. Erst ein Anstieg auf über neun Prozent ließ die Teuerung 1993 und 1994 wieder fallen.

Warum aber stieg die neutrale Arbeitslosenquote von etwa einem Prozent 1967 auf fünf Prozent 1975 und zwischen 6,5 Prozent und neun Prozent 1992? Zwei Erklärungen werden hierfür genannt. Erstens ist der Ausbau des Sozialsystems dafür verantwortlich, dass trotz Arbeitslosigkeit kein Überangebot an Arbeitskräften für niedrig bezahlte Stellen zur Verfügung stand, da der Abstand zu Lohnersatzleistungen zu gering war. Zweitens stand der Nachfrage nach hochqualifizierten Arbeitskräften nur eine große Anzahl Beschäftigungsloser gegenüber, die die geforderte Ausbildung nicht hatten. Die Lohnsteigerungen wurden also trotz Arbeitslosigkeit durch einen Mangel an Spezialisten sowie durch eine ungenügende Zahl an Kräften für gering entlohnte Arbeiten verursacht. Nach Phelps und Friedman folgt daraus: Um die nicht inflationsbeschleunigende Rate der Arbeitslosigkeit wieder zu senken, ist es Aufgabe der Wirtschaftspolitik, erstens einen wirksamen Abstand zwischen Lohnersatzleistungen und Arbeitslohn herzustellen, und zweitens in die Aus- und Weiterbildung möglichst viel Geld zu investieren. Besonderes Augenmerk sollte auf die Qualifizierung der Arbeitnehmer für von der Industrie angebotene Arbeitsfelder gelegt werden.

Im Grunde läuft also der Konjunkturzyklus der modernen Wirtschaft auf den jahrtausendealten Antagonismus zwischen Kapital und Arbeit hinaus. Lohnforderungen, die über die Ertragskraft der Unternehmen hinausgehen, sorgen für steigende Preise, die die Unternehmen für ihre Produkte fordern müssen. Die so entstandene Inflation treibt die Zinsen nach oben. Dadurch schwächt sich die Wirtschaft ab, die Arbeitslosigkeit nimmt zu, und Reallohneinbußen der Arbeitnehmer, die daraus folgen, bringen die Preise wieder herunter. Dass sich dieser Zyklus jedoch immer in einer festen Zeitspanne abspielt, ist seltsam. Nach der Theorie von Phelps und Friedman wäre also bei Lohnabschlüssen in Höhe des Produktionszuwachses ewige Preisstabilität und ewiges Wachstum garantiert. Doch das Ringen um ein Gleichgewicht zieht sich durch die Jahrhunderte von Spartakus bis Marx.

Wie reagieren nun Aktien auf diese Zyklen des Bruttoinlandsprodukts? Von 1959 bis 1976 können vier große Tiefpunkte im Kursverlauf des deutschen Aktienindex identifiziert werden.

Die Tiefpunkte im Kursverlauf des DAX 1959 bis 1976

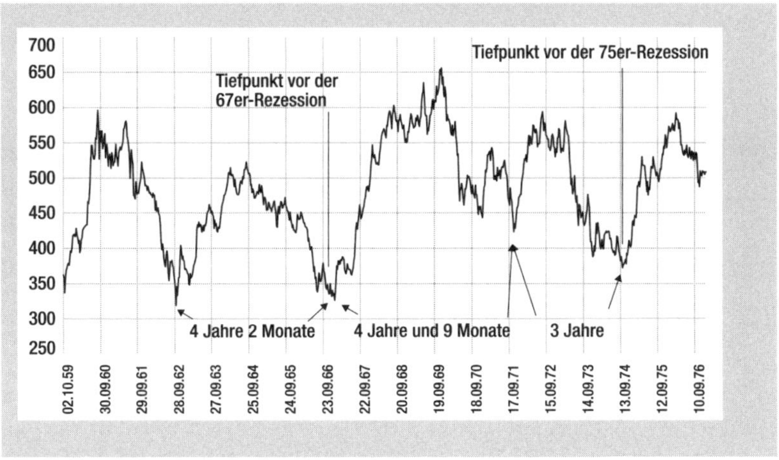

Der erste Tiefpunkt im November 1962 kam ein halbes Jahr bis ein Jahr vor der leichten Wirtschaftsabschwächung 1963. Danach stiegen die Kurse zwei Jahre lang etwa 20 Prozent, doch fielen sie bis Januar 1967 zurück auf das Ausgangsniveau. Wenige Monate vor Beginn der 1967er-Rezession hatten die Aktienkurse also ihren Tiefpunkt durchschritten. Die vier Jahre und zwei Monate, die zwischen den Tiefpunkten der Baissen lagen, entsprechen genau einem Kitchen-Zyklus. Ebenso kann der nächste untere Umkehrpunkt im Oktober 1971 als Kitchen-Tief gedeutet werden. Die Distanz von vier Jahren und neun Monaten war allerdings ein wenig zu lang. Der Aktienkursrückgang erfolgte dieses Mal erst während der Konjunkturabschwächung und nicht schon Monate vorher.

In der vorangegangenen Hausse des Kitchen-Zyklus waren die Aktien über 50 Prozent gestiegen und nicht wieder auf das frühere Niveau zurückgefallen. Der Anstieg der Aktien aus dem 1971er-Tal führte nur etwa 25 Prozent weit und die nachfolgende Baisse zog die Kurse unter den letzten Tiefpunkt hinab. Die niedrigsten Kurse der Baisse wurden im Oktober 1974, wenige Wochen vor Einsetzen der 1975er-Rezession, erreicht. In diesem Fall betrug die Differenz zwischen den Tiefpunkten nur drei Jahre. Das ist eigentlich zu kurz für einen Kitchen-Zyklus, aber vielleicht haben äußere Einflüsse dem Aktienmarkt ein zu frühes Tief aufgezwungen. Die Ölkrise 1974 bescherte der deutschen Wirtschaft die bis dato schwerste Rezession der Nachkriegszeit. Nach dem Kursanstieg, der die kommende Konjunkturerholung vorwegnahm und genau bis zum Ende der Rezession dauerte, stiegen die Kurse sechs Jahre lang nicht mehr. Sie blieben die ganze Zeit über fast konstant.

Bei dieser Seitwärtsbewegung handelte es sich um eine stabile Plateauphase zwischen den beiden Rezessionen im Jahr 1975 und im Jahr 1982. Ein recht robustes Wirtschaftswachstum und deutlich steigende Zinsen wegen der anziehenden Inflationsrate glichen sich mit ihren gegenteiligen Effekten für die Aktienkurse in etwa aus.

Der Verlauf des DAX 1977 bis 1981

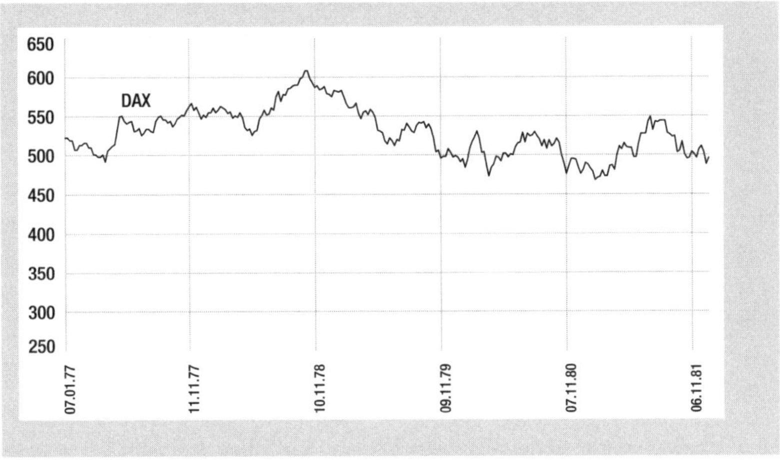

Seltsamerweise waren die beiden Rezessionsjahre außerordentlich günstig für die Börse. 1967 stieg der DAX um 51,1 und 1975 um 37,0 Prozent.

Im Oktober 1982, mitten in der dritten Rezession, begann die Jahrhunderthausse, während der sich die Aktien in drei Jahren verdreifachten. Erst danach lassen sich wieder Tiefpunkte im Verlauf der Wertpapierkurse ausmachen.

Der Verlauf des DAX 1982 bis 1994

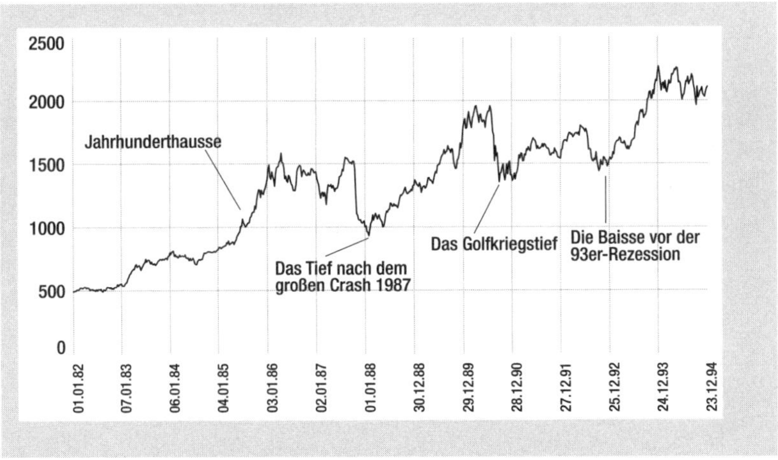

Das erste Tief begann mit dem großen Crash am 19. Oktober 1987. Die Kurse fanden ihren Boden allerdings erst im Januar 1988. Weder unmittelbar vor noch nach dieser schweren Baisse trat eine Rezession auf, jedoch war 1987 das Jahr mit einer Wachstumsdelle, einem Tiefpunkt im Kitchen-Zyklus also. Der nächste Kursrutsch im September 1990 trat ohne Rezession und ohne Wachstumsdelle auf. Die irakische Armee war in Kuwait einmarschiert, der zweite Golfkrieg hatte begonnen. Das nächste Tief kann wieder auf die Konjunkturentwicklung zurückgeführt werden. Ein halbes Jahr vor der Rezession 1993 kam die 1992er-Baisse. Als außerordentlich lukrativ für Börsianer entpuppte sich wieder das Jahr der Rezession. Die Aktien gewannen 46 Prozent.

Zwei Deutungen lassen sich für den Ablauf angeben. Möglicherweise folgte ein zweijähriger Zyklus einem dreijährigen. Wahrscheinlicher jedoch dauerte der Kitchen-Zyklus vier Jahre und acht Monate, und zwar vom 1988er-Tief bis zur 1992er-Baisse. Hervorgerufen wurde das 1988er-Tief von der Konjunkturdelle und der Rutsch 1992 von der nahenden Rezession 1993. Letztere Beschreibung würde sich mit der Deutung des Kitchen-Zyklus decken.

Die Jahre 1918 bis 1945 wurden durch weltpolitische Ereignisse dominiert. Zunächst fielen nach dem für Deutschland verlorenen Ersten Weltkrieg und der anschließenden Hyperinflation, die letztlich durch die vom Deutschen Reich geforderten Reparationszahlungen verursacht wurde, der Wert der Aktien, in Goldmark gemessen, auf ein Zehntel des Vorkriegswertes. In der anschließenden wirtschaftlichen Erholung, die nicht nur in Deutschland sondern auch in den USA in einen noch nie da gewesenen Boom mündete, verfünfzehnfachten sich die Dividendenpapiere.

Diese Zeit ging in die Geschichtsbücher als die „Goldenen Zwanzigerjahre“ ein. Im Jahr 1923 wuchs die US-Wirtschaft bereits über elf Prozent. In Deutschland steigerte sich das Volkseinkommen nach der großen Inflation bis 1929 um 30 Prozent. Angefeuert wurde dieser Aufschwung in den USA durch die Erschwinglichkeit von Automobilen für breite Schichten der Bevölkerung. Die großflächige Motorisierung der USA begann in den Zwanzigerjahren.

Der Aktienindex des Statistischen Bundesamtes 1918 bis 1942

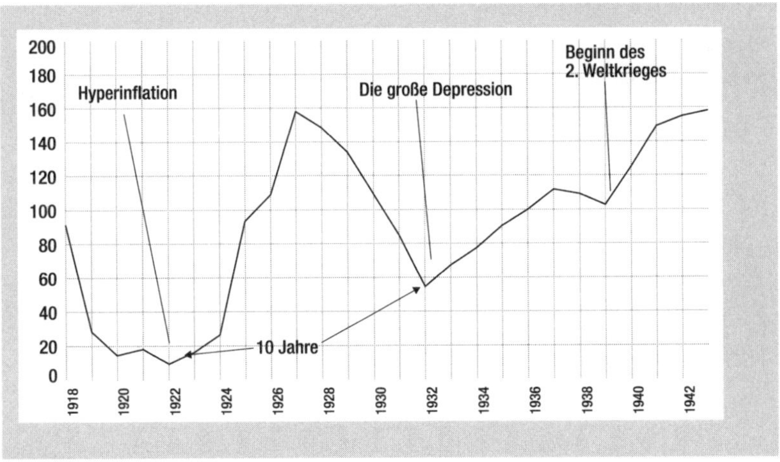

Die nachfolgende große Depression drittelte die Aktien wieder. Die Vereinigten Staaten wurden von dieser Entwicklung noch härter getroffen. Dort fielen die Wertpapiere von Oktober 1929, dem Börsenkrach, bis 1932 auf ein Zehntel ihres Kurses vom Sommer 1929. Der nach der Depression von 1932 weltweit einsetzende Wirtschaftsaufschwung verdreifachte deutsche Aktiendepots. Im Jahr 1943 wurde der Handel aufgrund der sich abzeichnenden Wende im Kriegsverlauf zugunsten der Alliierten eingestellt.

In dieser von externen Faktoren globalen Ausmaßes bestimmten Zeit scheint es unmöglich, zyklische Eigengesetzmäßigkeiten im Verlauf der Börsenkursentwicklung zu erwarten. Dennoch lagen die beiden Börsentiefpunkte dieser Zeit 1922 und 1932 zehn Jahre auseinander, was in etwa einem Juglar-Zyklus entspricht. Beide Male sahen die Aktienkurse ihre Tiefpunkte wegen der desolaten Wirtschaftssituation. Im Jahr 1922 lag die Produktion aufgrund der Hyperinflation und 1932 wegen der Depression am Boden.

In der Zeit vor dem Ersten Weltkrieg lassen sich 7 Tiefpunkte im Kursverlauf der Aktien dingfest machen: 1860, 1866, 1877, 1885, 1892, 1901 und 1908.

Der Kursverlauf des Aktienindex des Statistischen Bundesamtes 1856 bis 1913

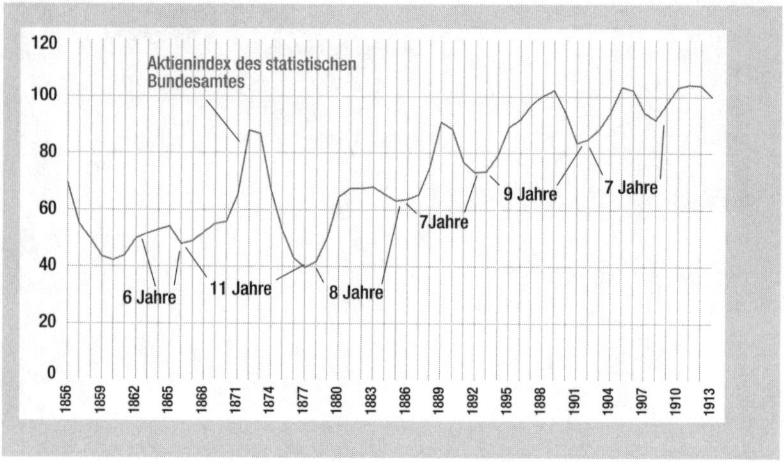

Die sich daraus jeweils ergebenden Abstände betragen sechs, elf, acht, sieben, neun und sieben Jahre, also im Mittel acht Jahre. Sie unterscheiden sich dadurch ein wenig von den relativen Abständen der Tiefpunkte in der Nachkriegszeit, die sieben Jahre betrugen. Die Abstände in der Größenordnung von sechs bis elf und im Durchschnitt von acht Jahren sprechen für Juglar-Zyklen.

Als eine andere Erklärung der Zyklen wird oft angegeben, dass sie jeweils von neuen Erfindungen und Entdeckungen oder von neuen Produktionstechniken geprägt werden, die es ermöglichen, begehrte Waren kostengünstiger herzustellen. So kann beispielsweise eine große gleichzeitige Nachfrage nach Surfbrettern, Videokameras und anderen neuen Produkten oder eine neue Modellgeneration von Automobilen, etwa mit geregeltem Kat oder mit Airbag und Seitenaufprallschutz, einen Schwung in die Wirtschaft bringen, der sich zum Boom entwickelt. Wenn später die Nachfrage nach diesen Produkten zurückgeht, lässt die Konjunktur wieder nach. Die dahinterstehende Theorie ist, dass erst interessante neue Produkte die Menschen zu Käufern werden lassen. Möglicherweise war darum vor dem Ersten Weltkrieg der Innovationsrhythmus zu langsam, als dass sich kürzere Konjunkturwellen ergeben hätten. Es gab einfach nicht schnell genug neu entwickelte Produkte. Der vierjährige

Kitchen-Zyklus ist vielleicht erst mit der größeren Innovationskraft und der immer schnelleren Ausbreitung von Wissen entstanden. Eine größere Zahl von Erfindungen und neuen Produkten hat die Wirtschaftszyklen verkürzt. Vor dem Ersten Weltkrieg jedenfalls verlief die Wirtschaftsentwicklung in den langsameren Juglar-Zyklen.

Wie kann sich der Anleger nun auf diese Gesetzmäßigkeiten einstellen? Sollte die dargelegte Deutung zutreffen, wäre nach der 1993er-Rezession eine kleine Konjunkturdelle 1997 zu erwarten, und im Jahre 2001 sollte wieder eine Rezession auftreten. Soweit meine Vermutung in dem 1994 geschriebenen Buch „Börsenzyklen". Tatsächlich kam die 2001 erwartete Rezession etwas zu spät, nämlich erst im Jahr 2002. Und wieder ereilte die Börsianer im Vorfeld der Rezession eine schwere Baisse, die die Aktienkurse im Verlauf der Jahre 2000, 2001, 2002 letztlich viertelte. Rückwirkend wird immer davon gesprochen, es habe sich um das Platzen der Internetblase gehandelt, aber weder hatten wir in Deutschland nennenswerte Internetwerte, bis auf vielleicht die Deutsche Telekom, noch hätte diese Deutung den Zusammenbruch von Werten wie Allianz oder Münchner Rück erklärt, die sich beinahe zehntelten. Vielmehr hatte der Juglar-Zyklus mit aller Macht zugeschlagen. Nach der Rezession von 2002 wäre dann im Jahre 2009, also nach sieben Jahren – etwa der mittleren Juglar-Zyklus-Länge seit dem Zweiten Weltkrieg – ein erneuter Wirtschaftseinbruch fällig gewesen. Wir haben ihn alle erlebt. Es war die schwerste Wirtschaftskrise seit der großen Depression 1932 mit dem entsprechenden Börsenzusammenbruch im Vorfeld. Das Jahr 2016 könnte also wieder eine negative Überraschung für uns bereithalten. Das Lesen des Büchleins „Börsenzyklen" in den Neunzigerjahren des letzten Jahrhunderts hat dem aufmerksamen Anleger sowohl die Viertelung 2001 bis Anfang 2003 als auch die Halbierung im Jahr 2008 erspart, da er in Erwartung der Rezessionen 2001 und 2009 bereits jeweils ein Jahr vorher verkauft hat.

Dieser sieben- bis achtjährige Juglar-Zyklus lässt sich auch direkt im Verlauf des DAX feststellen. So wiederholen sich erkennbar Ablaufstrukturen in diesem Rhythmus. Beispielsweise ähnelt der Kursverlauf des DAX von 1960 bis 1968 so stark dem von 1968 bis 1976, dass man fast von einem identischen Chart sprechen kann.

Ähnlichkeit des DAX mit sich selbst um siebendreiviertel Jahre verschoben

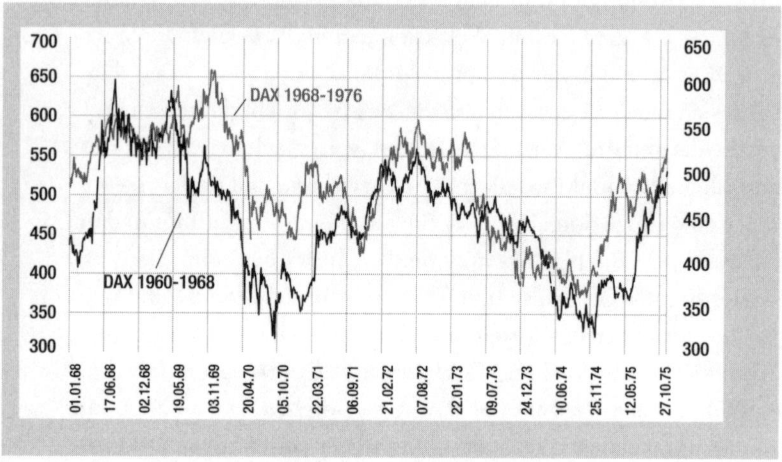

Zeitliche Auffälligkeiten

Bei der Betrachtung des in Hoch- und Tiefpunkte zerlegten Kursverlaufs des DAX fällt auf, dass nicht alle möglichen zeitlichen Abstände zwischen Tiefpunkten gleich häufig vorkommen. Im Gegenteil, viele der möglichen Abstände treten überhaupt nicht auf, andere Zeitspannen zwischen Tiefpunkten dagegen oft. Beim DAX zwischen 1988 und 1997 treten häufig zeitliche Abstände von 15 Wochen und von 30 Wochen auf.

So konnte fünfmal eine zeitliche Differenz von 15 Wochen beobachtet werden, jedoch nie eine von 18 Wochen.

Darum wird im nächsten Kapitel „Weitere tatsächlich wiederkehrende Bewegungen" eine 15-Wochen-Zyklik beschrieben, die für viele Tiefkurse im Verlauf des DAX verantwortlich ist. Sie findet hier ihre statistische Bestätigung. Tiefpunkte kommen tatsächlich bevorzugt in einem 15-wöchigen Abstand vor.

Häufigkeit der zeitlichen Abstände von Tiefpunkten

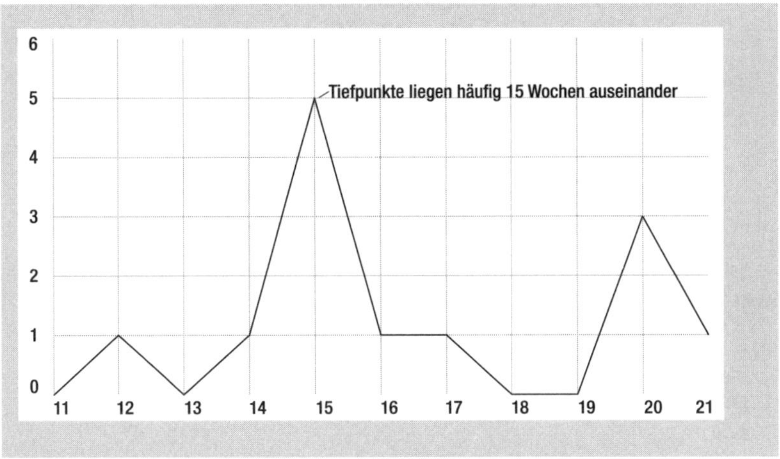

Viele verblüffende Beispiele dieses Phänomens lassen sich zeigen. 1994 traten in der leichten Abwärtsbewegung des DAX, die durch steigende Zinsen in den USA verursacht worden war, nach jeweils 15 Wochen Tiefpunkte auf.

Kursverlauf des DAX 1994

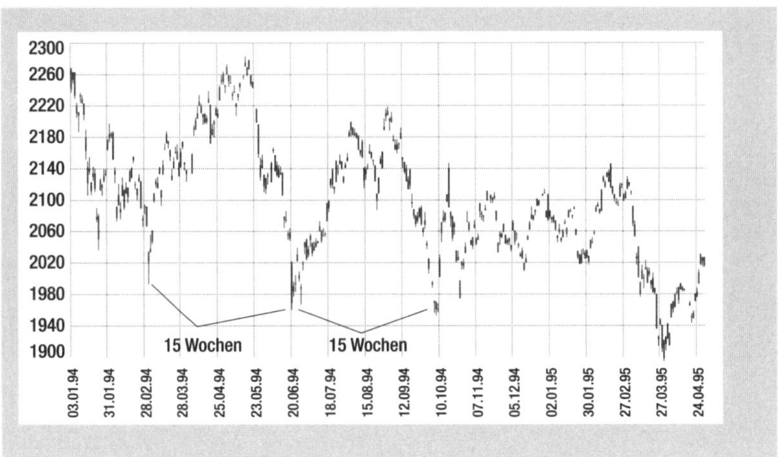

Während der großen Hausse 1997/1998, die in sinkenden Zinsen wegen nachgebender Teuerungsraten ihre Ursache hatte, fanden drei massive Einbrüche nach jeweils exakt 30 Wochen statt. Der erste Rückschlag von 3.400 auf 3.200 ereignete sich innerhalb von drei Tagen nach Ostern. Genau 30 Wochen später erreichte die Asienkrise ihren Höhepunkt, als ein japanisches Brokerhaus Konkurs anmelden musste. Der DAX hatte zu diesem Zeitpunkt 25 Prozent des Wertes vom Juli eingebüßt. Weitere 30 Wochen später fand ein erneuter Einbruch statt.

Kursverlauf des DAX 1997/1998

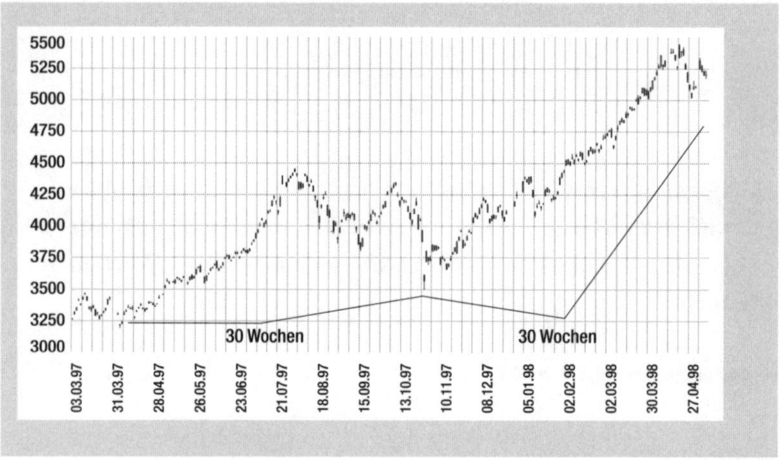

Auch bei der längerfristigen Betrachtung tauchen diese Häufungen von bestimmten Zeitspannen auf. Zeichnen wir in den DAX-Verlauf von 1960 bis 1997 die Jahrestiefstkurse ein, ergibt sich, dass sich die Abstände von etwa 139 Wochen häufen.

So liegen zum Beispiel der untere Wendpunkt im Jahresverlauf 1984 und der im Jahr 1987 exakt 139 Wochen auseinander. Die beiden erkennbaren Tiefpunkte in den Jahren 1988 und 1990 trennen ebenfalls genau 139 Wochen..

Der DAX mit Jahrestiefstpunkten 1960 bis 1997

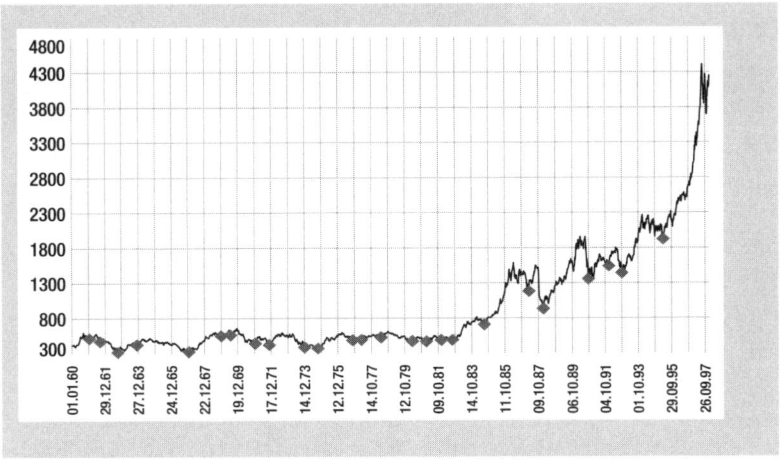

Neben den zyklischen Phasen beim DAX treten auch exponentiell ansteigende Teilstücke des Verlaufs auf. Vier solche Phasen mit einer Steigerungsrate von etwa 50 Prozent pro Jahr lassen sich zwischen 1980 und 1998 identifizieren.

Zyklische und exponentielle Phasen wechseln sich beim DAX ab

Weitere tatsächlich wiederkehrende Bewegungen

16

Zur Untersuchung, welche zyklischen Bewegungen tatsächlich in einem gegebenen Kursverlauf auftreten, bieten sich mehrere Verfahren an. Zum Beispiel kann die betrachtete Zeitspanne durch die Anzahl der aufgetretenen Hochpunkte oder Tiefpunkte geteilt werden. Hierbei sind die Tiefpunkte gegenüber den Hochpunkten vorzuziehen, da sie meist schärfer und definierter sind. Hochs in einer zyklischen Bewegung werden oft durch mehrere Gipfel gebildet. Sie liegen auch in der Regel nicht in der Mitte eines Zyklus. Eine weitere Schwierigkeit ergibt sich aus der Frage, welche Tiefpunkte als Tiefs zu zählen sind. Die Unterscheidung, ob es sich bei einem Tiefpunkt um ein Zwischentief oder ein zyklisches Tief handelt, fällt oft schwer. Deshalb wird bei nachfolgendem Verfahren, eine Zykluslänge zu bestimmen, ein anderer Weg gewählt. Einem gegebenen Kursverlauf wird eine mathematische Formel dergestalt angenähert, dass die Abweichung vom tatsächlichen Kurs minimal ausfällt.

Die mathematische Handlungsanweisung, die dem Kursverlauf angepasst wird, besteht aus einer Geraden oder einer exponentiell gekrümmten Linie und ein, zwei oder drei überlagerten Sinusfunktionen. Die Parameter der

Funktionen, also Steigung der Geraden, Wellenlänge, Amplitude und Phase der Sinusfunktionen, werden so lange variiert, bis die Abweichung der Funktion vom tatsächlichen Verlauf minimal ist. Die Wellenlängen der Sinusfunktionen der so optimierten Funktion entsprechen dann den tatsächlichen Zykluslängen des jeweils gegebenen Kursverlaufs.

Der Zins für langfristige US-Staatsanleihen von 1857 bis 2014

Die wohl wichtigste Größe für das wirtschaftliche Geschehen sowie für die Aktienbörse ist der Zins für langfristige Staatsanleihen. Der Zins ist für die USA rückwirkend bis 1857 bekannt. In dieser Zeit schwankte er zwischen 1,5 Prozent und 15,5 Prozent. Zum Ende des 19. Jahrhunderts fiel er von über acht Prozent auf unter vier Prozent. Dann stieg er am Beginn des 20. Jahrhunderts wieder deutlich bis über sechs Prozent an. Weltweit war dies eine Zeit mit ausgeprägten Inflationstendenzen. Der amerikanische Produzentenpreisindex verdoppelte sich von 1896 bis 1920. Deutschland wurde von mehreren Teuerungsschüben heimgesucht. Der letzte und schlimmste ging in die Geschichte als die „Große Inflation" ein. Am Ende dieser Phase kostete ein Laib Brot 100 Millionen Mark. Mit den wieder nachgebenden Großhandelspreisen bildete sich der Zins für langlaufende Staatsanleihen zurück. Von über sechs Prozent fiel er auf 2,25 Prozent, das bis dahin tiefste jemals in der Geschichte der USA erreichte Niveau, zurück. Die USA kehrten damals gerade als Sieger von zwei Weltkriegsschauplätzen heim und standen als einzige wirtschaftliche Supermacht in der Welt da. Eine Anleihe der Vereinigten Staaten von Amerika war die beste und sicherste Geldanlage, die sich denken ließ.

In den folgenden 35 Jahren stieg der Zins, also der Preis des Geldes, kontinuierlich an. Zunächst normalisierte er sich von dem außergewöhnlich niedrigen Niveau von 2,25 Prozent auf 4,5 Prozent im Jahr 1959. Dieser Anstieg war bedingt durch erhöhte Kapitalnachfrage aufgrund des weltweit einsetzenden Nachkriegsbooms. Die wirtschaftliche Expansion verlangte nach Kapital für Investitionen. Kapital wurde knapp und teuer. Der erste scharfe Anstieg des Zinses nach dem Krieg erfolgte in den Jahren vor 1970. Nach einer leichten Beruhigung stiegen die Renditen gegen Ende der Siebzigerjahre wieder steil an und erreichten Anfang des

Jahres 1982 den historischen Höchstsatz von über 15 Prozent. Der Grund für diesen scharfen Zinsanstieg war in den davonlaufenden Preisen zu suchen. Waren und Dienstleistungen verteuerten sich zu dieser Zeit mit einer Jahresrate von fast 15 Prozent. Die Ölpreise hatten sich in den Siebzigerjahren verzehnfacht und sorgten allmählich für einen großflächigen Preisauftrieb, der nicht auf Benzin und Heizöl beschränkt blieb, sondern auch auf Agrarrohstoffe wie Weizen, der sich verfünffachte, und Dienstleistungen übergriff. Nach 1982 rutschten die Renditen der US-Staatsanleihen unaufhaltsam fast wie auf einer schiefen Ebene. In dem Buch „Börsenindikatoren" hatte ich dann im Jahr 1994 versucht, durch zyklische Überlegungen den für die Zukunft der Aktien entscheidenden weiteren Verlauf der Zinsen zu simulieren. So bin ich dabei damals vorgegangen:

Werden der 148-jährigen Geschichte des Zinses drei überlagerte Sinusfunktionen dermaßen angenähert, dass der durchschnittliche relative Fehler der Annäherung möglichst klein ist, ergibt sich eine sich dem wahren Zinsverlauf genau anschmiegende Wellenformation.

Der Zins für langfristige Staatsanleihen in den USA 1857 bis 1994 und seine Annäherung durch drei überlagerte Sinusfunktionen

Die drei ausgesuchten Sinusfunktionen beschreiben den Zinsverlauf über 148 Jahre mit einem durchschnittlichen relativen Fehler von nur neun Prozent. Zu jedem beliebigen Zeitpunkt weicht also die synthetische

Kurve im Mittel neun Prozent vom wahren Kursverlauf ab. Dieses Ergebnis ist sehr erstaunlich.

Die Wellenlängen der drei Sinusfunktionen betragen 772 Jahre, 118 Jahre und 59 Jahre. Am bedeutungsvollsten scheint die 59-jährige Periodik zu sein. Diese Zahl taucht häufig bei zyklischen Analysen auf. So lagen beispielsweise die beiden großen Crashs der Aktienmärkte 1929 und 1987 58 Jahre auseinander. Die mathematische Analyse eines gegebenen Zinsverlaufes liefert also eine charakteristische Kenngröße für wirtschaftliche Phänomene. Obwohl der 1929er- und der 1987er-Crash in der Zinskurve gar nicht erkennbar sind, lieferte die Wellenanalyse eine Größe, die dem Abstand der beiden einschneidendsten Geschehnisse des 20. Jahrhunderts an der Börse ziemlich genau entspricht. Diese 59 Jahre stimmen ebenfalls überein mit der Wellenlänge des von Kondratieff gefundenen großen Zyklus.

Doch was nützt diese Erkenntnis einem Anleger, der sein Geld heute investieren will? 59 Jahre sind eine lange Zeit, um auf Hochpunkte oder Tiefpunkte zu warten. Der Investor kann jedoch anhand der Fortschreibung der drei Sinusfunktionen feststellen, in welche Richtung sich der Zins in den nächsten Jahren entwickeln sollte, falls dieses Modell einen gegebenen Sachverhalt einigermaßen zuverlässig beschreibt.

Prognostizierte weitere Entwicklung des amerikanischen Renditeniveaus 1995 bis 2020

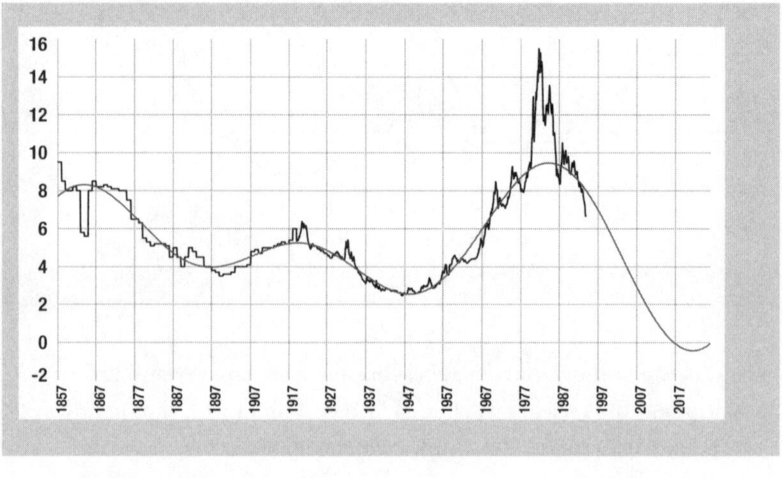

Die Berechnung der Simulation für die Jahre nach 1994 ergab damals das seltsame und fast unglaubliche Resultat, dass trotz des bereits erfolgten starken Zinsabfalls von 15 Prozent auf sieben Prozent weitere 25 Jahre mit fallenden Zinsen folgen sollten. Meine Schlussfolgerungen und mein Erklärungsansatz für dieses merkwürdige Ergebnis lauteten damals:

„In der Grafik mit dem tatsächlich festgestellten Zins bis 1994 und der Fortführung der drei angepassten Sinusfunktionen nach 1994 lässt sich sehen, dass tendenziell in den nächsten Jahren mit einem sinkenden Zins zu rechnen ist. Eine makroökonomische Ursache, die diesem fallenden Zins und der dann wohl auch fallenden Inflationsrate zugrunde liegt, könnte die weltweite Öffnung der Märkte für Waren und Arbeitskräfte sein. Die Öffnung nach Osten und das unterzeichnete GATT-Abkommen sorgen für eine größere Konkurrenz. So wird zum Beispiel der Lohnkostendruck in der Bundesrepublik dadurch gemildert, dass niedriger bezahlte Arbeitskräfte im benachbarten Osten bereit sind, die in Deutschland teuer gewordene Arbeit zu übernehmen. Durch die inzwischen weltweit vorhandene Infrastruktur entstehen nicht mehr so schnell Engpässe bei der Bereitstellung von Fertigprodukten oder Halbfertigprodukten. Ein amerikanischer Automobilproduzent kann bei Überlastung von US-Stahlkochern fast genau so schnell Rohstoffe von taiwanesischen oder deutschen Anbietern beschaffen.“

Doch welche hellseherischen Fähigkeiten in diesem Chart verborgen lagen, konnte ich damals in dieser Dimension noch nicht überblicken. Zu absurd schien es, dass Anleiherenditen auf zwei Prozent oder darunter fallen könnten. Doch genau so ist es gekommen. Wenn man sich heute den Chart von der prognostizierten Zinsentwicklung und dem tatsächlichen Verlauf anschaut, wirkt es absolut verblüffend, wie genau sich die Zinsen über 20 Jahre lang an diesen Chart gehalten haben.

Prognostizierte und tatsächliche Entwicklung der US-Anleiherendite ab 1994

Da Zins und Inflationsrate die wichtigsten Einflussfaktoren für die weitere Aktienkursentwicklung darstellen, werde ich im weiteren Verlauf des Buches in einem gesonderten Kapitel auf diese beiden Größen eingehen und diskutieren, wie es zu diesem dramatischen Zinsabfall kam und warum deutsche Staatsanleihen heute noch nicht einmal ein Prozent abwerfen.

Der Dow Jones Index

Im folgenden Abschnitt werde ich wie bei der Diskussion der US-Anleiherendite vorgehen, also zunächst meine damaligen Überlegungen schildern und sie dann mit der tatsächlichen Entwicklung vergleichen. In der nachfolgenden Grafik ist der amerikanische Dow Jones Index für 30 Industriewerte inflationsbereinigt von 1900 bis 1993 aufgetragen.

Der inflationsbereinigte Dow Jones Index 1900 bis 1993

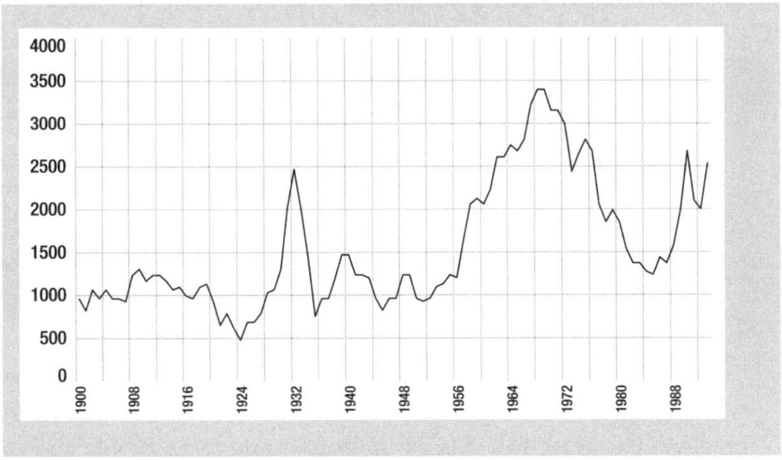

Der Dow Jones Index stellt den Mittelwert der Kurse von 30 an der Börse gehandelten Aktiengesellschaften multipliziert mit einem einzigen Wichtungsfaktor dar. Eine Aktie, die 50 Dollar notiert, geht mit ihrer Kursveränderung fünfmal so stark in die Veränderung des Index ein wie eine Aktie, die zehn Dollar kostet, selbst wenn die 10-Dollar-Aktie die viel größere Firma repräsentiert. Die ursprüngliche Bezeichnung „Dow Jones Index der Industriewerte" ist eigentlich nicht mehr korrekt, da inzwischen Firmen in den Index aufgenommen worden sind, die keine Güter produzieren, etwa die Finanzwerte American Express, Goldman Sachs, JPMorgan, Travelers, Visa, das Handelshaus Home Depot sowie das Dienstleistungsunternehmen UnitedHealth. In der englischsprachigen Literatur wird der Dow Jones Index meist als Dow Jones Average, „Dow Jones Mittelwert", bezeichnet. Beide Angaben sind korrekt, aber ein Mittelwert kann als Index verwendet werden, jedoch ist nicht jeder Index ein Mittelwert. Insofern wäre der Ausdruck „Dow Jones Mittelwert" zutreffender.

Der Index in der Grafik ist inflationsbereinigt aufgetragen und in Dollar von 1987 angegeben. 1920 lag der Dow bei 70 Dollar. Diese 70 Dollar von 1920 entsprechen 900 Dollar nach der Kaufkraft von 1987. So lässt sich an der Grafik ablesen, was ein Investor real mit Aktien gewonnen oder verloren hätte. Angegeben sind jeweils die Jahresschlusskurse.

Nach der von 1918 bis 1923 dauernden Halbierung der Aktienkurse, die mit steigenden Zinsen und galoppierenden Inflationsraten einherging, setzte von 1925 bis 1929 ein Boom noch nie da gewesenen Ausmaßes ein, in dessen Verlauf sich die Kurse der Aktien real verfünffachten. Die Zeit des Booms wurde später als die „roaring twenties" oder auch als die „Goldenen Zwanziger" bezeichnet.

Die Ernüchterung begann im Oktober 1929 mit dem Crash an den Wertpapiermärkten. Der Fünftelung des Dow Jones Index auf Schlusskursbasis – vom Höchstkurs des Jahres 1929 bis zu Tiefstkurs des Jahres 1932 fand sogar eine Zehntelung statt – folgte ein deutlicher Rückgang der wirtschaftlichen Aktivitäten, die große Depression.

Erst 1950 begann dann wieder ein lang andauernder Aufschwung an den Aktienmärkten. Real vervierfachte sich der Wert der Aktien von 1950 bis 1970. Der Nachkriegsboom führte zu Wohlstand für breite Schichten der Bevölkerung und guten Gewinnen der Unternehmen. Von 1969 bis 1982 verloren amerikanische Aktien real wieder die Hälfte ihres Wertes. Nominal verloren die Portefeuilles zwar nur 20 Prozent, doch hohe Inflationsraten, durch zwei Ölpreisschocks bedingt, fraßen einen weiteren großen Teil auf.

Im Jahr 1982 kam die Wende. Seither legten die Aktien wieder zu. Sinkende Zinsen, fallende Inflationsraten und ein Wirtschaftsaufschwung, getragen durch neue Technologien, zum Beispiel Computer, waren maßgeblich daran beteiligt.

Interessanterweise betrug die Schwankungsbreite des inflationsbereinigten Dow Jones Index mit 800 Prozent im letzten Jahrhundert genau so viel wie die des Zinses im selben Zeitraum. Er schwankte zwischen 2,25 Prozent und 15,5 Prozent, also 780 Prozent.

Die angepasste mathematische Kurve, bestehend aus zwei überlagerten Sinusfunktionen und einer Exponentialfunktion, die eine minimale Abweichung vom echten Kursverlauf liefert, schmiegt sich nicht ganz so eng an den Dow Jones Index an wie die synthetische Kurve an die Zinsentwicklung.

Der inflationsbereinigte Dow Jones Index und seine Annäherung durch eine Exponentialfunktion und zwei Sinusfunktionen 1900 bis 1993

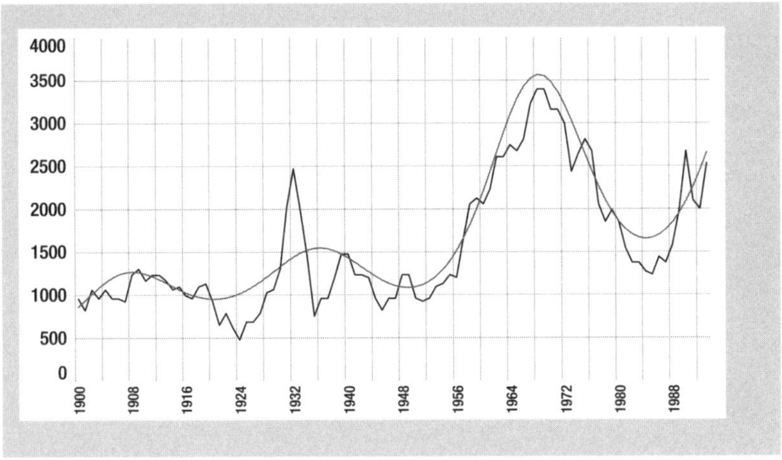

Zunächst einmal verlief die Aktienkursentwicklung erratischer, als es eine glatte Sinusfunktion darstellen kann. Die Kursentwicklung von 1925 bis 1935 wird durch die synthetische Kurve nur schlecht angenähert. Für den Rest der Zeit liefert die mathematische Annäherung von zwei Sinusfunktionen und einer Exponentialfunktion eine überzeugende Approximation. Die Wellenlängen der Sinusfunktionen betragen 49 und 31 Jahre. Die gefundene Wellenlänge von etwa 30 Jahren scheint tatsächlich eine charakteristische Größe für den amerikanischen Aktienmarkt zu sein. Einige typische Verläufe des Dow Index sind 30 Jahre vorher in ähnlicher Weise schon einmal vorgekommen.

Möglicherweise hängt dieser erkennbare 30-jährige Rhythmus mit der Anomalie der Jahresendziffern zusammen. Statistisch auffällig war ja, wie im ersten Kapitel berichtet, dass Jahre, die mit der Endziffer 5 aufhören, signifikant freundlicher verlaufen als beispielsweise Jahre, die mit einer 4 oder einer 0 enden. Bei einem 30-jährigen Rhythmus fallen dann gleiche Situationen bevorzugt auf gleiche Endziffern.

Der Dow Jones Index logarithmisch aufgetragen 1935 bis 2014

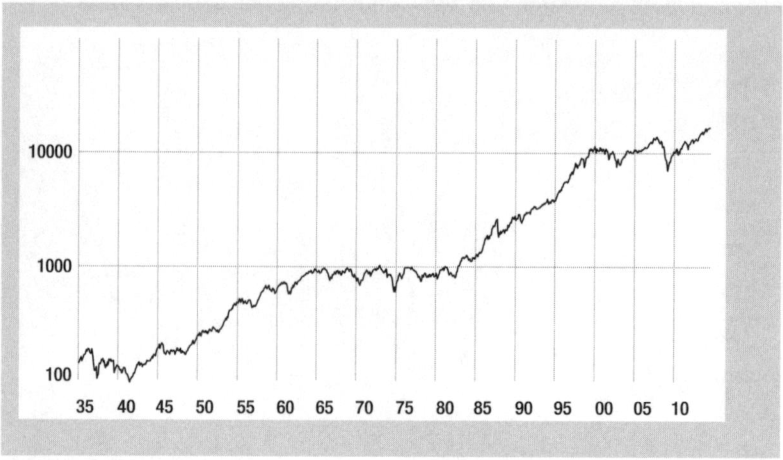

Wichtige Tiefpunkte der letzten Zeit hatten ihre Entsprechungen 30 Jahre zuvor. Ende 1990, nach dem Einmarsch der irakischen Armee in Kuwait, durchliefen die Aktien eine Baisse. 30 Jahre früher, Ende 1960, lag ebenfalls ein relativer Tiefpunkt im Verlauf des Dow Jones Index. Auch der 1992er-Einbruch an der Wall Street, der einer Rezession vorauslief, hatte ein Pendant 1962. Damals sorgte die Kubakrise für fallende Notierungen. Weitere 30 Jahre zuvor, während der Großen Depression, fielen die Aktienkurs ins Bodenlose. Nicht nur im Oktober 1987 lag ein bemerkenswertes Tief, auch der Oktober 1957 konnte eine 20-prozentige Baisse vorweisen.

Überzeugender noch als die auffällig häufig im 30-Jahres-Abstand auftretenden Tiefpunkte im Dow Jones Index wirkt die Parallelität der gesamtwirtschaftlichen Daten. Von 1949 bis 1966 fand eine große Hausse statt, die Kurse legten 523 Prozent in 27 Jahren zu. Diese Aufwärtsentwicklung wurde getragen durch wirtschaftliches Wachstum, niedrige Inflationsraten und niedrige Zinsen. 30 Jahre später kam es zu einer ähnlichen Entwicklung an der US-Börse. Im Jahr1980 begann eine Hausse, die 20 Jahre lang für steigende Kurse sorgte. 530 Prozent konnte der Dow vom Tiefpunkt im April 1980 bis zum Jahr 1993 zulegen. Das wirtschaftliche Umfeld, in dem diese günstige Entwicklung stattfand, entspricht dem der Fünfziger- und frühen Sechzigerjahre. Auch in den

Achtzigerjahren waren Inflationsraten und Zinsen niedrig. Dies führte wieder zu einer relativen Überbewertung der Finanzwerte im Vergleich zu den Sachwerten. Niedrige Inflationsraten ließen kein großes Bedürfnis nach Gold, Edelsteinen oder anderen unverzinslichen Gegenständen aufkommen. Im Gegenteil, das Kapital drängte nach Verzinsung, nach Staatsanleihen und Aktien, einer Anlageform, die einem Anziehen der Preissteigerungsrate ungeschützt ausgeliefert ist.

Ganz anders dagegen verliefen die Zeitspannen 1966 bis 1980 und 1937 bis 1949. Von 1966 bis 1980 fand eine langsame Umgewichtung von Finanztiteln zu Sachwerten statt. Die Aktien verloren nominal 20 Prozent und real 50 Prozent. Auch Anleihen erlebten ein Debakel. Langlaufende Anleihen mit einem niedrigen Kupon verloren deutlich an Wert. Wertsteigerungen konnten per saldo nur Edelmetalle vorweisen. Preise von Immobilien stiegen in dieser Zeitspanne immens, nicht nur in den USA, sondern auch in Europa. Die Inflation wurde in dieser Zeit noch zusätzlich durch zwei Ölkrisen, 1970 und 1974, angeheizt. Gegen Ende dieser Ära waren dann Sachwerte im Vergleich zu Finanzwerten zu hoch bewertet. Gold kostete 850 Dollar pro Unze und Aktien waren bei einer Dividendenrendite von im Durchschnitt sechs Prozent lächerlich niedrig bewertet. Einer der „blauesten" der Blue Chips, die amerikanische Telefongesellschaft American Telegraph & Telephone, AT&T, rentierte mit über elf Prozent.

Ähnlich verhielt es sich in der entsprechenden Zeitspanne 30 Jahre davor. Auch von 1937 bis 1949 verloren die Aktien nominal 20 Prozent und real 50 Prozent. Der Konsumentenpreisindex verdoppelte sich dagegen in der Zeit. Das macht deutlich, warum Finanzanlagen an Attraktivität verloren. Die Inflation zehrte langsam die Substanz auf.

In den Jahren 1949 und 1980 kamen dann die Wenden. Wieder abklingende Inflationsraten ließen Finanztitel im Vergleich zu Sachwerten wieder relativ günstig aussehen. Sachwerte zahlen keine Zinsen. Steigen die Preise nicht mehr, wird die Investition uninteressant.

Ein Pendeln zwischen der Bevorzugung von Sachwerten und der Präferenz für Finanzanlagen mit einer Periode von 30 Jahren findet also tatsächlich statt.

Die synthetisierte zukünftige Entwicklung des inflationsbereinigten Dow Jones Index

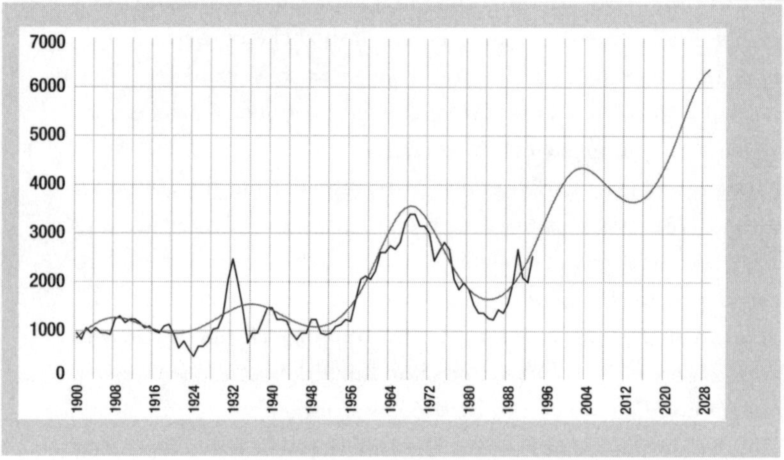

Wird die dem inflationsbereinigten Dow Jones Index angepasste Kurve in die Zukunft fortgeschrieben, ergibt sich ein Bogen, der in den nächsten Jahren noch ansteigt. Soweit meine Vermutungen im Jahr 1994. Die synthetisierte Kurve signalisierte für die nächsten Jahre einen steilen Anstieg. Tatsächlich ging es dann auch deutlich bergauf. Der Dow Jones konnte sich in sieben Jahren verdreifachen. Die berechnete Kurve erwies sich also als außerordentlich hilfreich zur Einschätzung der weiteren Entwicklung der Aktienkurse.

Prognostizierte und tatsächliche Entwicklung des Dow Jones von 1994 bis 2014

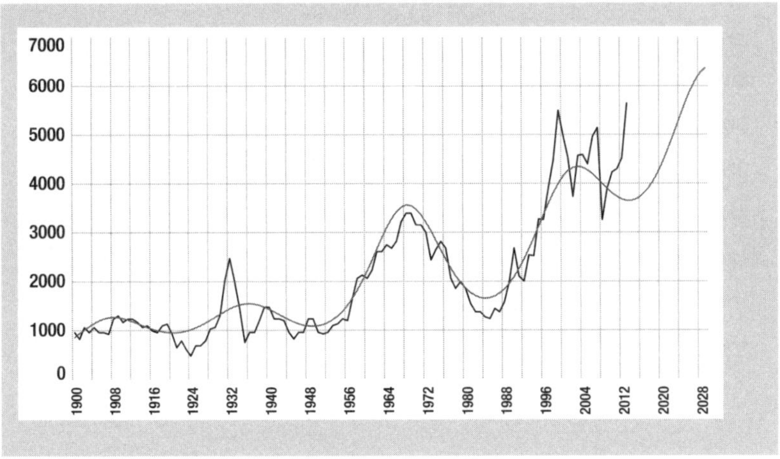

Der Dow Jones 1986 bis 1987

Bei der Suche nach kürzerfristigen Zyklen, mit einer Wellenlänge kleiner als ein Jahr, fallen beim Dow Jones mehrere Kursverläufe mit einer ausgeprägten Sinusform auf. So lässt sich beispielsweise der Dow von Januar 1986 bis März 1987 durch eine Gerade und eine einzige Sinusfunktion mit einem relativen Fehler kleiner als ein Prozent darstellen.

Vorgegangen wurde dabei wieder so, dass für den gegebenen Kursverlauf vom Rechner eine Kurve bestehend aus einer Geraden und ein, zwei oder drei Sinusfunktionen gesucht wurde, bei der die Abweichung zum Ursprungsverlauf möglichst gering ausfiel. In diesem Fall konnte der Beginn der Kurve sogar durch eine einzige Sinusfunktion beschrieben werden.

Der Dow Jones Index und eine angenäherte Sinusschwingung 1986 bis 1987

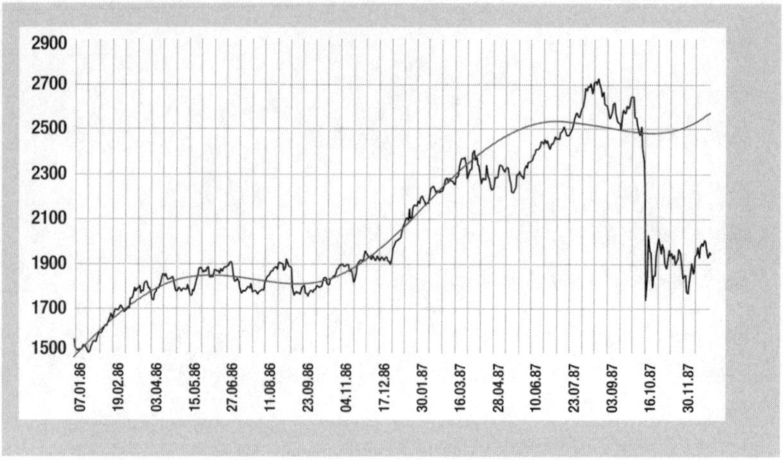

Der zweite Wellenberg trifft den Hochpunkt der echten Kursentwicklung nicht und in den bereits einsetzenden Abschwung der simulierten Kurve fällt das tatsächliche Allzeithoch des Dow Jones Index. Doch Wochen später trifft das Tief des furchtbaren Oktober Crashs genau den Tiefpunkt der 1986 simulierten und angepassten Sinusfunktion. Diese Übereinstimmung ist beeindruckend.

Die Wellenlänge dieser genau passenden Annäherung ist exakt 55 Wochen. Diese signifikante Zeitspanne tritt häufig im Verlauf des Dow Jones Index auf. Der scheinbar grundlose Minicrash der Aktien Ende Oktober 1989 fand genau zweimal 55 Wochen nach dem 1987er-Crash statt. Interessanterweise fand diese Abwärtsbewegung 1987 auf den Tag genau 55 mal 55 Wochen später als die andere große Katastrophe dieses Jahrhunderts am Aktienmarkt, der 1929er-Crash, statt. Für diese Zyklik lassen sich noch weitere Beispiele finden.

Der Dow Jones Index 1988 bis 1989

Noch stärker beeindruckt der Kursverlauf des Dow Jones Index 1988 und 1989. Der Index lässt sich über fast zwei Jahre durch eine Sinusfunktion mit einem durchschnittlichen relativen Fehler von 1,7 Prozent beschreiben.

Der Dow Jones Index und eine angenäherte Sinusschwingung 1988-1989

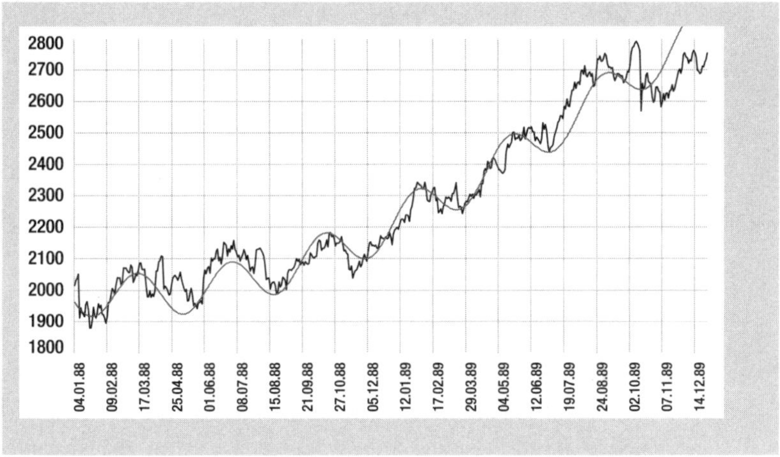

An jedem dieser 500 Börsentage weicht der tatsächliche Kurs bei einem Indexstand von über 2.000 durchschnittlich nur 35 Punkte von der Simulation ab. Dies ist ein erstaunliches Ergebnis. Drei überlagerte Sinuskurven waren für dieses Ergebnis notwendig. Die Wellenlängen der Schwingungen, die sich ergaben, betragen 124 Wochen, 18 Wochen und 15 Wochen. Letztgenannte Zahl ist eine charakteristische Größe für kurzfristige Aktienkursbewegungen. Der Minicrash im Oktober 1989 fiel auf ein relatives Minimum der synthetischen Kurve. Auch bei anderen Gelegenheiten taucht diese 15-Wochen-Welle auf und im DAX-Verlauf von 1988 bis 1995 spielt sie eine bedeutende Rolle.

Der DAX von 1988 bis 1995 im 15-Wochen-Rhythmus

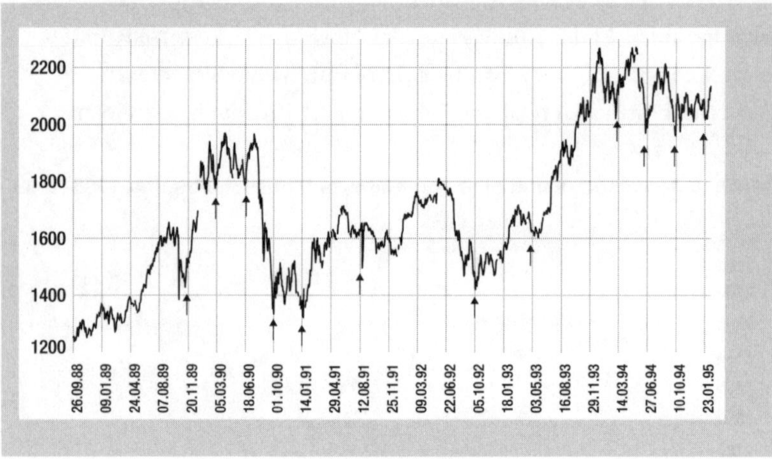

Im Jahr 1994 traten drei wichtige Tiefpunkte mit jeweils 15 Wochen Abstand auf. Auch 1989, 1990 und 1991 traten alle 15 Wochen signifikante Kursminima auf. Hierbei kann der Endpunkt des 15-Wochen-Bogens höher als der Anfangspunkt liegen, wie vom 13. November 1989 bis zum 26. Februar 1990, auf demselben Niveau wie beim Bogen vom 26. Februar 1990 bis zum 11. Juni 1990, oder tiefer wie vom 11. Juni 1990 bis zum 24. September 1990. Der 15-Wochen-Rhythmus der Tiefpunkte des Jahres 1990 erreicht, sofern er weitergezählt wird, exakt die Tiefpunkte der 1994er-15-Wochen-Wellen. Die Tiefs von 1994 bewegen sich also im Takt von 1990. Diese unterschwellige Schwingung, die manchmal zutage tritt und manchmal nicht, verblüfft. In der Zeit zwischen 1991 und 1993 finden sich keine Tiefpunkte auf diesem Zeittakt. Eine Ausnahme liefert die „Schlesingerbaisse“ am 28.9.1992. Ihr Tiefpunkt lag wieder auf dem 15-Wochen-Raster. Möglicherweise zeigt sich alle 15 Wochen eine Anfälligkeit des Marktes, die zu Tiefpunkten führen kann, aber nicht muss.

Um herauszufinden, ob weitere laufende Rhythmen existieren, auf denen der DAX bevorzugt Tiefpunkte ausbildet, bietet es sich wieder an, den tatsächlichen DAX-Verlauf dergestalt durch drei überlagerte Sinusfunktionen anzunähern, dass der durchschnittliche relative Fehler möglichst klein wird. Wird bei diesem Verfahren der DAX-Abschnitt vom 4. April 1994 bis zum 1. Juli 1994 gewählt, zeigt sich Erstaunliches. Der DAX wird 13 Wochen lang fast exakt durch überlagerte Sinusfunktionen beschrieben.

Verlauf des DAX durch Sinusfunktionen angenähert

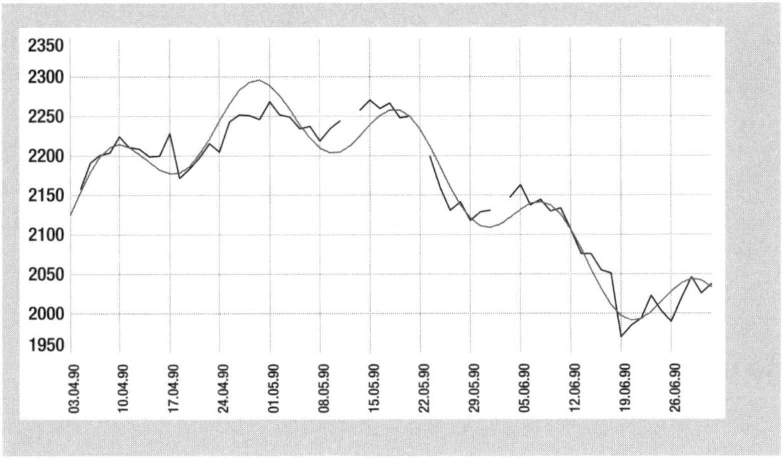

Der durchschnittliche relative Fehler dieser Approximation ergibt sich zu nur 0,2 Prozent. An jedem einzelnen Tag liegt der DAX-Abschnitt im Mittel nur vier Punkte von der synthetischen Kurve entfernt. Interessant wirkt neben dem genauen Treffen der Tiefpunkte, dass der DAX durch die bauchige Form der Sinusfunktion und nicht etwa durch eine Sägezahn-Kurve oder eine andere asymmetrische Funktion beschrieben werden kann. Die Zeitperioden der angepassten Funktionen ergeben sich zu drei Wochen, 15 Wochen und 25 Wochen. Die 15 Wochen als charakteristische Größe für Entwicklungen beim DAX sind ja bereits angesprochen worden. Mehrfach betrug im Jahr 1994 die Zeitspanne zwischen zwei Zwischentiefs genau 15 Wochen.

Die 3-Wochen-Zyklik scheint eine charakteristische Länge für Kurzfristschwingungen der deutschen Aktienkurse zu sein. Auch in Aufwärtsbewegungen tauchen häufig alle drei Wochen kleine Abwärtszacken auf. Dies ist für den Anleger günstig zu wissen, wenn er in einer

Aufwärtsbewegung nach einem günstigen Einstiegspunkt Ausschau hält. Die Abwärtsbewegung in unserem Beispiel bestand aus zwei Schüben, die jeweils drei Wochen auseinander lagen. Die 25-Wochen- oder Halbjahres-Zyklik tritt dagegen selten auf. Zwei markante Tiefpunkte im Juli 1986 und im Januar 1987 trennten exakt 25 Wochen.

Zusammengefasst scheinen also drei, 15 und 25 Wochen charakteristische Zeitspannen für den DAX zu sein. Als Pferdefuß der Schwingungsbeschreibung des DAX muss jedoch gesehen werden, dass er nach einer Zeit mit ausgeprägtem Schwingungsverhalten ohne Vorwarnung ausbricht und ein neues Muster prägt. Die Phasen, in denen er sich durch eine Sinusfunktion beschreiben lässt, sind zeitlich begrenzt. Allerdings verblüfft, dass er das Schwingungsmuster dann im gleichen Rhythmus wieder aufnimmt. Wenn man den 15-Wochen-Takt, auf den so viele Tiefs zwischen 1988 und 1995 fielen, weiterzählt, gelangt man exakt zum Tiefpunkt der jüngsten Ukrainekrise, die den DAX von über 10.000 Punkten auf 8.900 Punkte hinabzog.

Die Ukrainekrise im fortlaufenden 15-Wochen-Takt

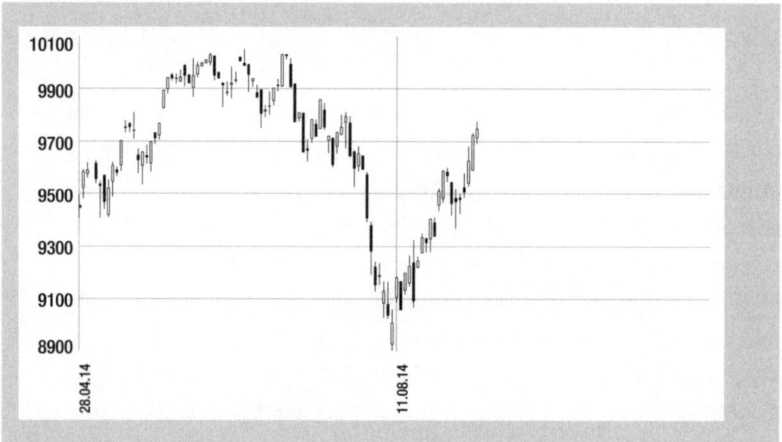

Ein schönes Beispiel der oben angesprochenen, häufig auftauchenden 3-Wochen-Struktur trat im Januar 2015, gerade beim Korrekturlesen dieses Buches, auf. Deshalb möchte ich es hier noch schnell schildern.

Auftauchen der 3-Wochen-Struktur im Dezember 2014 und Januar 2015

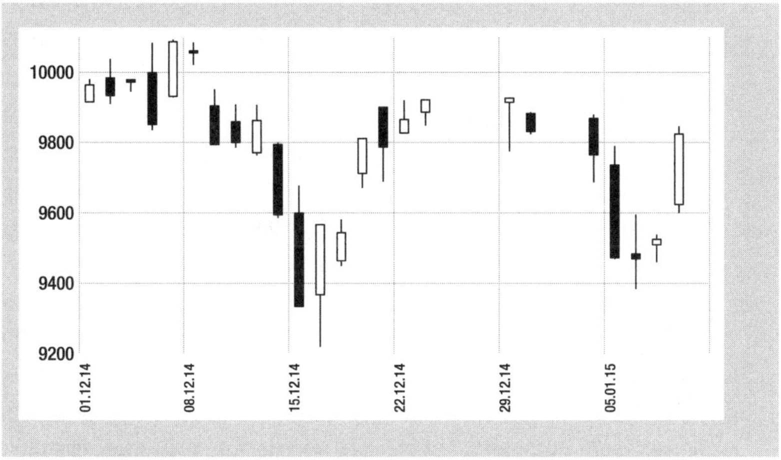

Am Freitag, dem 12. Dezember 2014, verlor der DAX im Tagesverlauf fast 200 Punkte. Der sich beschleunigende Sturz des Ölpreises verunsicherte die Anleger. Eigentlich wirkt billiges Öl ja immer positiv, sowohl auf die Weltwirtschaft als auch auf die Börsenkurse, da mit sinkendem Ölpreis in der Regel auch die Inflationsraten und die Zinsen nachgeben. Doch dieses Mal wurde eine an sich sehr positive Nachricht negativ interpretiert. Konnte es sein, dass der fallende Ölpreis der Vorbote einer weltweiten Wirtschaftsabschwächung, ja einer erneuten kommenden Rezession sein könnte? Übers Wochenende steigerte sich die Hysterie der Anleger weiter. Am Montag, dem 15. Dezember, eröffnete der DAX zwar noch auf dem Vortagsschlussniveau, konnte aber diese Höhe nicht halten und sackte im Tagesverlauf weitere 250 Punkte ab. Beschleunigt wurde diese Bewegung durch die ebenfalls stürzenden Kurse an der Wall Street. Diese Abwärtsdynamik konnte man durchaus als kleine Panik bezeichnen. Am Dienstag eröffneten die Kurse noch einmal schwächer, doch ohne erkennbaren Grund und ohne eine Erholung der doch angeblich verantwortlichen niedrigen Ölpreise stieg der DAX wieder steil an und der Spuk war vorbei. Eine Woche später notierte der DAX wieder bei 9.900 Punkten.

Ich hatte während dieses Rutsches schon in meiner Börsen-Hotline angekündigt, nach dieser seltsamen Panikattacke erscheine es mir vom Ablauf her wahrscheinlich, dass in exakt drei Wochen ein erneuter grundloser Panikanfall kommen könnte, quasi als Nachbeben. Genau so hat es sich ereignet. Exakt drei Wochen später, am 5. Januar 2015, verlor der DAX erneut über 250 Punkte an einem Tag, angeblich weil wieder die Ölpreise nachgegeben hätten. Auch dabei erfasste es die New Yorker Börse, auch dort stürzten an diesem Montag die Kurse. Es ging dort über 330 Punkte bergab. Es scheint mir selbst oft unheimlich, mit welcher zeitlichen Konstanz solche Ablaufdynamiken eintreten. Als ob die Marktteilnehmer kollektiv in Panik verfallen und diese Angst exakt drei Wochen später erneut auftritt.

In den letzten 40 Jahren, in denen ich die Börsenentwicklung verfolge und zu verstehen versuche, habe ich mich bemüht, Gesetzmäßigkeiten und Strukturen zu erkennen. Bei einzelnen Aktien ist mir dies in den Jahren nicht gelungen. Ich habe kein Kriterium gefunden, das mir schlechte Aktien von guten unterscheidet. Wenig aussichtsreiche stiegen plötzlich und die Favoriten stürzten ab. Aber auch nicht immer, nicht so, dass man sich darauf verlassen könnte. Manchmal stiegen die vermeintlich guten Werte ja auch. Welche Kennzahlen der einzelnen Aktien ich auch als Auswahlkriterium hinzugezogen hatte, es ließen sich daraus keine effizienten Gewinnstrategien ableiten. War eine Aktie günstig bewertet, mit einem niedrigen Kurs-Gewinn-Verhältnis und einer hohen Dividendenrendite, entpuppte sich dieses vermeintliche Schnäppchen in der Regel als schwarzes Schaf. Das niedrige Kurs-Gewinn-Verhältnis ergab sich oft, weil die Aktie gefallen war, da offensichtlich irgendetwas im Busch war oder sich die Zukunftsaussichten deutlich eingetrübt hatten. Als Beispiel seien hier die deutschen Stromversorger RWE und E.ON genannt. Die niedrige Bewertung kündete schon frühzeitig von bestehenden Problemen. Die tollen vermuteten Dividendenrenditen materialisierten sich nicht.

Vor der Finanzkrise waren die europäischen Banken günstig bewertet, mit angeblich niedrigen Kurs-Gewinn-Verhältnissen und hohen Dividendenrenditen. Auch der Erwerb dieser Finanztitel stellte sich im weiteren Verlauf nicht als Glückskauf, sondern als Anlegerfalle heraus. Durch die vermeintlich hohen Dividendenrenditen wurden Anleger in diese späteren Wracks gelockt. Nach der Finanzkrise blieb von denen, die überlebt hatten, nur noch ein Schatten ihrer einstigen Größe übrig.

Die auffälligsten Gesetzmäßigkeiten beim Börsengeschehen sind mir bei all meinen Untersuchungen auf der Zeitachse begegnet. Der Börsenindikator unterscheidet zwischen günstigen Zeiten für die Aktienanlage und ungünstigen. Er trifft keine Aussage über Kurshöhen. Auch bei den in diesem Kapitel angesprochenen zyklischen Bewegungen ergeben sich Zeitkonstanten. Deshalb denke ich bei der Börsenanalyse in Zeitkategorien und nicht in Kurshöhen. So gut wie alle anderen Börsenanalysten arbeiten in der Kurshöhen-Kategorie, sie geben Kursziele und keine Zeitpunkte an. Bei den Kurshöhen konnte ich bisher aber noch keine reproduzierbaren Ergebnisse konstruieren. Mir selbst scheint es willkürlich zu sein, wie hoch der DAX steigt und wie tief er fällt. Nicht zufällig wirkt dagegen, wann er steigt und wie lange. Diese gerade erschienene 3-Wochen-Struktur mag dafür noch einmal als Beispiel dienen.

Meteorologische Zyklen

17

Möglicherweise existieren periodische wirtschaftliche Vorgänge, denen meteorologische Zyklen zugrunde liegen. Das Wetter hatte in früherer Zeit entscheidenden Einfluss auf das wirtschaftliche Geschehen. Das Bruttosozialprodukt bestand zu einem großen Teil aus landwirtschaftlicher Produktion. Wetterbedingte Ernteausfälle konnten so die volkswirtschaftliche Gesamtleistung schmälern und die Teuerungsraten negativ beeinflussen. Andererseits dürfte ein günstiges Klima zu einem großen Angebot, stabilen Preisen und guten Erträgen auch in anderen Wirtschaftsbereichen geführt haben. Zyklen im Temperaturverlauf und in der Niederschlagsmenge konnten Schwankungen in der wirtschaftlichen Entwicklung nach sich ziehen. Denkbar ist sogar, dass früher geprägte Zyklen so tief im Verhalten der Menschen verankert sind, dass sie im heutigen Wirtschaftsgeschehen weiterlaufen, ohne dass die heutige Produktion noch sonderlich vom Wetter abhängig ist.

Die nachfolgenden historischen Wetterdaten wurden mir freundlicherweise von einem Studenten am Meteorologischen Institut der Goethe-Universität in Frankfurt kostenlos zur Verfügung gestellt.

Jährliche Abweichung von der mittleren Temperatur 1579 bis 2013 in Norddeutschland

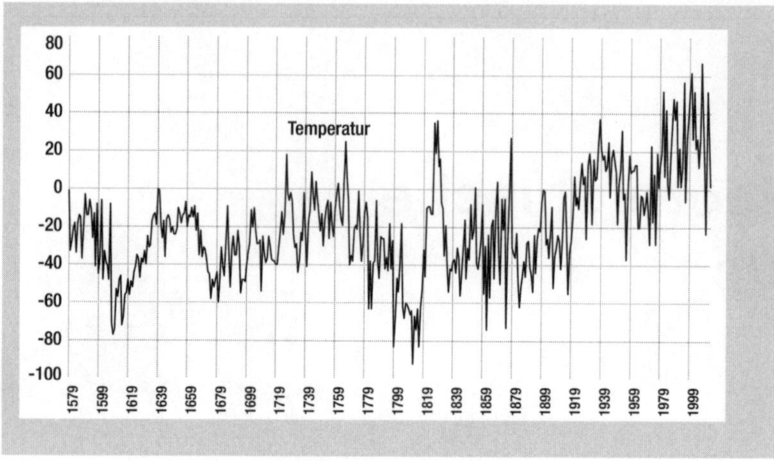

Der Blick auf den Temperaturverlauf in Norddeutschland von 1579 bis 2013 verrät zunächst einmal keine ins Auge fallende Zyklik. Angegeben ist in der Grafik die jährliche Abweichung von der Durchschnittstemperatur in hundertstel Celsiusgraden. Die maximale Schwankung von 1,5 Grad klingt nicht nach viel, doch wie inzwischen häufig diskutiert, reicht schon eine kleine Veränderung in der Durchschnittstemperatur aus, um große Wirkungen bei Niederschlägen, Überschwemmungen, Sturmschäden et cetera hervorzurufen.

Die regelmäßigen Temperaturaufzeichnungen begannen in Norddeutschland 1579. Schon bald nach den Anfängen der Aufzeichnungen, um 1610, lässt sich eine ausgedehnte Kälteperiode erkennen. Sie gehört zum Komplex der „kleinen Eiszeit", die von 1550 bis 1720 die Nordhalbkugel im Griff hatte.

In den Jahrhunderten davor war es relativ warm gewesen: Grönland war im 12. Jahrhundert bewohnt und in England wurde Wein angebaut. Wie sich dieser Kälteeinbruch im Leben der Menschen und in deren wirtschaftlichen Tätigkeiten bemerkbar machte, lässt sich an den Getreidepreisen, die aus dieser Zeit überliefert sind, ablesen.

Der Weizenpreis in England 1250 bis 2014, umgerechnet in Cent pro Bushel

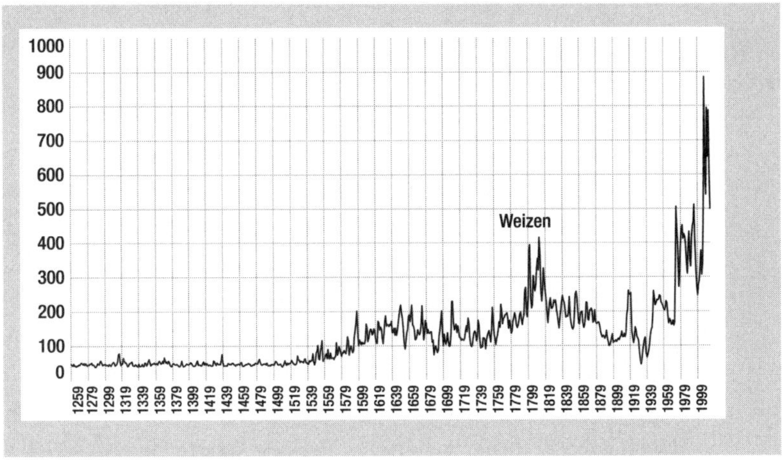

Im Jahre 1610 kosteten 100 kg Weizen 12 Gulden und damit viermal so viel wie noch 50 Jahre zuvor. Der Roggenpreis verdoppelte sich in nur zwei Jahren. Der Gesundheit der Menschen war dieses härtere Klima abträglich. In England verringerte sich die durchschnittliche Lebenserwartung um zehn Jahre. Typhus- und Cholera-Epidemien lassen sich direkt mit dem kälteren Klima in Verbindung bringen. Die Mutterkornvergiftung, die von feucht geerntetem Roggen herrührt, raffte ebenfalls zahlreiche Menschen dahin. In Norwegen und Schottland wurde der Getreideanbau ganz aufgegeben. So sorgten fallende Temperaturen für Rückgänge der gesamtwirtschaftlichen Produktion und höhere Getreidepreise für Preissteigerungen bei anderen Waren.

Die Jahre 1640 bis 1660 brachten nur eine kurze Erholung. Die Getreidepreise gingen in der Zeit wieder zurück und das wirtschaftliche Leben normalisierte sich etwas. Doch schon 1670 bis 1720 war die Kälte wieder da. Die Getreidepreise zogen wieder an und der Roggenpreis erreichte 1694 den fünffachen Wert von 1670.

Die kleine Eiszeit von 1550 bis 1720 gilt als die kälteste Periode in Europa seit der Eiszeit vor 10.000 Jahren. Die Jahre 1695 und 1725 hatten mit Durchschnittstemperaturen von 13,1 und 13,2 Grad Celsius die kältesten Sommer, von denen Messungen überliefert sind. Eskimos wurden vor Schottland gesehen und die Themse fror im 17. Jahrhundert elfmal zu. Die durch die Kälte und die hohe Feuchtigkeit verursachten Missernten verknappten das Versorgungsangebot. Hungersnöte und erste Auswanderungswellen nach Amerika waren die Folge. Auch hier prägte das Klima wieder die wirtschaftlichen Aktivitäten.

Die langsame Erwärmung nach 1700 führte zu deutlichen Verbesserungen der Lebensbedingungen. Die gesundheitlichen Verhältnisse verbesserten sich und die Lebenserwartung stieg wieder an. 1733 wurde in Schottland das strenge puritanische Gesetz gelockert und jährliche Tanzveranstaltungen wurden wieder erlaubt. Die besseren Ernten sorgten für einen Rückgang der Getreidepreise. Vom Spitzenwert des Jahres 1694 drittelten sie sich bis 1730. Die fallenden Preise zogen die Zinsen für langfristiges Kapital nach unten. Die Rendite englischer Staatsanleihen gab von neun Prozent 1710 bis auf drei Prozent 1725 nach.

Doch auch in dieser wärmeren Periode sorgte ein einziges kaltes Jahr für explodierende Nahrungsmittelpreise. Der Sommer 1740 wurde von Zeitgenossen „eigentlich als Winter" beschrieben. Die damit verbundene Verdoppelung der Getreidepreise währte allerdings nur bis zum nächsten Jahr. 1741 wurde der Wert von 1739 wieder erreicht.

Nach den Jahren des relativen Wohllebens sorgte eine jähe Klimaverschlechterung ab Ende des 18. Jahrhunderts für einen erneuten Rückgang der wirtschaftlichen Aktivität. Möglicherweise wurde diese Kälteperiode durch eine große Anzahl von Vulkanausbrüchen verursacht. 1782 fanden zwei große Eruptionen auf Island statt. Drei Wochen lang verdeckte ein Staubschleier die Sonne. Die schwefelhaltige Atmosphäre verursachte sogar in Holland noch Pflanzenschäden und bei der Bevölkerung Augenbrennen. In Südfrankreich war die Sonne erst 17 Grad über dem Horizont zu sehen. Die außergewöhnlich häufigen Vulkaneruptionen verursachten einen dauernden Staubschleier in der oberen Atmosphäre. Eine Verdunkelung und Abkühlung der Erde war die Folge. 1782 fiel in England auf das noch nicht ausgereifte Getreide Schnee. In diese Periode fiel das berühmte Jahr ohne Sommer in Europa: 1816.

Die Abweichung von der Durchschnittstemperatur in Norddeutschland 1770 bis 1840

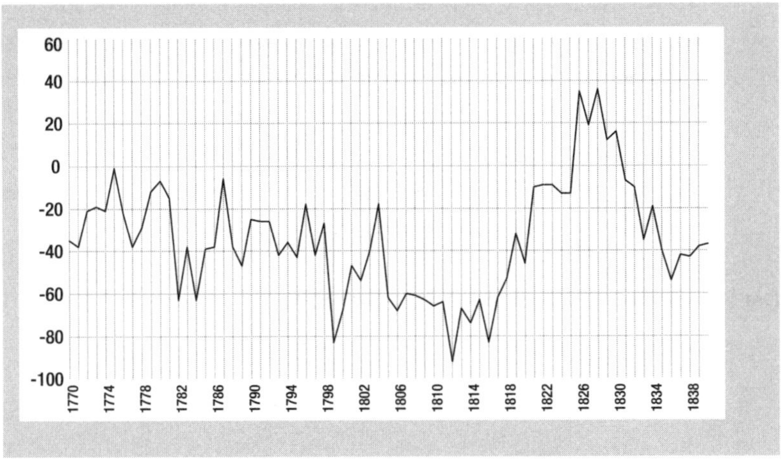

In jedem Monat des Jahres gab es mindestens einmal Nachtfrost. Vorangegangen waren 1812 der Ausbruch des St. Vincent auf den kleinen Antillen, 1814 mehrere Eruptionen auf den Philippinen und im April 1815 der Ausbruch des Tambora in Indonesien. Die durch die Vulkanausbrüche eingeleitete Kältewelle war auf der ganzen Erde spürbar. Im kanadischen Quebec blieben im Juni 1816 mehrfach die Tageshöchsttemperaturen unter dem Gefrierpunkt. Diese Kälte hatte katastrophale Folgen für das Leben der Menschen. Zwischen 1816 und 1819 suchte die schwerste Typhus-Epidemie der Geschichte Europa heim und die erste große Cholera-Epidemie breitete sich in der ganzen Welt aus.

Auch das wirtschaftliche Leben wurde von der grimmigen Kälte nicht verschont. Hungersnöte verschlimmerten die Situation der Menschen. Im geschichtlichen Vergleich repräsentiert das Jahr 1816 für die Menschen des letzten Jahrtausends die schlimmste weltweite klimabedingte Katastrophe.

Von 1780 an verfünffachten sich die Roggenpreise in Deutschland. Im Jahre 1789 gab eine französische Familie der unteren Bevölkerungsschicht im Durchschnitt 88 Prozent ihres Einkommens für Brot aus. Kein Wunder, dass 1789 die Französische Revolution ausbrach. So überrascht es auch wenig, dass in dieser Zeit nicht viel Geld für andere Waren und Dienstleistungen ausgegeben werden konnte. Wirtschaftliche Tätigkeiten, die nicht der Nahrungsmittelproduktion oder der Bereitstellung von Heizmaterial dienten, kamen fast vollständig zum Erliegen. Der Höhepunkt der Nahrungsmittelknappheit wurde 1816 erreicht.

Der Weizenpreis in Nordeuropa 1700 bis 1821

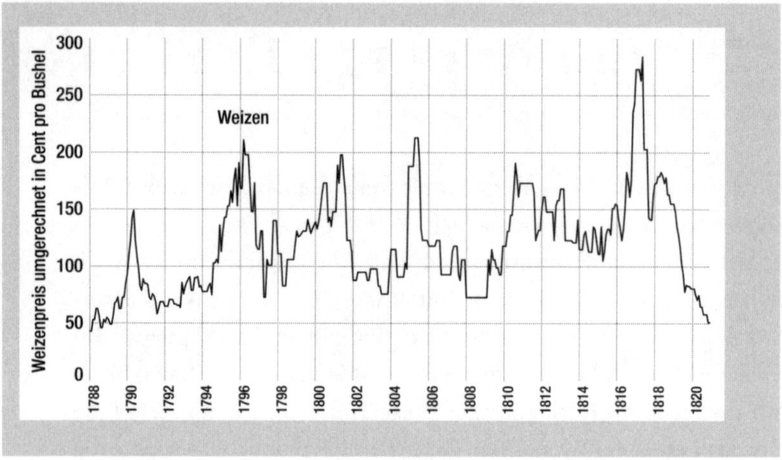

Am Ende des Jahres kostete ein Bushel Weizen umgerechnet fast 300 Cent. Anders als in früheren Kälteperioden blieb der Getreidepreis jedoch auch zwischen den Hungersnöten hoch. Diese hohen Preise sorgten wiederum für hohe Zinsen. Wer konnte, lieh sich Geld, um Nahrungsmittel zu kaufen. Der Zins, den langlaufende englische Staatsanleihen abwarfen, stieg von drei Prozent 1725 auf sechs Prozent zwischen 1800 und 1816.

Die Rendite langlaufender englischer Staatsanleihen 1725 bis 1845

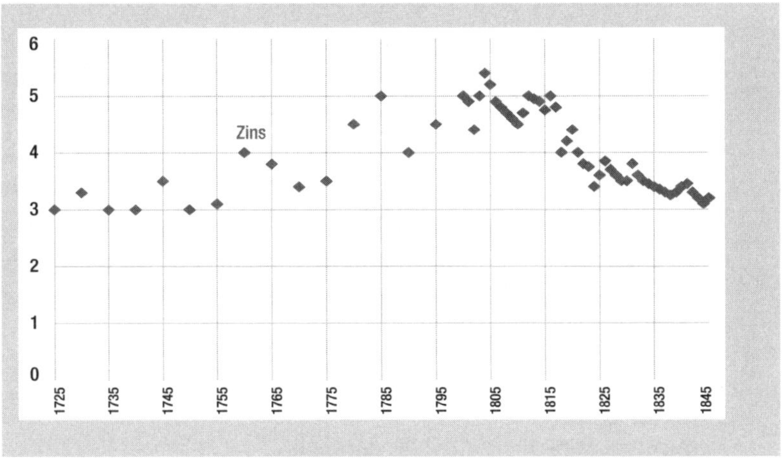

Auch in dieser unglücklichen Phase der Menschheitsgeschichte zeigte sich wieder, dass das Klima entscheidenden Einfluss auf das persönliche Wohlergehen und den gesundheitlichen Zustand der Menschen nahm und auch wirtschaftliche Größen wie Preise, Teuerungsrate und Zinsen entscheidend beeinflusste.

Die Erwärmung von 1816 bis 1830 war zwar drastisch, aber nur von kurzer Dauer. Dennoch führte sie zu einer spürbaren Verbesserung der Lebenssituation der meisten Menschen. Das Jahr 1826 brachte den Engländern den wärmsten Sommer seit 300 Jahren. Auch die Winter 1821/1822 und 1833/1834 waren die mildesten seit Beginn der Temperaturaufzeichnungen. Das Leben normalisierte sich wieder und die Getreidepreise gaben nach. 1827 betrug der Roggenpreis in Deutschland nur noch ein Fünftel des Preises des Katastrophenjahrs 1816. Er erreichte wieder den Preis von 1775, dem Jahr vor den Hungersnöten. Dementsprechend gaben auch die Zinsen von sechs Prozent im Jahr 1810 auf 3,5 Prozent im Jahr 1827 nach. Die billigeren Nahrungsmittel und die niedrigeren Zinsen ließen wieder Raum für wirtschaftliche Aktivitäten aller Art.

Im Jahre 1836 kehrte die Kälte jedoch zurück. Vor allem die mit der Kälte einhergehende Feuchtigkeit führte zur sich schwerpunktmäßig in Irland ausbreitenden „Kartoffel-Hungersnot“. Der Kartoffelfäule-Pilz führte zum Ausfall fast der gesamten Ernte. Dadurch stiegen in ganz Nordeuropa die Getreidepreise. Dies alles war vermutlich mitverantwortlich für die sich ausbreitenden Unruhen und den vielerorts beginnenden Prozess der Demokratisierung. Die Deutsche Revolution von 1848 steht in direktem Zusammenhang mit der schlechten Ernährungssituation. Der Hunger schürte den Hass auf die „Satten". Die Ende des 19. Jahrhunderts langsam beginnende Erwärmung, die 1940 ihren Höhepunkt erreichte, sorgte für zunehmend bessere Lebensverhältnisse. Die industrielle Revolution, die Erfindung der Dampfmaschine und niedrige Lebensmittelpreise bescherten breiten Bevölkerungsschichten einen noch nie da gewesenen Wohlstand.

Wird der Temperaturverlauf in Norddeutschland seit 1579 über zehn Jahre geglättet, um die kurzfristigen Schwankungen zu eliminieren, wird eine etwa 100-jährige Zyklik deutlich.

Der über zehn Jahre geglättete Temperaturverlauf 1590 bis 1990

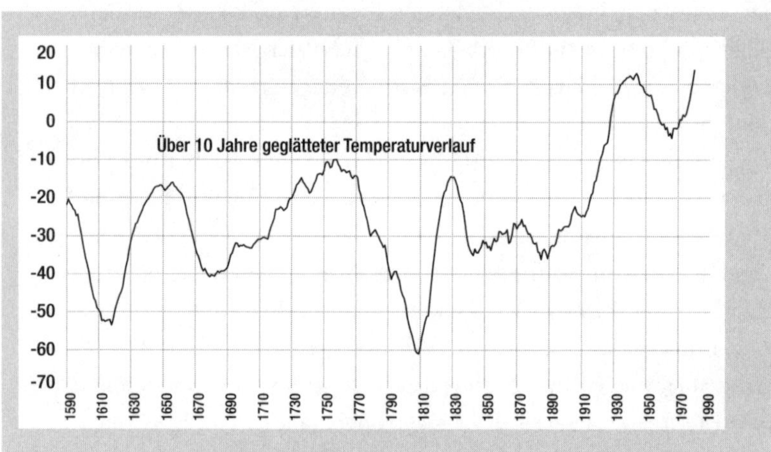

Etwa 1650 war ein erstes Maximum der Temperatur zu sehen. 1750 ist außerdem ein oberer Wendepunkt der Temperaturkurve auszumachen. Der nächste Klimagipfel taucht 1835, also etwas zu früh, auf. Der letzte Buckel der 100-jährigen Klimaschwankungen trat 1940 auf. Die zeitlichen Phasen, in denen die Temperaturen tendenziell fielen oder schon tief waren, bedeuteten schwierige und entbehrungsreiche Zeiten für die

Bevölkerung. Warme oder wärmer werdende Abschnitte der Geschichte gingen dagegen bevorzugt mit steigender Lebenserwartung, besserem Gesundheitszustand, preiswerteren Nahrungsmitteln und größerer Aktivität auf anderen wirtschaftlichen Gebieten einher.

Eine verblüffende Übereinstimmung ergibt sich zwischen der über eine Dekade gemittelten Temperaturkurve und dem Zins für langfristige britische Staatsanleihen im selben Zeitraum. Die Erwärmung von 1700 bis 1740 ging mit fallenden Zinsen einher. Die Klimaverschlechterung 1750 bis 1800 trieb den Zins wieder bis auf sechs Prozent nach oben. Die anschließende langsame Erwärmung ließ den Zins bis 1900 auf 2,5 Prozent sinken.

Nun hat die Parallelität zwischen Klima und Wirtschaft den großen Vorteil, dass die klimatischen Zyklen, die möglicherweise konjunkturelle Vorgänge prägen, bekannt sind. Der schon gezeigte 100-Jahres-Rhythmus ist nur ein Beispiel für bereits nachgewiesene Wetterschwankungen.

In den letzten Abschnitten wurde deutlich, wie eng das Klima mit dem Wohlergehen der Menschen und ihren wirtschaftlichen Tätigkeiten einhergeht. Warme Temperaturen begünstigen stabile Preise und wirtschaftliche Entfaltung, Kälteperioden dagegen lassen die Lebenshaltungskosten, insbesondere die Nahrungsmittelpreise, steigen und gehen mit Phasen stagnierender oder rückläufiger Wirtschaftstätigkeit einher.

Welche Faktoren beeinflussen aber nun das Klima? Zunächst einmal ist erwiesen, dass Vulkanausbrüche kausal mit Klimaveränderungen in Verbindung stehen. So wurde schon im vorigen Kapitel dargelegt, dass die Eruption des Tambora die Kälteperiode von 1816 verursacht oder zumindest verschlimmert hat. Die stärksten Vulkanausbrüche dieses Jahrtausends waren neben dem des Tambora der des Krakatau 1883 und des Katmai 1912. Auch sie kühlten die Erde spürbar ab.

Ein weiterer Faktor, der das Klima auf der Erde beeinflusst, ist die Strahlungsintensität der Sonne. Sie bleibt nicht konstant, wie vielfach vermutet, sondern schwankt. Diese Veränderungen stehen im Zusammenhang mit der Energieerzeugung im Inneren der Sonne. Seine Energie bezieht der im Wesentlichen aus Wasserstoff und Helium bestehende Gasball aus Kernverschmelzungen im Inneren.

In unserer Sonne herrscht „Wasserstoffbrennen“ als Energie liefernder Prozess vor und findet hauptsächlich im innersten Kern der Sonne statt. Dieser macht nur etwa ein Vierundsechzigstel ihres Volumens aus. Von dort bahnt sich die entstandene Energie langsam den Weg in Richtung Sonnenoberfläche. Insgesamt braucht sie zehn Millionen Jahre, um vom Inneren der Sonne bis an die Oberfläche zu dringen.

Mit zunehmendem Abstand vom Sonnenmittelpunkt nimmt die Temperatur von 15 Millionen Grad langsam ab. Nach 80 Prozent des Weges bis zum Rand hin ist die Sonnenmaterie so weit abgekühlt, dass sie nicht mehr in vollständig ionisierter Form, sondern teilweise in atomarer Form vorliegt. Die atomare Sonnenmaterie kann nicht mehr so viel Strahlung abgeben, wie sie empfängt, deshalb dehnt sie sich aus. Heiße Blasen mit Sonnenmaterie, also mit Wasserstoff und Helium, steigen auf, kühlen ab und sinken wieder zurück auf den Boden der 20 Prozent des Sonnenradius dicken Schicht. Dieses Gebiet wird als Konvektionszone bezeichnet.

Bis zur Sonnenoberfläche erstreckt sich noch eine Schicht, in der durch Strömung Wärmeenergie nach außen transportiert wird. Sie heißt Photosphäre und ist etwa 400 km dick. Die Konvektionszellen der Photosphäre mit 1.000 km Durchmesser bilden auf der Sonnenoberfläche ein Muster aus Gebieten, in denen heiße Materie aufsteigt, und aus Gebieten, in denen die etwas abgekühlte Materie wieder absinkt. Dieses Muster wird als Granulation bezeichnet. Die oberste Schicht der Photosphäre ist die von der Erde aus sichtbare etwa 5.800 °C heiße Sonnenoberfläche. Die von dieser obersten Schicht der Photosphäre abgestrahlte Energie kommt als Sonnenlicht auf die Erde.

Der Zustand der gleichmäßigen Verteilung der Granulen auf der Sonnenoberfläche wird als ruhige Sonne bezeichnet. In diesem ruhigen Zustand strahlt die Sonne eine Leistung ab, die in Erdentfernung 1.368 Watt pro Quadratmeter beträgt.

Neben dem Zustand der ruhigen Sonne existiert auch eine zeitlich variierende Phase der aktiven Sonne. Die gesteigerte Aktivität der Sonne, die mit erhöhter Strahlung einhergeht, lässt sich anhand einer Reihe von Phänomenen auf der Sonnenoberfläche beobachten.

Die Sonnenflecken sind die auffälligsten Zeichen erhöhter Aktivität. In ihrem dunklen Kern, der Umbra, liegt die Temperatur mit 4.000 °C erheblich niedriger als in der granulierten Sonnenoberfläche mit 5.800 °C. Sonnenflecken treten einzeln und in Gruppen auf. Die durchschnittliche Lebensdauer eines Sonnenflecks beträgt zwei Wochen. In dieser Zeit wandert er auf der Sonnenoberfläche. Da die Sonne keine feste Kugel, sondern ein Gasball ist, rotiert sie am Sonnenäquator schneller als an den Sonnenpolen. Eine Sonnendrehung am Sonnenäquator dauert 26 Tage, eine vollständige Drehung an den Polen dagegen 37 Tage. So bewegen sich Sonnenflecken von der Erde aus gesehen von rechts nach links über die Sonnenscheibe hinweg. Bei dieser Bewegung zieht es sie zum Äquator hin. Flecken auf der oberen Sonnenhälfte bewegen sich also nach unten und Flecken auf der unteren Sonnenhälfte nach oben. An den Polgebieten treten keine Flecken auf.

In den Phasen hoher Sonnenaktivität, in denen viele Sonnenflecken sichtbar sind, erreicht mehr Strahlungsenergie die Erde als in Zeiten ruhiger Sonne. Die Sonnenflecken sind jedoch nicht die Ursache der erhöhten Strahlung, an ihnen lässt sich nur der Zustand der aktiven Sonne erkennen. Ein Maß für die Anzahl der Sonnenflecken ist die schon seit Jahrhunderten gemessene Sonnenfleckenrelativzahl. Sie wird bestimmt durch die Anzahl der Fleckengruppen, multipliziert mit Zehn plus die Anzahl der Einzelflecken. So gilt die Sonnenfleckenrelativzahl als Maß für die Sonnenaktivität und somit für die Energiemenge, die pro Jahr auf der Erde eintrifft.

Seit 1660 wird die monatliche Relativzahl der Sonnenflecken berechnet und sie ist in der folgenden Grafik aufgetragen.

Sonnenfleckenrelativzahl 1660 bis 2013

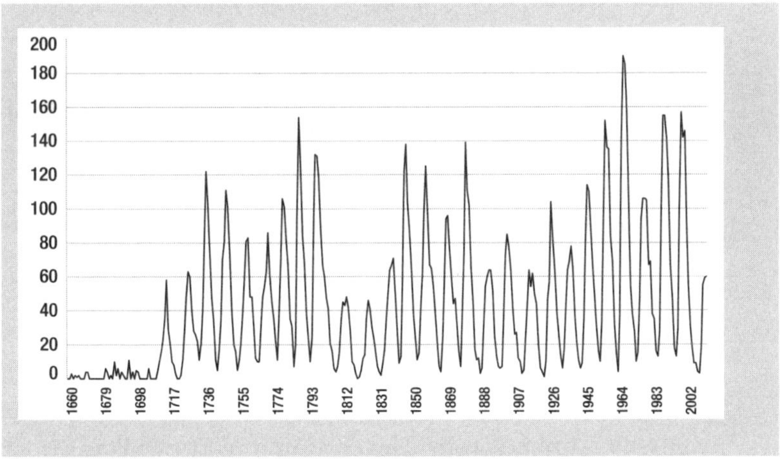

Zunächst fällt ein ausgeprägter 11-Jahres-Rhythmus auf, der später noch diskutiert wird. Ferner sind längere Zeitspannen zu sehen, in denen die Gipfel des 11-Jahres-Zyklus deutlich niedriger liegen. Solch eine Periode ist beispielsweise die Zeit von 1790 bis 1840. Ein Blick auf die Temperaturkurve der Erde dieser Zeit zeigt tatsächlich eine ausgeprägte Kälteperiode.

Abweichung der Temperatur vom langjährigen Durchschnitt in Norddeutschland 1750 bis 1940

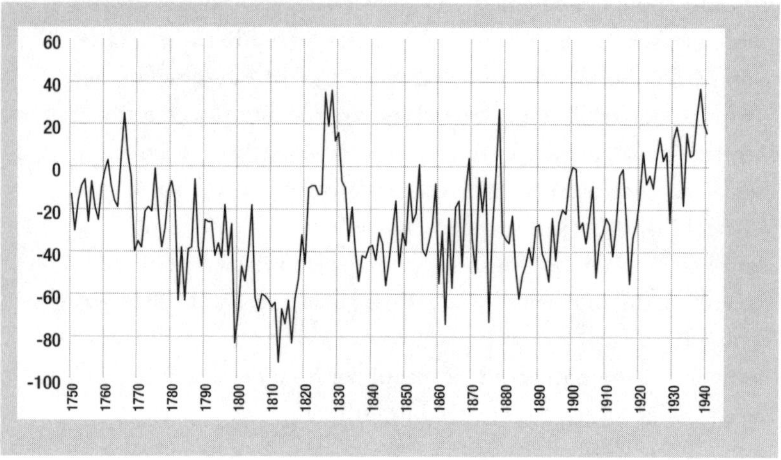

Diese Übereinstimmung ist kausal. In der Zeit mit der geringen Anzahl Sonnenflecken traf weniger Strahlungsenergie von der Sonne auf die Erde auf. Die kurzfristige Erwärmung in dieser kalten Zeit um 1829 fiel exakt in das Jahr mit dem Sonnenfleckenmaximum. Die Eiseskälte um 1810 herum fiel in eine Zeit, in der ein Sonnenfleckenminimum zwischen zwei niedrigen Sonnenfleckenmaxima auftrat. Um 1810 herum wurden überhaupt keine Sonnenflecken beobachtet und die umgebenden Maxima waren die niedrigsten im Zeitraum von 1749 bis 1995.

In der Zeit von 1840 bis 1875, die eine relative Erwärmung nach der Kälte von 1790 bis 1840 brachte, traten höhere Sonnenfleckenmaxima auf. Von 1880 bis 1920 gingen wieder tiefere Temperaturen mit niedrigeren Sonnenfleckenmaxima einher. Die hohen Sonnenfleckenmaxima von 1939 bis 1959 sorgten für eine deutliche Erwärmung der Erde. Erst

1974, im Jahr eines Sonnenfleckenminimums nach einem niedrigen Sonnenfleckenmaximum, kühlte sie wieder etwas ab. Es lässt sich also ein direkter kausaler Zusammenhang zwischen der Sonnenfleckenrelativzahl, also der Strahlungsintensität der Sonne, und der Temperatur auf der Erde und damit den Weizenpreisen nachweisen.

Weizenpreise in Nordeuropa 1749 bis 1990

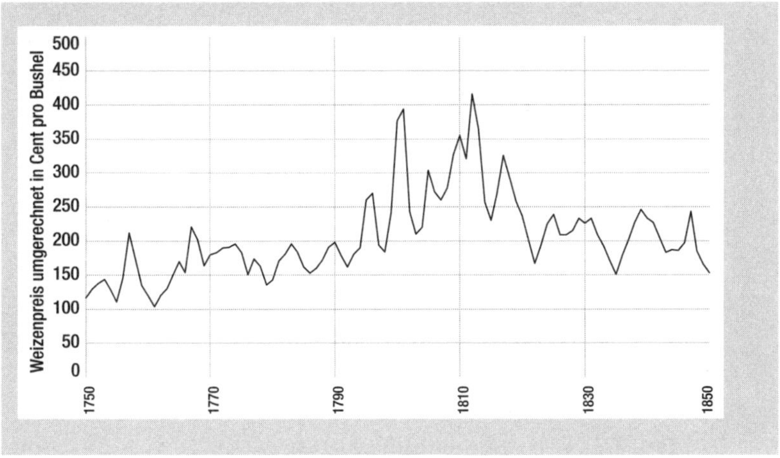

Die niedrigen Sonnenfleckenmaxima 1794 bis 1824 führten direkt zu deutlich höheren Weizenpreisen in Europa. Der Spitzenwert des Weizenpreises 1812 in Nordeuropa von umgerechnet fast 400 Cent pro Bushel (27,2 kg) war über dreimal so hoch wie der des Jahres 1779, in dem das Sonnenfleckenmaximum viermal so hoch war wie das niedrige Maximum von 1806.

Wie gravierend der Anstieg des Weizenpreises für die Menschen der damaligen Zeit gewesen sein muss, lässt sich ausmalen. Brot, das Hauptnahrungsmittel der damaligen Zeit, versechsfachte sich real im Preis. Dem erhöhten Brotpreis stand keine erhöhte Geldmenge gegenüber. Die Währungen der damaligen Zeit waren goldgedeckt. Löhne und Gehälter stiegen also nicht entsprechend mit. Viele Familien litten an Unterernährung. Für andere wirtschaftliche Tätigkeiten war kaum noch Geld vorhanden. Gegen diese tief greifende Veränderung der Lebenssituation war der Anstieg der Rohölpreise 1974 während der Ölkrise, die zu einer weltweiten scharfen Rezession und einer Halbierung der Aktienkurse führte, nur ein Klacks. Die fehlende Aktivität der Sonne führte also zu einer Wirtschaftskatastrophe unglaublichen Ausmaßes. Zur wirtschaftlichen Malaise kamen obendrein noch die Folgen für die Gesundheit. Die durchschnittliche Lebenserwartung ging um zehn Jahre zurück. Pest und Cholera breiteten sich in ganz Europa aus. Wen wundert es da, dass die Menschen damals ein anderes Schönheitsideal hatten. Unsterblich verewigte der flämische Maler Peter Paul Rubens (1577 - 1640), der auch in einer Kälteperiode lebte, dieses Schönheitsideal. Noch heute werden gelegentlich gut genährte Frauen als Rubensschönheiten bezeichnet. Und so fand wohl auch nicht zufällig 1789 die Französische Revolution statt. Im Jahr 1797 wurden in München Massenspeisungen für die Hungernden abgehalten.

Auch weltpolitisch waren die Zeiten unruhig. England, Österreich und Russland befanden sich im Krieg mit Frankreich. 1812 zog Napoleon mit seinem Heer gegen Russland und, wie sich an der Temperaturkurve ablesen lässt, wählte er dafür eine klimatisch denkbar ungünstige Zeit. Ihn erwartete dort eine kaum vorstellbare Kälte. Von den 500.000 Mann, mit denen er losgezogen war, kamen nur 5.000 zurück.

Die höheren Sonnenfleckenmaxima von 1835 bis 1850 ließen die Temperaturen wieder steigen und der Weizenpreis sank. Das Leben normalisierte sich wieder. Die Chronik der Weltgeschichte spricht von einer Wirtschaftsblüte in England und zunehmendem Reiseverkehr des Bürgertums. Borsig stelle die erste Lokomotive her und der erste mit Schrauben versehene Ozeandampfer, die „Great Britain", lief vom Stapel. Mit *Die fliegenden Blätter* erschien in München das erste Satire- und Witzblatt.

Die direkte Gegenläufigkeit von Sonnenfleckenrelativzahl und Getreidepreis lässt sich von 1850 bis 1885 direkt zeigen.

Sonnenflecken und Getreidepreis 1850 bis 1885

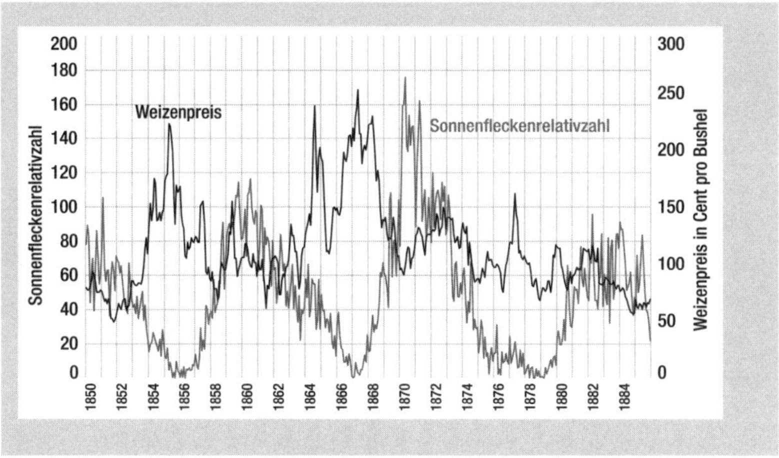

Auch ist in neuerer Zeit dieser Zusammenhang erkennbar. Zwischen 1950 und 1979 zog erhöhte Aktivität der Sonne einen niedrigen und Ruhe auf der Sonnenoberfläche einen hohen Weizenpreis nach sich. Der Zusammenhang zwischen Sonnenaktivität und Temperatur auf der Erde wird noch deutlicher, wenn die Sonnenfleckenrelativzahl über elf Jahre gemittelt wird. Dadurch entfällt der 11-Jahres-Zyklus und die Höhe der Aktivitätsmaxima prägt die Gestalt der Kurve.

Wie es zu diesem elfjährigen Zyklus der Aktivität kommt und worauf er beruht, ist noch nicht abschließend geklärt. Man geht davon aus, dass er mit dem Magnetfeld der Sonne zusammenhängt. Bei der Sonnenrotation, die am Äquator schneller verläuft als an den Polen, zieht die Sonnenoberfläche die Magnetfeldlinien am Äquator schneller mit als an den Polen. So werden die Magnetfeldlinien quasi aufgewickelt und brechen von Zeit zu Zeit aus der Oberfläche heraus. Dabei kommt es zu intensiven Materieauswürfen. Warum dies aber gerade mit einer Periodik von elf Jahren passiert, ist noch immer rätselhaft.

Vergleich der über elf Jahre gemittelten Sonnenfleckenrelativzahl und der über 20 Jahre gemittelten Temperaturabweichung von 1750 bis 1992

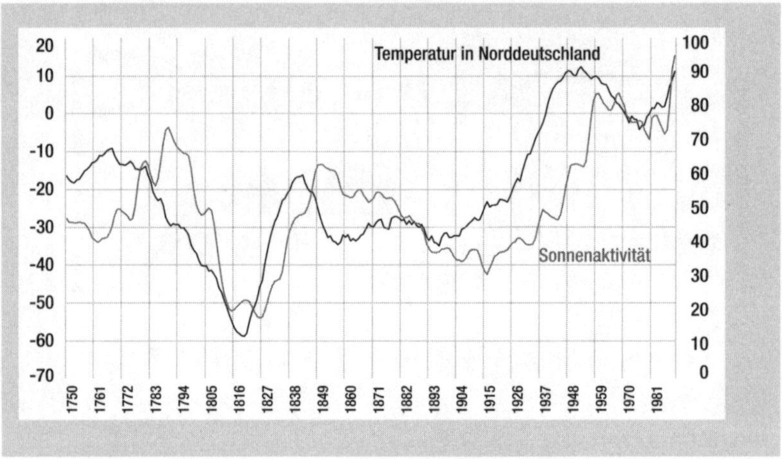

Es ist eindrucksvoll zu erkennen, dass die über 20 Jahre gemittelte Temperatur auf der Erde von der Aktivität der Sonne bestimmt wird. Der Zusammenhang wirkt logisch und lässt sich anhand der Grafik auch nachvollziehen. Nun habe ich für dieses Buch die Kurven ab 1992 aktualisiert und ihren Verlauf der letzten 20 Jahre ergänzt. Dabei zeigt sich Erstaunliches. Die Sonne hat schwer nachgelassen. Ihre Aktivität ist in den letzten Jahren stark gesunken. Die Zahl der Sonnenflecken hat abgenommen und phasenweise waren gar keine zu sehen.

Die NASA spricht in ihrer Sonnenfleckenvorhersage vom schwächsten Zyklus seit 100 Jahren. Der laufende 24. Zyklus, durchnummeriert seit der regelmäßigen Sonnenbeobachtung im 18. Jahrhundert, weist nur ein halb so hohes Aktivitätsniveau auf wie der vorhergehende mit der Nummer 23. Während des Aktivitätsmaximums dieses Zyklus im Jahr 2013 wurden in der Spitze nur Sonnenfleckenrelativzahlen von 80 registriert, während im Jahr 2002 beim vorherigen Gipfel noch Werte von über 160 beobachtet wurden. Gleichzeitig wird eine Abschwächung des Magnetfeldes in den Sonnenflecken festgestellt. Wenn sich dieser Trend fortsetzt, ist zu befürchten, dass im nächsten Zyklus noch weniger Sonnenflecken auftreten und die Sonne eine erneute Phase wie während des Maunder-Minimums von 1645 bis 1715 durchläuft, das auf der Erde zur Kleinen Eiszeit führte.

Die Sonnenaktivität

Sonnenaktivität und Temperatur von 1750 bis 2013

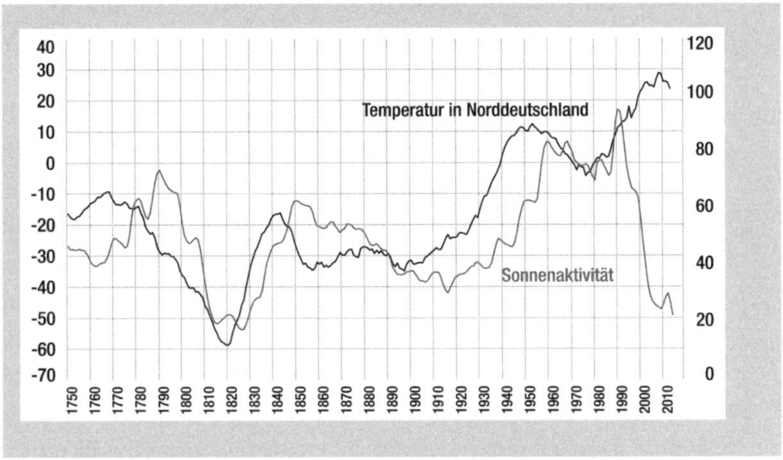

Dieser Kurvenverlauf lässt drei Deutungen zu. Erstens könnte der 250 Jahre währende Zusammenhang zwischen Sonnenaktivität und Temperatur auf der Erde plötzlich aufgehört haben zu existieren. Dies wirkt unwahrscheinlich, denn die Verbindung zwischen der auf der Erde auftreffenden Strahlungsleistung und der Temperatur ist kausal. Es lässt sich kein unmittelbarer Grund denken, warum nachlassende Sonnenstrahlung die Temperatur auf der Erde nicht reduzieren sollte. Die zweite Möglichkeit besteht darin, dass die globale Erwärmung aufgrund der erhöhten CO_2-Konzentration in der Atmosphäre bereits so weit fortgeschritten ist, dass sie die nachlassende Sonnenaktivität ausgleicht. Gegen diese Erklärung spricht, dass die Abweichung zu schnell zu groß wird. Kein Modell kann erklären, warum die globale Erwärmung plötzlich innerhalb von 20 Jahren ein Grad ausmachen sollte. So groß ist mittlerweile die Abweichung zwischen echter Temperatur und der, die durch die geringere Sonneneinstrahlung vorhanden sein sollte. Die dritte und wahrscheinlichste Variante klingt ungemütlich: Die Abkühlung kommt noch. Es könnte sein, dass es trotz der weiter laufenden globalen Erwärmung vorübergehend zunächst einmal deutlich kühler wird. An der globalen Erwärmung ändert das langfristig jedoch nichts. Sie beruht auf einem physikalischen Effekt, der sich nicht wegdiskutieren lässt. Die Wellenlänge, mit der die Erde aufgrund ihrer Temperatur gemäß dem Planck'schen Strahlungsgesetz Energie abstrahlt, liegt etwa in der Größe von 10 µm. Gerade diese Wellenlänge absorbieren die CO_2-Moleküle in der Atmosphäre und tragen so zur Erwärmung der Erde bei. Deshalb sollte der Anstieg der CO_2-Konzentration begrenzt werden. Es bleibt trotzdem möglich, dass es zwischenzeitlich etwas kühler werden könnte.

Wie würde sich eine ausgedehnte Kälteperiode auf die Börse auswirken? In früheren Jahrhunderten entwickelte sich die Inflationsrate invers zur Temperatur, da in Kälteperioden die Ernten schmaler ausfielen und damit die Nahrungsmittelpreise stiegen. Dieser Zusammenhang scheint an Bedeutung verloren zu haben, da die Ausgaben für Nahrungsmittel mittlerweile einen wesentlich kleineren Teil der verfügbaren Einkommen ausmachen. Der erhöhte Ölverbrauch wegen des größeren Heizbedarfs könnte dagegen durchaus über einen gestiegenen Ölpreis einen Beitrag zu einem Anstieg der Lebenshaltungskosten leisten. Allerdings hat der letzte Winter 2013/2014 in den USA, der als kältester seit Beginn der Wetteraufzeichnungen beschrieben wurde und schon ein Vorbote der möglicherweise kommenden Kältephase sein könnte, gezeigt, dass die Wirtschaftsaktivität stark nachließ. Im ersten Quartal sank das US-Bruttoinlandsprodukt mit einer Jahresrate von 1,9 Prozent. Viele Menschen waren eingeschneit, sie konnten nicht zur Arbeit gehen und Einkäufe mussten ausfallen. Eine nachlassende Wirtschaftstätigkeit entwickelt eher Druck auf die Preise nach unten. Es ist also anzunehmen, dass eine mögliche kommende Kältephase nur einen geringen Einfluss auf das allgemeine Preisniveau haben würde. Allerdings könnte sie mit einem reduzierten Wirtschaftswachstum einhergehen.

Der große Zusammenhang

Die Aktienkursentwicklung der letzten 300 Jahre, hier der Index britischer und amerikanischer Aktien, stellt sich als eine fast stetige Aufwärtsbewegung dar. In 300 Jahren haben sich die Aktien etwa verdreißigtausendfacht. Ein bisschen angewandte Zinseszinsrechnung ergibt eine jährliche Zunahme von 4,2 Prozent, Dividenden nicht eingerechnet.

An diesem Verlauf kann man übrigens die beiden wohl wichtigsten Erfindungen der letzten 300 Jahre erkennen. Vor dem Jahr 1780 steigen die Aktienkurse fast 100 Jahre lang nicht. In dieser Zeit stieg auch das Bruttoinlandsprodukt pro Kopf nicht. Von Christi Geburt an blieb es bis zum Jahr 1780 etwa konstant. Nach der Erfindung der Dampfmaschine stieg es jedoch exponentiell an und erst mit dem Wachstum der Wirtschaftsleistung konnten die Aktiennotierungen klettern. 200 Jahre lang ging es dann bergauf mit dem Bruttoinlandsprodukt und den Kursen. Die zweite einschneidende Erfindung, die sich erkennen lässt, ist der Heimcomputer. Bis Anfang der Achtzigerjahre des letzten Jahrhunderts liefen die Kurse 20 Jahre fast waagrecht. Mit den ersten Computern wie dem Apple 2 und den IBM-Rechnern mit MS-DOS als Betriebssystem von Microsoft zu Beginn der Achtzigerjahre kam wieder Schwung in die Wirtschaftszahlen und die Aktienkurse. Beide Erfindungen verhalfen zu großen Produktivitätsfortschritten.

Der Index britischer und amerikanischer Aktien 1695 bis 2013

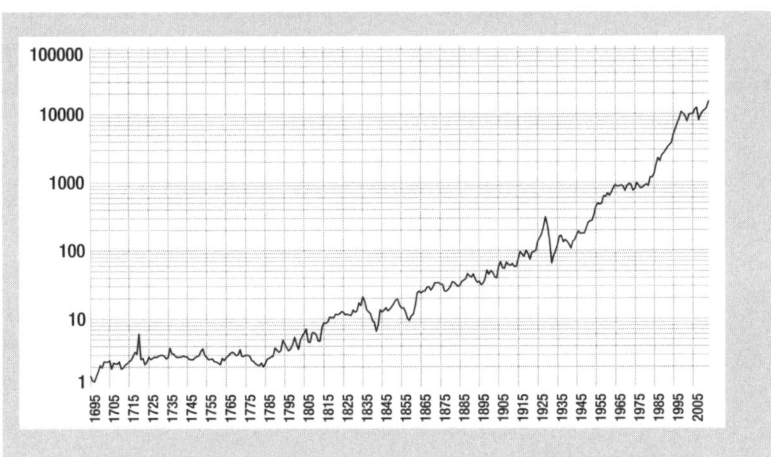

Inflationsbereinigt zeigt der Index jedoch ein anderes Bild. Es fällt auf, dass die Aufwärtsbewegung preisbereinigt längst nicht mehr so steil aussieht. Im Gegenteil, 1982 notierten die Aktien fast auf dem Niveau von 1750.

Der Index britischer und amerikanischer Aktien inflationsbereinigt 1749 bis 1999

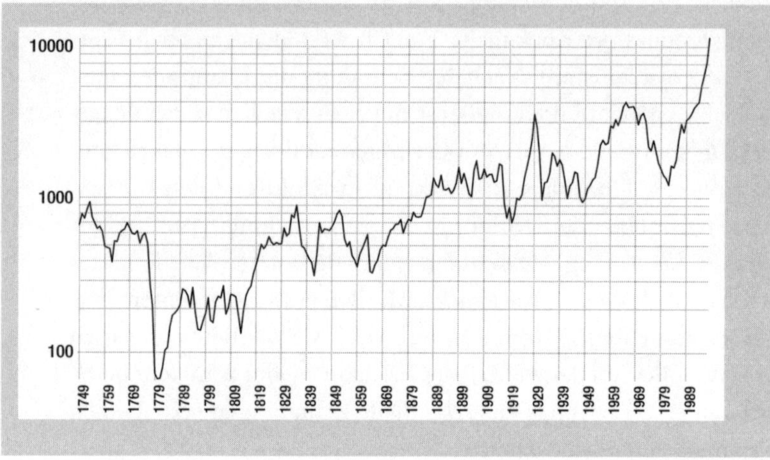

Von 1780 bis 1997 ergab sich allerdings eine Verhundertfachung. Auch hier ist zu sehen, dass die Investitionszeitpunkte eine Rolle spielen. Die gleichen Aktien, jedoch etwa 30 Jahre später gekauft und 20 Jahre später verkauft, hätten eine Verhundertfachung ergeben statt plus/minus null. Ferner fallen große Einbrüche ins Auge: Um 1780 haben sich die Aktienkurse gezehntelt. Schwere Rückschläge, die den Index viertelten, traten auch um 1840, 1860 und 1920 auf. Der schwerste Einbruch des vergangenen Jahrhunderts fand von 1929 bis 1932 statt. Er viertelte die Aktien auf Jahresschlusskursbasis, von den Höchstständen und Tiefstkursen aus gesehen ereignete sich sogar eine Zehntelung. Von 1967 bis 1982 viertelten sich die Aktienkurse real, obwohl sie nominal 1982 etwa auf der Höhe von 1967 notierten, denn die Geldentwertung hat von 1967 bis 1982 die Kaufkraft geviertelt. Wie es zu diesen Einbrüchen kam, zeigt das nächste Bild.

Aktienindex und Zins 1750 bis 2013

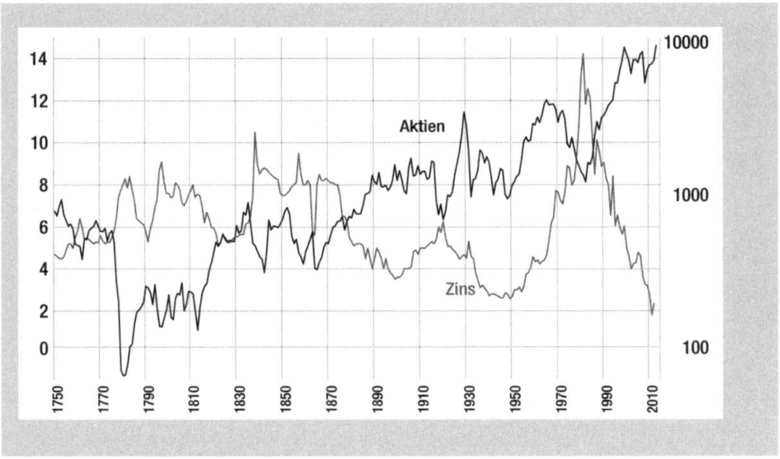

Als wichtigster Bestimmungsfaktor für die Aktienkurshöhe ergibt sich der Zins, hier die Verzinsung von Staatsanleihen. Steigen die Zinsen, fallen die Aktien; fallen die Zinsen, steigen die Aktien. Die Zinshochpunkte sind die Aktientiefpunkte und die Zinstiefpunkte sind die Aktienhochpunkte. Zu einer gravierenden Ausnahme kam es jedoch nach 1929. Die Zinsen fielen und die Aktien stiegen zunächst, doch plötzlich fielen die Aktienkurse – ohne nennenswert steigende Zinsen – in sich zusammen und zehntelten sich trotz fallender Zinsen. Schuld war die Große Depression, die 1930 begann. Die US-Wirtschaft brach zusammen, die Wirtschaftsaktivität sackte weg und die Preise fielen. Wenig später begann der Zweite Weltkrieg. Während und nach dem Zweiten Weltkrieg erholte sich die US-Wirtschaft und die Aktien legten zu, trotz steigender Zinsen. Die Wirtschaft boomte und die Unternehmensgewinne explodierten so stark, dass trotz Zins-Gegenwind die Aktienkurse ständig neue Höhen erklimmen konnten. Wodurch wurde nun aber der Zins bestimmt, der die Aktienkurshöhe bedingte? Durch die Inflationsrate!

Zins und Inflationsrate 1750 bis 2013

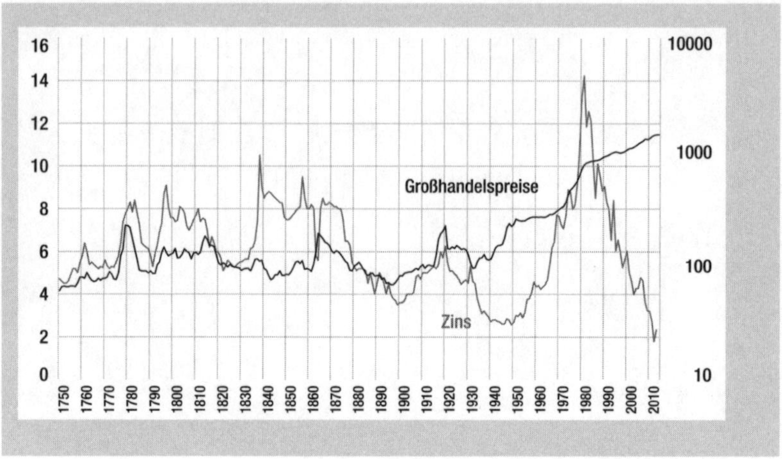

Auch hier ist der Zusammenhang einleuchtend. Der Gläubiger will ja beim Geldverleihen kein Verlustgeschäft machen und nachher nicht weniger kaufen können als vorher.

Aber wovon hing die Inflationsrate ab? Der größte Einflussfaktor neben Kriegen, die Verteilungsprobleme schufen, war der Weizenpreis.

Die Inflationsrate und der Weizenpreis 1750 bis 2013

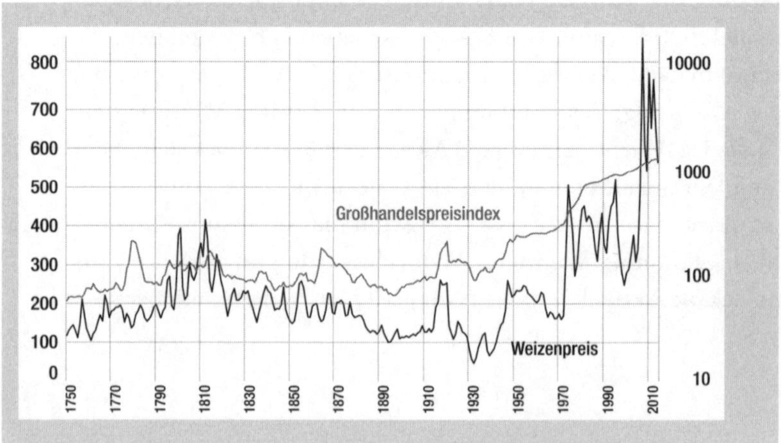

Der Weizenpreis schließlich hängt von der Sonnenaktivität ab. Strahlt die Sonne mehr Energie ab, wird es wärmer auf der Erde, die Ernten werden gut, der Weizenpreis fällt, die Inflationsrate gibt nach, die Zinsen sinken und die Aktien steigen. So lässt sich also die Aktienkursentwicklung in einen größeren Zusammenhang stellen. Sie wird über den Zins, die Inflationsrate, den Weizenpreis, die Temperatur von der Sonnenaktivität zumindest zeitweise beeinflusst.

Inflation und Zins

18

Da die Zinshöhe und die Inflationsrate sowohl den Aktienkursverlauf der Vergangenheit über große Strecken erklären als auch die zukünftige Entwicklung maßgeblich beeinflussen, wie der Börsenindikator über Jahrzehnte eindrucksvoll demonstriert hat, wird dieses Kapitel sich noch einmal näher mit diesen beiden wichtigsten Einflussgrößen beschäftigen.

Zinsdifferenz

Zunächst einmal stellt sich ein Indikator, den ich im Verlauf des Buches schon einmal angesprochen hatte, als unverzichtbares Hilfsmittel zur Abschätzung der längerfristigen Aussichten des Aktienmarktes heraus: die Differenz zwischen Langfrist- und Kurzfristzins. Sie ist eine recht exakte Annäherung für das Wirtschaftswachstum in ein bis zwei Jahren, wie die nachfolgende Grafik eindrucksvoll zeigt.

Differenz zwischen Langfristzins und Kurzfristzins gegen das Bruttoinlandsprodukt in den USA um ein Jahr zeitlich versetzt

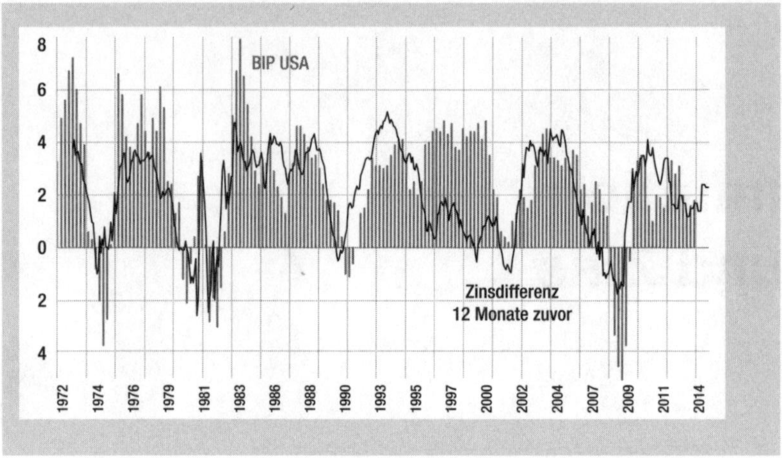

Die Notenbank setzt den Kurzfristzins mit dem Ziel fest, die Inflationsrate in der gewünschten Größenordnung zu halten. Läuft die Wirtschaft schlecht und die Inflationsrate ist niedrig, senkt die Zentralbank den Satz, um die Wirtschaftstätigkeit anzukurbeln. Mit billigeren Krediten sollen so die Unternehmen zu Investitionen angeregt werden. Läuft die Konjunktur dagegen zu gut und die Kapazitäten sind so ausgelastet, dass Preiserhöhungen um sich greifen, bremst die Notenbank mit einem Anheben der Zinsen. Geld wird teuer und die Nachfrage lässt nach. Der Kurzfristzins, also der Tagesgeldsatz, gleicht in seinem Verlauf deshalb dem des Bruttoinlandsprodukts.

Der Langfristzins dagegen bildet sich am Markt durch Angebot und Nachfrage. Die einzige Größe, die die Zinshöhe bei langlaufenden Anleihen beeinflussen sollte, ist die Inflationsrate. Wenn der Käufer sich auf die Rückzahlung verlassen kann – und die ist bei Bundesanleihen ja garantiert – bleibt der erhoffte Kaufkraftgewinn als einziges Anliegen. Das heißt, der Anleger kauft nur, wenn der Zins höher notiert als der vermutete jährliche Kaufkraftverlust. So hat sich im Mittel der Jahrzehnte als Ausgleich zwischen dem Käufer, der einen Kaufkraftgewinn fordert, und dem Verkäufer, der so wenig Zinsen bieten will wie möglich, eine Größe von etwa zwei Prozentpunkten herausgebildet, die der 10-Jahres-Zins über der Inflationsrate liegt. Diese zwei Prozent entsprechen nicht zufällig dem durchschnittlichen Produktivitätswachstum der letzten hundert Jahre, denn nur was erwirtschaftet wird, kann auch als Zins ausgezahlt werden.

Nun zur Differenz dieser beiden Größen und warum sie die Wirtschaftstätigkeit in ein bis zwei Jahren so gut vorhersagen kann. Der Wirkmechanismus ist dabei folgender: Sind die Langfristzinsen höher als die Kurzfristzinsen, wird mit steigenden Preisen gerechnet und die Aussicht auf steigende Preise regt die Wirtschaftstätigkeit an. Sind die Kurzfristzinsen dagegen höher als die langfristigen Zinsen, wird mit fallenden Preisen gerechnet. Dies dämpft die Wirtschaftsaktivität. Die Differenz zwischen Langfristzins und Kurzfristzins ist daher der beste Konjunkturindikator, den es gibt. Besonderes Augenmerk ist darauf zu richten, ob der Kurzfristzins über dem Langfristzins liegt. Diese Konstellation der negativen Differenz wird als „inverse Zinsstruktur" bezeichnet. Sechsmal seit 1970 trat diese inverse Zinsstruktur in den USA auf und sechsmal folgte mit ein- bis zweijährigem Abstand eine Rezession. Jede dieser sechs US-Rezessionen führte auch zu einer Rezession in Deutschland mit einer vorlaufenden schweren Baisse. Eine inverse Zinsstruktur in den USA ist also auch in Deutschland ein absolutes Verkaufssignal. In ein bis zwei Jahren ist dann mit einer Rezession und im Vorfeld mit einer schweren Baisse zu rechnen. Anders ausgedrückt, ohne dass vorher in den USA der Kurzfristzins über dem Langfristzins liegt, ist bei uns weder von einer Rezession noch von einer schweren lang anhaltenden Baisse auszugehen.

Mit diesen beiden Fakten lassen sich auch die Wirtschaftszyklen erklären. Unter der Annahme, dass die Langfristzinsen weniger schwanken als die Kurzfristzinsen, ist damit das Bruttoinlandsprodukt sowohl proportional dem Kurzfristzins als auch proportional dem negativen Kurzfristzins von vor zwei Jahren, wegen Langfristzins minus Kurzfristzins. Daraus ergibt sich mathematisch eine Zyklik mit einer Periode von vier Jahren. Die mit vierjähriger Periode schwankende Wirtschaftstätigkeit ist in der Literatur als Kitchen-Zyklus bekannt und würde hiermit eine Erklärung finden. Auffälliger ist noch ein 8-Jahres-Zyklus, der aus zwei Kitchen-Zyklen besteht. Anders ausgedrückt entwickelt sich jeder zweite zyklische Abschwung stärker. So erklären sich die alle acht Jahre auftretenden Rezessionen. Dieser 8-Jahres-Rhythmus ist die deutlichste Periodizität, die sich im Wirtschaftsgeschehen beobachten lässt. Er lässt sich auch wie bereits gezeigt an den Aktienkursen ablesen. Wird der DAX von 1967 bis 1974 über den DAX von 1960 bis 1967 gelegt, also der DAX mit sich selbst – um fast acht Jahre verschoben – verglichen, ergibt sich eine überraschende Übereinstimmung, so als ob sich der ganze Ablauf wiederholte.

Inflation

Da die Anleiherendite im Mittel der Jahrzehnte etwa zwei Prozentpunkte über der Inflationsrate notiert, weil der Käufer einen Kaufkraftgewinn erzielen möchte, scheint die Teuerung der dominante Part der beiden Einflussgrößen zu sein. Deshalb folgen ein paar Worte zur Inflationsrate. In der Literatur wird der Kaufkraftschwund hauptsächlich als monetäres Phänomen gedeutet. Befindet sich zu viel Geld in Umlauf, steigen die Preise. In der Quantitätstheorie heißt dies: Kurzfristig verfügbare Geldmenge mal Umlaufgeschwindigkeit gleich Bruttoinlandsprodukt mal Preisniveau. An dieser Gleichung stellt sich als problematisch heraus, dass die Umlaufgeschwindigkeit nicht konstant ist, sich aber auch nicht unabhängig von den anderen drei Größen der Gleichung messen lässt. Das heißt, die von der Gleichung implizierte Proportionalität von Geldmenge und Preisniveau ist überhaupt nicht gegeben. So verzehnfachte sich zum Beispiel die amerikanische Geldmenge von 1980 bis 2013, doch die Inflationsrate stieg nicht etwa exorbitant an, sondern fiel von 15 Prozent auf ein Prozent.

Und es handelt sich hierbei ja nicht um eine einmalige kurzfristige Abweichung, sondern über 30 Jahre lang bewegten sich die Geldmenge und die Zunahme der Teuerung in genau entgegengesetzte Richtungen.

Die Entwicklung der Geldmenge M3 in den USA

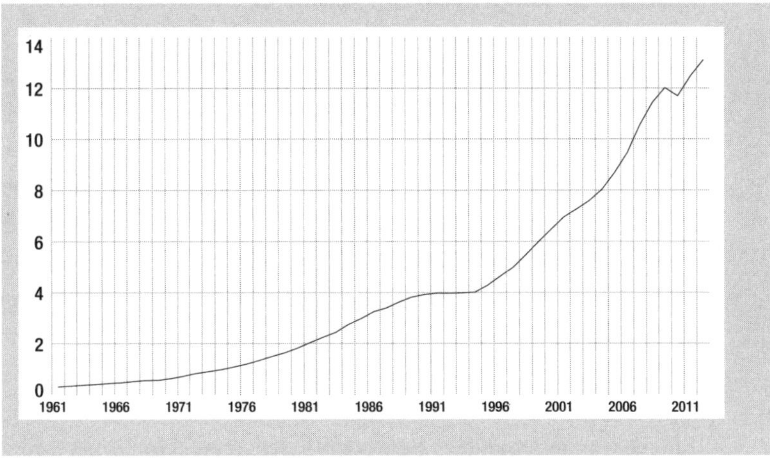

Mit der fallenden Inflationsrate sank auch die Rendite zehnjähriger Staatsanleihen in den USA trotz der exponentiell anwachsenden Geldmenge von 15 Prozent auf zwei Prozent.

Rendite zehnjähriger US-Staatsanleihen 1981 bis 2012

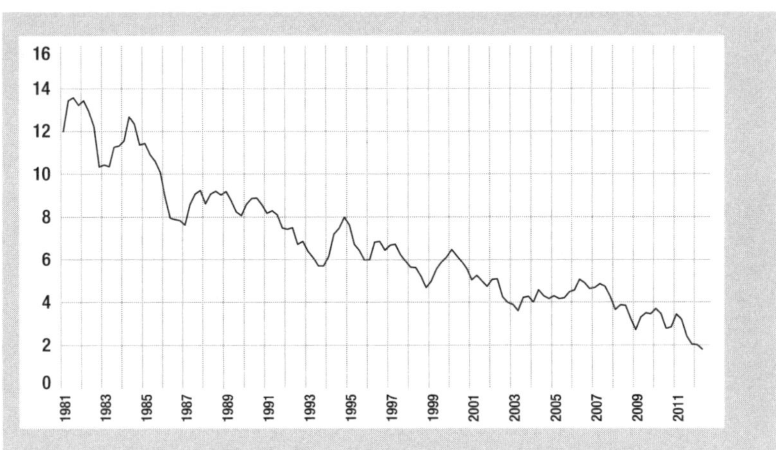

Die Summe der weltweiten Geld-und Kapitalvermögen wird voraussichtlich 2020 mit 900 Billionen Dollar das weltweite Bruttoinlandsprodukt von 90 Billionen Dollar um das Neunfache übersteigen, während die Inflationsrate fällt und fällt. Es scheint fast so zu sein, dass je größer die Geldmenge, desto niedriger die Inflationsrate. Der Grund ist, dass das immer größer werdende Kapitalangebot nicht Waren hinterherjagt, sondern Rendite und Anlagemöglichkeiten sucht. Wenn irgendwo auch nur ein Euro zu verdienen ist, wird aus dem Stand eine Fabrik errichtet und eine Vertriebsstruktur aufgebaut. Kapital ist genügend vorhanden. So kann es gar nicht zu einem Mangel an Waren kommen, der steigende Preise rechtfertigen würde. Das Überangebot an Geld drückt die Teuerungsrate, da es ein Überangebot an Waren ermöglicht. So ist nicht zu sehen, dass irgendetwas knapp werden könnte. Sollten Gold und Kupfer zur Neige gehen, wird eben die ganze Mongolei umgegraben. Geld dafür ist genug vorhanden. Die Vorkommen dort sollen alles in den Schatten stellen, was je woanders gefunden worden ist. Die schier unbegrenzte Menge an Kapital hat es ermöglicht, an Stellen und mit Ausrüstungen nach Öl zu suchen, die früher undenkbar waren. Durch das billige Geld hat sich eine wahre Energierevolution ergeben. Die amerikanischen Ölimporte haben sich seit 2006 halbiert, in fünf Jahren wird Nordamerika keine mehr brauchen. Die Geldmenge zur Erklärung des Inflationsverlaufs heranzuziehen greift also zu kurz.

In früheren Jahrhunderten ließ sich die Inflationsrate klar auf den Weizenpreis zurückführen. In Kältephasen bei Missernten stieg der Weizenpreis steil an, mit entsprechend verheerenden Folgen für die Bevölkerung. Getreide für Brot oder als Futtermittel stellte das Hauptwirtschaftsgut dar. 80 Prozent der arbeitsfähigen Menschen waren in der Landwirtschaft beschäftigt. Dieser Einfluss des Weizenpreises auf die Teuerungsrate hat in den letzten 50 Jahren allerdings stark nachgelassen, da die Agrarproduktion nur noch einen kleinen Teil der Wirtschaftsleistung eines Landes ausmacht.

In den Siebzigerjahren des letzten Jahrhunderts übernahmen Lohnforderungen die Rolle des Preistreibers. Angestoßen wurden die immer üppigeren Tarifverträge durch den wegen der beiden Ölkrisen angestiegenen Benzinpreis. Allerdings blieb die Frage, warum gerade die Arbeitgeber für die gestiegenen Benzin- und Heizölkosten Ersatz liefern sollten, obgleich ihnen doch gar keine Schuld an den Ölkrisen zukam. Es lief einfach auf eine Machtfrage hinaus. Die Arbeiter und Angestellten konnten mit Streiks und Streikdrohungen ihre Forderungen, ob begründet oder unbegründet, durchsetzen. Die Machtfrage wurde von der Demografie entschieden. In den Siebzigern waren die jungen Arbeitnehmer wegen der geburtenstarken Jahrgänge in der Mehrheit. Das Interesse eines jungen arbeitenden Menschen, der noch keine Ersparnisse angelegt hat, richtet sich darauf, so üppige Lohnerhöhungen wie möglich zu bekommen. Ein Ansteigen der Inflationsrate wegen der wachsenden Lohnkosten muss er nicht fürchten. Ein älterer Mensch hat dagegen ein Interesse daran, dass die Inflationsrate möglichst niedrig bleibt, damit seine Ersparnisse nicht entwertet werden. Er braucht die Rücklagen für seinen Lebensabend. Die geburtenstarken Jahrgänge nach dem Krieg hatten 1972 die Mehrheit und setzten unter anderem Lohnerhöhungen im öffentlichen Dienst von elf Prozent gegen die schwache Regierung des damaligen Kanzlers Willi Brandt durch. Dadurch waren die Ersparnisse der Älteren über Nacht um elf Prozent entwertet, denn die öffentlich Bediensteten arbeiteten von da an nicht etwa elf Prozent mehr oder elf Prozent effektiver, sondern die gleiche Leistung war plötzlich elf Prozent teurer und damit das Geld elf Prozent weniger wert. Die Älteren mit ihren Ersparnissen waren in der Minderheit und konnten sich nicht dagegen wehren, wie ihrer gesammelten Lebensleistung die Kaufkraft entzogen wurde.

Die geburtenstarken Jahrgänge haben immer noch die Mehrheit, denn es gibt heute nur noch halb so viele Achzehnjährige wie beispielsweise im Jahr 1973, aber sie sind älter geworden. Sie haben nun das Interesse, dass sich die Teuerung moderat entwickelt, weil sonst die Kaufkraft Ihrer Lebensersparnisse dahinschmilzt. Deshalb spricht in Deutschland und Europa die Demografie für niedrige Inflationsraten. In Japan ist die Alterung der Gesellschaft schon weiter fortgeschritten, deshalb verzeichnet Japan schon seit einigen Jahren verschwindend geringe Teuerungsraten. Länder, in denen die Jugend die Mehrheit hat, wie Brasilien, registrieren deutlich höhere Inflationsraten.

Die Machtfrage als Einflussfaktor für die Teuerungsrate ging allerdings seit den Neunzigerjahren des letzten Jahrhunderts zurück. Mit der Globalisierung und der Öffnung der Grenzen nach Osten standen den deutschen Unternehmen plötzlich nicht mehr nur deutsche Arbeitnehmer zur Verfügung, sondern sie konnten ihre Produktionsanlagen weltweit errichten. Die in Deutschland angebotene Arbeitskraft stand damit in Konkurrenz zu den Werktätigen in China oder dem ehemaligen Ostblock. Großzügige Lohnforderungen konnten also nicht mehr durchgesetzt werden, weil die Produktion einfach ausgelagert wurde.

Als maßgebliche Bestimmungsgröße für die Entwicklung der Inflationsrate hat sich nach 1970 der Ölpreis mehr und mehr durchgesetzt.

Die Ölpreisentwicklung 1970 bis 2014

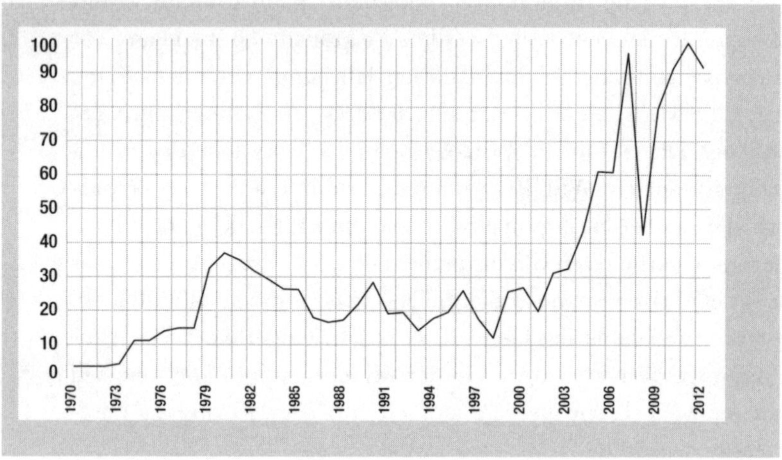

Die großen Teuerungsschübe fielen in die Zeit der stark steigenden Ölpreise. Ja, man kann sogar am Ölpreisverlauf die Entwicklung der Finanzmärkte der letzten 40 Jahre erläutern. Von 1970 bis 1980, in der Zeit der Ölkrisen, verzehnfachte sich der Ölpreis. Parallel dazu stieg der Goldpreis an. Die Inflationsrate entwickelte sich entsprechen nach oben, da nicht nur Benzin und Heizöl teurer wurden, sondern auch die Erzeugnisse der chemischen Industrie wie zum Beispiel Kunststoffe. Durch die gestiegenen Benzinpreise verteuerte sich auch der Transport der Waren. Entsprechend stiegen die Renditen der langlaufenden Anleihen in den USA auf mehr als 15 Prozent, mit den entsprechenden negativen Konsequenzen für die Aktien. Da, wie schon mehrfach besprochen, die Zinshöhe unmittelbar in die Aktienbewertung eingeht, konnten die Wertpapiere von 1970 bis 1980 keinen Wertzuwachs erzielen. Aktien bieten in dem Sinne keinen Inflationsschutz, obwohl das immer wieder behauptet wird. Sie stellen keine Sachwerte dar. Eine Fabrikhalle mit Maschinen, die etwas herstellen können, was nicht mehr nachgefragt wird, ist so gut wie wertlos. Der Handelskonzern Karstadt besaß vor langer Zeit ein Immobilienvermögen pro Aktie, das den Aktienkurs von damals 500 DM bei Weitem überstieg. Als die Warenhäuser begannen, Verluste zu schreiben, stellte die Firma ihre Tätigkeit nicht etwa ein, um die Immobilien verkaufen und den Aktionären ihren Sachwert auszahlen zu können. Sie verkaufte die Immobilien, um mit den Erlösen ihre verlustbringende Tätigkeit fortführen zu können, und mietete sie zurück, und das so lange, bis nichts mehr da war und Karstadt endgültig pleiteging. Der etwaige Substanzwert eines Unternehmens nützt dem Aktionär also überhaupt nichts. Eine Aktie besitzt ausschließlich einen Ertragswert. Dieser Ertragswert fällt bei einer steigenden Inflationsrate, da die abgezinsten zukünftigen Gewinne dann aktuell weniger wert sind. Langfristig gesehen bewahren Aktien natürlich die Kaufkraft. Wenn die Zinsen dann irgendwann einmal wieder fallen, steigen die Aktien wieder, und zwar höher als zuvor, denn mit den steigenden Warenpreisen sind ja auch die Umsätze und die Gewinne der Unternehmen gewachsen.

Um dieser anschwellenden Teuerung Herr zu werden, erhöhte die amerikanische Notenbank den Tagesgeldsatz im Jahr 1980 auf 19 Prozent und würgte damit absichtlich die Wirtschaft ab. Eine schwere Rezession, die die Nachfrage nach Gütern und Dienstleistungen schrumpfen ließ, war die Folge. Von da an sanken Inflation und Zinsen. Hinzu kam, dass nach der Verzehnfachung des Ölpreises so viele Lagerstätten wirtschaftlich erschlossen und neue gefunden werden konnten, dass der Ölpreis fast 20 Jahre lang fiel, von 40 Dollar auf zehn Dollar 1998. Für die Aktien hätte sich in dieser Zeit kein positiveres Szenario denken lassen. Die Inflationsrate fiel, die Zinsen sanken, Öl wurde billiger, ein gigantischer Boom, befeuert von der preiswerteren Energieversorgung, erfasste die Weltwirtschaft und die Aktienkurse verzehnfachten sich. Kleinere oder größere Einbrüche wie etwa der Börsencrash 1987 sind rückwirkend im Chart kaum noch zu erkennen und haben sich im Nachhinein als ideale Einstiegspunkte in den Aktienmarkt entpuppt. Der Goldpreis fünftelte sich in dieser Zeit kaufkraftbereinigt.

Nach dem Jahr 2000 begann der Ölpreis wieder zu steigen, zunächst kaum wahrnehmbar, doch dann immer schneller, bis er gegen Ende des ersten Jahrzehnts des neuen Jahrhunderts fast 150 Dollar erreicht hatte. Aufgrund des gestiegenen Ölpreises entwickelte sich die Inflationsrate und damit die Rendite der Anleihen nach oben. Der Goldpreis lief wieder wie in den Siebzigern parallel zum Ölpreis hoch. Die Aktien konnten in der Zeit vom Jahr 2000 bis zum Jahr 2010 wie schon von 1970 bis 1980 keinen Geländegewinn erzielen.

Diese von der Inflationsrate gesteuerte und bereits bei der Sinusannäherung an den inflationsbereinigten Dow Jones gefundene 30-Jahres-Zyklik lässt sich bis Anfang des letzten Jahrhunderts zurückverfolgen.

Über zehn Jahre gemittelte Inflationsrate in den USA

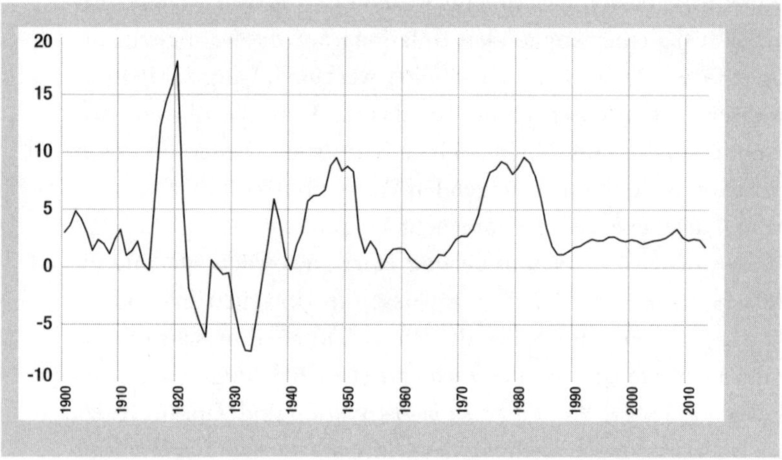

Klar zu sehen ist die Inflationswelle um 1920 mit Preissteigerungsraten von über 15 Prozent. In diese Inflationszeit fiel auch die Hyperinflation im Deutschen Reich, die im Jahr 1923 ihren Höhepunkt erlebte. Viele Sammler werden die Briefmarken mit den Aufdrucken „100 Millionen Reichsmark" aus dieser Zeit kennen. Der nächste Höhepunkt der Teuerungsraten wurde 1950 mit Werten von über zehn Prozent erreicht. An die Inflation der späten Siebzigerjahre des letzten Jahrhunderts werden sich viele noch erinnern. Der nächste Buckel, 30 Jahre später, im Jahr 2009, fiel sehr klein aus. Trotz des von zehn Dollar im Jahr 1998 auf fast 150 Dollar im Jahr 2008 gestiegenen Ölpreises kletterte die Teuerungsrate nur von 1,5 auf 4,4 Prozent.

Nun, im Jahr 2014, nach der erneuten Verzehnfachung des Ölpreises bis zum Jahr 2011, wurden inzwischen so viele neue Ölquellen entdeckt und so viele Lagerstätten mit neuen Techniken wie dem horizontalen Anbohren von Ölvorkommen und dem hydraulischen Aufbrechen von Gesteinsformationen, auch Fracking genannt, wirtschaftlich erschließbar, dass in den nächsten 20 Jahren wohl kein Mangel an Öl herrschen wird. Das könnte bedeuten, dass an den Finanzmärkten eine Zeit wie nach 1980 angebrochen sein könnte. Möglicherweise liegen dann, von vorübergehenden Baissen abgesehen, fast 20 Jahre mit freundlichen Aktienkursen und kaum noch steigenden Inflationsraten und Zinsen vor uns.

Kurz gefasst lassen sich die letzten 40 Jahre also folgendermaßen beschreiben: Zehn Jahre stiegen Öl, Gold und Zinsen und die Aktienkurse stagnierten. Dann fielen Öl, Gold und Zinsen 20 Jahre lang und die Aktienkurse verzehnfachten sich. Vom Jahr 2000 bis zum Jahr 2010 konnten Öl, Gold und Zinsen wieder zulegen und die Aktien per saldo keinen Kursfortschritt erzielen. Nun könnten also wieder 20 Jahre – oder nur noch 17 Jahre, denn der Trend läuft ja schon seit 2011 – mit nicht mehr stark steigenden Öl- und Goldpreisen sowie stagnierenden Zinssätzen vor uns liegen. 17 gute Aktienjahre wären damit in den Karten, von kurzfristigen Baissen abgesehen, wie möglicherweise im Jahr 2016, wenn der Juglar-Zyklus wieder zuschlagen könnte.

Nun stellt sich noch die Frage, warum im laufenden Zyklus die Zinsen so tief gesunken sind, tiefer als in den vorherigen Zyklen an gleicher Stelle und auf das niedrigste jemals erzielte Niveau. Zinssätze für langfristige Ausleihungen sind für die letzten 5000 Jahre überliefert. Einen Zins von unter einem Prozent hat es in dieser Zeit nirgendwo auf der Welt gegeben. Der niedrigste Satz des Altertums lag im ersten Jahrhundert im Römischen Reich bei vier Prozent. 500 Jahre zuvor hatte er bei den Griechen noch acht bis zwölf Prozent betragen. Der nächste historische Tiefstand wurde im Jahr 1947 in den USA mit einem Wert von 2,25 Prozent erreicht. Die 1-Prozent-Marke fiel erst im letzten Jahrhundert in Japan im Jahre 1998. Nun, im Januar 2015, ist bei uns der Rekordwert von 0,45 Prozent für zehnjährige Bundesanleihen registriert worden. Fünfjährige Papiere bieten sogar eine negative Rendite. Da die Rendite der deutschen Staatsanleihen im Mittel der Jahrzehnte zwei Prozentpunkte über der Inflationsrate notierte, würde das bedeuten, dass der Anleihemarkt in den nächsten zehn

Jahren eine mittlere Teuerungsrate von minus 1,55 Prozent annimmt. Kann es dazu kommen? Es sieht zunächst sehr unwahrscheinlich aus. Vielleicht geht der Anleihemarkt aber von einer anderen Definition der Teuerung aus. Möglicherweise stellt die Inflationsrate, die der Anleihekurs impliziert, ein viel exakteres Maß für die Verteuerung des Warenangebots dar, als es der herkömmliche Warenkorb kann.

In die konventionelle Berechnung des Kaufkraftverlusts geht die Qualität der Waren und Dienstleistungen gar nicht ein. Autos mögen in den letzten 15 Jahren 30 Prozent teurer geworden sein, aber sie sind um ein Vielfaches davon besser geworden. In Deutschland werden diese Zahlen nicht veröffentlicht, aber in den USA kann man sie nachschlagen. Die Wahrscheinlichkeit, heute in einem Auto zu Tode zu kommen, ist in einem Wagen des Baujahrs 1998 viermal so hoch wie in einem von 2013. Was ist das eigene Leben wert? Eine Million? Zwei Millionen? Wie viel ist es mir wert, die vierfache Überlebenswahrscheinlichkeit zu haben? Wenn ich ihr einen Preis zuordne und ihn mit einrechne, sind Autos heute preiswerter als jemals zuvor.

Nach dem Krieg brauchte man ein Vermögen für eine Dosis Penicillin, um bei einer Wundinfektion das eigene Leben zu retten. Heute kann sie für wenige Cent hergestellt werden. Wie will man die zusätzlichen zehn Jahre Lebenserwartung in Ansatz bringen, die einem in den letzten 30 Jahren geschenkt worden sind, unter anderem durch bessere Nahrungsmittel und bessere Medikamente? Welchen Wert will man dem beimessen? Oder der Information? Musste man früher für über 1.000 DM den Großen Brockhaus im Regal haben, um bruchstückhaft wenige Fakten in Erfahrung zu bringen, reicht heute ein Klick bei Google, um jegliche Information kostenlos auf den Schirm zu bekommen.

Die Musikstücke und Filme, die ich mir im Netz anhören oder anschauen kann oder kostenlos beziehungsweise gegen geringe Gebühren auf den Rechner laden kann, wären vor 20 Jahren ein kleines Vermögen wert gewesen. Im Grunde ist also vieles um so viel billiger und besser geworden, dass die herkömmliche Inflationsberechnung die Teuerung maßlos übertreibt. Die qualitätsbereinigten Preise fallen in Wahrheit schon sehr lange sehr stark, nicht nur die von Fernsehern, Taschenrechnern, Computern, Handys und anderen elektronischen Geräten. Wenn wir heute 1.000 Euro in den Tresor schließen und das Geld in zehn Jahren rausholen, können wir damit viel mehr und viel tollere Sachen kaufen als heute. Es wird ein Smartphone geben, das Sachen kann, die wir uns heute noch gar nicht vorstellen können, oder lebensrettende Medikamente, die es heute noch nicht gibt. Das ist es, was der Anleihekurs uns mitzuteilen versucht: Das Geld wird mehr wert. Deshalb werden in der Zukunft fällige Geldforderungen wie Anleihen heute so hoch bewertet.

Das Instrumentarium

19

Nun stellt sich noch die Frage, wie man die im Buch vorgestellten Strategien umsetzen kann. Welches Instrumentarium steht dem Anleger zur Verfügung? Ich hatte schon angesprochen, dass der Kauf einzelner Aktien aus meiner Sicht nicht das Mittel der Wahl sein sollte. Der Informationsnachteil des privaten Investors lässt sich einfach nicht wegdiskutieren. Es gibt so viele Menschen innerhalb einer Firma, die besser und aktueller über die Entwicklung in ihrem Unternehmen Bescheid wissen als ein Außenstehender. Auch in den Banken, die mit diesen Unternehmen Geschäfte abwickeln, ihre Konteneingänge sehen und mit ihnen über Kredite verhandeln, existiert ein großer Personenkreis, der von Berufs wegen aktueller über das Unternehmen informiert ist. Es herrscht keine Chancengleichheit.

Außerdem geht man zusätzlich zum Gesamtmarktrisiko noch das Einzelrisiko einer speziellen Aktie ein. Zum Beispiel berichtete der Vorstandsvorsitzende der Lufthansa im Juni 2014 aus heiterem Himmel, die internen Finanzplanungen für 2014 und 2015 seien alle Makulatur. Gründe wurden keine angegeben, keine außerordentlichen Belastungen waren sichtbar und noch hatte kein Streik und keine Furcht vor einer ansteckenden Krankheit oder einem terroristischen Anschlag das Geschäft beeinträchtigt. Auf diese Warnung hin fiel der Kurs an einem Tag 20 Prozent und auch danach ging es im Sturzflug bergab. Über 45 Prozent verlor das Kranich-Papier in wenigen Wochen. Um wieder den alten Stand zu erreichen, muss es sich nun fast verdoppeln – eine schwierige Aufgabe. Der Pharmakonzern Sanofi gab im Oktober 2014 zu, die Wachstumsraten der Verkaufszahlen seines Diabetes-Medikaments ließen nach. Daraufhin ließ auch der Kurs nach, um 20 Prozent. Nicht jeder Anleger hat die Nerven für solche Nachrichten.

Die Erfahrung zeigt, dass es bei Einzelwerten schneller runter- als raufgeht. Selten habe ich es bisher erlebt, dass ein großer DAX- oder EuroSTOXX-Wert auf eine Nachricht hin 20 Prozent gewinnt. Der DAX erholt sich immer wieder von dann und wann auftretenden Rückschlägen, so finster es zwischenzeitlich auch aussehen mag. Von einzelnen Aktien kann man das nicht behaupten. Ich habe im Laufe der Zeit etliche vom Kurszettel verschwinden sehen. Selbst bei denen, die im DAX verblieben sind, notieren nicht wenige deutlich unter ihren alten Höchstkursen, etwa die Deutsche Telekom, die in besseren Tagen über 100 Euro wert war, oder die Allianz-Aktie, für die schon mal über 400 Euro bezahlt werden mussten, oder Munich Re. Das heißt, wenn es mal bergab geht und man mit seiner Position 20 Prozent im Minus steht, weiß man beim DAX, dass man im Notfall investiert bleiben kann und er sich irgendwann wieder erholen wird, wenn man genügend Zeit hat. Bei einer einzelnen Aktie hat man diese Sicherheit nicht. Dann steht man 20 Prozent im Minus und ist der realen Gefahr ausgesetzt, dass sie sich eben nicht wieder erholt, sondern einen dauerhaften Tiefflug vor sich hat. Dann ist man eher geneigt, doch bei minus 20 Prozent auszusteigen, weil die Firma ja letztlich auch pleitegehen kann. Möglicherweise oder gar wahrscheinlich erholt sich der Kurs der Aktie wieder und man hat den Verlust realisiert. Beim DAX ist man mit dem Wissen, dass er nicht pleitegehen kann, in der Lage, die Situation etwas entspannter zu beurteilen.

Sicher ist der Gedanke verlockend, eine Aktie finden zu können, die sich im Laufe der Zeit verhundertfacht, wie es die Microsoft-Aktie getan hat. Von mehreren solchen Geschichten hat man ja schon gelesen. Doch auf eine Microsoft kommen Hunderte, die es nicht geschafft haben. Da man ja nicht alles auf eine Karte setzen will, nimmt man für sein Depot in der Regel zehn bis 20 verschiedene Werte. Dann sind welche dabei, die sich deutlich besser entwickeln, und einige, die sich als Gurken entpuppen. Auf Dauer verhält sich dann so ein Depot aus einer Anzahl verschiedener Werte ziemlich genau wie der DAX selbst. Mir ist es in den letzten 40 Jahren in der Zeit, in der ich investiert war, nicht oft gelungen, durch besonders geschickte Aktienauswahl den DAX nachhaltig und deutlich zu schlagen. Deshalb scheint es mir sinnvoller zu sein, einen börsennotierten DAX-Fonds zu kaufen.

Diese DAX-ETFs bilden den DAX auf zwei unterschiedliche Weisen nach. Entweder sie heißen direkt replizierend (DR) und haben selbst die Aktien physisch vorliegen, oder synthetisch, und realisieren diese Investition teilweise oder vollständig über Termingeschäfte oder Swaps, also zeitlich begrenzte Tauschgeschäfte mit anderen Banken. Der Unterschied ist der, dass bei den direkt replizierenden Fonds etwas höhere jährliche Verwaltungsgebühren anfallen, dafür aber die Sicherheit größer ist. Selbst wenn die Bank oder der Fondsanbieter pleitegeht, bleiben die vorliegenden Aktien im Besitz des Fondsvermögens. Und für einen nicht vollständig replizierenden Fonds kann nicht nur die Pleite der herausgebenden Bank zum Verhängnis werden, sondern auch die Pleite einer anderen Bank, mit der Termin- oder Swapgeschäfte abgeschlossen wurden. Trotz der geringfügig höheren Verwaltungsgebühren ist deshalb ein direkt replizierender Fonds wegen der höheren Sicherheitsstufe zu empfehlen.

Nun gibt es DAX-Fonds oder Fonds auf andere Indizes oder Subindizes, die jährliche Ausschüttungen vornehmen. Aus dem DAX-Index selbst fließen keine Ausschüttungen. Bei der Berechnung des Index werden für die gezahlten Dividenden gleich wieder DAX-Aktien im vorgegebenen Verhältnis gekauft. Momentan, im Dezember 2014, liegt die Ausschüttungsrendite der DAX-Aktien bei etwa drei Prozent. Wenn jetzt theoretisch die Aktienkurse der 30 Werte ein Jahr lang unverändert bleiben, steigt trotzdem der Index drei Prozent an. Das heißt, man kann, wenn man die jährlichen Ausschüttungen auf das Konto erhalten möchte, einen entsprechenden Betrag des DAX-Fonds, in diesem Fall also drei Prozent, verkaufen und sich so die Ausschüttungen selbst genehmigen. Diese Methode hat zwei Vorteile gegenüber dem Kauf eines ausschüttenden Fonds. Der erste ist steuerlicher Natur. Nehmen wir an, man braucht die Ausschüttungen nicht zwingend und der Fonds fällt nach dem Erwerb gegen den Kaufkurs und er notiert nach drei Jahren im Minus, wenn man den Fonds wieder verkaufen will. Dann muss man, wenn man einen ausschüttenden Fonds gekauft hat, die jährlichen Ausschüttungen versteuern und kann den Kursverlust des Fonds beim Verkauf nicht steuerlich dagegensetzen. Bei einem nicht ausschüttenden Fonds sind Dividenden und Kurse im selben Fondsvermögen. Wenn der Kurs des Fonds beim Verkauf nicht im Plus notiert, werden die in den Fonds ausgeschütteten Dividenden der einzelnen Aktien nicht extra versteuert, sondern gegen die Kursverluste der enthaltenen Aktien gegengerechnet. Also kann man sich bei dem nicht ausschüttenden Fonds die Dividendenzahlungen selbst ausschütten, indem man einen den Dividenden entsprechenden Teil des Fonds verkauft, und der Fonds wird dann steuerlich genauso behandelt wie ein ausschüttender. Falls jedoch der Kurs des Fonds ins Minus gleitet, kann man sich überlegen, auf die Ausschüttungen zu verzichten, und hat dafür beim Verkauf den möglichen Vorteil, dass, wenn der Fonds dann immer noch nicht im Plus notiert, man wenigstens nicht die Dividenden versteuert hat.

Ferner hat der Kauf des nicht ausschüttenden Fonds den Vorteil, dass man den Zeitpunkt des Dividendenzuflusses selbst wählen kann. In gewisser Weise kann man auch die Höhe selbst bestimmen. Wenn man damit ein Depot simulieren will, das aus Aktien besteht, die eine höhere Dividendenrendite von beispielsweise vier oder 4,5 Prozent besitzen, schüttet man sich eben vier oder 4,5 Prozent aus und nimmt dafür in Kauf, dass das eigene Depot sich eben nicht ganz so stark vermehrt wie der DAX. Das wäre vermutlich bei einem Depot aus hohen Dividendenzahlern sowieso der Fall, da Unternehmen mit einer höheren Ausschüttungsquote in der Regel nicht so stark wachsen und ihre Kurse daher auch nicht so stark steigen wie der DAX. Somit reicht es in der Regel für alle Fälle der normalen Geldanlage, für ein Aktieninvestment zunächst einen nicht ausschüttenden DAX-Fonds in Erwägung zu ziehen.

Hinzu kommt, dass der Kauf von einzelnen Aktien kostenintensiver abgewickelt wird. Bei einzelnen Werten existiert fast immer eine spürbare Geld-zu-Brief-Spanne: Der Ankaufskurs liegt unter dem Verkaufskurs. Spannen von bis zu einem halben Prozent sind bei großen bekannten Auslandswerten möglich. Wenn man wegen der höheren Rendite die Vorzugsaktien von BMW oder RWE ins Auge gefasst hat, muss man beim Kauf ebenfalls fast ein halbes Prozent mehr bezahlen, als man zum gleichen Zeitpunkt bei einem Verkauf bekäme. Wenn es dann noch zu einer turbulenten Börsenphase kommt und man schnell aussteigen möchte, sind die Spannen noch viel höher. Nicht selten passiert es, wenn man in einer solchen Situation ein Verkaufslimit unter dem aktuellen Aktienkurs eingibt, dass die Geld-zu-Brief-Spanne weiter nach unten rutscht und man die Aktie noch nicht einmal zu dem niedrigen Kurs loswird und das Limit nach und nach reduzieren muss. So habe ich schon bei Verkäufen deutlich weniger erzielt, als ich meinte, bekommen zu müssen. Bei dem Kauf und Verkauf von einzelnen Aktien entsteht immer etwas „Schlupf", wie es in der Technik heißt. Der Zugriff auf den aktuellen Kurs ist nicht so direkt, wie man es sich vorstellt.

Auch das berühmte Diversifizieren im Depot ist wenig sinnvoll, weil die einzelnen Anlageklassen nicht voneinander unabhängig sind. In der Regel laufen Aktien, Anleihen und Dollarkurs parallel. Gegen diesen Trend entwickeln sich die Rohstoffe, Gold, Öl und die Zinsen. Alle schwingen im gleichen Takt, entweder wie die Aktien oder konträr dazu. Seit dem Jahr 2011 bis heute, 2014, verteuern sich Aktien, Anleihen und der Dollar. Öl, Gold und Zinsen verbilligen sich. Es reicht, wenn man sich eine Anlageklasse aussucht und auf diese setzt. Im Moment sieht es so aus, als ob dieser Trend weiterliefe. Es ist nicht sinnvoll, Aktien und Gold zu kaufen, weil sich das gegenseitig aufhebt. Irgendwann wechselt der Trend und dann läuft es umgekehrt, dann sinken die Aktien- und Anleihekurse, während Gold und Öl klettern. Dann kann man entweder auf einen fallenden DAX oder auf einen steigenden Goldpreis setzen. In jedem Fall muss man nur eine Anlageklasse, also beispielsweise den DAX, beobachten und gegebenenfalls auf ihn setzen. Der DAX deckt so gut wie alle Anlagemöglichkeiten ab, die einem auf den Finanzmärkten zur Verfügung stehen.

Den Fokus auf andere Weltgegenden zu richten zahlt sich normalerweise nicht sonderlich aus. Wenn man einen Chart des amerikanischen S&P-Index über den DAX legt, sieht man, dass sich nach 15 Jahren die Anlageergebnisse fast genau gleichen. Beide konnten etwa 160 Prozent zulegen. Die Tiefpunkte beider Charts lagen in den Jahren 2003 und 2009 und die Hochpunkte in den Jahren 2000 und 2007. Und wenn man Hongkongs Hang-Seng-Index darüber legt, kommt man fast zum gleichen

Resultat. Man gewinnt also nichts, wenn man andere Märkte hinzuzieht. Der große Trend bewegt alle Märkte gleich. Zusätzlich belasten die hohen Spesen der Auslandsmärkte und man geht ein Währungsrisiko ein. Es ist nichts Ungewöhnliches, dass der Dollar 20 Prozent gegen den Euro verliert. Er kann allerdings auch 20 Prozent gegen den Euro gewinnen. Über einen längeren Zeitraum sollten sich diese Währungsbewegungen jedoch ausmitteln.

Bei der Frage, welches im Normalfall das geeignete Instrumentarium für die Geldanlage ist, bleibt also ein börsennotierter DAX-Fonds als sinnvollste Möglichkeit übrig. Mit ihm hat man eigentlich alle Märkte abgedeckt und die nötige Diversifizierung ist im DAX schon selbst enthalten, da er 30 große deutsche Unternehmen repräsentiert. Eine noch breitere Aufstellung bringt keinen Zusatznutzen. Auch die Risikoaffinität kann man sich selbst im Depot einstellen. Ein risikoaverser Anleger kann zehn oder 20 Prozent in einen DAX-Fonds investieren und den Rest als Bargeld liegen lassen, ein etwas mutigerer kauft für 50 Prozent des Depotwertes den DAX-Fonds. Wer einen längeren Anlagehorizont hat und das Geld nicht dringend in den nächsten Monaten braucht, kann 90 oder 100 Prozent des Anlagebetrags in den DAX-Fonds stecken. Natürlich kann ein Anleger, wenn die Situation günstig für eine Investition scheint, auch einzelne Aktien hinzunehmen, die ihm attraktiv erscheinen oder die Produkte herstellen, die ihm gefallen. Als Basis des Depots oder wenn ein Anleger nicht weiß, was er kaufen soll, scheint mir ein börsennotierter DAX-Fonds jedoch erste Wahl zu sein.

Jetzt, nachdem das Instrumentarium geklärt ist, bleibt als einzige Frage übrig: Steigen die Aktien, oder steigen sie nicht? Soll ich also den DAX kaufen oder Bargeld liegen lassen oder – noch aggressiver – auf einen fallenden DAX setzen? Für die Beantwortung dieser Frage habe ich in den vorigen Kapiteln einige Anhaltspunkte zusammengestellt. Jedenfalls reicht es für den Normalfall, den DAX zu beobachten und gegebenenfalls, wenn die Situation günstig scheint, einen DAX-Fonds zu kaufen oder, wenn die Wahrscheinlichkeit eher für fallende Notierungen spricht, Bargeld zu halten.

Zusammenfassung

Es stellt sich in der Regel als sinnvoll heraus, eine ungefähre Vorstellung davon zu haben, wie die längerfristige Entwicklung des Aktienmarktes aussehen könnte. Dabei hilft eine Art Plan. Vor allem erkennt man dann früh, ob er sich vielleicht doch anders entwickelt und woran das liegen könnte. Der erkennbare 30-Jahres-Zyklus – zehn Jahre steigt der Ölpreis, 20 Jahre die Aktienkurse und so weiter – spricht dafür, dass prinzipiell eine lange Zeit mit steigenden Aktienkursen vor uns liegen könnte. Dieses Szenario würde beinhalten, dass der Ölpreis für lange Zeit nicht mehr deutlich steigen und der Zins auf einem niedrigen Niveau verharren wird. Auch die mathematischen Simulationen der weiteren Kursverläufe von amerikanischen Zinsen und Aktien sprechen für dieses Szenario. Was könnte dabei schiefgehen? Dass die Finanz- und Schuldenkrise zurückkehrt, wenn alle gebannt drauf warten, scheint eher unwahrscheinlich. Wenn die Zinsen, wie in dem Szenario angenommen, tatsächlich für sehr lange Zeit auf einem Niveau nahe null verbleiben, entspannt sich die Schuldensituation. Die Bedienung der Schulden kostet nur noch einen Bruchteil dessen, was noch vor einigen Jahren aufgewendet werden musste. Großbritannien und die USA zahlen einen so geringen Teil ihres Bruttoinlandsprodukts für den Schuldendienst wie seit 30 Jahren nicht mehr. Bezeichnenderweise brach die große Finanzkrise von 2008 aus, nachdem der Ölpreis auf 150 Dollar gestiegen war und die US-Zinsen von einem Prozent auf fünf Prozent angehoben worden waren. Das heißt, man wird die nächste Krise daran erkennen, dass der Ölpreis und die Zinsen vorher stark steigen. Insofern hilft es dem Anleger, einen Plan zu haben, der davon ausgeht, dass der Ölpreis und die Zinsen stabil bleiben werden. Wenn nun die Situation eintritt, dass Öl und Zins steigen, sieht er, dass irgendetwas anders läuft als gedacht, und er kann seine Position überdenken oder ändern. Sehr gut wird diese Änderung des Szenarios vom Börsenindikator eingefangen, denn bei steigenden Inflationsraten und Zinsen dreht er auf Verkaufen. So wie er in der Vergangenheit durch rechtzeitige Verkaufssignale geholfen hat, die Krisen zu umgehen, wird er auch in Zukunft vor drohendem Ungemach warnen.

Eine Unbekannte in der Zukunftsplanung ist die mögliche Wetterverschlechterung. Wenn die nachlassende Sonnenaktivität tatsächlich zu einer vorübergehenden Kälteperiode führen sollte, könnte das die langfristige Entwicklung der Aktien beeinträchtigen. Zwar sind nicht mehr solche Inflationsschübe wie in früheren Jahrhunderten wahrscheinlich, da die betroffene Agrarproduktion nicht mehr die gleiche Bedeutung hat, aber ein dämpfender Effekt auf die Wirtschaftstätigkeit und damit auf die Steigerung der Unternehmensergebnisse ist denkbar.

Für die mittelfristige Planung der Aktienstrategie hat sich der Börsenindikator als ideal herausgestellt. Er war in der Vergangenheit in den günstigen Phasen investiert und hat rechtzeitig vor drohendem Unheil gewarnt. Jeder zukünftigen ungünstigen Entwicklung an den Börsen dürften eine steigende Inflationsrate und ein steigender Zins vorausgehen. Deshalb wird der Börsenindikator auch in der Zukunft eine große Hilfe darstellen.

Bei der mittelfristigen Planung bleibt wichtig, den Juglar-Zyklus im Auge zu behalten. Im Jahr 2016 könnte er sich bemerkbar machen. Einer Abwärtsbewegung der Aktien im Rahmen dieser Rhythmik gingen in der Vergangenheit jedes Mal steigende Zinsen voraus. Die Juglar-Periodizität besteht ja gerade aus einem Konjunkturzyklus, der über die Zinsen gesteuert wird. Auch vor einer Abwärtsbewegung, die auf diesen Zyklus zurückgeht, müsste der Börsenindikator deshalb eigentlich rechtzeitig warnen.

Wer nicht den langfristigen Börsenerfolg im Sinn hat, sondern kurzfristiger agieren und von Trends profitieren möchte, für den bietet sich ein Trendfolgemodell auf der Basis der 20-Tage-Linie an.

Die Candlestick-Charttechnik liefert dem aktiven Trader schon beim ersten Blick eine Einschätzung darüber, wie es weitergehen könnte. Die Formen und Farben der auftretenden Formationen liefern ihm einen Hinweis auf die bevorzugte weitere Richtung der Kursentwicklung.

Viele weitere nützliche Empfehlungen für einen kurzfristigen Investor, mit denen er einen nachweislichen statistischen Vorteil erzielen kann, sind in diesem Buch zusammengetragen. Zum Beispiel die Tatsachen, dass die Häufigkeiten von Zeitabständen zwischen Tiefpunkten nicht gleichmäßig verteilt sind und dass große Tagesbewegungen der Kurse bevorzugt in längeren Serien steigender Kurse auftreten, können dem kurzfristigen Anleger häufig die Frage beantworten helfen, ob es in naher Zukunft wohl rauf oder runter gehen wird.

Viele statistische Anomalien sind aufgeführt, etwa die, dass ein Jahr, das mit einer Fünf endet, vermutlich viel freundlicher verlaufen wird, als eines, das mit einer Vier oder einer Sechs aufhört, oder dass die Aktienkurse um den Monatsultimo herum öfter steigen als in der Monatsmitte.

Sinnvoll scheint ferner, sich jeweils eine Art 2-Wochen-Plan zu erstellen, bei dem man notiert, von welchen zyklischen Bewegungen, wie zum Beispiel der 3- und der 15-Wochen-Rhythmik, ein Tiefpunkt zu erwarten ist, und welchen zukünftigen Kursverlauf die Ähnlichkeitssuche vorschlägt. So hat man einen ungefähren Anhaltspunkt, wie es weitergehen könnte.

Wenig Sinn macht es dagegen, der aktuellen Nachrichtenlage hinterherzuhecheln. Das führt letztlich dazu, dass man zum Tiefstkurs verkauft, weil sich die Nachrichtenlage dann schrecklich darstellt, und zum Höchstkurs kauft, weil gerade dann die Zukunftsaussichten rosig erscheinen. Sich auf das eigene Bauchgefühl zu verlassen erweist sich ebenso als sicherer Weg in den Verlust. Deshalb habe ich in diesem Buch versucht, alles zusammenzutragen, was dem Anleger einen nachprüfbaren statistischen Vorteil bei der Geldanlage verschaffen kann, damit er zumindest die Wahrscheinlichkeit auf seiner Seite hat.

Liebe Leserin, lieber Leser,

ich freue mich, wenn meine Gedanken und Strategien Sie überzeugt haben. Regelmäßig können Sie meine Markteinschätzung übrigens auch in meinem eigenen Börsenbrief verfolgen. Wenn Sie eine kostenlose Probe-Ausgabe meines Briefs per E-Mail erhalten möchten, dann senden Sie einfach eine E-Mail mit dem Betreff „Gebertbrief-Gutschein“ an: thomas@gebertbrief.de

Ich freue mich darauf, von Ihnen zu hören!

Ihr Thomas Gebert

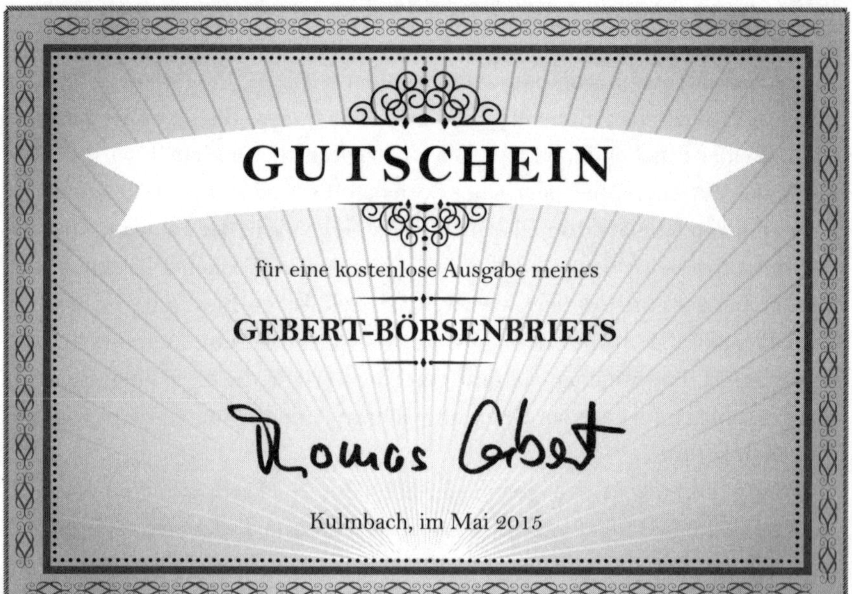